U0624117

远观译丛

陈夏红·主编

# 中国刑法

## 在祛魅中前行的
## 中国刑事法律研究

分卷主编·毛乃纯 何天翔　　译者·王波 胡莎 杨海强 等

中国大百科全书出版社

图书在版编目（CIP 数据）

中国刑法/陈夏红主编；何天翔等编 . — —北京：中国大百科全书出版社，2018.8

（远观译丛）

ISBN 978 – 7 – 5202 – 0081 – 3

Ⅰ. ①中…　Ⅱ. ①陈…　②何…　Ⅲ. ①刑法 – 中国 – 文集　Ⅳ. ①D924.04 – 53

中国版本图书馆 CIP 数据核字（2017）第 095446 号


策 划 人　郭银星
责任编辑　李海艳
责任印制　魏　婷
封面设计　乔智炜
出版发行　中国大百科全书出版社
地　　址　北京阜成门北大街 17 号　　　　邮政编码　100037
电　　话　010 – 88390093
网　　址　http：//www. ecph. com. cn
印　　刷　北京君升印刷有限公司
开　　本　787 毫米 × 1092 毫米　　1/16
印　　张　28.25
字　　数　342 千字
印　　次　2018 年 8 月第 1 版　　2018 年 8 月第 1 次印刷
书　　号　ISBN 978 – 7 – 5202 – 0081 – 3
定　　价　79.00 元

**本书如有印装质量问题，可与出版社联系调换。**

# 总　序

大洋彼岸的回声

想编这样一套丛书的想法由来已久。自多年前到荷兰游学，出于研究需要，查阅了大量英文写成的有关中国法律的文献。阅读的过程，失望与希望并存。说失望，是发现，由于语言、文化等因素，有一些用英文写成的有关中国法律的文献，或流于浅层次的泛泛介绍，或充满西方式的傲慢与偏见，并不尽如我们在惯性思维里对西方学者的预期与推崇。而说希望，是发现，亦有为数不少的文献，选题新颖，论证严密，评析问题入木三分，既顾及中国的传统与现实，亦能够用最现代化的法治标准，去衡量中国法治发展的成败得失；既有理性的批评与建议，亦有客观的褒扬与赞许。尽管现在国人的英文水平较之以往有提高，文献检索能力也随之进步，数据库技术的发展消除了获取这些原文的障碍，但从传播效果最优化的角度，我觉得这些佳作，依然有翻译成中文并在国内出版的必要。

这个想法，首先得到中国大百科全书出版社社科学术分社社长郭银星女士的鼎力支持。2013 年初，我回国探亲，忙里偷闲与郭银星聚餐，聊及这个选题，双方一拍即合，并在各自的领域内，做了最大的努力。

我与郭银星相识已有十多年，在出版领域算是挚友，此前我们已有一些合作。比如在我的建议下，中国大百科全书出版社重版曹汝霖的回忆录《曹汝霖一生之回忆》；《高宗武回忆录》出版过程中，我亦参与校阅；我们更大规模的合作，便是辛亥革命 100 周年之际，由我与杨天石教授编辑的《辛亥革命实绩史料汇编》四卷本。这套丛书出版过程延宕甚久；出版之际，辛亥革命百年纪念已经落幕。但这套书出版后，依然获得一些好评，尤其是很荣幸地获得"2011 凤凰网年度十大好书"的称号。而这套远观译丛，则是我们最新的合作成果。

选择与中国大百科全书出版社合作，完全是基于该社在法学学术出版领域卓越的声誉和口碑。据我所知，中国大百科全书出版社在法学领域最早期的成果，是 20 世纪 80 年代初期的《中国大百科全书·法学》。百科全书作为国家学术思想的门户，其重要性毋庸赘言，尤其是中国经过多年"文革"浩劫，亟待重建知识体系的情况下。中国大百科全书出版社由此创建，而亦以此成名。《中国大百科全书·法学》编撰过程中，当时国内老中青三代法学家尽数参与其中，济济一堂；这本书出版后，一时洛阳纸贵，也成为当时法学院师生不可或缺的参考书。而 90 年代中后期，中国大百科全书出版社与福特基金会合作，由江平先生出任主编，隆重推出"外国法律文库"，将德沃金的《法律帝国》《认真对待权利》、伯尔曼的《法律与革命》、哈耶克的《法律、立法与自由》、贝卡利亚的《论犯罪与刑罚》、哈特的《法律的概念》、戴西与莫里斯的《论冲突法》、奥本海的《奥本海国际法》、凯尔森的《论法律与国家的一般理论》、拉德布鲁赫的《法学导论》等西方学界脍炙人口的法学名著，悉数译介到国内。这些书籍的出版，对于当时的法学界来说，其意义自不待言。如今随着法学出版格局的进化，译介甚至原版影印的作品越来越多，但中国大百科全书出版社在法学领域的这些贡献和创举，至今散发着绵延不绝的影响力。

远观译丛想法的产生，不能不提及一些同类作品。最为著名的当然是刘东主持编辑的海外汉学丛书。这套书从文史的角度，将海外学人研究中国的佳作"一网打尽"。而在法律领域，除了早年王健编辑的《西法东渐：外国人与中国法的近代变革》，尚有高道蕴、高鸿钧以及贺卫方等编辑的《美国学者论中国法律传统》。除了译作，后来也出现一些研究外国学者论中国法的作品，这里面最重要的一本当属徐爱国教授的《无害的偏见——西方学者论中国法律传统》。我之所以有想法编译这套远观译丛，无疑是受到以上作品的启迪，理当在这里表达敬意与谢意。

但是，上述译作大都局限在比较法或中国法律传统的框架内，重理论而轻实务，重理念而轻实践，文史气息浓郁，对具体的部门法则涉及不多。这或许是远观译丛与前述作品的最大区别。在我看来，中国法律传统固然值得盘点，但在中国大转型的节骨眼上，更为重要的则是对我们现行法制建设的成败得失作出理性的分析评判。正应了那句老话："兼听则明。"我们有必要将域外学者对中国法律制度的具体评述译介到国内，为法治的现代化更上一层楼，增加必要的参考资料。这些中国法治事业在大洋彼岸的回声，势必会给读者带来耳目一新的感觉。这么说，并不是说前述对中国法律传统的盘点不重要，而是希冀在这些工作的基础上更进一步。

说到中国法治的现代化，这无疑是一个更长久的历史过程。清末开启中国法治现代化进程，绵延至今已有一个多世纪。大约115年前，即1902年，刚从义和团运动及八国联军侵华之后回过神来的晚清政府，在与西方列强修订商约过程中，被迫启动修律新政，为挽救这个摇摇欲坠的王朝，不得不服下一剂废弃祖宗成法的猛药。此举一下子将畅行中华帝国千余年的传统律法体系几乎连根拔起，亦将中国带上了法律现代化的不归路。正所谓"开弓没有回头箭"，中国在法律现代化的道路上，因应国际政治形势的演变，先学欧美，再学苏联，复归欧美，一波三折，大方向却始终如一。在这个过程中，中国的法律体系可以说是一个"全盘西化"的过程。这个"西"既包括日本、德国、法国，也包括英国、美国，当然更不能漏掉苏联。周大伟先生尝言，中国现代化的过程便是三院诞生的过程。这里的三院便是医院、法院、法学院，此言颇得我心。现在是对持续近百年的法治"全盘西化"作一盘点的时候。在盘点之前，我们有必要听听域外学者对我们现有的法律成果作何评说。师夷长技以自强也好，师夷长技以制夷也罢，中国法治现代化的伟业，我们只能一步一个脚印，筚路蓝缕，群策群力，以愚公移山的精神艰苦奋斗下去。

在我心目中，这套书预期的读者，将不仅仅是法科学生，而更多的是各个部门法领域的专家、学者及研究人员，还有实务部门的实践者和决策者。我之所以这么说，完全是由这套丛书的格局与气象决定的。在阅读译稿的过程中，我常常惊讶于原文作者直面中国法律实践的学术敏感，以及他们发现问题、归纳问题、提出问题以及解决问题的能力。这里面给我冲击最大的，既有《中国知识产权法》中，从中国传统文化角度解读"山寨"现象的新观点，亦有《中国破产法》中，对1906年《大清破产律》的比较研究。我不敢说每部入选图书都是佳作，但这样的列举势必挂一漏万，因为这样的闪光点实在是比比皆是。

这套丛书能够以现在这个样子呈现在读者面前，不能不归功于一个优秀的翻译团队。这个团队年轻而富有朝气，大部分成员为"八〇后"，基本都在中国、日本、德国、荷兰、奥地利等国内外法学院，受过完备的法律教育及扎实的学术训练。这也是为什么我们首辑包括《中国民法》《中国刑法》《中国刑事司法》《中国公司法》《中国知识产权法》以及《中国破产法》中，能够收录包括日语、德语、英语在内的重要文献。这既保证我们能有国际化的视野，也保证我们可以尽最大的能力，使得这些优秀的作品能够以尽可能完美的方式，呈现在读者面前。

毫无疑问，对于我们这个年轻而朝气蓬勃的翻译团队来说，无论是在专业素养上，还是在人格养成方面，翻译并出版这套丛书，都是一个极为宝贵的锻炼机会。在这个协作的过程中，我们逐渐学会有效沟通、制定规则、执行规则、维护权利、履行义务、践行诺言、承受压力等。在这个组稿、翻译、定稿的过程中，我们既完整地展示出各自的能力，亦发现自身颇多值得完善的地方。对于每个参与者来说，这套丛书出版的意义，绝不仅是署有自己名字的译作出版，而更多的意义在出版物之外。我希望这套丛书的出版，对于所有参与者来说，不是我们这些参与者学术人格训练和养成的终结，而只是开始。

坦率地说，翻译本身不仅仅挑战译者的外语能力，更考验译者的中文水平。就翻译三目标"信、达、雅"而论，能够"信"而"达"已属不易，"雅"更是一个值得恒久努力的目标。什么是美好的汉语？这个问题仁者见仁、智者见智，但能够做到清楚、通顺已经很不容易。只有在翻译的过程中，我们才能真切地看到自身的汉语水平。这套丛书译稿不断更新的过程，也是我们对自己的母语水平不断审视并提高的过程。但即便如此，用一句俗套但绝非客套的话来说，恐怕翻译的讹误之处在所难免，还请读者们不吝赐教。

第一辑七本分册的出版，只是远观译丛的起步。这套丛书将保持开放性、持续性，会通过各种方式继续进行下去。下一步，我们除了继续围绕不同学科或者特定主题选译优秀论文外，亦将会引进合适的专著，目前这方面的工作已经起步。此外，我们诚挚地期待并邀请更多的同行加入这个团队，将更多的佳作介绍给国内的读者。

　　作为这套丛书的主编,在这里,请允许我诚挚地感谢中国大百科全书出版社尤其是社科学术分社社长郭银星女士;感谢本丛书所收论文的作者或原出版机构等版权持有方的慷慨授权;感谢本丛书各位分卷主编耐心细致的组织工作;感谢各位译者认真负责地翻译;当然,最后更要感谢并期待来自各位读者的意见和建议。

　　是为序。

陈夏红

2015 年于荷兰马斯特里赫特大学

2017 年定稿于京郊昌平慕风斋

# 序　言

　　刑法这一古老的学科，对于中国来说有着独特的意义。从法制史的角度来看，随着国家的产生以及社会的进化，犯罪和刑罚才得以被有意识、有计划和有目的地规定在一部刑法里，成为阶级统治的工具。此外，从历史上看，所谓的中国法制史，基本上就是一部刑法简史。古老的中华帝国的历代帝王，都试图利用这一法律工具的巨大威慑力，来维护其统治地位。直至清末民初，近代中国刑法的百年变革才得以启动。也正是由此开始，中国刑法才得以实现从传统刑法、近代刑法到现代刑法的历史性转变，完成从理念到体系、从内容到技术的重大变革，建立起理念先进、体系完善、结构合理、内容科学的现代刑法体系。① 清末的变法，引进了西方国家的法律作为范本，其中尤以刑法为甚。为了与世界文明发展的需求接轨，清政府从多种渠道引进西方国家的刑法作为参照，并且聘请日本法学博士冈田朝太郎"帮同考订，易稿数四"。② 虽然最终成效甚微，无力回天，但好赖算是为中国刑法的吐故纳新开启了一扇窗。国民政府于 1935 年颁布的刑法，也对包括日本、德

---

　　① 赵秉志：《中国刑法的百年变革——纪念辛亥革命一百周年》，载《政法论坛》2012 年第 1 期。

　　② 高铭暄、赵秉志：《中国刑法立法之演进》，法律出版社 2007 年版，第 17 页。

国、苏联等国的刑法进行了大量借鉴。直至中华人民共和国成立，"六法全书"被统统废除，我国的刑法又一次被推倒重来。如冯军教授所言，"在修改刑法时，一定要大胆借鉴发达国家已经取得的刑事立法经验和成果，虽然不能盲目照搬国外立法，但是，决不能以骄矜之心拒不吸收他国成果，背离刑事立法的世界趋势"①。但是，也诚如周光权教授所云，中国刑法学"过去学苏俄，今天学德日，过段时间又学英美，没有自己的范畴和命题，更谈不上独立的研究范式，朝三暮四，缺乏学科起码的自信，基本理论框架没有定型化"②。当然，2006年的这一论断，能否依旧适用于今日的中国刑法学，是一个值得探究的问题。但自数年前，由于犯罪构成要件的德日三阶层理论，和我国传统四要件理论所引发的刑法学界大辩论表明，当下的中国刑法学，仍旧面临着周光权教授所称之"进退两难"的窘境。③

解决这一宏大背景下的难题，当然并非本卷力所能及。编者们的主要思考在于当刑法学界有关"中国刑法学该往何处去"的讨论方兴未艾，以及由此而产生对国外刑法理论大量需求的同时，能否为刑法学界提供机会，来一窥域外学者们，是如何看待我国刑法理论及其发展进程的。编者们期许，这样一种相互印证的做法，或许能为"刑法学派之争仍处于诞生初期"④ 且"中国刑法学仍显幼稚"⑤ 的我国，提供一种来自

① 冯军：《刑法再修改的理念与规则——以现今的议论为依据》，载《河北大学学报（哲学社会科学版）》2007年第6期。
② 周光权：《中国刑法学的想象力与前景》，载《政法论坛》2006年第6期。
③ 同前。
④ 刘仁文：《中国刑法学六十年》，载《浙江大学学报（人文社会科学版）》2010年第1期。
⑤ 同前。

域外的推力，从而使得中国刑法学的"100 年规范发展"① 路程走得更为顺畅。

为此，本卷首先将以中国刑法学界的老朋友、早稻田大学的西原春夫教授对中国刑法的友情寄语开篇；接下来，曾任香港城市大学教师的多宾森，结合 2000 年初期发生的一系列重大事件，全面回顾了我国 1997 年所颁布的《刑法》；在基本理论部分，我们先以早稻田大学小口彦太教授对中国罪刑法定原则的几点思考作为开始，然后介绍英国伦敦大学国王学院的丹尼斯·约翰·贝克以及赵霞，结合田文华案、郑筱萸案，以及相当性原则等英美刑法理论，对中国刑法理论和原则进行的讨论；其后以小口彦太教授对中国刑法的犯罪概念以及犯罪构成要件的讨论，作为本部分的结束。在犯罪主体部分，我们将以一桥大学讲师但见亮对中国法人犯罪理论以及条文中的问题之梳理开篇，其后介绍但见亮对中国刑法中的"单位"概念的探讨，以及法人的刑事责任与对从业人员的处罚等两篇文章；本部分的最后，以早稻田大学宇野和夫教授对我国刑法中"黑社会性质组织"的认定标准之分析结尾。在本卷的最后部分，我们为大家呈现了域外学者就刑事处罚以及刑事政策主题进行的探讨。本部分首先介绍苏珊·卓沃斯基斯对我国宽严相济刑事政策的发展历程以及现实意义之探讨。她在其后补充了对中国死刑问题的研究，探讨了司法改革与死刑制度的互动，并结合最高人民法院在司法改革中所扮演的角色、发布的各式法律文件以及死缓制度，来探讨中国司法改革中的政治考量。就死刑改革问题，西顿霍尔大学的陆梅吉也给出自己的观察，并分析了公众参与在未来中国死刑改革中的潜能。在本卷的最

① 刘仁文：《中国刑法学六十年》，载《浙江大学学报（人文社会科学版）》2010 年第 1 期。

后，关东学院的足立昌胜教授以一种新颖的观点，解读了刑事处罚与行政处罚的区别。

本卷选文标准，以日文及英文为据。一方面是由于日本学者的观点，对我国刑法学者来说，所具有的借鉴意义更大，其研究也更为深入、系统；而英语语系国家的学者对我国刑法理论的研究，较之德国与日本学者所作之研究而言，素来介绍不多，对其集中介绍，有助于补足我国刑法学界的空白。另一方面，主要受译者语言能力范围所限，未能囊括德国学者的文章，不可不算是遗珠之憾。所幸，我国刑法学界已经引入许多德国知名刑法学者的大量相关著述，念及至此，编者的愧疚得以稍减几分。而如译者对原文的重述，无法让读者击节，那么一定是译者水平所限，绝非原作者之责任。编者希冀这一卷小书能为我国刑法学界寻找前行之路照亮方向。

何天翔　毛乃纯

# 目　录

# 卷首语

# 与中国刑事法的 20 年[*]

西原春夫[**]　文

毛乃纯[***]　译

　　1. 在对于中国或者中国人的感情方面，日本人之间存在着巨大的差异。大体而言，在那些厌恶中国的人当中，没有去

---

　　[*]　西原春夫：《中国刑事法との20年》，载《犯罪と非行》2008 年第 155 号。本文的翻译与出版已获得作者授权。

　　[**]　西原春夫，1928 年出生于日本东京都武藏野市。1949 年考入早稻田大学第一法学部；1951 年升入修士课程，师从齐藤金作教授；1953 年升入博士课程，并担任助教；1962 年以《間接正犯の理論》一文获得早稻田大学法学博士学位。

　　1959 年至今，西原春夫先生历任早稻田大学专任讲师、副教授、教授、法学部长，法务省司法考试考查委员，早稻田大学第 12 任总长，文部省学术审议会副会长，早稻田大学名誉教授，学校法人国士馆理事长、名誉顾问，亚洲和平贡献中心理事长等。1991 年，获得德意志联邦共和国第一级功劳十字勋章。2007 年，获得由日本天皇颁发的瑞宝大绶章。

　　西原春夫先生是继草野豹一郎和齐藤金作之后的早稻田大学刑法学的领导者。在新旧过失论之争中，他提倡新过失论，并首次将德国刑法学中的信赖原则引入日本，为法院处理交通过失犯罪提供了理论依据，被誉为日本交通过失犯罪论研究的第一人。在共犯论领域，他坚持主张共同意思主体说。西原先生的主要作品包括《間接正犯の理論》（成文堂 1962 年版）、《交通事故と信頼の原則》（成文堂 1969 年版）、《刑法総論》（成文堂 1977 年版）、《犯罪実行行為論》（成文堂 1998 年版）等。

　　西原春夫先生热衷于推动中日刑事法学的交流。创办于 1988 年的"中日刑事法学术研讨会"，就是在他的努力下促成的。在中国，西原先生分别在中国人民大学、武汉大学、中国社会科学院、中国政法大学等高校及学术研究机构担任名誉教授，并在北京大学担任客座教授。

　　[***]　毛乃纯，郑州大学法学院讲师，中国人民大学法学博士、早稻田大学法学博士。

过中国的人占大多数。实际上，中国人也是一样的。那些将日本人视为战争年代的日本士兵、恨之入骨的人，基本上都没有去过日本，也不曾与日本人打过交道。

在那些人看来，作为一个与中国的学者、实务人员交往近20年的刑事法研究者，我的所作所为也许是不可思议甚至是可疑的。而且，即便是现在，仍然有人明确地向我质疑。

我与中国的交往确实始于偶然。如果我没有成为历史上与中国友谊深厚的早稻田大学的代表，就绝不会有今天。即使我成为代表，但如果现实中不曾发生那些必须与中国产生交集的事情，至少也不会像今天这样醉心于同中国的交往。所以，对于未曾去过中国却厌恶中国的人，我感到遗憾，但这也是无可厚非的。

机会虽然是偶然的，但至今我依然认为其具有明确的意义，应当坚定目标、倾注热情、积极把握。将所剩无多的晚年时光的大部分倾注于此，绝不后悔！这就是我此时此刻的心境。做他人力所不及之事，令我感到非常自豪！

2. 我与中国的交往开始于1982年，那是我首次代表早稻田大学赴北京，与北京大学签署学术交换协定。此后，我又两度作为早稻田大学的代表赴北京出席活动。1986年，应已经与早稻田大学结谊的"上海市对外友好协会"发出的演讲之邀，我首次访问上海。

演讲之后，当时的会长李寿葆先生特意陪同我去杭州和绍兴观光。在旅途中，我不经意地对李会长说："中国的'文化大革命'已经结束，刑法的制定也有10年的时间了。虽然只有短短的10年，想必其中也出现很多问题。所以，是不是可以考虑与日本进行一次学术交流呢？"

刑法中包含着很多微妙的问题，而且当时的日本也基本上没有与外国进行学术交流的经验，因此，我估计李会长的回答很可能仅仅是"是啊，让我考虑考虑吧"而已。然而，出乎意料的是，李会长居然爽快地说："这个想法真是太好了！明年就在上海举办学术研讨会吧！""就这样决定了！"于是，我们二人当即作出决定。这一时刻，竟然成为自 1988 年起的 20 年间举办了 11 届的"中日刑事法学术讨论会"诞生的瞬间。

令人遗憾的是，李会长于 2000 年逝世。至今，我依然为他见识之高远、决意之果断而由衷地感到敬佩。作为中国而言，一旦在外国面前出丑，司法部或者外交部就极有可能强势介入。尽管如此，李会长仍然敏锐地洞察到其具有重要的学术性、实践性意义，并与初次见面的我达成约定，这份回应是多么难能可贵！我一直认为，人与人之间只要敞开心扉，那么，无论对方是中国人还是其他国家的人，就都是一样的。而当时的那一瞬间以及李会长后来的行动，也成为我坚定这个信念的重要原因之一。

3. 肯定有很多日本人对于在中国是否享有言论自由持有疑问。总体而言，当今中国对于言论自由的贯彻确实不如日本彻底，但是，如果因此而否定学术讨论的意义，也是不符合事实的。关于这一点，在学术讨论会的历史中，我获得了诸多有趣的经验，下面与大家一起分享。

最初，由于双方均不了解对方刑事法的实际情况，因此，各方主要是侧重于向对方说明自己国家的状况。然而，在刚开始的几届，也就是一直到 20 世纪 90 年代中期，虽然题目各不相同，但报告者的发言则并没有多大差别。给人的感觉，就像是党和政府的公式化的言辞从某位学者的口中传达出来一样。至少是到了该本人发言环节，很多人才忽然提高声量、振作精神。我暗自苦笑，这也许就是社会主义中国吧！

自 20 世纪 90 年代中期开始，情况发生了巨大变化。在报告中，指出关于某一问题存在着 A 说、B 说、C 说，而自己则基于某种理由认为 C 说正确的内容逐渐增加。而且，中国学者之间相互争论的场景也开始出现。这一点既证明刑事法领域的研究在迅速发展，同时也说明言论自由方面的环境正在变得宽松。

此外，以前有些学者总是采用马克思主义的观点和说理方法。然而，自从进入 21 世纪，意识形态化的发言就彻底消失了。相反，那种学者在日本学界却有所增加。随着改革开放政策的不断深化，中国确实发生着重大变化。而且，在现实中，日本的影响在刑事法领域也正逐年增强。

4. 你是如何看待中国的刑事法呢？想必这也是很多日本人关心的问题。如果用一句话概括，我的回答就是：法律本身已经相当完备，只是在适用过程中仍然存在许多问题。以刑法为例，中国的犯罪成立要件甚至比日本更为严密，但是，在讨论中，反而会被中国学者问及这样是否能够保障被告人的权利等问题。

再以侵犯知识产权的问题为例，相关的法律制度虽然并不算十分滞后，但是其适用则到了令人难以置信的地步，因此，侵害事件才会不断发生。

行刑制度及其适用方面则存在明显的滞后现象。从若干年前开始，中国监狱学会就与日本进行定期的交流，其学习日本的制度以及适用的诚意让人看到希望。但遗憾的是，去年参加中国犯罪学研究会（即日本所称的学会）的日本专家未被允许参观地方的监狱，这令我们非常吃惊。看来，在这方面多少还需要一些时间。

# 总体回顾

# 中国 1997 年《刑法》：
# 实质性变革还是华而不实[*]

伊恩·多宾森[**] 文

刘雁鹏 杨海强[***] 译

---

[*] Ian Dobinson, "The Criminal Law of the People's Republic of China (1997): Real Change or Rhetoric?", 11 *Pac. Rim L. & Pol'y J.* 1 (2002). 本文的翻译与出版已获得作者受权。

[**] 伊恩·多宾森，悉尼科技大学高级讲师（Senior Lecturer），此前其曾担任香港城市大学法学院副教授。

[***] 刘雁鹏，中国社会科学院法学研究所助理研究员；杨海强，华东政法大学中国法治战略研究中心师资博士后、助理研究员。

# 一、引言

1997 年 10 月 1 日，《刑法》经全面修改后，开始在中华人民共和国生效。[①] 1997 年新《刑法》与以前 1979 年《刑法》有明显的不同，新《刑法》新增了 250 个罪名。另外，1997 年《刑法》将"反革命罪"更名为"危害国家安全罪"，废除了 1979 年《刑法》中的类推规定，明确确立了罪刑法定原则和适用刑法人人平等原则：

> 尽管中华人民共和国成立后用了 30 多年才制定公布刑法典，之后的修改又再等待了 17 年，相对来讲，1997《刑法》是完善、统一和合理的。这部刑法典不仅仅完善了中国刑事司法体系，而且帮助中国走向法治道路。[②]

对这此次刑法全面修改的长期效果，有学者持更加谨慎的态度，但他们对这次改革仍然相当乐观。在对 1997 年《刑法》的评价中，他们指出，"在通过对诸如'法律面前人人平

---

[①]　See Legislative Affairs Comm'n of the Standing Comm. of the Nat'l People's Congress of the People's Republic of China, The Laws of the People's Republic of China (1987)（以下简称 Laws of the PRC）。本文所引用的 1979 年后的所有法律、决定、补充规定来自以上文献中的相关卷册的内容。第一卷包括 1979 年—1982 年通过的法律。本文所有的有关中国法律的注释，请参阅该书中的相关卷册。

[②]　Wei Luo, The 1997 Criminal Code of the People's Republic of China, 1998, p. 21.

等'、'法无明文规定不为罪'和'法无明文规定不处罚'等原则的采用，重申其对法律的可预测性，和对非国家利益的程序性保护的合理重要性之支持这一方面，当前的发展趋势非常引人注目"①。

上述两位学者所提及的"当前发展趋势"，包括 1996 年《刑事诉讼法》，当然也可以说包括《行政处罚法》（1996年）、《法官法》（1995 年）、《检察官法》（1995 年）和《警察法》（1995 年）在内。② 举例来说，1996 年《刑事诉讼法》大规模修改了 1979 年《刑事诉讼法》，并引入大量审前规定，用以保护那些因涉嫌犯罪被侦查，以及那些随后被以该罪提起公诉的人。这些审前规定，包括限制审前羁押期限和获得法定代理权。尽管存在争议③，但这也表明，1996 年的《刑事诉讼法》④ 在中国法律理论中确立了无罪推定原则。陈健夫引用了一位中国学者的论述作为对此的评论："'一个公正的法律并不能保证法律的公正适用。'对西方的很多例如无罪推定等实践的采用，都需要司法人员转变工作方法和思路。"⑤

然而，对许多在中国的人来说，自 1995 年起的很多改革，如果未能证明中国法治建设已经到位的话，其最起码展示了迈向法治之路的明显进步。⑥ 这种看法，在 1997 年 12 月 12 日江泽民在党的会议报告中被进一步巩固：在其报告中，江泽民提

---

① Lin Zhiqui & Ronald Keith, "The Changing Substantive Principles of Chinese Criminal Law", 13 *China Info* 76, 78 – 79 (1998).

② 参见 Laws of the PRC 的相关内容。

③ Jonathan Hecht, *Lawyers Committee for Human Rights*, *Opening to Reform? An Analysis of China's Revised Criminal Procedure Law*, 1996.

④ 1996 年《刑事诉讼法》第 12 条规定："未经人民法院依法判决，对任何人不得确定有罪。"

⑤ Jianfu Chen, "A Moderate Step in the Right Direction—The Revision of the Criminal Procedure Law in the PRC", 3 *J. Chinese & Comp. L.* 1, 157 (1997).

⑥ Li Buyun, "Ideal and Reality of the Rule of Law in China", 3 *J. Chinese & Comp. L.* 1, 40 – 59 (1997).

出他当时著名的政治构想："依法治国，建设社会主义法治国家。"① 江泽民随后通过如下解释，扩张了这个构想：

> 为保证宪法和其他法律的权威，我们必须保证法律面前人人平等，任何人、任何机构都不得享有凌驾于宪法之上的特权。所有政府机构都必须依法履行职责，通过建立法律实施的责任体系和评估检验体系以保证公民的权利得以认真对待。②

据观察，江泽民的该项政策构想，将法治提升到了一个全新的党的政策之高度，③ 使其可能与建设社会主义市场经济的政策并驾齐驱。同时该政策构想终结了关于法治与法制是非曲直的争论。在 1999 年 3 月，江泽民的政策构想也被修订后的《宪法》第 5 条所吸收。

然而，一个相反的观点认为，1996 年《刑事诉讼法》和 1997 年《刑法》中原则的改变，只不过是法律改革的中式华丽辞藻的一部分而已，正在发生的并非是正规的实质变革，而只不过是国家工具主义延续的微妙变种。一些中国本土之外的中国学者同样对 1997 年《刑法》作出了批判。例如，陈健夫④认为，由反革命罪变成危害国家安全罪这种变动的形式化、坚持行政制裁和犯罪的人工区分、继续使用死刑都是主要的让人失望的地方。1997 年《刑法》对于犯罪的数量没有太多变化、继续支持死刑、继续依赖严刑峻法这些事实，都可以

---

① Lin & Keith, "The Changing Substantive Principles of Chinese Criminal Law", p. 84.

② Id.

③ Jiang Zemin, "Hold High the Great Banner of Deng Xiaoping Theory", 41 *Beijing Rev.* 10, 24 (Oct. 6 – 12, 1997).

④ Jianfu Chen, *Chinese Law: Towards an Understanding of Chinese Law, Its Nature and Development*, 1999.

证明 1997 年《刑法》仅为思路上的延续，而非任何实质上的改变。例如，有学者认为："对照 1997 年《刑法》中的其他有明显且积极改动的地方，以国家控制社会这一明确目的，在刑法中增加严厉处罚的条款数量，就是一个矛盾之处。"①

这篇文章的目的就是去评价，1997 年《刑法》中的改变是否是象征性的而非实质性的。这样的评估，需要详细审视自中华人民共和国成立以来的所有刑事法律。因此在本文第二部分追溯了从 1949 年到 1997 年的中国刑法的历史。本文第三部分将讨论 1997 年《刑法》的一些改革细节，通过与 1979 年《刑法》相比较，来概述 1997 年《刑法》的主要改变。文章第四部分，审视了自 1997 年以来刑法的变化。中国刑事法律的一个重要方面，就是刑事和行政处罚的二分法，本文将在第五部分就此进行讨论。最后，第六部分的结论认为，尽管刑法有大规模的修改，在实践中作为解释和适用刑法的基础之基本原则并没有太大改变。

## 二、历史考察

尽管中国法律的历史源远流长，但中国历史学家却认为，中国现行的法律体系与中国古代的法律体系并无关联。这与中国的历史学家们运用马列主义思想，将中国 20 世纪以前的历史划分出来的三个阶段理论相一致：原始社会（公元前 21 世纪以前）；奴隶社会（公元前 21 世纪到公元前 476 年）；封建社会（公元前 475 年到公元 1840 年）。② 从 1840 年到 1949 年间的社会性质分类有多种方式，不仅包括了资本主义或资产阶级性质，还包括半封建和半殖民性质。

---

① Lin & Keith, "The Changing Substantive Principles of Chinese Criminal Law", p. 98.

② Albert Chen, *An Introduction to the Legal System of the People's Republic of China*, 2d ed. 1999, p. 7.

### （一）1949 年—1976 年的中国刑法

有人认为，1949 年到 1976 年这段时期，与现行的法律体系仅存在有限的关联。现行的法律体系主要是 20 世纪 80 年代和 1990 年代的立法工作的产物。"因此，在 1949 年前的共产党的司法经验，要比现行法律发展，更适合于解释中华人民共和国前 30 年的无法无天的状态。"①

1949 年中国成立后采取的第一步措施，就是废除国民党政府的所有法律及其法律体系。因此，在 1949 年到 1953 年的那段过渡时期内，中国在缺乏法典化的法律制度的情况下向前发展。过渡时期的法律制度，是基于"共产党的政策及各项基本原则、中国政府及人民解放军发布的各种法律法规"。②

然而，在 1949 年到 1976 年期间，并非完全没有立法活动，若干的刑法典草案（同时也有其他的法律）已被拟定出来。例如，在 1951 年，《惩治反革命条例》被颁布。③ 在该规定中，有两条格外引人注意。第 16 条规定了犯罪类推适用原则，第 18 条规定了溯及既往，即可以处罚 1949 年以前的行为。④ 这与"法律主要是用来对抗那些危害国家的反革命分子的武器"这一观点是一致的。⑤

这个时期的刑事法律，被认为是维护党的统治的一种镇压

---

① J. Chen, *Chinese Law: Towards an Understanding of Chinese Law, Its Nature and Development*, p. 31.

② See A. Chen, *An Introduction to the Legal System of the People's Republic of China*, p. 24. （该指示的第 5 项是有关废除国民党的"六法全书"的内容，1949 年 2 月。）

③ 有关 1949 年到 1965 年间的详细论述，see Leng Shao - Chuan, *Justice in Communist China: A Survey of the Judicial System of the Chinese People's Republic*, 1967。

④ Id.

⑤ A. Chen, *An Introduction to the Legal System of the People's Republic of China*, p. 25.

工具。中国共产党最初的目的，就是确保所有的反对政治势力都被粉碎：

的确，中国共产党的一些领导强调法律是"军事力量的延伸"，是政治的附庸，司法的任务与军队和警察的任务是相同的。同时被强调的是，在过渡时期（从新民主主义时期到社会主义时期）……根本不可能制定出类似于民法典和刑法典这样的基本法律。①

在接下来的巩固阶段，随着第一个五年计划的提出，起草新刑法典的工作在 1954 年拉开帷幕。② 在这段时间，中国领导人决定采纳苏联模式的法律体系。③ 为此，中国翻译了大量苏联法律和法学文献。④ 此外，随着中国邀请苏联学者来中国讲授法律，以及派遣中国的学生去学习第一手的苏联法律，中国和苏联的学术交流活动开始变得兴盛。⑤ 苏联对最初的刑法和刑事诉讼法草案的影响是显著的。⑥

1956 年到 1957 年间，一本有关中国刑法和诉讼法原则的重要专著出版了。这本名为《中华人民共和国刑法总则讲义》（以下简称《讲义》）的专著，被认为是能为非社会主义国家所接触

---

① J. Chen, *Chinese Law: Towards an Understanding of Chinese Law, Its Nature and Development*, p. 37.

② 然而，有学者指出，该项工作早在 1950 年随着《刑法》概要草案和《刑法》主要原则草案的发布而启动。See Chin Kim, *The Criminal Code of the People's Republic of China*, 1982, p. 1.

③ A. Chen, *An Introduction to the Legal System of the Legal System of the People's Republic of China*, p. 26.

④ J. Chen, *Chinese Law: Towards an Understanding of Chinese Law, Its Nature and Development*, p. 38.

⑤ Id.

⑥ Id.

到的、中国共产党关于刑事实体法和程序法的最重要的专著。①

关于犯罪的定义，《讲义》的作者说："在我国刑法中我们可以这样描述犯罪的概念：犯罪是任何威胁我国人民民主制度，破坏社会秩序，或具有社会危害性，且根据刑法规定，应当被判处刑事处罚的犯罪行为。"②

《讲义》对刑法中的早期意识形态进行了深刻的解析。其采用了传统的马克思主义解释方法，来分析犯罪的原因。资本主义被视为主要的犯罪根源。③ 对于中国的高犯罪率，最初也是在这样的意识形态框架下被理解的，同时还对反革命罪予以强调，并将犯罪分子视为国家的敌人。这些都在《讲义》中得到反映：

我国刑法主要打击反革命犯罪分子，和那些杀人、放火、盗窃、诈骗、强奸，以及其他严重破坏社会秩序和社会主义建设的犯罪分子。我们必须清醒地意识到刑法是针对那些破坏社会主义的敌对分子的。④

刑法典的制定工作，以及其他的重大举措，因为 1957 年的"反右运动"和 1958 年的"大跃进运动"被搁置了。⑤ 在接下来的两年内，苏联体系遭到越来越多的批判。这主要是因为中苏关系越来越紧张，在斯大林死后，毛泽东将苏联的政策视为修正主义。

---

① J. A. Cohen, *The Criminal Process in the People's Republic of China* 1949 – 1963: *An Introduction*, 1968, p. 58.

② Id. p. 238.

③ Id.

④ Id. p. 79.

⑤ J. Chen, *Chinese Law: Towards an Understanding of Chinese Law, Its Nature and Development*, p. 39.

然而，在 3 年饥荒（1959 年—1961 年）后的 1962 年，为了促进经济复苏，在政治控制方面看似出现了一些松动。"大跃进"失败了，共产党也意识到对经济改革的需求是建立在法律和稳定的社会秩序之上的。① 刑法典的编纂工作又重新启动，而且在 1963 年，刑法典第 33 稿完成。但这部刑法典草稿也就此戛然而止，在 1963 年和 1965 年间被所谓的"四清运动"② 打断，在 1966 年，又被"文化大革命"打断了。其事实上见证了中国法律体系的崩溃和对正式法律法规的拒绝。法官、检察官、律师相继遭到迫害，他们中的很多人都被逮捕并关押。所有的法律院校都被迫关门。无政府状态高扬，苏联的法律体系受到攻击。尽管这一法律混乱时期大体上于 1970 年终止，但直到 1976 年毛泽东去世并逮捕"四人帮"之后，其才算真正结束。其后开始了一段改革的时期，它见证了 20 世纪 50 年代法律体系的重建和发展。

**（二）1976 年—1996 年的中国刑法**

1. "文化大革命"的终结以及邓小平的崛起

1976 年毛泽东的去世标志着"文化大革命"的结束，并见证了邓小平作为国家领导的崛起。这一时期的基础，主要是由以下两个重要的政策构成：法制化和四个现代化。四个现代化是指工业现代化、农业现代化、科学技术现代化和国防现代化。构建稳固、法典化的法律体系被认为是实现这些目标的关键。这些对新的制度和政策导向的需求，首先在 1978 年的《宪法》中呈现出来。③ 与此同时，编纂法典的呼声也渐渐出

---

① J. Chen, *Chinese Law: Towards an Understanding of Chinese Law, Its Nature and Development*, p. 39.

② Id. p. 40.

③ J. Chen, *Chinese Law: Towards an Understanding of Chinese Law, Its Nature and Development*, pp. 40 – 43. （该文有更细致的讨论。）

现。福斯特（F. H. Foster）指出："随着董必武 1957 年法典编纂的讲话以及其附随注释再次出版，新一轮的对法典编纂运动的呼唤于 1978 年 10 月被再次提起。"①

这导致有需要重新考虑一些既存的立法草案，其中包括刑法草案第 33 稿（1963 年）。1978 年 11 月 29 日，全国人大常委会通过一项决议，宣告 20 世纪 50 年代和 20 世纪 60 年代制定的法律将继续有效，除非其违反了新的《宪法》或被新法取代。② 1979 年 7 月 1 日，五届人大二次会议通过《刑法》。与此同时，全国人民代表大会也公布了《刑事诉讼法》《人民法院组织法》和《人民检察院组织法》。

以对人民进行有关新《刑法》的内容以及重要性的宣传和教育为目的，在 1979 年《刑法》生效之前，一轮传媒运动被启动。③ 作为这项运动的一部分，中央人民广播电台播出了一系列演讲。④ 第一次演讲就对刑法的基本意识形态进行了清楚的阐释："中国的刑事法律是无产阶级和最广大人民意志的体现。刑法是打击敌人，惩罚犯罪分子并且保护人民的有力武器。它是实现无产阶级专政的重要武器。"⑤ 《宪法》（1982 年）第 28 条规定："国家维护社会秩序，镇压叛国和其他反革命的活动；制裁危害社会治安、破坏社会主义经济和其他犯罪的活动，惩罚和改造犯罪分子。"⑥

这种潜在的法律功能，在其他的法律中也有体现。《人民法院组织法》第 3 条规定，委托法院在审判刑事案件时，应保

---

① F. H. Foster, "Codification in China", 30 *Am. J. Comp. L.* 399 (1982).

② Tao-Tai Hsia & W. I. Zeldon, "Recent Legal Developments in the People's Republic of China", 28 *Harv. Int'l L. J.* 2, 259 (1987).

③ See generally "Lectures on the Criminal Law", translated in *Chinese L. & Gov't*, Summer 1980.

④ Id.

⑤ Id. p. 6.

⑥ Laws of the PRC.

卫无产阶级专政，维护社会主义法律制度和公共秩序。① 此外，法院有义务"保证社会主义改革和社会主义建设的顺利进行"②。与此相似的是，《人民检察院组织法》第 4 条规定，人民检察院行使检察权时，应"维护国家的统一，维护无产阶级专政制度，维护社会主义法制……保卫社会主义现代化建设的顺利进行"③。

2. 1979 年《刑法》④

中国 1979 年《刑法》采用与其他国家的刑法典相似的结构。⑤ 这部《刑法》共包括 192 条规定，分为两部分：第一部分是有关犯罪和刑罚的总则部分；第二部分对各类特殊犯罪进行定义。1979 年的《刑法》基本上照搬了 1963 年的刑法草案，因此很多规定与 1926 年、1960 年的苏联刑法典相似。⑥

1979 年《刑法》的宗旨清晰地显现了该刑法典的政治属性。第 1 条规定，刑法的指导思想是"马克思列宁主义，毛泽东思想"。依照惩办与宽大相结合的政策，"结合我国各族人民实行无产阶级领导的、工农联盟为基础的人民民主专政即无产阶级专政和进行社会主义革命、社会主义建设的具体经验及实际情况制定"。

1979 刑法典另一条重要条款是第 79 条。该条规定了类推制度，即若刑法中没有规定某种罪行，"可以根据最相近或最为相似的条款进行定罪和处罚"。法官适用此条款必须得到最

---

① Laws of the PRC.

② Id.

③ Id.

④ Id.

⑤ See e. g. , the Codes of the then USSR, Japan and Germany.

⑥ H. J. Berman et al. , "A Comparison of the Chinese and Soviet Codes of Criminal Law and Procedure", 73 *J. Crm. L. & Criminology* 1, 238 – 58（1982）. 即使苏联在 1958 年已经废除了反革命罪，并代之以危害国家安全罪，中国 1979 年《刑法》仍旧包括此罪。

高人民法院的批准。据说第 79 条是为了使刑法更具有灵活性，以弥补该被宣传得十分"完善"的立法的不足。[1] 然而，1979 年《刑法》实施不久后，人们很快发现，很多条款事实上十分模糊，而且容易引起歧义。这导致一个以全国人大常委会决议、补充规定和最高人民法院的解释等形式，对 1979 年《刑法》持续不断补充的进程。例如，早在 1981 年，全国人大常委会就通过了《关于处理逃跑或者重新犯罪的劳改犯和劳教人员的决定》。[2]

3. 对"四人帮"的审判[3]

1980 年的 11 月和 12 月，毛泽东的遗孀和其他党和国家的高级领导人因其在"文化大革命"中的罪行而受到法庭的审判。对被告的指控涉及 1979 年《刑法》第 1 章中的各种反革命罪行。人们认为，"四人帮"应当对"文化大革命"的重重恶行承担全部的实质责任，其中也包括了 1963 年的刑法典草案起草工作的中止。1980 年的广播所播放的讲座评论如下：

> 然而，因为国内环境风云变幻，加上法律虚无主义的浪潮，以及特别是由于林彪和"四人帮"造成的各种破坏和损害，中国的刑法制定工作再次被束之高阁。[4]

进一步报道认为，只有当粉碎"四人帮"之后，刑法典草案以及其他重要的法律草案的起草工作才能重新开始。[5] 1980 年审判"四人帮"，对中国政府来说是一件非常重要的大

---

[1] J. Chen, *Chinese Law*: *Towards an Understanding of Chinese Law*, *Its Nature and Development*, p. 172.

[2] Laws of the PRC.

[3] 实际上有 10 个被告。

[4] "Lectures on the Criminal Law", p. 9.

[5] Id.

事。它使中国人得以向外界证明，"文化大革命"中的法律虚无主义已经终结，以及基于特定法律之上的法与秩序时代已经开始。它同时提供了一个展示新《刑法》和新《刑事诉讼法》的机会。中国政府并没有看到溯及既往适用 1979 年《刑法》有何问题。为了回应西方观察者的大量批评，[①] 中国试图通过将其说成是对"宽大原则"的实际运用，来证明溯及既往的合法性，由此，如果新法判决要比旧法轻，则某人可以依据新法来审判。虽然引用了国际先例，但其并没有解释以前的法律是什么，因此何谓所犯之罪也不清楚。[②] 法庭上的程序表现出对无罪推定明确拒绝的态度。对于这些评论，全国人大常委会法制委员会副主任兼秘书长王汉斌评论如下：

> 不同的国家有不同的法律制度……当制定法律时，我们必须参考并吸收来自古今中外的法律中的有益部分。然而，对于司法工作，诸如目前的审判，我们只能依照目前现行有效的法律规定进行。[③]

据说，中国的刑事法律程序，"并不进行任何假设，其仅仅从事实中寻找真相"。[④]

然而，这次审判主要是一次满足大众利益的练习。它使得中国可以证明，至少在原则上，没有人能够凌驾于法律之上。对于这场审判，福斯特认为：

---

① See e. g. , Timothy A. Gellatt, "The People's Republic of China and the Presumption of Innocence", 73 *J. Crim. L. & Criminology*, 1, 259–316 (1982).

② Id.

③ Foster, "Codification in China", p. 407, n. 75.

④ Gellatt, "The People's Republic of China and the Presumption of Innocence", p. 261.

中国刑法

这次审判的首要目的是教育。通过大规模的媒体报道，这次审判向民众具体展示了中国社会主义法制在实践中的运作情况，以及法律同样适用于最高层领导的情况……审判的次要目的是为了让世界聚焦于中国推动立法的情况。①

### 4. 打击犯罪的运动

为了吸引外国投资，当前的首要任务被认为是，去向外界证明，中国拥有一个至少在形式上稳定的法律体系，但是保证社会本身稳定的需求也同样存在。这就引出了两种方案。第一种方案就是镇压反对者。包括由 1978 年《宪法》所保障的言论自由权等权利，又明显受到了 1982 年《宪法》的新改动的严格限制。② 1979 年《刑法》第 90 条同时宣布，反革命犯罪是指"以推翻无产阶级专政的政权和社会主义制度为目的的、危害中华人民共和国的行为"。所有反党的观点都受到严肃处理，并通过大规模适用劳教来进行再教育改造。

第二种方案是精简刑事法律制度。中国的犯罪率特别高，新的法律体系并不能够有效减少犯罪。③ 从 1981 年中期开始，常委会通过一些新决定，来简化刑事法律制度，在大多数情况下，其效果仅仅是规避对《刑事诉讼法》的适用而已。这些决定中最早的是 1981 年的《全国人民代表大会常务委员会关于处理逃跑或者重新犯罪的劳改犯和劳教人员的决定》和 1982 年的《全国人民代表大会常务委员会关于严惩严重破坏经济的罪犯的决定》。④ 这两个决定，明显加重了脱逃者、累

---

① Foster, "Codification in China", pp. 407 – 408.
② 1982 年《宪法》第 51 条规定，任何公民在行使权利时不得损害国家、社会、集体的利益。See Laws of the PRC.
③ Donald C. Clarke, Note, "Concepts of Law in the Chinese Anti – Crime Campaign", 98 *Harv. L. Rev.* 1890, 1896 (1985).
④ Laws of the PRC.

犯以及那些违反《刑法》第 13 条所列之罪的刑罚。① 这样的犯罪包括了投机倒把、走私毒品以及贪污。这些决定使得死刑判决适用于上述罪行。在 1981 年，全国人大常委会也通过《关于死刑案件核准权问题的决定》，这项决定允许高级人民法院享有死刑的复核权而不再需要经最高人民法院的批准。② 在 1983 年，政府将注意力转向严重暴力犯罪，并通过了《全国人民代表大会常务委员会关于严惩严重危害社会治安的犯罪分子的决定》。③ 与之相关联的文件是《全国人民代表大会常务委员会关于迅速审判严重危害社会治安的犯罪分子的程序的决定》，这个决定允许法院和检察院可以规避 1979 年的《刑事诉讼法》的要求。

这些决定开启了此后持续 14 年的、通过补充规定完善法律的进程，其中包含了 19 个进一步的决定以及补充规定。同时，这些决定也将许多犯罪的最高刑罚加重至死刑。例如，1979 年《刑法》第 118 条关于普通走私罪的规定，就将最高刑罚从十年有期徒刑加重至死刑。

1982 年和 1983 年的这两个决定，都因为其违反禁止溯及既往的原则在国内外受到严厉批判。1979 年《刑法》的第 9 条声明，新《刑法》在 1980 年 1 月 1 日生效实施。在 1949 年之后，1980 年 1 月 1 日之前的行为，若当时不认为是犯罪就不能被起诉。而对于 1980 年 1 月 1 日前后都被认为是犯罪的行为，则应该适用更轻的刑罚。④ 如果 1979 年《刑法》没有规定某个行为为犯罪，则适用 1979 年《刑法》的规定。⑤ 1980 年以前法律的模糊性，导致在 1980 年之前的犯罪行为，

---

① 对于这些文章，参见 1982 年决定的附录。
② Laws of the PRC.
③ Id.
④ 参见 1979 年《刑法》第 9 条，Laws of the PRC。
⑤ Id.

很容易被 1979 年《刑法》所包涵。审判"四人帮"即为此问题的有力佐证。然而，刑罚的加重以及 1982 年和 1983 年的决定，不仅仅违反法不溯及既往的原则，而且违反从轻的原则。1982 年《全国人民代表大会常务委员会关于严惩严重破坏经济的罪犯的决定》的第 2 条的规定则是明显溯及既往的：

> 凡在本决定施行之日以前犯罪，而在一九八二年五月一日以前投案自首，或者已被逮捕而如实地坦白承认全部罪行，并如实地检举其他犯罪人员的犯罪事实的，一律按本决定施行以前的有关法律规定处理。凡在一九八二年五月一日以前对所犯的罪行继续隐瞒拒不投案自首……作为继续犯罪，一律按本决定处理。

1983 年的决定和后来的决定，以及补充的规定，都没有有关溯及既往的明确规定，但是在实践中的做法则没什么两样。事实上，全国人大常委会的 1983 年的决定比 1982 年的决定更加严厉，因为 1983 年的决定中并没有包含自首，以及因此而来的、犯罪人在该决定生效前，对较轻刑罚的选择权有关的规定。

尽管官方的数据难以获得，但是据说有成千上万的人在这场打击犯罪的运动中被执行死刑。为了配合"严打"运动，政府动用了大量的传媒力量，对有关逮捕和死刑执行的新闻进行了广泛报道。[1] 其他报纸的文章则更多地谈论人民群众参与这场同敌对势力殊死斗争的必要性。[2]

在 1983 年之后，形形色色的打击犯罪的运动持续进行，

---

[1] Clarke, "Concepts of Law in the Chinese Anti-Crime Campaign", p. 1897.

[2] Id. 例如，1983 年 8 月 27 日，《四川日报》刊登了一篇名为《坚决打击和彻底消灭罪恶》的文章。

并且这些运动似乎遵循着"首先出台一个常委会的决定，其后进行严厉打击"这么一个路线。例如，在 1991 年，在打击卖淫和拐卖妇女、儿童的运动中，全国人大常委会通过《关于严禁卖淫嫖娼的决定》，以及《关于严惩拐卖、绑架妇女、儿童的犯罪分子的决定》。[①] 事实上，在 1981 年至 1996 年期间，全国人大常委会颁布近 22 个决定和补充规定。[②] 这些 22 个决定或补充规定都被 1997 年《刑法》所吸收。[③]

5. 1988 年至 1995 年的决定以及补充规定

1988 年到 1995 年间，全国人大常委会通过了 19 个决定以及补充规定。这些决定及补充规定的合法性受到挑战。例如，有学者认为，所有的规定都直接与 1979 年《刑法》所确立的禁止溯及既往原则相违背。[④] 所有的 19 个决定与补充规定，都可能是违宪的。《宪法》第 67 条第 3 项授权全国人大常委会在全国人大闭会期间，可以对法律进行部分的补充和修改，但不得与法律基本原则相抵触。《宪法》第 5 条规定："一切法律、行政法规、地方性法规都不得同宪法相抵触。"没有任何例子表明，补充的法律规定会因违反 1979 年《刑法》中的法律原则，或因违反《宪法》之理由而无效。[⑤] 即便当时中国政府已经认识到那些决议存在合法性争议，但与遵守法律或法律原则相比，基于打击犯罪需求的党的政策，在当时要更重要些。关于这个现象，有学者指出：

---

①   Laws of the PRC.

②   Id.

③   参见 1997 年《刑法》附录一、附录二，Laws of the PRC。

④   Lin & Keith，"The Changing Substantive Principles of Chinese Criminal Law"，p. 93.

⑤   参见 1979 年《刑法》第 62 条第 11 款，第 67 条第 7、8 款，第 89 条第 13 款。Laws of the PRC. 事实上，认为自从 1997 年《刑法》颁布后通过的所有决定和补充规定都是违宪的观点，是存在争论的。

中国刑法

国家法律拥有至高无上的地位，其效力应当高于政府命
令、政策文件、共产党的纪律以及上级长官的命令、指导和指
令这一原则，尚未在宪法理论中稳固地建立。并且，虽然事实
上社会主义法律原则得到官方口头认可，但在实践中并没有任
何体现。这些因素的效果，已经模糊了法律和政策之间的区
别，并且促使中国法律体系下的学生反思有关法律本质的假设
和定义。①

然而，所有与 1979 年《刑法》相关的决定和补充规定都
很可能是违宪的。《全国人民代表大会常务委员会关于惩治走
私罪的补充规定》和《全国人民代表大会常务委员会关于惩
治贪污罪贿赂罪的补充规定》于 1988 年通过，这些规定的补
充对象不仅包括《刑法》，也包括 1982 年的决定在内。其他
的决定和补充规定并不是意在修改或补充刑法，仅仅是设置新
的罪名。最近的一届全国人大常委会通过的《关于惩治违反
公司法的犯罪的决定》（1995 年）就是这一进程的一个例证。

1980 年代和 1990 年代的法律，以这种零碎形式出现是不可
避免的。针对这种情况，在 1978 年，邓小平指出：

有很多立法的工作要做，我们并没有那么多的训练有素的
工作人员。因此，法律的制定在刚开始的时候可以粗糙一点，
然后逐渐改善。简单地说，有法律总比没有法律好，早制定法
律比晚制定法律好。②

① A. Chen, *An Introduction to the Legal System of the People's Republic of China*, p. 77.

② J. Chen, *Chinese Law*: *Towards an Understanding of Chinese Law*, *Its Nature and Development*, p. 43.

1996 年《刑事诉讼法》的修改和 1997 年《刑法》的修改，可能弥补了这样的缺陷，就像某学者所说的那样，在法律中所导致之结果就是，法律"相对完善、统一和合理"①，但是补充的过程其后仍在继续。② 然而，最高人民法院至少在一定程度上处理了法不溯及既往原则。1997 年《刑法》第 12 条指出，如果一个行为是在 1997 年《刑法》生效前实施，而在此之前此行为在原来的刑法体系中不认为是犯罪，那么就应当适用原来的法律……但是，若新法不认为是犯罪或新法处罚较轻的，则适用于新法。根据最高人民法院的说法，这条规定应被解释为反映被世界上绝大多数国家所采纳的原则，即一般情况下适用行为发生时的有效的法律，但新法生效后处罚较轻的，适用新法之处罚。③

## 三、刑法的改革和 1997 年《刑法》

### （一）刑法的结构性考量

1979 年《刑法》的改革进程，始于 1982 年全国人大常委会成立审查委员会时。在 1983 年，法律草案重新起草的过程，在全国人大法律工作委员会的支持下得以重启。到 1988 年，已经有三部法律草案被提上议程并通过审议。施行法治，以及实现由计划经济到市场经济的转变，是改革进程背后的两大推动力。④

---

① Luo, *The 1997 Criminal Code of the People's Republic of China*, p. 21.
② 参见《全国人民代表大会常务委员会关于惩治骗购外汇、逃汇和非法买卖外汇犯罪的决定》（1998 年 12 月 29 日）和全国人大常委《刑法修正案（一）》（1999 年 12 月 26 日），Laws of the PRC。
③ Zhang Jun, "On Interpreting the New Criminal Law", 4 *China Law* 66, 67 (1997).
④ Chen Xingliang, "Major Changes in the Chinese Criminal", (May 8, 1997)（文章为作者在香港城市大学法学院发表的演讲）。陈兴良教授是 1997 年《刑法》的起草成员之一。

在 1988 年，常委会起草了修改刑法的初步指导方针。但是，由于出现 1989 年的那场政治风波，大规模地修改刑法被认为不合时宜，① 而且进一步的决定以及补充规定也于此时通过。② 结合 1988 年的刑法修正案包括废除反革命罪，代之以危害国家安全罪的这一事实进行考量，上述内容也就具备了特别的重要性。

在 1989 年之后，全国人大常委会基于这段时间的政策考虑，颁布了两个法律和一个决定。③ 首先通过的就是《集会游行示威法》。④ 这部法律的第二章规定要进行集会、游行、示威需先获得许可的条款。在第四章法律责任中，第 29 条第 3 款规定未经申请或申请后未获批准进行集会、游行、示威活动的，或集会未按照许可的具体规定进行，或严重扰乱公共秩序，那些集会、游行、示威的直接负责人应当按照 1979 年《刑法》第 158 条的规定承担责任。1979 年《刑法》第 158 条规定的最高刑罚是 5 年有期徒刑。⑤ 对于这个情况，有学者指出："通过对最近中国有关公共秩序的立法进行分析，我们可以将对合法性的依赖，作为对一连串社会控制机制进行合法化的媒介来认可，而非仅仅对法律本身是一种镇压的手段进行控诉。"⑥ 根据某学者的说法，该类法律反映出了一种很大程度上是基于国家工具主义之政策的、获得合法性之途径。

---

① 王汉斌副委员长于 1997 年 3 月 6 日在第八届全国人大第五次会议上的报告——《关于中华人民共和国刑法（修订草案）的说明》。
② 《关于惩治假冒注册商标犯罪的补充规定》和《关于惩治破坏金融秩序犯罪的决定》，Laws of the PRC。
③ 这并非表明这些法律仅仅因为 1989 年政治风波而颁布，但很明显，该事件及其余波影响了那时的政策，以及因此而来的这些法律的实用性。
④ Laws of the PRC.
⑤ 1979 年《刑法》第 158 条，Laws of the PRC。
⑥ M. Findlay & T. Chiu Chor–Wing, "Constitutional Rights and the Constraint of Populist Dissent: Recent Resort to Legalism in China", 19 *Int'l J. Sociology L.* 67, 80 (1991).

第二部颁布的法律是《国旗法》。① 该法第 1 条规定："为了维护国旗的尊严，增强公民的国家观念，发扬爱国主义精神，根据宪法，制定本法。"根据第 19 条的规定，侮辱国旗的人，可被施以 15 天拘留的行政处罚。然而，就在同一天，全国人大常委会公布《关于惩治侮辱中华人民共和国国旗国徽罪的决定》。② 该决定使得对任何试图公开或故意焚烧、毁坏、涂鸦、污损或践踏国旗或国徽的人，最高可被判处三年有期徒刑。

改革重新走向正轨是在 1993 年。在 1994 年 3 月，法律工作委员会提交讨论刑法分则的法律条款汇编。与此同时，一些包括来自中国人民大学的学者们，③ 受邀起草总则条款。对于这个改革过程，两位曾经是起草委员会的委员说："指导改革的原则是明晰的：一部新的刑法应当服务于经济建设而不是政治；它应当是民主的、科学的，以及能够与国际相接轨的。"④

改革背后的推动力是建设法治国家，以及发展邓小平提出的"社会主义市场经济"。然而，这两个因素紧密相连，并在 1997 年的政策声明中得到清晰地证实："市场经济是一种法治经济"以及"依法治国，建设社会主义法治国家"。⑤

1996 年，摆在全国人大面前的是一部新的刑法典草案。在经过充分讨论和修正补充后，新修正的刑法最终在 1997 年 3 月 14 日颁布。尽管从 1989 年起，中国的法律学者们就提出大量的建议，但是 1997 年《刑法》的起草者决定遵从 1988 年

---

① 《中华人民共和国国旗法》（1990），Laws of the PRC。

② 《全国人民代表大会常务委员会关于惩治侮辱中华人民共和国国旗国徽罪的决定》（1990），Laws of the PRC。

③ 这些学者包括赵秉志、鲍遂献和赫兴旺。

④ Zhao Bingzhi & Bao Suixian, "The Present and Future of Criminal Law Reform in China", 1. *Chinese Comp. L.* 1, 133（1995）.

⑤ Lin & Keith, "The Changing Substantive Principles of Chinese Criminal Law", pp. 23 – 24.

的指导思想：

首先，这次修正吸纳了人大常委会自 1979 年以来所发布的各种决定以及补充规定。其次，这次修正要确保法律的稳定性和连续性；因此那些没有大问题的规定就不要进行变动。最后，应详细阐述并且明晰一般性的或模糊的条款。总之，这次修正要使 1979 年《刑法》合理化、体系化、清晰化并更加详尽。①

1997 年之后，刑法修改仍然是通过常委会颁布新法案，以及以修正案的方式修正刑法内容。② 此外，很多 1997 年的《刑法》规定交由司法解释详细规定。

## （二）1997 年《刑法》的修改

### 1. 三个改革指导原则

据说，1997 年《刑法》的修改基于以下三个原则：统一性原则、连贯性原则、明确性原则。③

（1）统一性原则

正如前所述，全国人大常委会在 1979 年至 1997 年间制定了 22 部独立的刑事法律。④ 将近 220 个罪名也被增设于包含有刑事规定的民事法律之中。⑤ 这样就增加了将近 300 个罪名。另外，1997 年《刑法》增加了将近 100 个全新的犯罪。修订

---

① J. Chen, *Chinese Law*: *Towards an Understanding of Chinese Law*, *Its Nature and Development*, pp. 170 – 171.

② 全国人大常委会于 1998 年 12 月 29 日通过了《全国人民代表大会常务委员会关于惩治骗购外汇、逃汇和非法买卖外汇犯罪的决定》；1999 年 12 月 26 日通过的《刑法修正案（一）》修改了有关证券期货的犯罪；1999 年 10 月 30 日发布了取缔邪教组织和处罚邪教犯罪活动的决定。

③ Chen Xingliang, "Major Changes in the Chinese Criminal" (1997)（文章未发表，该文根据作者在香港城市大学法学院的讲座整理而成）。

④ 其内容包含在 1997 年《刑法》中，Laws of the PRC。

⑤ 参见《中华人民共和国公司法》（1993），Laws of the PRC。

的过程中有一些非常重要的方面。其中最为重要的是，被认为是填补 1979 年《刑法》空白所必需的、对犯罪化一些新的违法行为的补充规定。回顾其中一些补充的法律规定，有助于分析这个不断扩充刑法的过程。

全国人大常委会的一些决定补充了 1979 年《刑法》中缺失部分的细节。例如，《全国人民代表大会常务委员会关于禁毒的决定》（1990 年），规定构成犯罪所需的各种鸦片和海洛因的最小数量，以及不同量刑区间。在其第 2 条中，走私、运输或者制造鸦片大于等于 1000 克或者海洛因大于等于 50 克的犯罪分子，最轻将被判处 15 年有期徒刑，最重判处无期徒刑或死刑。涉案 200 克到 1000 克的鸦片或者 10 克到 50 克的海洛因的犯罪分子，则将会被判处 7 年以上有期徒刑。还有许多更为详尽的规定，各种毒品犯罪之元素及其所施加的处罚被这些决定所扩充。

全国人大常委会通过的其他决定也设置了新的罪名。其中的两个例子，分别是《全国人民代表大会常务委员会关于惩治违反公司法的犯罪的决定》（1995 年），以及《全国人民代表大会常务委员会关于惩治虚开、伪造和非法出售增值税专用发票犯罪的决定》（1995 年）。新罪名的创造反映出中国经济的显著发展，以及与之相伴的犯罪显著增加。①

这些决定和补充规定现在已经融合进 1997 年《刑法》之中。《刑法》的附件一详细说明了所有的因被 1997 年《刑法》所吸纳而予以废止的各种法律，例如《全国人民代表大会常务委员会关于惩治违反公司法的犯罪的决定》。附件二包括了一个立法清单，即目前就其有关行政处罚和行政措施的规定仍

---

① Susan Finder & Fu Hualing, "Tightening Up Chinese Courts' 'Bags' —The Amended PRC Criminal Law", 11 *China L. & Practice* 35, 37 (1997).

然有效力的立法，这其中的例证是前面提到的两部法律：《全国人民代表大会常务委员会关于禁毒的决定》（1990年）以及《全国人民代表大会常务委员会关于惩治虚开、伪造和非法出售增值税专用发票犯罪的决定》（1995年）。

引人注目的两个例子是《全国人民代表大会常务委员会关于严惩严重破坏经济的罪犯的决定》（1982年）和《全国人民代表大会常务委员会关于严惩严重危害社会治安的犯罪分子的决定》（1983年）。这两个决定都在1983年"严打"运动中被广泛应用，其增加了很多可以适用死刑的罪名。这些增加了的刑罚，被1997年《刑法》与1979年《刑法》以相同或相似①的罪名所吸纳。因此，1997年《刑法》并没有改变可以适用死刑的罪名的数量。

尽管1997年《刑法》明显增加罪名的数量，但似乎这一补充立法进程仍然在继续。在1998年12月29日，全国人大常委会通过了《关于惩治骗购外汇、逃汇和非法买卖外汇犯罪的决定》。② 然而，在1999年10月底，全国人大常委会收到许多建议修改刑法，以使刑法"在日常生活中的施行更为便捷"③。这些意见和建议于1999年12月26日被接受，且据报道称，④ 全国人大常委会通过了一个有关证券和期货犯罪的刑法修正案：

根据修正案，任何获得证券或期货的内幕消息的人，在官方消息发布之前，不得泄露内幕消息，或从事与该内幕信息相

---

① 参见1997年《刑法》第125、151条，Laws of the PRC。

② 有趣的是，1999年1月13日，国务院通过了相应的行政法规（《金融违法行为处罚办法》），1999年3月1日起生效。

③ "Law Making Set to be Streamlined", *China Daily*, Oct. 26, 1999, p. 2.

④ "Annual NPC Session Passes Laws, Closes", *China Daily*, Dec. 27, 1999, p. 1.

关的股票期货买卖行为，否则，违法者将会面临最高刑为 10 年的有期徒刑，以及 2 倍到 5 倍非法所得的罚金之处罚。①

（2）连贯性原则

根据 1988 年全国人大常委会的指导思想，只有 1979 年《刑法》中存在较大问题的条款才需要修改。② 就这一点而言，连贯性也可以适用于全国人大常委会的 22 个决定和补充规定之上。这一原则同时也与最高人民法院和最高人民检察院的大量司法解释相关联。在《新刑法与相关司法解释适用指南》中，最高人民法院研究室确认，那些与 1997 年《刑法》条文相关的 1997 年之前的司法解释继续有效。③

例如，我们可以在第 17 条关于刑事责任年龄的规定中寻找到一些痕迹。一般来说，承担刑事责任的年龄是 16 周岁，但是已满 14 周岁未满 16 周岁的人应当对故意杀人、故意伤害致人重伤或死亡、强奸、抢劫、贩卖毒品、放火、爆炸、投毒等行为承担刑事责任。其吸收了《最高人民法院关于办理未成年人刑事案件适用法律的若干问题的解释》的相关规定。④一些解释的内容，直接被刑法条款所吸收，而其他未被吸收的司法解释，则仍以法律解释的形式存在。

（3）明确性原则

刑法修改的第三个指导原则是明确性原则。1979 年《刑法》包含了大量的模糊的、普遍性条款。有学者说："制定

---

① "Annual NPC Session Passes Laws, Closes", *China Daily*, Dec. 27, 1999, p. 1.

② J. Chen, *Chinese Law：Towards an Understanding of Chinese Law, Its Nature and Development*, p. 170.

③ 《新刑法与相关司法解释适用指南》，人民法院出版社 1997 年版。

④ 另一个例子，请参见《最高人民检察院关于已满十四周岁不满十六周岁的人破坏交通工具、交通设备、电力煤气设备、易燃易爆设备应否追究刑事责任问题的批复》（1995 年 4 月 8 日）。

1979 年《刑法》时，中国刑事立法的哲学就是'宜粗不宜细'，因此，在旧刑法典中，很多涉及具体罪名的规定就很粗略和很模糊。"①

1979 年《刑法》的起草者认为，这些具有概括性和一般性的术语，对中国复杂多变之环境来说是合适的。这就为刑法在第 79 条中纳入类推规则提供了正当理由。1979 年《刑法》包含了以下三个的罪名——投机倒把罪、流氓罪和玩忽职守罪，② 这三个罪的解释范围很广，是中国所谓的"三个口袋罪"。在对 1979 年《刑法》第 118 条的投机倒把罪进行评价时，有学者指出："它是一个'口袋'，法官想要它有多大，它就有多大。它能包括虚假广告、出版淫秽物品、买卖濒危物种、操纵价格、破坏国家垄断以及倒卖车票。"③

1997 年《刑法》废除了第 118 条这个单一的罪名，并创设了许多单独的罪名以囊括所有的这类行为。关于这部分的细节将在后文第三部分第二节第 3 点"刑法修正案——分则"中被讨论。

2. 刑法修改——总则

除了大规模增加刑法罪名之外，1997 年《刑法》最为重要的改变就是刑事责任的一般原则。刑法的修改考虑到了以下四个标题的内容：去政治化、《刑法》第 3 条罪刑法定原则、法律面前人人平等以及第 5 条罪责刑相适应原则。

（1）去政治化

1997 年《刑法》最为重要的改变就是废除刑法中的反革命罪，并代之以危害国家安全罪。然而，这仅仅是刑法去政治

① Luo, *The 1997 Criminal Code of the People's Republic of China*, p. 11.
② 1979 年《刑法》第 117—119 条、第 160 条以及第 8 章，Laws of the PRC。
③ Finder & Fu, "Tightening Up Chinese Courts' 'Bags'—The Amended PRC Criminal Law", p. 37.

化的一小部分。1997 年《刑法》的第 1 条和第 2 条都删除了
1979 年《刑法》中所出现的特定政治口号。1997 年《刑法》
第 1 条中，去除了依照马克思列宁主义、毛泽东思想，由无产
阶级领导的，工农联盟为基础的人民民主专政等用语。该条现
在规定的是刑法的目的，即"为了惩罚犯罪，保护人民，根
据宪法，结合我国同犯罪作斗争的具体经验及实际情况，制定
本法"。1997 年《刑法》第 2 条规定，刑法的任务不再是"同
反革命作斗争……保卫无产阶级专政"。这些改变随后在宪法
修正案中有所体现。

　　1979 年《刑法》第 1 条和第 2 条的用语，反映了毛泽东
的刑法阶级理论以及无产阶级专政理论。刑法是"依照惩办
与宽大相结合的政策"，作为专政的一种最主要的工具而存在
的。这点通过毛泽东的敌我矛盾和人民内部矛盾理论得到进一
步深化，由此那些属于敌我矛盾的犯罪，比如说反革命罪和严
重的暴力犯罪，就属于阶级敌人，且应当被严厉处罚。非敌我
矛盾，被定义为没有对无产阶级专政和社会主义革命造成威胁
的人民内部纠纷。因此，造成的损害就可被解释为没有那么严
重或者说轻微，而犯罪分子受到的处罚亦可得到同等优待。结
果就是，如故意杀人罪（第 132 条）这样一个罪行，将可能
会被判处 3 年到 10 年有期徒刑这样较轻的刑罚，而非无期徒
刑或者是死刑。敌我矛盾和人民内部矛盾之间的区别，也常常
用于诉辩中。据此，那些辩称无罪的人就将属于敌我矛盾。反
革命罪则是敌我矛盾和阶级敌人标签的典型例证。

　　关于反革命罪的废除方面，正是由于 1979 年《刑法》对
反革命罪的使用，将中国刑法和其他社会主义国家的刑法区别
开来。自 1979 年始，这些罪行也吸引了国内外的强烈关注。
对于国外的关注者来说，特别是结合改革与劳动教养制度来进
行考量时，这些罪名代表了中国许多违反人权的行为之基础。

在中国国内，由于这些罪名与中国的经济发展和改革开放政策格格不入，那些参与修正刑法的人也在试图废除这些罪名。① 几乎从 1979 年《刑法》颁布的那一天起，就有建议提议废除这个术语。虽然中国极力抵制来自西方的批评，但中国内部对废弃使用这个术语的呼声，则是基于该术语与国际通行的原则不相兼容之上的。废除这些条款的建议书最早可以追溯到 1983 年，在 1988 年提交讨论的刑法草案中这些罪名被移除，取而代之的是"危害国家安全罪"。然而，1989 年的事件又使这些改进被搁置了许久。鉴于 1989 年政治风波以及中国对该事件的反应，废除反革命罪被认为是和维护政治及社会稳定相违背的。诚如王汉斌在 1997 年所说，在当时引入这些变化不太合适。② 然而，根据王汉斌的说法，这些变更到 1997 年变得合乎时宜了，其已经与中国的政治、经济以及社会环境的发展相符合。在 1999 年 3 月，"反革命活动"这个术语也从《宪法》第 28 条中被移除，取而代之的是危害国家安全罪。③

修改反革命罪的首要的正当理由就是这个罪名过于政治化。赵秉志等认为，反革命罪是政治犯罪，会与国际标准相冲突。他们声称，若保留这样的罪名，会不利于引渡罪犯回中国，因为其他国家不引渡触犯反革命罪的犯罪分子。他们进一步指出，这类罪行也与"一国两制"的原则不相符，其将无法调和这样一种冲突，即某些活动在香港特别行政区和澳门特别行政区被认为是合法的，但根据 1979 年《刑法》在内地会

① Lin & Keith, "The Changing Substantive Principles of Chinese Criminal Law", pp. 93 – 96.

② 王汉斌副委员长于 1997 年 3 月 6 日在第八届全国人大第五次会议上的报告——《关于中华人民共和国刑法（修订草案）的说明》。

③ "Six Amendments to the Chinese Constitution", *People's Daily Online*, Mar. 17, 1999, http：//english. peopledaily. com. cn/1999/enc ＿ 990317001002 ＿ TopNews. htm.

又被认为是反革命罪行。①

然而,这些真实的改变仅仅是表面的。很多反革命罪仅仅是重新归类,划入危害国家安全罪之下。② 例如,《刑法》第103条就规定,"组织、策划、实施分裂国家、破坏国家统一"就构成犯罪,而第105条规定,"组织、策划、实施颠覆国家政权、推翻社会主义制度的"也构成犯罪。另外第106条规定增加一个新罪名,与境外机构、组织、个人勾结,实施第103条、第105条规定的行为也将被认定为犯罪。王汉斌在1997年3月的全国人大会议上的发言指出,本条规定的目的在于处罚那些与境外势力勾结,以"西化"或"分裂"社会主义制度为目的的罪犯。③ 王汉斌说,"西化"对中国来说,是关系到国家安全的重大威胁。事实上,涉外因素被认定为是很多犯罪的加重情节。④ 考虑到中国的政治异议,很明显有一个巨大的起诉范围存在。而在新的条款之下,成功提起公诉将会更为容易。反革命行为目的的要件被危害国家安全罪所简单取代,而对这个术语可以进行更广泛的解释。

(2) 第3条以及罪刑法定原则

作为1997年《刑法》的最大"卖点"和表达方式的一部分,第3条的规定和1979年《刑法》中第79条类推制度的废除,被认为吸收了"法无明文规定不为罪、法无明文规定不处罚"的原则。⑤ 第3条规定,只有法律明文规定为犯罪行为的,依照法律才能定罪处刑。这条规定与1979年《刑法》的

---

① Zhao & Bao, "The Present and Future of Criminal Law Reform in China".

② 事实上,除了一些小的变化外,所有先前的反革命犯罪以危害国家安全罪得以保留。一个重要的例外是1979年《刑法》第98条,该条规定组织领导反革命组织构成犯罪。See Laws of the PRC.

③ 王汉斌副委员长于1997年3月6日在第八届全国人大第五次会议上的报告——《关于中华人民共和国刑法(修订草案)的说明》。

④ 参见1997年《刑法》第107条,Laws of the PRC。

⑤ Luo, *The 1997 Criminal Code of the People's Republic of China*, p. 34.

第 79 条形成鲜明的对比，后者允许对《刑法》中没有明确规定为犯罪的行为，可以依据"刑法分则规定中最为相近的条款进行起诉"。在那个时期，由于起草 1979 年《刑法》时采取了宜粗不宜细的立法方式，因此允许类推的规定存在被视为是必要的。在 1982 年，有学者发现在 1979 年《刑法》中，罪刑法定原则并没有被严格适用。[1] 在对 1979 年《刑法》商议的过程中，有支持全面采用该原则的观点，但是基于中国高速发展的经济与社会环境的条件下，需要更灵活的法律这一原因，该观点而未被采纳。这种政策与保证政治和社会控制的需求相关联。例如，关于反革命罪的解释，这一术语的解释在不同政治环境可以有不同的解释。最终达成妥协，第 79 条被采用，但作为限制，适用类推必须要经过最高人民法院的批准。正是这个 1979 年《刑法》的随意性——特别是涉及反革命犯罪时——导致来自西方的大量批评。

然而，这些条款却很少被使用，[2] 且多数是涉及破坏婚姻和家庭犯罪的案件。[3] 即使类推不经常使用，很多中国的学者都认为，《刑法》第 79 条明显与法制改革的精神和法治的发展相违背。例如，有学者就指出："使用 1979 年《刑法》的第 79 条类推条款，侵蚀了法治的基本精神，也违背 1982 年《宪法》对法治的承诺。"[4]

看起来，至少纳入第 3 条的规定以及通过放弃第 79 条来拒绝类推的做法，确立了法无明文规定不为罪和法无明文规定不处罚的原则。对包括经济类犯罪的条款在内的许多其他罪名的

---

① Kim, *The Criminal Code of the People's Republic of China*, pp. 13 – 14.

② 1980 年至 1989 年，仅有 60 个案件递交最高人民法院申请核准。Bingzhi & Suixian, "The Present and Future of Criminal Law Reform in China".

③ See Chen Caigen v. Chen Caisheng, 1 China L. Rep. 500（1991）.

④ Lin & Keith, "The Changing Substantive Principles of Chinese Criminal Law", pp. 87 – 88.

大幅扩充，也同样与通过类推而来的犯罪原则相冲突。刑法需要的不是灵活性和模糊性，而是明确性和可预测性。允许类推定罪带来的问题，常常也伴随着不合格的司法工作人员的存在这一事实。① 结果就是，有必要向法条主义的方向更加努力。对于那些参与到 1997 年《刑法》起草中的人来说，很有必要对法与国家政策相区分。灵活性和类推，维护的是一种奠基于法制政策之上的法律体系，这反映了在国家运作中法律的存在，同时也反映了当时的党的政策，而这种思路与法治相违背，其强调的是法律的至高无上，任何人包括执政党和国家，都必须遵守法律。②

在 20 世纪 80 年代兴起的、关于法制和法治之间的争论，随着 1996 年《刑事诉讼法》和 1997 年《刑法》的制定，1997 年 9 月中共十五大的到来达到顶峰。③ 在 1995 年年末、1996 年年初，党中央听取了一系列有关法律制度的讲座。④ 在 1996 年 2 月的讲座中，王家福提出了关于在中国实现法治的三条意见，即法律至上、合宪性和宪法面前人人平等。⑤ 江泽民在 1997 年 9 月党的大会上正式地支持这一观点，他提出"依法治国，建设社会主义法治国家"。⑥ 从理论上讲，采纳依法治国与发展社会主义市场经济具有相同的地位。⑦ 依法治国的地位由 1999 年 3 月的宪法修正案加以确认。在这次修正案中，在毛泽东思想后增加了邓小平理论，在第 5 条中将写入如下的内容："中华人民共和国实行依法

---

① Bingzhi & Suixian, "The Present and Future of Criminal Law Reform in China".
② Id.
③ Lin & Keith, "The Changing Substantive Principles of Chinese Criminal Law", p. 83.
④ Id.
⑤ Id.
⑥ Id.
⑦ Id. p. 84.

治国，建设社会主义法治国家。"

如前所述，有学者将 1997 年《刑法》以及 1996 年的《刑事诉讼法》视为"法律发展的理性化的一个既存趋势"的一个部分。① 这个观察结果的正确与否，现在作出任何实质性的结论仍为时过早。对法无明文规定不为罪原则和法无明文规定不处罚原则的采用，必须也按照《刑法》和《行政处罚法》之区分来进行评估。《刑法》和《行政处罚法》之间的基于个人责任和惩罚的、任意的人为区分，与前述的两个原则相矛盾。再考虑到依照 1986 年《治安管理处罚条例》② 的规定，最高 4 年的拘留或羁押并不被认为是一种刑事处罚时，尤其如此。罪与非罪二分法的存在，导致对劳动教养制度的使用被保留，尽管这个制度在 1996 年《刑法》修改草案小组中被详尽讨论，但其最终并没有被废除。③

（3）法律面前人人平等

尽管《宪法》第 33 条以及 1979 年《刑事诉讼法》第 4 条规定了法律面前人人平等，但该原则却没有出现在 1979 年的《刑法》中；因此，当它被 1997 年《刑法》第 4 条所吸收时，就显得有些姗姗来迟。如某学者所述，1979 年《刑法》的阶级性质强调区分阶级敌人，如反革命分子，以及那些犯下了不太严重罪行的犯罪分子。④ 而法律面前人人平等原则，则与这样的一种方式完全相反。然而，第 4 条清晰地表明任何人不得凌驾于法律之上。这个与江泽民在 1997 年的讲话相符："维护宪法和法律的尊严，坚持法律面前人人平等，任何人、

---

① Lin & Keith, "The Changing Substantive Principles of Chinese Criminal Law", p. 84.

② 《治安管理处罚条例》于 1994 年修订。

③ J. Chen, *Chinese Law: Towards an Understanding of Chinese Law, Its Nature and Development*, pp. 192 – 193.

④ Id. p. 174 – 175（再次反映了敌我矛盾和人民内部矛盾这两种矛盾的不同）。

任何组织都没有超越法律的特权。"①

1997年《刑法》通过后，中国在各种场合中通过以对党政官员提起诉讼的方式，试图证明中国正在履行法律面前人人平等原则的承诺。例如，在2000年3月8日，江西省副省长因在1995年至1999年期间所犯的一系列受贿罪而被执行死刑。他是当时党政机关里被判处并执行死刑的领导人中，级别最高的一个。对于这场死刑执行，《人民日报》评论说："在社会主义中国，在法律的视野中没有特殊的公民"，并进一步评论说："对胡长清严厉的处罚……是对党内其他干部敲的一次警钟，警告那些没有能够纠正自己恶行的人。"②

就像法无明文规定不为罪原则和法无明文规定不处罚原则一样，按照罪与非罪的区别来看，法律面前人人平等原则是存在问题的。即使在1997年《刑法》内部，也有不平等的现象存在。科恩（Corne）指出，尽管第383条规定，那些被诉贪污或受贿金额达到5000元到10,000元人民币（600美元到1200美元)③ 的官员在能够退回赃款的情况下，可能会受到较轻的处罚或者甚至没有处罚，但"这种特殊的待遇从来没有给过那些犯下诈骗罪、抢劫罪等'蓝领'犯罪的人。因此，相比较'蓝领'而言，刑法在这个方面对'白领'更加厚待"。④

在刑法中，当考虑到情节的严重性之间的区别时，其中还存在着很大范围的自由裁量权，以及因此而来的刑法中的不公平的现象。1997年《刑法》和司法解释已明晰了很多犯罪的

---

① Jiang Zemin, "Hold High the Great Banner of Deng Xiaoping Theory", p. 24.

② "Execution Means CPC Is Serious", *China Daily*, Mar. 10, 2000.

③ 所有的汇率是相当的，都是基于2001年11月2日的汇率换算，1元人民币 = 0.12077美元, *CNNmoney*, Currency Converter Results (Nov. 2, 2001), http://qs.money.cnn.com/tq/currconv/.

④ Peter Corne, "Legal System Reforms Promise Substantive—But Limited—Improvement", *China L. & Practice* 29, 31 (June 1997).

刑种和刑度，但对于其他犯罪来说，情节的严重和不太严重之间的区别则极度模糊。例如，在《刑法》第 111 条中，为境外的机构、组织、人员窃取、刺探、收买、非法提供国家秘密或者情报的人，应被判处 5 年以上 10 年以下有期徒刑。然而，"情节特别严重的"，处 10 年以上有期徒刑或者无期徒刑；"情节较轻的"，处 5 年以下有期徒刑、拘役、管制或者剥夺政治权利。在第 37 条中，不平等的现象也存在：按该条规定，如果犯罪情节轻微，可以免予对犯罪人进行刑事处罚，但是其仍应受到不同程度的行政处罚。这些规定在 1979 年《刑法》中便已存在，至少有理由说，这些规定持续地反映出《刑法》中的阶级区别。[①]

（4）第 5 条罪责刑相适应原则

《刑法》第 5 条是另一条新规定，似乎吸收了"正当报应"原则。结合《刑法》第 3 条的规定，其看起来也吸收了罪刑法定原则。有学者将其视为一个积极的改变，其指出："该原则可被用于避免使用不同标准进行的不适当的刑罚，不适当的刑罚将会导致重罪轻罚或轻罪重罚。"[②]

基于罪与非罪二分法，这样的观点存在严重缺陷。例如，对于一个盗窃行为究竟是依照刑法起诉还是给予行政处罚，仅仅是基于被盗财产的价值所决定的。当在涉及公共秩序的案件中考虑刑罚和行政处罚时，自由裁量权的范围就相当大。关于对重刑和运用死刑的持续性依赖方面，也必须考虑到这一原则。1997 年《刑法》包含了很多由全国人大常委会在 1980 年到 1997 年间通过的决定和补充规定。[③] 在此过程中，新刑法

---

① 1979 年《刑法》第 32 条，Laws of the PRC。

② Luo, *The 1997 Criminal Code of the People's Republic of China*, p. 9.

③ 其并没有包含所有的内容；正如 1997 年《刑法》附录二指出的，1997 年《刑法》并没有吸收有关行政处罚的条款。参见 1997 年《刑法》附录二，Laws of the PRC。

吸收了所有加重刑罚的规定；特别是那些规定在《关于严惩严重破坏经济的罪犯的决定》（1982）和《关于严惩严重危害社会治安的犯罪分子的决定》（1983）中所包含的相关规定。1997年《刑法》吸收这些刑罚规定，看起来似乎意在对这些溯及既往的法律，以及他们阶级性的一面合法化。有学者在评论这些变化以及刑法用危害国家安全罪取代反革命罪时指出："从本质上来说，这种修改是一种重新命名，重新建构和重新补充的问题；反革命罪的大部分条款在新刑法中都被保留下来了。"①

"惩办与宽大相结合"这句话从《刑法》第1条中被删除，然而似乎政策的影响仍旧继续，并没有任何实质性改变发生。这个结论能够由"坦白从宽、抗拒从严"来佐证，坦白的犯罪分子会受到较宽缓的处罚，甚至可以根据《刑法》第37条免予刑事处罚，但若行为人声称自己无罪，则可能会受到更加严厉的处罚。行为严重性的区分证明了这个观点。对于情节严重的评定因素之一就是被告人是否坦白。这一问题应当依据1997年《刑法》第63条的规定进行考虑，该规定延续了1979年《刑法》第59条的内容。根据第63条，即使没有法定从轻处罚情节，犯罪分子也有可能会基于案件的特殊情况，在法定刑之下进行处罚。

在评论1989年政治风波时，有学者指出，在随后的时期中，中国企图通过维护法律在促进经济发展、国际商业合作和社会稳定方面的角色，来抑制他们的行为所导致的影响。② 根

---

① J. Chen, *Chinese Law: Towards an Understanding of Chinese Law, Its Nature and Development*, p. 186.

② J. A. Cohen, "Tiananmen and the Rule of Law", in *The Broken Mirror: China After Tiananmen*, G. Hicks ed., 1990, p. 323.

据某学者的观点，这随之导致经济改革和刑法改革交织在一起。① 然而，这种交织表现在经济改革与通过严刑峻法进行社会控制夹杂在一起。这一点可以通过对经济类犯罪和贪污犯罪优先改革，以及对这些经济类犯罪和贪污犯罪可以适用包括死刑在内的严厉的刑罚看出来。应当注意到，事实上，1997 年《刑法》的颁布，与又一波可被称为严厉打击那些犯下严重罪行的犯罪人的新"严打"运动相一致。在 1997 年 3 月全国人大的发言中，王汉斌指出，目前社会公众仍然处于失序状态，很多严重破坏经济的犯罪活动十分猖獗。因此，减少死刑罪名的数量是非常不现实的。② 1998 年 3 月，时任最高人民法院院长的任建新承诺严厉打击过去 5 年中扰乱社会的团伙犯罪和贪污腐败犯罪。③

### 3. 刑法修改——分则

1997 年《刑法》的第二部分列出了有关特定犯罪的规定。合并的过程，将条文数量由 1979 年《刑法》的第 102 条扩充到 1997 年《刑法》的 349 条。除了废除反革命罪之外，以前所有的犯罪条款都保留下来，这些保留下来的条款要么被修改，要么被扩充，最后将近增加了 200 多个新条款。与 1979 年《刑法》一样，1997 年《刑法》的条款常常包括若干罪名，与之相应，罪名总数肯定会超过 349 个。与 1979 年《刑法》相比，1997 年《刑法》第二部分的最主要变化如下：

---

① Lin & Keith, "The Changing Substantive Principles of Chinese Criminal Law", p. 78.

② Luo, *The 1997 Criminal Code of the People's Republic of China*, pp. 12 – 13.

③ "China Courts To Clamp Down on Crime", *China Daily*, Mar. 11, 1998.

表 1997 年《刑法》第二编分则修改概要

| 1979 年《刑法》 | 1997 年《刑法》 |
|---|---|
| 第一章 反革命罪 | 第一章 危害国家安全罪——标题改变，但规定几乎全部保留下来 |
| 第二章 危害公共安全罪 | 第二章 危害公共安全罪——标题没有改变，但是条款的数量从 11 条增加到 26 条 |
| 第三章 破坏社会主义经济秩序罪 | 第三章 破坏社会主义市场经济秩序罪——标题改变，条款数目从 15 条增加到 91 条 |
| 第四章 侵犯公民人身权利、民主权利犯罪 | 第四章 侵犯公民人身权利、民主权利犯罪——标题没有改变，但是条款的数目从 19 条增加到 31 条 |
| 第五章 侵犯财产罪 | 第五章 侵犯财产罪——标题保留但条款数目从 7 条增加到 14 条 |
| 第六章 妨害公共秩序管理罪 | 第六章 妨害社会管理秩序罪——标题改变，条款的数目从 22 条增加到 90 条 |
| 第七章 破坏婚姻家庭罪 | 1979 年《刑法》中第七章的规定被 1997 年《刑法》第四章侵犯公民人身权利、民主权利罪所涵盖 |
| | 第七章 危害国防利益罪——这个新的章节包含 14 条新规定 |
| 第八章 渎职罪 | 这章在 1997 年《刑法》中被拆分为第八章和第九章，内容明显增加了 |
| | 第八章 贪污贿赂罪，15 条 |
| | 第九章 渎职罪，包括 23 条 |
| | 第十章 军人违反职责罪——这是新增的章节，共有 32 条 |

（1）第二章：危害公共安全罪①

这章可以分为五种类型的具体类罪。第一种包括了破坏公共设施的犯罪、破坏诸如厂矿等具有商业价值的财产的犯罪，破坏诸如河流和森林以及交通设施等公共财产的犯罪。② 第二种包括了恐怖组织犯罪和劫持航空器犯罪。③ 第三种包括了破坏广播电视设施、公用电信设施的犯罪。④ 第四种是关涉火药、枪支管理的犯罪。⑤ 最后一种是严重违反健康和安全规定的条款。⑥

（2）第三章：破坏社会主义市场经济秩序罪

对"市场"这一术语的吸收本身就是第一个重要的变化，这反映了邓小平关于中国需要从计划经济转向市场经济的政策目标。中国经济结构发生了明显变化，以及由此而导致的犯罪量激增，导致第三章是整个 1997 年《刑法》中最长的一章。有学者指出："这部分丰富的内容，反映了中国经济和政治的巨大变化，其结果导致经济类犯罪数量激增（犯罪种类也大量增加），这些都引起了政界相当程度的注意。"⑦

第三章分为 8 节，包含 91 个条款。它还纳入全国人大常委会 1995 年作出的《关于严惩违反公司法的犯罪的决定》，以及囊括了欺骗股东、⑧ 虚报注册资本⑨的犯罪行为，以及其

---

① 该讨论始于第二章，因为第一章危害国家安全罪已经在本文三（二）2（1）中讨论过了。

② 参见 1997 年《刑法》第 114 条—119 条，Laws of the PRC。

③ 1997 年《刑法》第 120—123 条。

④ 1997 年《刑法》第 124 条。

⑤ 1997 年《刑法》第 125—130 条。

⑥ 1997 年《刑法》第 131—139 条。

⑦ Finder & Fu, "Tightening Up Chinese Courts' 'Bags'—The Amended PRC Criminal Law", pp. 36 – 37.

⑧ 参见 1997 年《刑法》第 161 条，Laws of the PRC。

⑨ 1997 年《刑法》第 158 条。

他与金融市场有关的罪名，如内幕交易罪①和操纵市场罪。②
除了这些罪名，还有很多其他关于针对生产销售假冒伪劣产品
罪（第一节）、走私罪（第二节）、伪造货币罪（第四节）、
金融诈骗罪（第五节）、危害税收征管罪（第六节）、侵犯知
识产权罪（第七节）的相关规定。

1997 年《刑法》所修订的部分，还包括废除或者修改所
谓的"三大口袋罪"的努力。其中第一个就是 1979 年《刑
法》的第三章第 118 条。这条规定将作为日常营业手段的走私
或者投机倒把行为定性为犯罪。走私罪是一种犯罪行为这可以
理解，③而投机倒把就被认为是一种极其模糊和抽象的术语。
这个问题在 1982 年显得特别尖锐，因为当时犯此罪若获利巨
大，最高可判处死刑。这样的犯罪行为，现在主要是被《刑
法》第 8 节扰乱市场秩序罪中的规定所涵盖，该节共包含了
10 条内容。④这并不意味着《刑法》中再也没有一条规定可
以被极其宽泛地解释。例如，第 225 条第 3 款就极其宽泛地指
出，严重扰乱市场的行为将被视为犯罪。

关于走私的条款也被扩充了，相关的罪名被第二节第 151
条到第 157 条所包括，其也吸收了《全国人民代表大会常务委
员会关于惩治走私罪的补充规定》的补充规定的内容（1988
年）。

（3）第四章：侵犯公民人身权利、民主权利罪

对于该章，1997 年《刑法》仅有一点特别明显的修改，
即将有关破坏婚姻家庭的犯罪放在这章中。除此变动以及新增

---

① 1997 年《刑法》第 180 条。

② 1997 年《刑法》第 182 条。

③ 然而，需要着重指出的是，走私罪也可能会被扩大使用，因为条文中并
没有指明何谓走私。

④ 这些条文吸收了《全国人民代表大会常务委员会关于惩治破坏金融秩序
犯罪的决定》中的内容，Laws of the PRC。

的一些罪名外，这章继续列举了侵犯人身权利的相关犯罪法规，如故意杀人罪、故意伤害罪、强奸罪、猥亵妇女罪、绑架罪、拐卖妇女、儿童罪。这组罪名的最后一个，即拐卖妇女、儿童罪，反映了一个导致了基于童工和卖淫等各种不同之目的，而拐卖妇女和儿童行为产生的中国所独有的社会问题。[1] 然而，这章仍然包括一些关于公开侮辱、诽谤方面的犯罪。[2] 另外 1997 年《刑法》还新增了 3 个重要的罪名，即第 249 条的"煽动民族仇恨、民族歧视罪"、第 250 条的"出版歧视、侮辱少数民族作品罪"和第 251 条的"非法剥夺公民宗教信仰自由罪"。

（4）第五章：侵犯财产罪

本章的规定主要是针对盗窃罪、入户盗窃罪、抢劫罪、诈骗罪、抢夺罪以及敲诈勒索罪等财产性犯罪。1997 年《刑法》增加了很多新的罪名。例如，第 265 条规定，复制他人电信码号被认定为盗窃罪。第 271 条和第 272 条主要规定的是非国家工作人员的职务侵占罪，而第 273 条规定了挪用特定款物罪。

（5）第六章：妨害社会管理秩序罪

本章的内容被明显地扩充了。其仍然包括有关公共秩序的犯罪，如妨碍司法罪、妨害边境管理罪、妨害文物管理罪、毒品犯罪以及卖淫犯罪，但是每一类罪名都被大量扩充。这同时反映了中国政府对这类犯罪增长的担忧，特别是走私毒品罪和卖淫犯罪。其他具有重要意义的变化，就是纳入了危害公共卫生罪（第五节）以及破坏环境资源保护罪（第六节）。

在 1979 年《刑法》中，本章也包括了第二个"口袋罪"，那就是在第 160 条规定的流氓罪。该条指出，那些寻衅滋事、

---

① 参见 1997 年《刑法》第 240—241 条，Laws of the PRC。
② 1997 年《刑法》第 246 条。

制造骚乱、调戏妇女或者破坏公共秩序的其他流氓行为构成犯罪。任何犯此罪的人最高可能会被判处 7 年有期徒刑。修改后的《刑法》废除了该条以及"流氓"这样的表述。类似于流氓这样的行为被 1997 年《刑法》第 237 条（猥亵妇女、儿童罪）、第 292 条（聚众斗殴罪）以及第 293 条（寻衅滋事罪）所涵盖。

（6）第七章：危害国防利益罪

本章的标题有些迷惑性，容易将其和第一章危害国家安全罪相混淆。这章包括了很多与破坏中国军事利益有关的犯罪。其犯罪行为包括阻碍军事活动（1997 年《刑法》第 368 条），破坏军事设施（第 369 条），冲击军事禁地（第 371 条），或故意提供不合格武器装备、军事设施（第 370 条）。其他的罪名包括冒充军人招摇撞骗罪，伪造、变造武装部队公文证件罪，非法生产武装部队制式服装罪。① 还有一些关于逃避或拒绝应征的罪名。② 最后，还有一些与战时故意提供虚假信息，战时造谣扰乱军心，战时拒绝、故意延误军事订货等相关罪名。③

（7）第八章：贪污贿赂罪

1979 年《刑法》的第八章被 1997 年《刑法》划分为两章，条文数量由 8 个增加到 38 个。新《刑法》的第八章，也反映了政府对困扰了中国很多年的、由国家工作人员实施的贪污罪、受贿罪以及腐败犯罪的严重性和高频率的强烈关注。从实践的角度而言，第八章将早先的两个规范性文件纳入其中，即全国人大常委会作出的《关于严惩严重破坏经济的罪犯的决定》（1982）以及《关于惩治贪污罪贿赂罪的补充规定》（1988）。这一做法的效果是，使得死刑作为这些最严重的案

---

① 1997 年《刑法》第 372、375 条。
② 1997 年《刑法》第 373、376、379 条。
③ 1997 年《刑法》第 377、378、380、381 条。

件的一个判罚选择得到保留。《刑法》第383条根据贪污数额规定了量刑范围：（1）若金额超过了10万元人民币（12,000美元），可判处10年以上有期徒刑到无期徒刑，如果情节特别严重，可判处死刑；（2）若金额在5万元和10万元人民币之间（6000到12,000美元），可判处5年到10年有期徒刑，但是情节严重的话，也可能判处无期徒刑；（3）若金额在5000元到5万元人民币（600到6000美元）之间，可判处1年到7年有期徒刑，但是若金额在5000元到1万元人民币之间，且情节特别严重的话，可能判处7年到10年有期徒刑；若涉案赃款都已退还，罪犯又表现出悔罪，则可以缓期执行或从刑罚降格到行政处罚；（4）若金额少于5000元人民币，情节较重的，处2年以下有期徒刑，若情节较轻，给予行政处罚。

本章还包括了与国家工作人员贪污腐败有关的许多规定，而《刑法》第390条、第391条、第392条以及第393条则创设了与那些贿赂国家工作人员的人相关的罪名。

（8）第九章：渎职罪

本章包括了23个条款，且在相当大的程度上扩充了1979年《刑法》的罪名规定。1979年《刑法》第八章列举了五种与国家工作人员①和司法工作人员②的违法行为有关的一般犯罪。这些规定在1997年《刑法》中得到了扩充，其适用范围不仅仅是国家工作人员和司法工作人员，还包括了警察、税务官员、林业官员、环保部门的官员、公共健康检测人员、海关官员、移民官员、工商官员以及动物检查员。③ 特殊的政府官

---

① 1997年《刑法》第186、187条。
② 1997年《刑法》第188—190条。
③ 1997年《刑法》第404—419条。

员也因此可基于本章的规定被提起控告。①

本章的修改也废除了第三个"口袋罪"。1979 年《刑法》第 187 条规定："国家工作人员由于玩忽职守，致使公共财产、国家和人民利益遭受重大损失的，处五年以下有期徒刑或拘役。"如今第九章包含了 23 个条款，详细列举了可使国家工作人员和司法工作人员因而被追诉的各种行为。在一些情况下，罪行规定得相当明确。例如，1997 年《刑法》第 400 条规定，司法官员若在没有授权的情况下释放罪犯也被认定为犯罪。与此相似，1997 年《刑法》第 404 条规定，若税收官员为了自己的私利而不征或少征税款也被认为是犯罪。然而，1979 年《刑法》第 187 条的规定在 1997 年《刑法》第 397 条中得以保留并被扩充，该条指出，"国家机关工作人员滥用职权或者玩忽职守，致使公共财产、国家和人民利益遭受重大损失"的将被认定为犯罪。

（9）第十章：军人违反职责罪

这章新的内容包含了 32 个条款，涵盖了与军方服务和战时相关的一些罪名。根据《刑法》第 450 条的规定，本章的适用对象是军队军官、军队中的文职人员、在服役期间的士兵和人民解放军的学员、武警、武警中的文职人员、中国人民武装警察具有军人身份的学员和后备军人，以及其他履行军队责任的人。本章的罪名包括了违抗命令、擅离职守、从事间谍活动、叛变、与武器相关的犯罪、非法释放战争俘房、虐待战争俘房。② 这章与第七章危害国防利益罪不同，只有《刑法》第 450 条规定的特定人员或团体才可能被第十章所规定的犯罪起诉。

4. 对新条款的概括性评价

对新罪行条款的概括叙述表明，新《刑法》着重加强了

---

① 1997 年《刑法》第 407 条（涉及林业部门工作人员）。
② 1997 年《刑法》第 421—430 条。

对经济犯罪和贪污犯罪的惩罚规定。考虑到全国人大常委会在1996年以前通过的22个决定和补充规定中，有11个都与该类犯罪相关，这就不足为奇了。①

这样一种立法方式，也受到了经济立法和补充规定得到全面发展，而刑法明显未能赶上这一变革状况的推动。② 即使算上所有新增的法律条文，法律仍然是支离破碎的，且缺少确定性。作为社会主义市场经济的一个结果，对个体市民的刚出现的权利和利益来说，法律保护是必需的。消除地方的贪腐现象是至为重要的。当且仅当法律后果具有预见可能性时，经济才能得以发展。相比1979年《刑法》以及其后的大多数补充规定的模糊性和灵活性来说，1997年《刑法》相应地采取了更有技术性和更为综合性的方法。

自从1997年《刑法》颁布之后，1998年出台的《全国人民代表大会常务委员会关于惩治骗购外汇、逃汇和非法买卖外汇犯罪的决定》和1999年出台的有关证券和期货犯罪的《刑法修正案（一）》都主要针对经济犯罪，这表明这一趋势仍在继续。③ 司法解释也将注意力集中在刑法的这个方面。以1999

---

① 这些包括《全国人民代表大会常务委员会关于惩治走私罪的补充规定》（1988年）、《全国人民代表大会常务委员会关于惩治贪污罪贿赂罪的补充规定》（1998年）、《全国人民代表大会常务委员会关于惩治偷税、抗税犯罪的补充规定》（1992年）、《全国人民代表大会常务委员会关于惩治假冒注册商标犯罪的补充规定》（1993年）、《全国人民代表大会常务委员会关于惩治虚开、伪造和非法出售增值税专用发票犯罪的决定》（1995年）、《全国人民代表大会常务委员会关于惩治生产、销售伪劣商品犯罪的决定》（1993年）、《全国人民代表大会常务委员会关于惩治侵犯著作权的犯罪的决定》（1994年）、《全国人民代表大会常务委员会关于惩治破坏金融秩序犯罪的决定》（1995年）。See Laws of the PRC.

② 应当指出，1988年到1993年的宪法修正案强调发展市场经济。1988年《宪法》第11条经修正后允许私有经济的发展。1993年《宪法》第15条经修改后表述为"国家实行社会主义市场经济"。See Laws of the PRC.

③ 参见《全国人民代表大会常务委员会关于惩治骗购外汇、逃汇和非法买卖外汇犯罪的决定》（1998年12月29日）和有关证券和期货犯罪的《刑法修正案（一）》（1999年），Laws of the PRC。

年的两个司法解释为例，一个是《最高人民法院关于审理非法出版物刑事案件具体应用法律若干问题的解释》，另一个是《最高人民法院关于审理倒卖火车票刑事案件有关问题的解释》。在《刑法》颁布之后，出现了很多司法解释，但是就目前来说，《刑法》看起来仍然是相对全面和稳固的。然而，修改刑法的程序还是由全国人大常委会主导，但仍然没有考虑到与宪法条款尤其是《宪法》第 67 条第 3 款的规定相关的、该类刑法修正的合法性问题。

### （三）最高人民法院和最高人民检察院的角色

自从 1979 年开始，《刑法》就一直被最高人民法院和最高人民检察院联合或者单独发布的许多解释和指导意见所补充。[①]全国人大常委会有权直接解释《刑法》，[②] 但是其从未如此做过，其仅仅将自己局限在以解释《刑法》为目的、发布关于《刑法》的决定和补充规定之上。国务院在其所控制的范围内同样有权解释很多行政法规。

如上所述，很多这样的解释事实上被 1997 年《刑法》新条款所吸收。然而，在 1999 年 10 月 1 日，《立法法》草案的出台为中国的法律解释带来了显著的改变。这个草案规定了只有全国人大常委会和最高人民法院有权对法律作出解释。在 2000 年 3 月 15 日，第九届全国人大会议通过《中华人民共和国立法法》，其规定，解释国家法律的权力归全国人大常委会所有。[③] 第 43 条规定，最高人民法院、最高人民检察院、国务院以及其他特定机构能够向全国人大常委会提出立法解释的

---

① 这是依照《全国人民代表大会常务委员会关于加强法律解释工作的决议》的四个基本原则进行的。See Laws of the PRC. 虽然现在该决定应根据《立法法》（2000 年）来进行解读，载 http：//www. isinolaw. com。

② 参见《全国人民代表大会常务委员会关于加强法律解释工作的决议》，以及《宪法》第 67 条，Laws of the PRC；同时参见《立法法》第 4 节。

③ 《立法法》第 42 条。

要求。

《立法法》具有非常重大的意义。在以前，最高人民法院独自发布解释，但是更多的情况是其会联合最高人民检察院一起发布解释。最高人民法院、最高人民检察院、司法部、公安部也联合发布了很多解释。[①] 然而，按照《立法法》，《全国人民代表大会常务委员会关于加强法律解释工作的决议》（1981年）将会被如何进行解释则并不明确。根据该决议第2条，最高人民法院应对审判工作中如何具体适用法律法令的问题进行解释。同样，最高人民检察院应当对在检察过程中产生的法律适用问题进行解释。最高人民法院和最高人民检察院的解释权，也同样应按照《最高人民法院关于司法解释工作的若干规定》（1997年）以及《最高人民检察院司法解释工作暂行规定》（1996年）而被考虑。这两个规定确认了最高人民法院和最高人民检察院所具有的，如1981年的决议所概述的解释权，且该种司法解释应当具有法律效力。国务院[②]解释行政法规的权力并没有发生变化。

然而，根据《立法法》第43条的规定，无论是最高人民法院、最高人民检察院还是国务院在适用或实施法律过程中，需要解释国家法律时，应提请全国人大常委会进行解释。除上述情况外，最高人民法院和最高人民检察院单独或者联合，或国务院都能据此发布解释。假设出现冲突，例如在最高人民法院和最高人民检察院之间出现冲突时，由全国人大常委会解决。看起来很可能的是，全国人大常委会发布的解释之效力，要优先于最高人民法院和最高人民检察院发

---

① 参见《最高人民法院关于执行〈全国人民代表大会常务委员会关于处理逃跑或者重新犯罪的劳改犯和劳教人员的决定〉中几个问题的批复》（1989年），Laws of the PRC。

② 这包括政府部门。

布的任何与之冲突的解释。

## 四、1997 年《刑法》颁布之后的解释[①]

### （一）最高人民法院和最高人民检察院的一般解释

随着 1997 年《刑法》的颁布，最高人民法院和最高人民检察院发布了许多司法解释。事实上，在 1997 年 10 月《刑法》生效之前，对其提供解释的需求就已经被承认了。1997 年 9 月，超过 100 位法官和法学家在北京参加一个全国性的司法会议。会议中讨论了 7 个司法解释草案。[②] 从这次会议中产生的其中一个解释，决定了《刑法》第 12 条，即不得溯及既往的条款将会发生效力的方式。[③]

该解释于 1997 年 9 月 27 日发布，其规定，一个罪犯若在 1997 年 9 月 30 日以前还实施了另一个犯罪行为的，前后两个犯罪行为间隔超过 3 年，则应当按照 1979 年《刑法》的规定进行定罪量刑，即使在 1997 年 10 月 1 日之后审判的，也不应当被认为是累犯。[④]

另一个解释则是关于犯罪竞合的解决方式。例如，《刑法》第 140 条规定的"销售伪劣商品罪"和第 214 条规定的"销售假冒注册商标的商品罪"之间就存在竞合的情形。在决定适用哪一个犯罪时，首先应考虑在罪行的规定中是否存在更特殊的条款。这可能与特殊主体（如国家工作人员）、特殊场所（如军事禁区）、特殊时期（如战时）或特殊情形有关。将

---

① 所有司法解释都发布在最高人民法院公报上。

② 会后，发布了一个司法解释，另外 6 个提交最高人民法院审判委员会讨论。

③ 关于该会议的详细讨论情况，see Jun，"On Interpreting the New Criminal Law"。

④ 1997 年《刑法》第 65 条将时间由 3 年（1979 年《刑法》第 61 条规定为 3 年）增加为 5 年。在前罪期满 5 年内，犯罪分子再犯可能被判处有期徒刑的犯罪时，会被从重处罚。

这一做法适用于《刑法》第140条和第214条的情况之时，将会有很多种方式区分这两条罪名。考虑到被告人，《刑法》第140条针对的被告人是生产者或者销售者，而第214条针对的是销售明知是假冒注册商标商品的任何人。第140条进一步阐述了根据销售的数额不同而设的各种处罚。例如，若销售的金额在5万元到20万元人民币之间（6000到2.4万美元），处以2年以下有期徒刑或拘役，并处销售金额50%以上2倍以下的罚金。若销售的金额在200万元人民币以上的，将会处以15年有期徒刑，并处罚金。《刑法》第214条规定了刑罚的上限，情节最严重时，所判处的刑罚是3年到7年的有期徒刑，并处罚金。这两个罪名之间的刑罚区别非常重要，因为解释规定，根据普遍的指导原则应该是从一重罪处罚。

1997年9月后，更多的解释陆续发布。最高人民法院分别在1999年的4月和5月，发布了《关于审理黑社会性质组织犯罪的案件具体应用法律若干问题的解释》以及《关于审理倒卖车票刑事案件有关问题的解释》。1999年9月16日，最高人民检察院也发布了关于《刑法》中的38条有关贪污、受贿以及玩忽职守的条款的解释。[①]

（二）严厉打击邪教组织

1999年10月30日最高人民法院和最高人民检察院发布司法解释，试图对1997年《刑法》第300条关于打击"邪教"的法律条文进行解释。正是这一解释和第300条规定的内容，被用于起诉邪教组织的成员。这个解释从两个方面来说非常重要。第一（也是本文的主题），其提供了一个评估刑法变革实现的程度的机会，以及评定1997年《刑法》是否真正表明，中国已经实现了法治。第二（在本文中并没有详细论

---

① *China Daily*, Sept. 17, 1999.

及），其对中国的犯罪化进程来说，也是一个最为近期的例子。

邪教组织的成员主要以违反 1997 年《刑法》第 300 条而被起诉。该条规定：

> 组织和利用会道门、邪教或者利用迷信破坏国家法律、行政法规实施的，处三年以上七年以下有期徒刑；情节特别严重的，处七年以上有期徒刑。

这是一条模糊的规定，1999 年 10 月初最高人民法院和最高人民检察院联合发布冗长且详细的司法解释（《关于办理组织和利用邪教组织犯罪案件具体应用法律若干问题的解释》——译者注）。随后，全国人大常委会发布《关于取缔邪教组织、防范和惩罚邪教活动的决定》，二者都于 1999 年 10 月 30 日生效。[①] 司法解释代表类似于立法的功效，相比而言，常委会的决定更像是一个政策声明。为了完整地理解该解释的含义，本文将按照其在 1999 年 11 月 1 日的《中国日报》（*China Daily*）上被刊登的原样，在下面列举该解释的全文：[②]

> 由最高人民法院和最高人民检察院联合发布的司法解释指出，刑法第三百条中的"邪教组织"，是指冒用宗教、气功或者其他名义建立、神化首要分子，利用制造、散布迷信邪说等手段蛊惑、蒙骗他人，发展、控制成员，危害社会的非法组织。
>
> 刑法第三百条第一款规定，组织和利用会道门、邪教组织

---

① See Laws of the PRC.

② "Judicial Explanations on Crimes by Cults", *China Daily*, Nov. 1, 1999, p. 4.

或者利用迷信破坏国家法律、行政法规实施的，处三年以上七年以下有期徒刑；情节特别严重的，处七年以上有期徒刑。

第二款规定，组织和利用会道门、邪教组织或者利用迷信蒙骗他人，致人死亡的，依照前款的规定处罚。

第三款规定，组织和利用会道门、邪教组织或者利用迷信奸淫妇女、诈骗财物的，按照刑法关于强奸罪以及诈骗罪进行处罚。

组织和利用邪教组织并具有下列情形之一的，依照刑法第三百条第一款的规定定罪处罚：

（一）聚众围攻、冲击国家机关、企业事业单位，扰乱国家机关、企业事业单位的工作、生产、经营、教学和科研秩序的；

（二）非法举行集会、游行、示威，煽动、欺骗、组织其成员或者其他人聚众围攻、冲击、强占、哄闹公共场所及宗教活动场所，扰乱社会秩序的；

（三）抗拒有关部门取缔或者已经被有关部门取缔，又恢复或者另行建立邪教组织，或者继续进行邪教活动的；

（四）煽动、欺骗、组织其成员或者其他人不履行法定义务，情节严重的；

（五）出版、印刷、复制、发行宣扬邪教内容出版物，以及印制邪教组织标识的；

（六）其他破坏国家法律、行政法规实施行为的。

实施前款所列行为，并具有下列情形之一的，属于"情节特别严重"：

（一）跨省、自治区、直辖市建立组织机构或者发展成员的；

（二）勾结境外机构、组织、人员进行邪教活动的；

（三）出版、印刷、复制、发行宣扬邪教内容出版物以及印制邪教组织标识，数量或者数额巨大的；

（四）煽动、欺骗、组织其成员或者其他人破坏国家法律、行政法规实施，造成严重后果的。

刑法第三百条第二款规定的组织和利用邪教组织蒙骗他人，致人死亡，是指组织和利用邪教组织制造、散布迷信邪说，蒙骗其成员或者其他人实施绝食、自残、自虐等行为，或者阻止病人进行正常治疗，致人死亡的情形。

具有下列情形之一的，属于"情节特别严重"：

（一）造成 3 人以上死亡的；

（二）造成死亡人数不满 3 人，但造成多人重伤的；

（三）曾因邪教活动受过刑事或者行政处罚，又组织和利用邪教组织蒙骗他人，致人死亡的；

（四）造成其他特别严重后果的。

组织和利用邪教组织制造、散布迷信邪说，指使、胁迫其成员或者其他人实施自杀、自伤行为的，分别依照故意杀人罪或者故意伤害罪定罪处罚。

组织和利用邪教组织，以迷信邪说引诱、胁迫、欺骗或者其他手段，奸淫妇女、幼女的，依照刑法以强奸罪或者奸淫幼女罪定罪处罚。

组织和利用邪教组织以各种欺骗手段，收取他人财物的，依照刑法以诈骗罪定罪处罚。

组织和利用邪教组织，组织、策划、实施、煽动分裂国家、破坏国家统一或者颠覆国家政权、推翻社会主义制度的，应当依照刑法危害国家安全罪相应的规定进行处罚。

对于邪教组织和组织、利用邪教组织破坏法律实施的犯罪分子，以各种手段非法聚敛的财物，用于犯罪的工具、宣传品等，应当依法追缴、没收。

对组织和利用邪教组织进行犯罪活动的组织、策划、指挥者和屡教不改的积极参加者，依照刑法和本解释的规定追究刑事责任；

对有自首、立功表现的，可以依法从轻、减轻或者免除处罚。

对于受蒙蔽、胁迫参加邪教组织并已退出和不再参加邪教组织活动的人员，不作为犯罪处理。

这个司法解释最为重要的方面，就是其在惩治邪教组织中的明确性。例如，第 1 款规定就禁止任何游行和公共集会，对那些跨省建立机构组织以及勾结境外组织的人来说，根据第 300 条的规定其也涉嫌犯罪。据估计，这个解释在《刑法》第 300 条之下创设了至少 10 条独立的罪名。如果将"情节严重"和"情节极其严重"纳入考虑范围的话，所创设的罪名将会更多。

官方所主张的观点认为这个解释并没有创设新的罪名，而是仅仅是对《刑法》第 300 条的规定之补充，使该条所涵盖的行为类型更加清晰。

关于这次打击犯罪活动，媒体上出现的一些评论相当值得注意。例如，1999 年 11 月 8 日，《中国日报》刊登了一篇对华联律师事务所主任郭阳的采访报道，[①] 他认为这个司法解释

---

① "State Adamant in Elimination of Cults", *China Daily*, Nov. 8, 1999, p. 2.

和全国人大常委会的决定为取缔邪教提供了一个法律基础。① 他进一步指出，"在此之前，没有一部法律或规定能够直接如此详细地规定如何处理邪教犯罪"，而"这是中国建立一个更加成熟的法律体系和向法治发展的努力之一"。②

在2001年6月，最高人民法院和最高人民检察院发布另外一个司法解释，即《最高人民法院、最高人民检察院关于办理组织和利用邪教组织犯罪案件具体应用法律若干问题的解释（二）》（以下简称《解释二》），该解释事实上在《刑法》第300条之下又创制了更多的罪名。③ 例如，《解释二》的第1条第1款将如下行为定性为犯罪："制作、传播邪教传单、图片、标语、报纸300份以上，书刊100册以上，光盘100张以上，录音、录像带100盒以上的。"④ 还有更多的犯罪行为也被认定为与《刑法》第103条（分裂国家罪、煽动分裂国家罪）、第105条（颠覆国家政权罪、煽动颠覆国家政权罪）、第232条（故意杀人罪）、第234条（故意伤害罪）所规定的犯罪有关。⑤ 关于第232条和第234条，《解释二》的第9条指出，组织、策划、煽动、教唆、帮助邪教组织人员自杀、自残的，以故意杀人罪、故意伤害罪定罪处罚。⑥

## 五、罪与非罪的界限

刑法中的诸多改革，必须要按照在刑法分则中所列举的犯罪和大量行政处罚法中的违法行为之间持续存在的不同来进行

---

① "State Adamant in Elimination of Cults", *China Daily*, Nov. 8, 1999, p. 2.

② Id.

③ 《最高人民法院、最高人民检察院关于办理组织和利用邪教组织犯罪案件具体应用法律若干问题的解释（二）》（2001年），载 http://www.isinolaw.com。

④ 同前。

⑤ 同前。

⑥ 同前。

考量。① 刑事违法与行政违法之间的区别，可以与普通法中的重罪/轻罪，或起诉/简易程序二分法相比较。事实上，这种所谓罪与非罪的二分法，实际上创制了两种不同的责任体系和处罚方式。

行政处罚体系的基础建立在刑法的规定中。根据 1997 年《刑法》第 13 条的规定，若"情节显著轻微，危害不大"，②该行为不认为是犯罪。然而，在这种情况下，此人的行为虽然构不成犯罪，但可能会受到行政制裁。③

最为主要的行政法规就是《治安管理处罚条例》（1986），但是如《固体废物污染环境防治法》（1995）等其他的行政法规，也包含了一定的行政处罚内容。④ 此外，国务院制定了大量的行政条例和规章。⑤ 在很多案件中，究竟某行为是犯罪应当被起诉，抑或是违法行为应当受到治安处罚，这都取决于将要受到的刑罚或处罚是什么。《治安管理处罚条例》的第 2 条规定：

扰乱社会秩序，妨害公共安全，侵犯公民人身权利，侵犯公私财产，依照《中华人民共和国刑法》的规定构成犯罪的，依法追究刑事责任；尚不够刑事处罚，应当给予治安管理处罚

---

① 参见 1997 年《刑法》第 3—5 条，Laws of the PRC。

② 这些表述与 1979 年《刑法》第 10 条的内容相似。See Laws of the PRC.

③ 即使犯罪分子应负刑事责任，情节轻微的，可免于刑事处罚。1997 年《刑法》第 37 条规定，根据案件的不同情况，可以给予行政处罚。See Laws of the PRC.

④ See Laws of the PRC. 例如，《固体废物污染环境防治法》第 59 条规定了一系列有关固体废弃物的禁止行为。其进一步授权"环境保护行政主管部门责令限期改正，并处罚款"，上述条款均应依照《刑法》第 338—346 条所规定的破坏环境资源保护罪的有关内容进行解读。例如，第 338 条规定，对于造成重大环境污染事故的犯罪分子最高可处 7 年有期徒刑。参见 1997 年《刑法》，Laws of the PRC。

⑤ 政府部门经授权后也可以通过相应的法规，如国家环境保护总局。

的，依照本条例处罚。①

然而，被认为是犯罪的行为，与被认为是行政违法的行为之间的区别是任意的。例如，一个小偷的盗窃行为是构成盗窃罪还是仅仅是违法行为，就是仅根据其盗窃金额的数量来判断。此类其他犯罪行为还包括轻微伤害、扰乱公共秩序、故意毁坏财物、交通违章以及未经注册登记以社团名义进行活动等。

关于《治安管理处罚条例》有很多受争议的内容，包括程序缺失，比如缺少听证、缺乏令人满意的复核程序、缺少对处罚的申诉程序，以及对"劳动教养制度"与"收容审查"等特定的附加制裁的使用。② 这些制裁一直以来都是西方观察者的主要关注点，因为它们可以用于拘留政治上的异议分子。收容审查制度受到特别关注，尽管这种限制人身自由的制度，已于1996年被废止。③ 但是，劳动教养制度仍然在行政处罚和刑法体系之外，作为一种制裁制度单独存在并适用着。劳动教养以及公安机关的其他实践，在国内外仍然是一个饱受争议的问题。

其他的对行政处罚体系的运作问题的关注主要在于，对违法情节轻微，尚不构成犯罪的违法行为的调查、定性以及处罚都由公安机关负责。《治安管理处罚条例》只有极少的有关听证或申诉程序的条款。1996年，随着《行政处罚法》的颁布，规制行政违法行为的法律和制度经历重大变革。④ 第1条规定该法的目的是："为了规范行政处罚的设定和实施，保障和监

---

① See Laws of the PRC.

② Id. 《治安管理处罚条例》中的处罚包括警告、罚款和行政拘留。除此之外，任何犯罪所得财产要被没收，同时也可以要求给予被害人相应的赔偿。

③ 然而全国人民代表大会或者常委会并没有任何决定规定取消这种形式的拘留。1996年《刑事诉讼法》通过后取消了该拘留。

④ Laws of the PRC.

督行政机关有效实施行政管理，维护公共利益和社会秩序，保护公民、法人或者其他组织的合法权益。"

虽然公安机关仍然是核心行政机构，《行政处罚法》引入很多保障措施。特别是第五章中列举了作出一项行政处罚的决定所必须遵循的许多程序性要求。其中一个重要的例证就是第32条：

当事人有权进行陈述和申辩。行政机关必须充分听取当事人的意见，对当事人提出的事实、理由和证据，应当进行复核；当事人提出的事实、理由或者证据成立的，行政机关应当采纳。行政机关不得因当事人申辩而加重处罚。

正如一位评论家所评价的那样：

《行政处罚法》第32条可能是全国人民代表大会在过去若干年里所制定的法律条款中最为重要的一条。当考察中国的政治以及文化的历史背景时，会发现在上述32条中对自然正义概念的引入之重要意义，并不亚于一场革命。①

然而，尽管如此，但个人权利仍然是有限的。在行为人接受行政处罚时，很多在1996年《刑事诉讼法》中规定的权利和保护性措施根本无法适用。② 正如在刑法之中，也没有提及对违反行政法规的行为应当适用的原则一样。③ 当然，因为上述违法行为并不是犯罪，上述处罚也不是刑事处罚，这样做也

---

① Corne, "Legal System Reform Promise Substantive—But Limited—Improvement", pp. 31 –32.

② 法定代理就是一个例子。

③ 参见1997年《刑法》第3—5条，Laws of the PRC。

有理有据。然而，犯罪与行政违法的边界是模糊的，在原则层面上说，其也可能是无法自圆其说的。此处应该特别指出的是《行政处罚法》第4条和第5条的规定。第4条规定："设定和实施行政处罚必须以事实为依据，与违法行为的事实、性质、情节以及社会危害程度相当。"第5条规定："实施行政处罚，纠正违法行为，应当坚持处罚与教育相结合，教育公民、法人或者其他组织自觉守法。"这些规定中包含的有些术语也是用于描述刑法的。此外，看起来权力的滥用有着相当的自由裁量权以及空间可供发挥，特别是作出关于对某人的行为是决定依照刑法的规定进行起诉，还是以行政违法进行处罚这一初始决定时，该问题尤其突出。对此，在评价1997年《刑法》时关于这一部分，有学者指出："人为区分行政处罚和刑罚的问题，只是被搁置不议了而已。"[1]

## 六、结论

通过对1997年《刑法》的分析，大量的改动和变革是毋庸置疑的。为了全面了解新刑法，考察从中华人民共和国成立到现在的刑事法律发展史也相当重要：这包括对1979年《刑法》出台之前直至1979年《刑法》颁布的这段时期，全国人大常委会在1979年到1996年间（也包括1997年以后）作出的大量的决定和补充规定，最高人民法院和最高人民检察院发布的司法解释和典型刑事案件，以及最后的1997年《刑法》本身的考察。不可否认的是，法律确实是发生了巨大变化。这不仅仅在刑法分则中有所反映，在总则中也有所表现。中国对上述变革的描述，也导致了有人主张，中国已经实现了法治。

---

[1] J. Chen, *Chinese Law: Towards an Understanding of Chinese Law, Its Nature and Development*, p. 196.

这些改变和这样的说辞非常重要，但是这篇文章的结论认为，尽管法律发生了变化，但中国刑法赖以存在的根本原则和刑事政策并没有发生变化。与此相反，可以得出这样的结论：政策显示出明显的一贯性，及对改革的抵制。

为了对这一说法作出评估，需要将中国刑法的发展置于历史背景中考察。这样做时，研究者可能会碰到一个主要的错误认识。这就是，在国内外都有大量的见解，认为随着包括1979 年《刑法》、1979 年《刑事诉讼法》、《人民法院组织法》和《人民检察院组织法》在内的一系列法律被颁布，中国的现代刑事法律改革实际开始于 1979 年。[①] 此外，1949 年至1979 年这段时期，被认为与 1979 年后的时期没什么关系。这是一种误读。从实际情况来看，我们须知 1979 年《刑法》的前身是 1963 年就已完成的《刑法》第 33 稿草案。因为 1997年《刑法》通过完全照搬抑或修改保存的方式，包含 1979 年《刑法》中的很多内容，因此可以说早期刑法中的一些原则和刑事政策，仍在继续影响着今日中国的刑事责任的认定。如上所述的《讲义》，就对刑法目的作出了如下描述：

> 我国刑法的主要目的是惩罚反革命犯罪，以及那些杀人、放火、盗窃、欺诈、强奸或其他严重破坏社会秩序和社会主义建设的行为。我们必须明确指出，刑法所针对的是社会主义的敌人。[②]

1979 年《刑法》的第 2 条也清晰地表述了这个目的，其

---

① 此处强调的是那些创建新的刑事司法制度的相关法律。同时应该指出，1978 年通过了新《宪法》，虽然该《宪法》于 1982 年修正。其他 1979 年通过的主要法律包括《地方各级人民代表大会和地方各级人民政府组织法》和《选举法》。

② Cohen, *The Criminal Process in the People's Republic of China* 1949 – 1963：*An Introduction*, p. 79.

指出，刑法的目的包括与反革命和其他犯罪行为作斗争，以"维护无产阶级专政"和"保障社会主义革命和社会主义建设顺利进行"。1997年《刑法》的目的之一，就是通过删除"无产阶级专政"和"社会主义革命"这样的术语而实现刑法的去政治化，但是这是否反映了刑法的任何实质性变革？例如，有学者认为，"这些变革仅仅是象征性的，而不是实质性的，这对刑法的运作只有很少的实际影响"。①

这与另外两位学者的观点相反，他们认为"1997年《刑法》的全面修改，反映了以阶级斗争、国家利益、社会控制为先的刑法本质目的，现在已经变得与经济改革的政策目的更为紧密一致"。②

尽管经济改革以及邓小平的改革开放政策是颁布1997年《刑法》背后的推动力，但法律的修改并没有反映出任何实质性变革，刑法仍然是贯彻国家政策和对社会严格控制的首要工具。对1997年《刑法》所发生的变化进行的综合分析表明，这些变化，仅仅是对构成了1979年《刑法》之基础的、同样的刑事政策所进行的一个微调而已。而有大量证据足以支持这一结论。

这个说法，首先可以从对1979年到1997年间，全国人大常委会的各种决定和补充规定的分析中得以印证。这些决定和补充规定的目的是双重的。首先，他们提供了1979年《刑法》所缺失的具体内容，这些都与关于刑事责任以及刑罚的规定相关。其次，部分在打击犯罪运动和镇压运动的期间内发布的决定，本身就是该运动的一部分。所有的这些决定和补充

① Finder & Fu，"Tightening Up Chinese Courts' 'Bags'—The Amended PRC Criminal Law"，p. 35.

② Lin & Keith，"The Changing Substantive Principles of Chinese Criminal Law"，p. 76.

规定的刑事法律规定，都基于 1997 年《刑法》修改的三个指导原则：连贯性原则、统一性原则、明确性原则，而被 1997 年《刑法》所吸收。在连贯性原则和统一性原则指导下，1979 年《刑法》和这些决定与补充规定的内容都得以大规模保留。在明确性原则指导下，模糊的规定得以被详细阐明。

以下两个决定构成了打击犯罪运动的法律基础。它们是《全国人民代表大会常务委员会关于严惩严重破坏经济的罪犯的决定》（1982 年）和《全国人民代表大会常务委员会关于严惩严重危害社会治安的犯罪分子的决定》（1983 年）。这两个决定的效果就是加重了很多罪名的最高刑罚。赵秉志和赫兴旺主张，这些《决定》以及由全国人大常委会通过的补充 1979 年《刑法》的其他法律，都是不合法的。① 这是因为它们违背了禁止溯及既往原则以及罪刑法定原则。所有的这些决定和补充规定都因此违反了《宪法》第 67 条第 3 款的规定。1997 年《刑法》吸纳这些决定和补充规定的做法，看起来是试图合法化这些颇受争议的决定。即便如此，补充和修正刑法的工作仍在继续。1998 年 12 月 29 日，全国人大常委会通过《关于惩治骗购外汇、逃汇和非法买卖外汇犯罪的决定》。随后，在 1999 年 10 月 30 日，全国人大常委会通过了《关于取缔邪教组织、防范和惩治邪教活动的决定》。1999 年 12 月 26 日全国人大常委会通过了《刑法修正案（一）》，增加了关于期货证券方面的罪名，这是刑法修改方式上的一个重要变化。

最高人民法院和最高人民检察院已经提供了很多如何界定、解释和适用刑法的细节。② 一个富有争议的例子就是对

---

① Lin & Keith, "The Changing Substantive Principles of Chinese Criminal Law", p. 93.

② 最高人民法院和最高人民检察院解释法律的权力必须依照《全国人民代表大会常务委员会关于加强法律解释工作的决议》（1981 年）（Laws of the PRC）和《立法法》（2000 年）的规定进行。

《刑法》第 300 条所规定的"邪教犯罪"具体应用法律问题的解释，这个司法解释是由最高人民法院和最高人民检察院在1999 年 10 月 30 日联合发布，并于当天生效的。除了该法律文件的性质存疑之外，对此司法解释深入分析显示，其在《刑法》第 300 条规定的罪名下至少创制了 10 个新罪名。阿什沃思（Ashworth）指出：

> 政治机会主义和国家权力仍然是影响犯罪化的主要决定性因素，这两者都与国家主流文化相关。刑法的轮廓并不是已经给定的，而是视政治环境而定的。看似是客观的如损害和罪行等标准，趋向于与当时的政治意识形态相融合。①

1949 年到 1979 年间，党的政策往往以毛泽东发布命令的方式，在法律体系中占据主导地位。从许多方面来说，这些命令和党的政策就是法律，其对 1979 年《刑法》以及以后的法律有着深远的影响。这在《宪法》序言中就有很好的体现，其指出，全国各族人民在共产党的领导下，以毛泽东思想为指导。1979 年《刑法》第 1 条同样指出，刑法以马列主义、毛泽东思想为指导。这种表述在 1997 年《刑法》的第 1 条中被删除，但是我们可以说，毛泽东思想仍在继续影响着中国的刑事法律。

毛泽东有关刑法的一个最为重要的政策声明，即区分了敌我矛盾和人民内部矛盾。那些触犯如反革命罪，或其他严重暴力犯罪或涉案金额巨大的犯罪等，属于敌我矛盾犯罪的犯罪分子，将被认为是国家公敌。那些没有威胁到社会主义制度的公民与公民之间的矛盾，被定义为人民内部矛盾。根据"惩办

---

① A. Ashworth, *Principles of Criminal Law*, 3d ed., 1999, p. 56.

与宽大相结合"的政策，人民内部矛盾可被处以较轻处罚，甚至免于刑事处罚而仅仅受到行政处罚。但敌我矛盾则处罚较重，在许多案件中，犯罪分子会被判处死刑。然而，即便如此，对于坦白和有真诚悔悟的犯罪分子，仍可以适用从宽处罚的规定。在死刑案件中，犯罪分子可能会被判处死刑缓期两年执行，最后减刑处理。1997 年《刑法》的用语表述可能会有变化，但在归责以及处罚等方面的当前做法依然反映了该政策。

也许 1997 年《刑法》最有象征意义的修改，当数反革命罪的废除，以及以危害国家安全罪取而代之。事实上，这只不过是换了一个名称罢了。大部分反革命罪都作为危害国家安全罪而得以保留。例如，1997 年《刑法》第 102 条规定，勾结外国，危害中华人民共和国的主权、领土完整和安全是犯罪行为，该规定实际上与 1979 年《刑法》第 91 条是一样的。事实上，1997 年《刑法》扩大了反革命罪的范围。正如某学者指出的：

修订后的刑法也增加了一个新罪，即国家机关工作人员在履行公务期间，擅离岗位，叛逃境外，危害中华人民共和国国家安全的是犯罪。[1] 很明显，该款犯罪是针对那些外出工作或学习时，决定通过申请难民身份从而得以留居国外的人。[2]

在 1979 年《刑法》通过不久后，就有提议主张弃置"反革命"这样的术语，再次指出这一点是很重要的。事实上，这些变化已经融入 1988 年的刑法草案之中。然而，1989 年政

---

[1] 参见 1997 年《刑法》第 109 条，Laws of the PRC。

[2] J. Chen, *Chinese Law: Towards an Understanding of Chinese Law, Its Nature and Development*, pp. 186 – 187.

治风波的发生，使得在当时通过修正后的《刑法》变得不合时宜。

然而，很多中国人认为，如果说 1997 年《刑法》不是刑法发展的一个高潮，其至少是通向在中国实现法治的法律改革进程的延续。例如，有学者将 1997 年《刑法》第 3、4、5 条所表述的刑法基本原则，以及刑法分则条文的巨幅扩张，视为一种趋势的延续，该趋势"由于其一再重申对法律的可预测性，以及对非国家利益程序保护的合理性和重要性之支持，而显得尤为引人注目"。① 江泽民于 1997 年作出现在来看非常著名的声明："依法治国，建设社会主义法治国家。"1999 年 3 月，这些表述被置于《宪法》第 5 条中。

毫无疑问，这些变化都是重要的，但是中国在多大程度上实现法治，或在通往实现法治的进程中走了多远，则仍是充满争论的。例如，《宪法》第 5 条中新增的段落指出，中国"实行依法治国，建设社会主义法治国家"。② 这样的表述似乎表明法制和法治是并存的。在 1996 年给党中央举办的讲座中，王家福指出，在中国实现法治需要奠定三点基础：③ 第一，树立法律至上的权威，这要求每个人以及每个组织都必须遵守法律。第二，权力必须基于宪法和法律，且在其所规定的范围内行使。第三，任何人，不论其社会地位如何，在法律面前人人平等，没有人可以有超越法律或不受法律限制的特权。他总结道，对这些原则的适用，会"与过去用领导人的讲话代替法律，和将权力置于法律之上的做法相对立"。④

---

① Lin & Keith, "The Changing Substantive Principles of Chinese Criminal Law", pp. 78 – 79.

② See Laws of the PRC.

③ Lin & Keith, "The Changing Substantive Principles of Chinese Criminal Law", p. 83.

④ Id.

1997 年《刑法》和 1996 年《刑事诉讼法》有关法官、检察官、警察、律师的新法律，以及行政制裁中的很多方面，都反映了对这三点要求的采纳。对党的高级领导人的腐败犯罪提起公诉并执行死刑，是法律面前人人平等的现实例子。另一方面，1997 年《刑法》中的某些方面，以及 1997 年后的一些事件，表明了国家工具主义的延续。1997 年《刑法》中的很多改革，是保护社会主义市场经济发展的需要之直接结果，但是，对新经济维护，从本质上说也是和严格控制社会的党的政策密切联系的。国家对包括死刑在内的重刑之持续使用，也明确反映了这一点，而且虽然这对某些学者来说十分反常，① 但这是可以被预见到的。

有两位学者观察到，刑法"若不是被作为国家工具主义的工具被理解的话，其仍可能被理解为国家政策的合法工具"，② 相反，尽管 1997 年《刑法》有很多变化，但为了实现社会控制的政策的一贯性，将无法避免导致以下结论的产生，那就是刑法在很大程度上仍是国家政策的手段，以及国家工具主义的工具。正如盖拉特（Gellatt）指出的那样：

最重要的关注点，当然是法律制度对共产党的民主专政所起的辅助作用，这是一个仅通过在法律制度内部进行改革所绝不能解决的问题。若没有根本性的政改，作为法治关键元素的司法独立和律师自治就不可能存在。③

盖拉特得出以上结论时是 1993 年，两年后的 1995 年，改

---

① Lin & Keith, "The Changing Substantive Principles of Chinese Criminal Law", p. 85.

② Id. p. 78.

③ Timothy A. Gellatt, *Criminal Justice with Chinese Characteristics*: *China's Criminal Process and Violations of Human Rights*, 1993, p. 85.

革进程拉开了序幕。① 这些改革，因其对中国的刑事司法体制的影响而显得十分显著。然而，这些改革并不代表法治已经实现。

卢布曼（Lubman）也同样对有关法治的主张持消极态度，其总结认为，在人们能够说有任何真正的法治观念存在之前，根本性变革是必需的。② 从这一点上来说，他甚至认为，若没有其所称之为根本性变革的出现，那么可以说，在中国，"法律制度"并不存在。③ 然而，这并不是说，到目前为止的改革并不重要。现有的变化甚巨，但正如卢布曼所观察到的那样，这可能会导致"经济之鸟逃脱了其牢笼"，但"法律之鸟"仍旧身陷囹圄。④ 从这一点上说，这里的牢笼指的是党和国家的存在以及持续存在的对社会进行严格控制的政策。事实上，在许多当权者看来，"经济之鸟"的解放，以及由此而来的繁荣和经济发展，是依附于对社会进行严格控制的政策的持续性之上的。

---

① 正如本文开头所指出的，自 1995 年以来的主要的刑事司法改革包括《人民警察法》（1995 年）、《法官法》（1995 年）、《检察官法》（1995 年）、《刑事诉讼法》（1996 年）、《行政处罚法》（1996 年）以及《刑法》（1997 年），see Laws of the PRC。

② Stanley B. Lubman, *Bird in a Cage: Legal Reform in China After Mao*, 1999, pp. 298 – 309.

③ See Ian Dobinson, "Stanley B. Lubman's Bird in a Cage: Legal Reform in China After Mao", 46 *China J.* 168 – 69（2001）（书评）。

④ Id.

# 基本理论

# 对中国的罪刑法定原则的两点考察[*]

小口彦太[**] 文

毛乃纯[***] 译

简目

一、序言

二、"积极的罪刑法定原则"和"消极的罪刑法定原则"

三、罪刑法定原则与明确性原则

四、结语

## 一、序言

在中华人民共和国成立后的第 30 年，刑法典颁布实施。该法第 79 条规定："本法分则没有明文规定的犯罪，可以比照本法分则最相类似的条文定罪判刑。"这里的"没有明文规定

---

　* 小口彦太：《中国の罪刑法定原則についての一、二考察》，载《早稻田法学》2007 年第 82 卷第 3 号，第 1—19 页。本文的翻译与出版已获得作者授权。

　** 小口彦太，早稻田大学法学博士，早稻田大学亚洲研究机构长、法学学术院教授，中国人民大学法学院名誉客座教授。主要作品有《現代中国の裁判と法》（成文堂 2003 年版）、《伝統中国の法制度》（成文堂 2012 年版）等。

　*** 毛乃纯，郑州大学法学院讲师，中国人民大学法学博士、早稻田大学法学博士。

的犯罪"的表述，说明中国的犯罪概念是一个前法律的、政治的、社会性的实体概念，亦即不论法律是否存在，只要具备了社会危害性，就已经构成犯罪。然而，1979年刑法典最终昙花一现。其原因之一就在于，人权概念在全球化的现代社会中的普遍化，成为中国无法忽视的趋势。而类推规定的废除，就是其具体表现。1997年新刑法典第3条实现了罪刑法定原则的实定化。但是，事实上，关于类推规定的废除，也有专家学者指出："类推制度是中国传统法律文化中的一颗璀璨的明珠。"① 由此可见，那些认为一直支配着中国法的实质主义思考模式将会在一夜之间烟消云散的观点，是不切合实际的。下面，本文拟对新刑法典中规定的罪刑法定原则所具有的中国特色进行考察。

## 二、"积极的罪刑法定原则"和"消极的罪刑法定原则"

关于罪刑法定原则，新刑法典第3条规定："法律明文规定为犯罪行为的，依照法律定罪处刑；法律没有明文规定为犯罪行为的，不得定罪处刑。"② 在中国刑法学界，有学者将该条文的前段规定称为"积极的罪刑法定原则"，将后段规定称

---

① 侯国云、梁志敏、张起淮：《论新刑法的进步与失误——评修订后的〈中华人民共和国刑法〉》，载《政法论坛》1999年第1期。

② 最早以条文形式出现的罪刑法定原则，是在1995年8月8日全国人大常委会法制工作委员会刑法修改小组拟定的"中华人民共和国刑法（总则修改稿）"当中。然而，当时的表述与现在有所不同，我们所熟悉的"无法律则无刑罚"被表述为"对于行为时法律没有明文规定为犯罪的，不得定罪处刑"，位于第一章"刑法的任务和基本原则"的第3条。与现行法采用相同的表述，是从1996年10月10日全国人大常委会法制工作委员会拟定的"中华人民共和国刑法（修订草案）（征求意见稿）"开始的。而且，章名中还删除了"基本原则"。参见高铭暄、赵秉志编：《新中国刑法立法文献资料总览》（中），中国人民公安大学出版社1998年版，第1056页。

为"消极的罪刑法定原则"。① 这里需要特别注意的是前段规定。该前段规定的旨趣在于，"司法机关必须以事实为依据，以法律为准绳，认真把握犯罪的本质特征和犯罪构成的具体要件，严格区分罪与非罪、此罪与彼罪的界限，做到定性准确，不枉不纵，于法有据，名副其实"②。这与通常使用的"有法必依、执法必严、违法必究"的中国式法治标语是一致的。而且，关于在不承认判例概念的中国具有重要作用的司法解释，相关的"进行司法解释不能超越其应有的权限，无论是扩大解释，还是限制解释，都不能违反法律规定的真实意图……否则，就会背离罪刑法定原则"③ 的指摘也体现出相同的旨趣。可以说，这也属于禁止刑罚畸轻畸重的中国传统律例④系统。但是，这种观点在日本刑法学中是不存在的。在日本，罪刑法定仅指后段部分（无法律则无刑罚）；在有利于被告人方向上严格适用刑法，即"不枉不纵"则不是必然的要求。"有利于犯人的解释，与罪刑法定主义的要求是无关的"⑤，"在缩小犯罪成立范围的方向上，罪刑法定主义也不禁止类推解释"⑥。也就是说，中国《刑法》第 3 条的前段规定是否存在的问题，实际上将演变为：在中国刑法学中，"特别是关于违法性或者责任的阻却方面，只要从法秩序的整体上看，其性质上具有合理的根据，就可以认定为超法规的缘

① 该名称源自何秉松主编：《刑法教科书》，中国法制出版社 2000 年版，第 63 页。作者将这两种罪刑法定原则的价值顺序排列为："积极的罪刑法定原则"处于第一位，"消极的罪刑法定原则"处于第二位。

② 高铭暄、马克昌主编：《刑法学》，北京大学出版社、高等教育出版社 2000 年版，第 28 页。

③ 赵秉志主编：《新刑法教程》，中国人民大学出版社 1997 年版，第 55 页。

④ 例如，《大清律·刑律·断狱》中的"断罪引律令"条。

⑤ 团藤重光：《刑法纲要总论》（第三版），创文社 1990 年版，第 60 页。

⑥ 平野龙一：《刑法概说》，东京大学出版会 1977 年版，第 23 页。

由"① 的讨论是否有可能得到展开的问题。关于这一点，颇具深意的是以下这种观点："'我国《刑法》第 3 条规定的所谓罪刑法定原则似乎只能为我们提供限制入罪机制，而没有相应确立出罪正当化解释机制，这为我们实现期待可能性的缺乏作为超法规阻却事由的出罪功能设置了法律障碍。'而在大陆法系国家，作为超法规的责任阻却事由，期待可能性的缺乏为司法过程提供的出罪机制不仅不违反罪刑法定原则，而且恰恰是罪刑法定的保障功能与出罪功能的客观要求。但是在中国，由于所谓积极的罪刑法定原则的存在，使其丧失了应有的出罪功能。结果，期待可能性的缺乏作为超法规的责任阻却事由在中国刑法中的适用，将必然导致对罪刑法定原则的直接违反。"②如果这种观点能够得到肯定的话，那么，超法规的违法性阻却事由的运用就同样是"对罪刑法定原则的直接违反"。对于这一点，中国的刑法学者是如何展开论述的呢？

在有关实质的违法性阻却事由方面，尤为重要的是其与宪法中的人权规范的关系问题。关于这一点，采取立宪主义的日本是在与宪法这一最高规定的关联上，寻求对相应的法律进行限定解释的。"例如，对于《破坏活动防止法》中规定的发布主张内乱正当性的文书的犯罪，最高裁判所将处罚限定为客观上具有发生内乱的可能性的情形，这就是基于言论自由的考虑而作出地缩小解释。"③ 该解释也体现了美国判例所确立的"明显且现实的危险"理论。④ 然而，这样的讨论在中国也能够看到吗？

---

① 团藤重光：《刑法綱要総論》（第三版），创文社 1990 年版，第 60 页。

② 章惠萍：《期待可能性与我国刑法的借鉴》，载《政治与法律》2006 年第 3 期。

③ 平野龙一：《刑法概説》，东京大学出版会 1977 年版，第 23 页。

④ "（破坏活动防止法）从集会、结社、表现的自由、劳动者的团结权以及其他观点来看，其中存在很多问题……美国的判例在这方面提出了'明显且现实的危险'的观念。在相关法律的解释上，有必要明确地将该观念置于重要位置。"参见团藤重光：《刑法綱要各論》（增補），创文社 1980 年版，第 21 页。

　　与日本的《破坏活动防止法》中规定的内乱煽动罪相当的，是中国《刑法》第105条第2款规定的"煽动颠覆国家政权罪"，即"以造谣、诽谤或者其他方式煽动颠覆国家政权、推翻社会主义制度的，处五年以下有期徒刑、拘役、管制或者剥夺政治权利；首要分子或者罪行重大的，处五年以上有期徒刑"。学理上是如何解释本条规定的呢？下面本文将简要地加以介绍。"本罪的客体，是我国国家政权和社会主义制度。本罪的客观方面，表现为以造谣、诽谤或者其他方式煽动颠覆国家政权、推翻社会主义制度的行为。所谓造谣，是指无中生有，制造、散布敌视我国国家政权和社会主义制度的言论，从而混淆公众视听的行为。所谓诽谤，是指捏造并散布虚假事实，诋毁我国国家政权和社会主义制度的行为。其他方式，是指造谣、诽谤以外能够引起人们仇视我国国家政权和社会主义制度的方式，如夸大、渲染我国社会中存在的问题，许诺将来的政权和制度比现在的好，以引起人们对现实政权和社会主义制度的不满等，即可认为是其他方式。本罪的主体是一般主体，凡已满16周岁具有刑事责任能力的人，均能成为本罪的主体。本罪的主观方面是故意，既可以是直接故意，也可以是间接故意。"[1] 以上就是中国具有代表性的教科书中的论述。另外，由全国人大常委会法制工作委员会刑法室编著的《中华人民共和国刑法释义》中指出："（本条第2款）这里所说的'煽动'，是指以造谣、诽谤或者其他方式诱惑、鼓动群众的行为。其中，'造谣、诽谤'，主要是指无中生有，编造不存在的事情或者对事实进行严重歪曲，以达到诋毁国家政权和社会主义制度的目的。根据本款的规定，构成本罪行为人在主观上必须具有颠覆国家政权、推翻社会主义制度的故意。"[2]

---

　　[1]　高铭暄、马克昌主编：《刑法学》，北京大学出版社、高等教育出版社2000年版，第346页。

　　[2]　胡康生、李福成主编：《中华人民共和国刑法释义》，法律出版社1997年版，第117—118页。

在上述解释中，《宪法》第 35 条关于"中华人民共和国公民有言论、出版、集会、结社、游行、示威的自由"的规定完全没有被提及。

从宪法规范未在刑法解释中得到体现这一点上，就可以深刻地了解中国法的构造性特质。其一，中国宪法与立宪主义宪法不同，其构造表现为通过宪法本身来制约公民的表现活动的自由，即通过《宪法》第 51 条（中华人民共和国公民在行使自由和权利的时候，不得损害国家的、社会的、集体的利益和其他公民的合法的自由和权利）、第 52 条（中华人民共和国公民有维护国家统一和全国各民族团结的义务）、第 53 条（中华人民共和国公民必须遵守宪法和法律，保守国家秘密，爱护公共财产，遵守劳动纪律，遵守公共秩序，尊重社会公德）、第 54 条（中华人民共和国公民有维护祖国的安全、荣誉和利益的义务，不得有危害祖国的安全、荣誉和利益的行为）等一系列义务性规定，公民的表现活动受到宪法的内在制约（作为义务体系的宪法）。换言之，宪法本身就已经为规制表现活动的前述煽动犯罪的适用提供了正当性和根据。因此，将宪法引入法律领域，用以规制其解释适用的构造原本就是不现实的。中国法的第二个构造性特质表现为，宪法规范在审判中的适用是被禁止的。对此，虽然刑法中没有作出实定化的规定，但是，《行政诉讼法》第 52 条（现行《行政诉讼法》第 63 条）规定："人民法院审理行政案件，以法律和行政法规、地方性法规为依据。"由此可见，宪法并没有被设定为法律依据。这说明，在涉及行政行为这一公权力行使的案件中，是不允许法院以宪法为依据来判断公权力的行使是否具有违法性或者限制行使该权力的。在中国，只有全国人大常委会才拥有宪法解释权（《宪法》第 67 条）。这同样也适用于刑事案件。中国《刑事诉讼法》第 1 条规定，本法是"根据宪法"制定的，但是在具体的刑事审判中，法官则不能依据宪法作出裁判。本法第 3 条第 2 款的规定仅仅是"人民法院、人民检察院和公安机关进行刑事诉讼，必须严格遵守本法和其他法律的有关规定"。与行政案件一样，在刑事审判中也不得以宪法作为法源。

中国刑法在罪刑法定原则中加入具有"积极的罪刑法定原则"的含义的表述，其中也隐含着上述中国法的构造性特质。因此，在主张摒弃"积极的罪刑法定原则"，解禁关于实质的违法性阻却事由的讨论的立场看来，改变上述中国法的构造是势在必行的。然而，这显然绝非易事。于是，那些试图在中国对立宪主义的价值予以积极评价的学者们所能够采取的正面战术，就只能是在坚持现行中国法的构造框架的前提下（而不是从正面突破），对其进行脱胎换骨地改造。可以说，北京大学的陈兴良教授就是这种立场的代表性论者。陈教授对《刑法》第 105 条第 2 项作出如下解释："要划清煽动颠覆国家政权罪与非罪的界限，必须注意把本罪与错误言论相区别。本罪是以'言论'的形成构成的犯罪，但是绝不能把发表任何不利于国家政权和社会主义制度的错误言论，都以本罪论处。我国宪法规定，公民享有言论自由。由于每个人的政治思想水平、理论水平及思想方法等不同，在政治、思想方面出现错误观点是难免的。常见的错误观点包括一般的落后或不满言论，甚至一些过激言论，或者对中央某些方针、政策不理解而产生抵触情绪，发泄不满，或者是反映情况，提出批评、建议，言辞过激的，都属于思想和认识问题。只要不是企图颠覆国家政权、推翻社会主义制度的，只属于一般错误言论；只有抱着危害国家政权和社会主义制度的目的进行前述的宣传煽动行为，特别是进行了造谣、诽谤的行为，才以煽动颠覆国家政权罪论处。"[1] 由此可见，陈教授试图将各种批判性言论尽可能地纳入到"一般的错误言论"

---

[1] 陈兴良主编：《罪名指南》（上册），中国政法大学出版社 2000 年版，第 56 页。

的领域内加以解读，从而对颠覆国家政权罪的适用进行限缩。而且，这也体现了陈教授通过将"错误言论"限定为"思想和认识问题"，从而将其从犯罪"行为"中解放出来的意图。如果这种解释能够获得广泛认同的话，在有关《刑法》第3条规定罪刑法定原则的理解方面，"积极的罪刑法定原则"的影响力也许就会逐渐衰退。① 但是，在涉及宪法的问题上，陈教授还是有所保留的（公法领域——非私法领域中有节制的间接适用论者）。由于日本宪法中规定公民享有言论自由，所以即使不对本条作限定性解释，也不能断言是违宪的。然而，就目前的状况而言，这在中国法的构造中是不可能的。②

---

① 但是，从客观上对"一般错误言论"和"抱着危害国家政权和社会主义制度的目的"的"诽谤"加以区别是非常困难的。另外，必须注意的是，在本书中，陈兴良教授在论证关于泄露国家秘密罪（《刑法》第398条）的罪与非罪的区别时，完全没有提及宪法的规定。在这里，对于如煽动罪这样的犯罪，在罪与非罪之间设置一段灰色地带是根本不可能的。因为，如前所述，《宪法》第53条明确规定中国公民负有保守国家的秘密的义务。所以即使记者出于新闻报道的目的进行"正当的采访活动"，也不能排除在本罪的构成要件之外。

② 最近，笔者偶然接触到一篇与本文相关的极为"激进"的文章，即中国的《法学论丛》2006年第3期中刊载的唐煜枫、王明辉的论文《刑法中言论的行为性辨析——以言论自由的界限为视角》。文中指出："在现代社会中，政治自由中的言论自由的核心并不在于政治'颂扬'和政治'夸赞'，恰恰在于政治'建议'和政治'批评'，尤其是政治'批评'，它是政治自由中的言论自由的实质……这样一来，对言论之实行行为性的判断除了要评判是否存在侵害法益的危险，还须考察该危险是否在法所允许的范围内，是否是超越法律所容许的界限而制造的法益侵害的危险。必须要为民主社会中言论自由所必然带来的法律需要容忍的风险留下合理的空间。这意味着，在一些涉及言论是否入罪的案件中，犯罪行为的评判不仅是刑法中构成要件的分析、适用过程，而且是宪法中的言论自由权利与公民的名誉权、国家安全、社会治安秩序等相关利益进行衡量、如何在不同权益间进行合理平衡的考量过程。"（第31页）这一崭新的观点，不禁让人联想起美利坚合众国联邦最高法院布雷南法官在 New York Times v. Sullivan 中的观点。但是，将利益衡量理论引入刑事案件是否妥当的问题暂且不论，在"有关某言论是否构成犯罪的案件"中，由承担司法职能的法官来判断与"宪法中的言论自由权"之间的"合理均衡"，这种构造与现实中中国《刑法》第3条的构造是不相符的。

## 三、罪刑法定原则与明确性原则

也许会有人认为，上一节的论述与"序言"之间是存在矛盾的。因为在"序言"部分，笔者曾指出，"一直支配着中国法的实质主义思考模式将会在一夜之间烟消云散的观点，是不切合实际的"；然而，在上一节中，笔者又认为，在中国的罪刑法定原则中存在着顽固的"积极的罪刑法定原则"。"积极的罪刑法定原则"是指只要存在法律规定，则无论情节如何都必须严格适用法律。于是，在有利于被告人的方向上进行法律的类推适用以及将"超法规事由"纳入法律解释等，就成为例外的讨论。在本节中，笔者将改变视角，对中国刑法的罪刑法定原则中是否包括明确性原则加以探讨，并以此为切入点来分析中国刑法与实质主义思考的关联。

在日本，基于《宪法》第31条的规定，明确性原则通常是作为刑事实体法层面上的适正内容之一被讨论的。中国宪法中虽然没有规定正当程序条款，但近年来，多数教科书都将明确性原则放在罪刑法定原则中加以说明。因此，在本节中，笔者将着眼于空白处罚规定，结合具体案例对中国刑法中是否包含明确性原则的问题进行考察。

案例的概要如下：

澳籍华人方某（以下称为甲）在（2004年）3月23日于上海一中院进行的庭审上，被判处有期徒刑5年并处罚金130余万元人民币。被告人甲是上海南极星公司法定代表人，于2000年结识了中国铁路通讯公司的某副总经理。从其处了解到IP电话业务在中国前景广阔，萌生了在中国和他人合作开展IP电话业务的念头。甲随后通过上海某大学教授、通讯专家石某结识了由上海电信公司控股60%的上海电信呼叫信息服务有限公司（以下简称"呼叫公司"）的总经理朱某。2000

年 11 月到 2003 年 5 月间，南极星公司与"呼叫公司"签订了3 份《互联网信息服务协议书》，约定双方合作开展 IP 电话业务。表面上是合作协议，但因为南极星公司实际上只是租用"呼叫公司"的互联网专线和模拟电话线开展业务的"支付租金"的公司，事实上却是一个租赁协议。检察院认为：甲在明知南极星公司无经营国际电信业务资格的情况下，以该公司名义租用"呼叫公司"互联网专线和模拟电话线，并先后在"呼叫公司"租用的上海声讯信息有限公司机房和"呼叫公司"机房内设立语言转接平台，非法经营澳大利亚至中国的国际电信来话转接业务。期间非法经营国际电信业务通话时间长达 820 余万分钟，共造成我国电信资费损失人民币 1766 余万元。

该案中，检察院就是依据最高人民法院（2000）12 号司法解释《关于审理扰乱电信市场管理秩序案件具体应用法律若干问题的解释》认定甲构成犯罪（《刑法》第 225 条非法经营罪）。具体而言是该解释第 1 条："违反国家规定，采取租用国际专线，私设转接设备或者其他方法，擅自经营国际电信业务或者涉港澳台电信业务进行营利活动，扰乱电信市场管理秩序，情节严重的，依照《刑法》第二百二十五条第（四）项的规定，以非法经营罪处罚。"

而律师陈某的质疑在于，"空白罪状"的填补不应通过司法解释进行。作为一种立法授权，"空白罪状"需由全国人大制定法律和国务院制定的行政法规进行界定，最高人民法院出台此类司法解释当属越权。而在最高人民法院司法解释后出台的国务院《电信条例》中，虽把非法经营国际或者涉港澳台电信业务等四种行为规定为禁止性行为，但对该种行为（即《电信条例》第 59 条第 1 项所列行为）只规定了行政处罚，并未规定"构成犯罪的，依法追究刑事责任"，而对其他三种行为则有该种规定。

针对检察院的指控，律师陈某提出的辩护意见很具震撼力，他以作为定罪依据的最高人民法院的司法解释无效为由主张甲无罪，对此圈内人士掀起了喧哗声："在我们的印象中，律师以质疑最高人民法院司法解释效力为辩护意见为当事人进行无罪辩护，这样的案例在中国司法史上还是头一遭。"陈某的辩护意见并没有被一审法院采纳，但知情人士透露司法部门其实对该意见也是相当重视的，"案件一审是在去年春节前开庭，直到今年三月才宣判，而甲案并非第一个在电信领域的经营业务上被诉的案例——沪上先前已有 3 个有罪判例（如 2002 年的徐国庆、胡伟、潘益青案），而定罪依据都是最高人民法院的司法解释"。[①]

本案中适用的《刑法》第 225 条非法经营罪规定："违反国家规定，有下列非法经营行为之一，扰乱市场秩序，情节严重的，处五年以下有期徒刑或者拘役，并处或者单处违法所得一倍以上五倍以下罚金；情节特别严重的，处五年以上有期徒刑，并处违法所得一倍以上五倍以下罚金或者没收财产：（一）未经许可经营法律、行政法规规定的专营、专卖物品或者其他限制买卖的物品的；（二）买卖进出口许可证、进出口原产地证明以及其他法律、行政法规规定的经营许可证或者批准文件的；（三）未经国家有关主管部门批准，非法经营证券、期货或者保险业务的；（四）其他严重扰乱市场秩序的非法经营行为。"在本案中，第 4 项规定的适用成为问题所在。

---

① 本文介绍的案件并非来自公开发表的文章，而是从互联网上检索到的。参见《非法经营国际 IP 电话案：律师质疑司法解释》，载《21 世纪经济报道》2004 年 5 月 15 日。笔者是通过长岛·大野·常松法律事务所中国律师李美善女士的介绍才了解到本案的。此外，《上海法院案例精选（2002 年）》（上海人民出版社）中收录了发生于 2003 年的类似案例，即"谢志峰非法经营案"（第 547—552 页）。

本项规定属于典型的空白处罚条款，其本身并未说明什么是构成"严重扰乱市场秩序的不法经营"行为。于是，为了确定本款规定的内容，最高人民法院于 2000 年 5 月 24 日出台了上述司法解释，而检察院正是根据该司法解释对甲提起的诉讼。但是，在该司法解释出台以后，由国务院制定的行政法规《中华人民共和国电信条例》颁布实施，以下是相关的内容。

第 59 条规定："任何组织或者个人不得有下列扰乱电信市场秩序的行为：（一）采取租用电信国际专线、私设转接设备或者其他方法，擅自经营国际或者香港特别行政区、澳门特别行政区和台湾地区电信业务；（二）盗接他人电信线路，复制他人电信码号，使用明知是盗接、复制的电信设施或者码号；（三）伪造、变造电话卡及其他各种电信服务有价凭证；（四）以虚假、冒用的身份证件办理入网手续并使用移动电话。"

第 68 条规定："有本条例第五十九条第（二）、（三）、（四）项所列行为之一，扰乱电信市场秩序，构成犯罪的，依法追究刑事责任……"

第 70 条规定："违反本条例规定，有下列行为之一的，由国务院信息产业主管部门或者省、自治区、直辖市电信管理机构依据职权责令改正，没收违法所得，处违法所得 3 倍以上 5 倍以下罚款；没有违法所得或者违法所得不足 5 万元的，处 10 万元以上 100 万元以下罚款；情节严重的，责令停业整顿：（一）违反本条例第七条第三款的规定或者有本条例第五十九条第（一）项所列行为，擅自经营电信业务的，或者超范围经营电信业务的……"

本文认为，根据该条例的规定，前述案件只能适用行政处罚，其对于刑事处罚则未作出规定。

本案的论题可以归纳为以下三点：第一，《刑法》第 3 条中是否包含明确性原则；第二，能否由司法解释对空白处罚规定的内容作出具体规定，并适用该司法解释作出有罪判决；第三，当国务院制定的行政法规与司法解释相抵触时，应当以哪种规范优先。

关于本案，华东政法学院①于 2004 年 3 月 15 日召开了以"经济违法行为的司法适用原则"为主题的理论研讨会，主要是针对上述第二个论题进行探讨，并出现赞成、反对两派观点。复旦大学的张绍谦教授表示，应当通过立法解释对空白罪状加以填补，而不是司法解释。华东政法学院的杨兴培教授也对当前司法解释提出质疑，他认为，刑法适用过程中司法机关只能对技术性的规范进行解释，而不应当对犯罪构成内容进行添补，否则就有违罪刑法定原则。相反，上海社会科学院法学研究所的顾肖荣研究员则认为，在现有情况下，要想减少司法解释几乎是不可能的。就实际情况来看，司法解释也是法律的渊源，目前司法实践按照司法解释来进行个案裁判不能说不正确。上海市高级人民法院研究室刘玫英主任也从执法统一性和法官素质的差异性角度，肯定了司法解释的必要性和合理性。关于《刑法》第 3 条是否要求明确性原则的问题，学者们均未作出明确说明。然而，无论是根据立法解释，还是根据司法解释，都是以仅凭《刑法》第 225 条的条文难以作出有罪判决的判断作为前提的。也就是说，这些论者均采纳了《刑法》第 3 条要求明确性原则的立场。作为在中国具有重要影响力的刑法学者，赵秉志教授也是这一立场的支持者之一。赵教授主张："罪刑法定原则的内在要求之一即是立法的明确性。唯有立法具体、明确，方能体现刑法公正、公平性，否则形式上的'法定'实际上也就毫无意义了。"② 总之，在中国刑法学界，

---

① 2007 年 3 月，华东政法学院更名为"华东政法大学"。——译者注
② 赵秉志主编：《新刑法教程》，中国人民大学出版社 1997 年版，第 54 页。

明确性原则被视为罪刑法定原则中不可欠缺的要素。但是，也有学者持不同的见解，著名刑法学者王作富教授就是其中之一。王教授认为，明文规定并不等于明确规定。罪刑法定要求的是明文规定，但并不一定要求明确性。而且，对于因立法技术语言的局限性等原因而出现的不明确的条文，要对其含义内容予以具体化、特定化，进行立法解释以及司法解释就是不可避免的。在司法解释中，如果"超出立法原意之外，使其适用于刑法条文既无明文规定，又与规定本质不同的行为或行为人"，这就属于越权解释，是不允许的。① 相反，只要不超出立法本意、不违背规定的本质，依据司法解释进行司法判断就是合法的。所以，法院对本案作出的有罪判决与王教授的观点是一致的。

本案中还有一个不可忽略的问题，即前述第三个论题。在上文中，笔者提出疑问："当国务院制定的行政法规与司法解释相抵触时，应当以哪种规范优先？"一方面，国务院制定的法规对于本案中的行为仅规定有行政处罚；另一方面，司法解释则对此设定了刑事处罚。于是，自然会产生二者相矛盾的认识。而且，基于该认识，又必然会进一步追问在国务院制定的行政法规和最高人民法院出台的司法解释之间何者具有优先性的问题。从这个问题来看，由拥有正规立法权的国务院制定的行政法规具有优先性，据此将会得出本案的有罪判决违法的结论。但是，笔者认为，这样的理解则显得过于单纯。

基于偶然的机会，笔者与北京大学法学院的沈岿教授有过一次恳谈。② 由于笔者一直持有上述疑问，因而自然就借此机会向沈教授提及本案。后来，笔者回国后收到了沈教授关于本

---

① 参见王作富：《刑法论衡》，法律出版社 2004 年版，第 68—70 页。
② 经由新潟大学法学部国谷知史教授介绍。

案的邮件。他的结论是，前述司法解释与国务院的行政规定之间并不存在矛盾。沈教授在邮件中说："通过查阅相关资料，我个人认为，从法律文本的规定来看，行政法规与司法解释之间不存在任何冲突的问题。其理由如以下所述。……理由陈述：（1）《刑法》第225条第3款（＝第4款）规定的是'严重'扰乱市场秩序的情形；而最高人民法院的司法解释也明确提出将'情节严重'作为不法经营罪的构成要件。（2）《电信条例》第59条、第70条和司法解释第1条的规定内容是一致的，而《电信条例》中则并未规定'情节严重'的情形。（3）于是，如果存在扰乱市场秩序的行为，并且情节严重的话，就可以认定为不法经营罪。然而，即使存在扰乱市场秩序的行为，但只要情节并不严重，就应当由行政机关给予行政处罚。所以，我的意见是，在这个问题上，行政法规与最高人民法院的司法解释之间不存在任何冲突的问题。"尽管如此，在收到邮件之后，笔者心中的疑问仍然没有得到解决。因为国务院制定的《电信条例》第70条在后段部分也规定"情节严重的，责令停业整顿"。

后来，笔者又接触到另外一篇论文，上述疑问才在相当程度上得到解答。这篇论文就是王作富、刘树德共同撰写的《非法经营罪调控范围的再思考——以〈行政许可法〉若干条款为基准》。文章对司法实务作出如下介绍："认定非法经营罪，须以行为人违反相应的国家规定为前提，但并不要求国家规定中明确规定刑事责任条款。国务院颁布并于2000年9月25日起施行的《互联网信息服务管理办法》第19条规定，违反本办法规定，未取得经营许可证，擅自从事经营性互联网信息服务，由省、自治区、直辖市电信管理机构责令限期改正，有违法所得的，没收违法所得，处违法所得3倍以上5倍以下罚款；情节严重的，责令关闭网站。但该《办法》并没有实施上述行为情节严重的应当追究刑事责任的规定……国家规定中是否明确规定了刑事责任条款不影响认定非法经营罪……国家规定中规定刑事责任条款并不是构成非法经营罪的必备要件。"[1] 虽然此处作为国家规定[2]援引的是国务院制定的《互联网信息服务管理办法》，但对于《电信条例》也可以进行相同的理解。也就是说，在司法实务中，即使没有《电信条例》第59条、第70条的处罚规定，"也不影响非法经营罪的认定"。《电信条例》中规定的"情节严重"，是指行政处罚适用范围内"情节严重"的情形；当具有超过行政处罚的、更高的社会危害性，即达到需要科处刑罚程度的"情节严重"的水平时，就应当适用不法经营罪。所以，"情节严重"是一个可以分为两个层次（如果再进一步划分，则可以将民事责任，特别是不法行为责任作为第三层）的多层性存在。我们通常倾向于在同一平面上对法的相互关系进行一元化的思考，但是根据这种观点则无法理解沈教授的意见。

最后，前述论文中还有以下一段论述："显然，按照有限政府观念的内在精神和刑法谦抑性原则的要求，刑法应具有收敛性，第225条'其他严重扰乱市场秩序的非法经营行为'也应具有收敛性。"[3] 根据该论述似乎可以认为，两位学者均对前述司法实务的做法表示反对，主张当国家规定（行政法规）中没有刑事处罚的规定时，不得采取刑事处罚。但是，事实则绝非如此。具体而言，"非法经营罪的调控范围应有所限定，即只有在行政处罚满足不了遏制那些严重扰乱市场秩序

---

[1] 王作富、刘树德：《非法经营罪调控范围的再思考——以〈行政许可法〉若干条款为基准》，载《中国法学》2005年第6期。

[2] 研究中国法的学者都知道，这里所谓的"国家规定"，是指全国人民代表大会及其常务委员会制定的法律和国务院制定的行政法规。

[3] 王作富、刘树德：《非法经营罪调控范围的再思考——以〈行政许可法〉若干条款为基准》，载《中国法学》2005年第6期。

的经营行为的需要之后，方可借助刑罚来加以规制"①。当"行政处罚满足不了"时，通常就会开启适用刑事处罚的通道，而进入该通道的要件就是"情节严重"的概念，即根据"情节严重"与否来作出有罪、无罪的判断。但是，"情节严重"这个超法规的实体概念在客观上是否具有明确认识的可能性呢？中国《刑法》第 3 条规定的罪刑法定原则就是建立在这样一种实质主义思考模式的坚固基础之上的。虽然废除了1979 年《刑法》第 79 条的类推规定，并在 1997 年《刑法》采用了罪刑法定原则，但是法律思考模式却并未轻易地随之发生 180 度的转变。

## 四、结语

在学习中国法的过程中，会产生一种强烈的印象，即在宪法、刑事法、民事法等各个法律领域，西方的法学理论正源源不断地涌入中国。这也许就是改革开放政策的一项业绩吧。本文所论述的罪刑法定主义也是其中之一。历史上首次出现在《大宪章》中的这一特殊的西欧概念，在现代社会中仍然发挥着立宪主义人权保障的重要作用，这一点是任何人都无法否定的。中国当然也不会否定已经在全球化的现代社会中成为全球化标准的罪刑法定主义。1997 年的《刑法》修改中删除旧刑法中的类推适用规定、采用罪刑法定原则，就是其具体表现之一。但是，正如本文所述，中国的罪刑法定原则并没有呈现出西欧概念的原形，也未能发挥其应有的机能。只要存在法律规定，就无须斟酌具体案情，必须严格适用法律（在司法解释中，也不允许对法律作出限定解释）。这一所谓的"积极的罪刑法定原则"是中国独有的概念；"情节"的严重性与作为前

---

① 同前。

法律的、政治的、社会的实体概念的社会危害性概念是表里关系，而将其作为犯罪成立的构成要件的刑法理论，也是中国所独有的。只要坚持这种"积极的罪刑法定原则"，作为立宪主义人权保障在刑法中的具体化的、实质的违法性阻却理论就难以得到贯彻，而将"情节"的严重性作为犯罪成立要件，也会阻碍明确性理论的贯彻。这就是本节所要强调的观点。最近，笔者在学习中国法时强烈地认识到，正确地把握那些被源源不断地介绍、导入到中国的外国法律理论的真相，换言之，即在介绍、导入时所产生的"不连续线性涡流"（末弘严太郎）的真相，看准其将来的走向，才是更重要的。

# 责任关系、罪刑相应及相当性原则——中国刑法理论与原则之比较研究[*]

丹尼斯·约翰·贝克

赵霞[**] 文

王波[***] 译

简目

---

　　[*]　Dennis J. Baker & Lucy X. Zhao, "Responsibility Links, Fair Labeling, and Proportionality in China: Comparing China's Criminal Law Theory and Doctrine", 14 *UCLA J. Int'l L. Foreign Aff.* 275（2009）. 本文的翻译与出版已获得作者授权。

　　[**]　丹尼斯·约翰·贝克，伦敦大学国王学院、法学院讲师，剑桥大学法学硕士、法学博士。珍·亨德森（Jane Henderson）此前给予本文详细的评述，并且针对该命题进行了有益的探讨，在此表示感谢。艾伦·诺里（Alan Norrie）就所涉核心概念进行了非常有益的讨论，在此一并感谢。

　　赵霞，谢菲尔德大学东亚研究学院讲师，剑桥大学法学硕士、法学博士。

　　[***]　王波，中国人民大学刑法学博士研究生、伦敦大学国王学院法学博士研究生。

# 一、序言

本文以中、美、英三国为视角，对贪腐犯罪和法人犯罪导致的间接结果的定罪惩罚原则进行了批判性地探讨，并集中研究了两个关注度极高的案件。在这两起案件中，被告人被控要对由其他实行犯直接引起的死亡结果负刑事责任；而被告人和其指控罪名，仅具有微弱的或者间接的联系。本文还探讨了英、美两国对于类似案件如何定罪惩罚。

通过对这些案件的研究我们发现，虽然中国刑法在某种程度上是社会主义的，但是只有当行为人和所控之罪的犯罪结果之间具有充分的责任联系时，行为人的行为才会被定罪为严重不法，并且据此得以处罚。虽然罪名不同，但是这些案件的处理结果和普遍贯穿美国和英国司法实践的个人主义原则是相符合的。

美国和英国刑法的定罪惩罚以威慑论和犯罪预防论为理论基础。[①] 威慑论受到报应论的一些限制，例如个人责任原则的限制（主观犯意，行为人意图实现某种特定犯罪结果或者轻率地导致了犯罪结果），近因原则的限制，以及由可宥的辩护事由和正当化的辩护事由（如精神错乱和自我防卫）带来的限制。一个人在没有任何辩护事由的情况下，可责地给他人带来了本可避免的不利后果，因而该人也就应当受到处罚。这是

---

① H. L. A. Hart, "Prolegomenon to the Principles of Punishment", in *Punishment and Responsibility: Essays in the Philosophy of Law*, Oxford Univ. Press, 1968, p. 1, pp. 1 – 27.

将行为人的行为作为犯罪处理的道德依据。①处于保护人类真正利益的需要，通过威慑使得人们避免从事相类似的犯罪行为，就成了刑罚制度的合法目的及功能。这或许可以解释定罪和惩罚制度的合法性，但却无法解释何时该制度应该被用来惩罚个体犯罪人，也无法解释对其施展刑罚的程度。而报应论的限制，则为西方立法者提供了如何对个体犯罪定罪惩罚的指导。报应论要求定罪和惩罚要与②损害的严重性和行为人的罪责相当。③立法者对于某种犯罪的定罪惩罚的合法化通过对其主观罪责和损害性的考量来实现。一个人的故意行为所引起的潜在危害性，使得禁止人们从事类似行为变得公平合理，同时也使得事先明示从事此类行为的人将会受到惩罚变得合理。

1997 年，中国实行了个人权利本位的定罪和惩罚系统④，并且不断地在各方面拓展个人权利和宪法权利。⑤ 罗伟曾正确地指出，中国 1997 年《刑法》基本上是一部现代西方模式的

---

① Dennis J. Baker, "Constitutionalizing the Harm Principle", 27 *Crim. Just. Ethics* 3, 4 – 6 (2008).

② 冯·赫希（Von Hirsch）和阿什沃思（Ashworth）指出：报应主义是建立在这样的基础之上的，那就是刑罚要公平地反映犯罪行为的应受谴责性（损害和主观罪责）之程度。Andrew Von Hirsch & Andrew Ashworth, *Proportionate Sentencing: Exploring the Principles*, Oxford Univ. Press, 2005, p. 4.

③ Baker, "Constitutionalizing the Harm Principle", pp. 4 – 6.

④ 但是，中国人早就清楚个人责任和集体责任的区别，并且早在两千多年前就注意到意图和轻率的区别以及刑罚的相当性原则。由于立法者和政策制定者严格遵守儒家哲学，集体责任（以及相关的教育刑和威慑刑政策）在中国的存在已有几个世纪的历史。See generally Geoffrey Maccormack, *The Spirit of Traditional Chinese Law*, Univ. of Ga. Press, 1996; Israel Drapkin, *Crime and Punishment in the Ancient World*, 1989, pp. 134 – 159. 撇开其众多缺陷，"文化大革命"在政策和法律制定中摒弃了儒家哲学，因而不仅使妇女得到了平等对待，而且为更加个人主义的刑事司法系统打开了方便之门。

⑤ Dingjian Cai, "The Development of Constitutionalism in the Transition of Chinese Society", 19 *Colum. J. Asian L.* 1, 1 – 29 (2005 – 2006); see generally Mireille Delmas – Marty, "Present – day China and the Rule of Law: Progress and Resistance", 2 *Chinese J. Int'l L.* 11 (2003).

刑法典。① 1997 年《刑法》采纳了许多个人主义的内容。该刑法典第 14 条规定了直接故意和主观轻率的责任形式，第 15 条规定了客观轻率的责任形式，第 16 条规定了可宥的辩护事由和正当化辩护事由之相互关系，② 第 5 条规定了罪责刑相当原则。我们认为，这些革新不只是表面功夫，而是引领中国刑事司法的重大改变。

那些否定中国刑法快速革新的人，是因为对中国当下的发展不了解。他们要么过分关注中国的死刑案件和毛泽东时代③全面刑法典的缺失，要么错误地将中国刑罚的社会主义依据，看作对社会主义的宣传。④ 可是同样的宣传在美国和英国，却被认为是民粹主义的刑法论。⑤

尽管 1997 年《刑法》做了很大改进，但是在责任的概念以及某些犯罪行为的危害性方面，中西方还是存在着较大差异。我们认为核心区别在于中西方立法者处理责任关系成立时

---

① See Wei Luo, *The 1997 Criminal Code of the People's Republic of China: with English Translation and Introduction*, 1998, p. 17.

② 第 16 条规定："行为在客观上虽然造成了损害结果，但是不是出于故意或过失，而是由于不能抗拒或者不能预见的原因所引起的，不是犯罪。"第 17 条和第 18 条则规定了由于年龄或者精神疾病而不具有刑事责任能力的辩护事由。第 20 条则是对自我防卫的规定。

③ See Hong Lu & Terance D. Miethe, *China's Death Penalty: History, Law and Contemporary Practices*, 2007.（2005 年，该书作者错误地断言：和其他法律传统事无巨细的刑法典相比，中国的刑法典只是原则性的规定。它实际上是一部简略的、总括性的简要刑法典。）See also Hong Lu & Terance D. Miethe, *Punishment: A Comparative Historical Perspective*, 2005, p. 117. 这个 2005 年的论述是错误的，它完全忽略了 1997 年《刑法》的规定及其对现代中国的影响。还有一些评论人士没有实证论据就采取一种反华立场。See e. g., Ian Dobinson, "The Criminal Law of The People's Republic of China (1997): Real Change or Rhetoric?", 11 *Pac. Rim. L. & Pol'y* J. 1 (2002).

④ See Susan Trevaskes, "Public Sentencing Rallies in China: The Symbolizing of Punishment and Justice in a Socialist State", 39 *Crime, L. & Soc. Change* 359 (2003).

⑤ 关于当下西方国家的民粹主义刑法论的比较分析，see Julian V. Roberts et al., *Penal Populism and Public Opinion: Lessons from Five Countries*, Oxford Univ. Press, 2003.

的不同。西方立法者多认为，对作为自然人之他人的直接损害，是最严重的损害类型，而中国立法者认为，行为间接①导致的加重结果，同样是最严重的损害。并且，在中式思维下，间接性（轻微的责任联系）②并不能成为降低行为危害性的依据。在美国法和英国法中，轻微的责任联系，通常意味着与犯罪结果联系轻微的行为人，会获得比直接行为人罪责轻的认定。但也不全是如此。例如，在从犯参与了实行犯之犯罪时，从犯责任理论就会使从犯和实行犯承担相同的责任。

本文的第一部分简述了我们要讨论的两个核心案例，以及中国、英国、美国的相关法律。第二部分讨论了这些犯罪在美国和英国两国会如何处理。我们认为，虽然所涉罪名不同，但是中国的处理方式完全符合西方的正义观。我们还认为，对于法人代表实施的疏忽杀人和轻率杀人的处理，中国的方法效果更好。在文章第三部分，我们论述了客观主义的思想，并且认为在普遍意义上去判断一个罪名和相应刑罚是否适当是不大可能的。众多比较法学者都认为，美国和欧洲的人权标准是普遍适用的，但是却没有质疑其规范依据。在文章最后一部分，我们探讨了美国和英国关于罪刑相当的相关案例，结论是这两个

---

① 关于间接损害和轻微损害的定罪惩罚，see Dennis J. Baker, "Collective Criminalization and the Constitutional Right to Endanger Others", 28 *Crim. Just. Ethics* 168 (2009); Dennis J. Baker, "The Moral Limits of Criminalizing Remote Harms", 10 *New Crim. L. Rev.* 370 (2007)。

② 几个世纪以来，美国和英国立法者把一些严重损害当作从事商业活动必要的代价，从而不予处罚。法人的不法行为通常被当作意外而非有责行为，所以不法行为人就利用虚拟的法人作为庇护，以此来避免被追究轻率之刑事责任。See Jeffrey Reiman, *The Rich Get Richer and the Poor Get Prison: Ideology, Class, and Criminal Justice*, Allyn & Bacon 1995, 1979. See also Lynn K. Rhinehart, "Would Workers Be Better Protected if They Were Declared Endangered Species? A Comparison of Criminal Enforcement Under the Federal Workplace Safety and Environmental Protection Laws", 31 *Am. Crim. L. Rev.* 351 (1994); Robert G. Schwartz, Jr., "Criminalizing Occupational Safety Violations: The Use of 'Knowing Endangerment' Statutes to Punish Employers Who Maintain Toxic Working Conditions", 14 *Harv. Envtl. L. Rev.* 487 (1990).

国家并没有遵循罪刑相当的原则。

## 二、背景

我们现在来看一下要研究案例的情况。在第一个案件中，轻微犯罪人①（郑筱萸，前中国国家食品药品监督管理局局长）直接并且意图性地帮助其他实行犯（几家药品公司）的危险犯罪行为，以致造成多人死亡的后果。中国国家食品药品监督管理局（以下简称药监局）相当于美国的食品药品管理局，成立于 1998 年，旨在提高食品和药品生产的质量保障标准。② 作为第一任局长的郑筱萸，肩负着一项艰巨任务，那就是实施和美国食品药品管理局一样的质量保障标准。③ 郑试图在工业范围内推行"药品生产质量管理规范"（GMP）④ 设立之标准；但是对于很多公司来说，在规定时间内实施新的作业标准是不大可能的，于是他们便通过贿赂的方式来避免实施 GMP 标准。安全标准有所松懈，继而大量的药物药品通过注册和认证。在郑筱萸的领导下，中国药监局 120 名工作人员，在 3 个月内通过了 147，900 种药物的新国家安全标准的认证。⑤ "依

① 本文中，"轻微犯罪人"（remote wrongdoer）指的是从犯或非实行犯，即对他人的犯罪实行行为给予加功的人。

② See generally Dali L. Yang, "Regulatory Learning and Its Discontents in China: Promise and Tragedy at the State Food and Drug Administration", in *Regulation in Asia*: *Pushing Back Globalization*, John Gillespie & Randall Peerenboom eds. , 2009, http: // www. daliyang. com/files/YangSFDApaper. pdf, p. 139.

③ Id. pp. 6 - 10.

④ GMP 规定了生产过程以及所有生产设备之生产和检测的作业规范，是一套保障食品药品生产过程质量的工业规范。GMP 在全球范围内都得到了普遍应用，包括发达国家和发展中国家。它的实施和药品标准的国家化一样，是一个高难度、高资耗的过程，因此需要大量的监管职位。Id. p. 9.

⑤ Dali L. Yang, "Regulatory Learning and Its Discontents in China: Promise and Tragedy at the State Food and Drug Administration", p. 6.

靠过硬关系和金钱的运作，药物通过 GMP 标准就不是什么难事。"① 郑筱萸被控私自批准未通过检测的和危险的药品以获取贿赂。2007 年 5 月 29 日，北京市第一中级人民法院根据《刑法》第382、383、384 和 385 条的规定，判处郑筱萸贪污受贿罪，根据《刑法》第 397 条的规定判处其玩忽职守罪。郑被剥夺政治权利②终身并处没收财产③，因受贿所得合850，000美元④而被判处死刑。⑤

郑筱萸通过收受贿赂以方便许多医药公司的不安全生产，最终导致了大量死亡结果。其中一起案件，中国制造的环丁烷乙二醇被误标为丙三醇而使用到止咳糖浆中，导致了 100 人由于服用这种止咳糖浆而死亡。⑥ 另一起案件中，安徽华源生物药业有限公司⑦生产的不安全药品，导致了数名患者的死亡和许多永久性不可修复的损害，⑧ 但这些药物都经郑批准为合格药物。

中国的贪污受贿罪只针对国家工作人员，即那些 "受国

---

① Dali L. Yang, "Regulatory Learning and Its Discontents in China: Promise and Tragedy at the State Food and Drug Administration", pp. 9 – 10.

② 详见 1997 年《刑法》第 57 条：对于被判处死刑、无期徒刑的犯罪分子，应当剥夺政治权利终身。在死刑缓期执行减为有期徒刑或者无期徒刑减为有期徒刑的时候，应当把附加剥夺政治权利的期限改为 3 年以上 10 年以下。

③ 详见 1997 年《刑法》第 59 条：没收财产是没收犯罪分子个人所有财产的一部或者全部。没收全部财产的，应当对犯罪分子个人及其扶养的家属保留必需的生活费用。在判处没收财产的时候，不得没收属于犯罪分子家属所有或者应有的财产。

④ 郑筱萸受贿、玩忽职守案，北京市第一中级人民法院（2007）一中刑初字第 1599 号刑事判决书。

⑤ 参见 1997 年《刑法》第 383 条之规定。

⑥ Jyoti Thottam, "The Growing Dangers of the China Trade", 170 *Time Mag.* 29 (2007). 法院在郑筱萸案件中并没有提到这些死亡情况，也没有尝试在郑和这些死亡结果之间建立任何责任联系。相反，郑是因为其和受贿行为的加重结果之间的责任联系而被判处死刑的。这样的责任联系在有的案件中包括了死亡的结果，但多数情况下是指对国家制度的侵害。

⑦ 这家公司此后倒闭，其董事长自杀。See David Barboza, "For 2 Children, Ban of a Drug Came Too Late", *N. Y. Times*, July 13, 2007, at A10.

⑧ "China Regulator Finds Faulty Methods in Recalled Antibiotic", *Int'l Herald Trib.*, Aug. 15, 2006, at Finance 12. 参见郑筱萸受贿、玩忽职守案的判决书。

家机关、国有公司、企业、事业单位、人民团体委托管理、经营国有财产的人员"。① 当"利用职务上的便利，侵吞、窃取、骗取或者以其他手段非法占有国有财物"② 时，这些犯罪就成立。但是，其他个人提供贿赂和国家工作人员共谋的，也可以构成该罪，以共同犯罪论处。③

而美国和英国的贿赂犯罪通常旨在防止政府官员贪腐和玩忽职守。④ 早期英国刑法中的贿赂罪，仅是为防止司法人员的贪腐而量身定做。⑤ 履行司法职务的人收受贿赂被认为是侵犯公众正义的犯罪。⑥ 在美国，现代贿赂犯罪涵盖了公共机构负责人、代理人以及其雇员的贿赂行为⑦，而且还包括了私营企业中贿赂行为。⑧ 英格兰和威尔士法律委员会最近提议设立一些新的贿赂犯罪，包括将法人未能阻止其代理人或雇员收受贿赂的情形规定为犯罪。⑨ 但是如果法人可以证明自身已有行之

---

① 参见 1997 年《刑法》第 382 条之规定。

② 参见 1997 年《刑法》第 382 条第 1 款之规定。

③ 参见 1997 年《刑法》第 382 条第 3 款之规定。这与美国和英国刑法的方式是相吻合的。很久以前，曼斯菲尔德（Mansfield）勋爵就阐述道：如果收受是一种犯罪，那么给予也是犯罪，因为他们是相对应的。Rex v. Vaughan（1769）98 Eng. Rep. 308, 311（K. B.）. 因此提供贿赂和索取贿赂都是犯罪。这些行为在美国被当作独立的犯罪予以规范。See U. S. v. Jackson, 72 F. 3d 1370（9th Cir. 1995）；U. S. v. Blue Tree Hotels Investment（Canada）Ltd. v. Starwood Hotels & Resorts Worldwide, Inc. , 369 F. 3d 212（2d Cir. 2004）；People v. Frye, 248 Mich. 678（1929）.

④ Rollin M. Perkins & Ronald N. Boyce, *Criminal Law*, The Foundation Press 1982, 1957, p. 527. （作者指出：在美国，普通法将贿赂犯罪看作给予公共机构的负责人或履行公共职责的人以任何有价报酬或者好处的行为，或者是基于不履行自己职务的贪腐意图而接受此类贿赂的行为。）

⑤ Id.

⑥ Id.

⑦ Id. p. 529.

⑧ Id. pp. 530 – 534.

⑨ 关于英国受贿罪立法的详细讨论，see The Law Commission, Reforming Bribery 97, Law Com. No. 313（Nov. 19, 2008），http：//www. lawcom. gov. ukibribery. htm。

有效的预防机制的话，就可以将此作为辩护理由。[①] 同时，法律委员会还建议，对于以简易程序起诉（作为轻罪而非重罪）的贿赂犯罪应当判处不超过一年的监禁，而对于以可诉罪起诉的贿赂犯罪则应判处不超过 10 年的监禁。[②] 同样的，美国的大多数州贿赂犯罪的刑罚上限都是 5 年到 10 年监禁。[③]

　　与此相反的是，中国对于贿赂犯罪的刑罚要严苛得多，尽管罪刑相当原则在一定程度上也得到了体现。1997 年《刑法》依据贿赂犯罪所涉金额的大小来判处刑罚。例如，第 383 条第 1 款规定：

　　个人贪污数额在十万元以上的，处十年以上有期徒刑或者无期徒刑，可以并处没收财产；情节特别严重的，处死刑，并处没收财产。

　　如果"个人贪污数额在五万元以上不满十万元的，处五年以上有期徒刑，可以并处没收财产；情节特别严重的，处无期徒刑，并处没收财产"。[④] "个人贪污数额在五千元以上不满五万元的，处一年以上七年以下有期徒刑；情节严重的，处七年以上十年以下有期徒刑。"[⑤] 大概"情节特别严重"也是指向贿赂数额。因此，如果所受贿赂超过一定数额，其行为就会

① Id. pp. 99 – 100.

② Id. p. 158.

③ See Perrin v. United States, 444 U. S. 37 (1979)；United States v. Forsythe, 560 F. 2d 1127 (3d Cir. 1977)；Wilson v. United States, 230 F. 2d 521 (4th Cir. 1956)；People v. Gaio, 97 Cal. Rptr. 2d 392 (Ct. App. 2000)；People v. Patillo, 54 N. E. 2d 548 (111. 1944). 在所有这些犯罪中，其刑罚没有超过 5 年监禁的。Cf. People v. Salomon, 212 N. Y. 446 (Ct. App. 1914)（本案的刑罚是 10 年监禁）。

④ 参见 1997 年《刑法》第 383 条第 1 款第 2 项之规定。

⑤ 参见 1997 年《刑法》第 383 条第 1 款第 3 项之规定。同时，第 383 条第 1 款第 4 项规定："个人贪污数额不满五千元，情节较重的，处二年以下有期徒刑或者拘役；情节较轻的，由其所在单位或者上级主管机关酌情给予行政处分。"

被认为更加严重，从而据此给予相应的处罚。而玩忽职守犯罪没有死刑。[①]

虽然郑筱萸不是作为非蓄谋杀人罪的共犯，而是因为贿赂罪被判处死刑的，但是对其行为的评价，却是从它对普遍存在的贪腐行为导致的总体损害结果中，所占据的重要部分这一视角来进行的，即这种贪腐行为的总和是具有严重危害性的，因为其普遍削弱了国家制度。这种累积性结果的危害性，可以合理地解释为何将其作为一种严重的犯罪来处理。在郑筱萸的判决中，法院提到了其行为的总和危害：

> 郑筱萸的行为导致了国家和人民的重大损失。首先，它导致药品管理失去控制；其次，增加了药品使用者的风险；再次，严重削弱了人民对于国家机构的信任，造成了恶劣的社会影响。[②]

在同一段中，该判决称，复查所有郑筱萸批准的药品认证成本巨大。

尽管西方国家对此存在着种种误解，现代中国仍坚持只对其认为极其严重的犯罪适用死刑。[③] 贪腐犯罪和滥用职权犯罪

---

[①] 参见 1997 年《刑法》第 397 条之规定。该条规定了玩忽职守罪："国家机关工作人员滥用职权或者玩忽职守，致使公共财产、国家和人民利益遭受重大损失的，处三年以下有期徒刑或者拘役；情节特别严重的，处三年以上七年以下有期徒刑。本法另有规定的，依照规定。"中国刑法区分经济犯罪（如受贿罪）和公务员的疏忽犯罪。

[②] 郑筱萸受贿、玩忽职守案，北京市第一中级人民法院（2007）一中刑初字第 1599 号刑事判决书，第 8 页。

[③] 参见 1997 年《刑法》第 48 条。该条规定，死刑只适用于罪行极其严重的犯罪分子。

早在西汉（前206—8）就被认为是极其严重的犯罪。① 中国与西方国家，在什么是极其严重之罪的定义方面有着很大差别。② 西方人可能不认为郑筱萸的受贿行为，是一种值得适用死刑的严重犯罪，但是如果郑筱萸的罪行被当作是大规模非蓄谋杀人罪的共犯来对待的话，那么情况就会变得不同。西方人认为后者是极其严重的罪行，因为在行为人和严重的直接后果之间，存在着直接责任联系。因为受贿罪的间接危害是被整体评估的，它没有对可识别个体的利益造成重大影响；所以，西方人通常并不认为其具有严重的危害性。

死刑在英国已经不适用了；但是，在美国，当造成死亡结果时，死刑仍然适用。③ 而大规模非蓄谋杀人罪的共犯，则在两国都会被处以严苛的监禁刑。④ 在美国和英国，大规模非蓄

① 完肯伯根（Vankeerberghen）指出，西汉时期极其严重的犯罪是指那些危害国家政权的犯罪，包括谋反、祝诅、侵吞公款等。Griet Vankeerberghen, "Family and Law in Former Han China (206 BCE – 8 CE)：Arguments Pro and Contra Punishing the Relatives of a Criminal", 12（1）*Cultural Dynamics* 111, 113（2000）. See also Brian E. McKnight, "Punishments in Traditional China：From Family, to Group, to the State", in *Perspectives on Punishment*, Richard Mowery Andrews ed. , 1997, p. 9.

② 但在很多方面，中西方还是有共同性的。例如，1997年《刑法》第232条根据情节不同，对谋杀罪规定了10年以上有期徒刑直至死刑；第233条对非蓄谋杀人罪规定了7年以下有期徒刑；第234条对严重侵袭罪规定了3年以下有期徒刑。还有很多犯罪规定了和美国与英国刑法中相应犯罪类似的刑罚，主要的不同是中国依旧对这些犯罪保留死刑，而近年来，美国却严格限制对这些犯罪适用死刑。在Kennedy v. Louisiana, 129 S. Ct. 1（2008）案中，美国最高法院判决称，第八修正案中的"残酷和非寻常惩罚条款"不允许对强奸儿童的犯罪人适用死刑。

③ 值得注意的是，美国对很多正在生效的非杀人罪仍然允许适用死刑。See Louisiana v. Kennedy, 957 So. 2d 757, 787 – 790（2007）. （如上注所提及，这个判例已被美国最高法院否决。因此，上面提到的适用死刑的非杀人罪的名单并非最新的，因为非杀人的强奸罪已不再适用死刑。）

④ 这一主张是建立在最终的危害结果可以被正当地归结于行为人的基础上的，西方立法者没有发展出相应的法律原则对法人犯罪人和轻微犯罪人进行归责，因此很多严重不法行为得不到惩处。See Baker, "Constitutionalizing the Harm Principle". 威尔斯（Wells）列出了一些法人犯罪人企图逃避法律惩罚的案件。See Celia Wells, *Corporations and Criminal Responsibility*, Oxford Univ. Press, 2001, pp. 43 – 62；see also Reiman, *The Rich Get Richer and the Poor Get Prison：Ideology, Class, and Criminal Justice*.

谋杀人罪被认为重于受贿罪。① 与此相反，在郑筱萸的案件中，法院关注的是他受贿的直接责任和其累积的社会危害性，而不是他的可谴责的选择，以及该选择导致的个体化的损害结果——伤害和死亡的结果之间的责任联系。例如，法院称，郑筱萸的行为"严重损害了国家工作人员的职务廉洁性，严重破坏了中国药品管理秩序，危害了人民的生命、健康和安全，造成了很坏的社会影响"。② 因此，人身伤亡只被看作这些总括性危害中的一部分。

其他有影响力的受贿案件同样表明，和死亡结果之间的直接因果关系并非适用死刑的前提条件。在成克杰案中，③ 受贿并未导致任何他人的直接人身损害或经济损害。尽管成克杰的行为没有造成任何他人伤害或者死亡的危险，但是他仍被判处死刑。此案中，成克杰是政府的高级官员，他利用自己的职位收受贿赂高达 5000 万元人民币。成克杰以收受贿赂为对价，同意将可获利丰厚的建筑工程交由许多公司去做。国家在经济上并未遭受任何损失，因为就算成克杰不收受这些贿赂，国家无论如何也不会获得这些钱财。然而，受贿罪的总和危害对国家制度造成了损害，因此它在中国仍被看作极其严重的犯

① Michael O'Connell & Anthony Whelan, "Taking Wrongs Seriously—Public Perceptions of Crime Seriousness", 36 *Brit. J. Criminology* 299, 301 - 12 (1996); Andrew Von Hirsch & Nils Jareborg, "Gauging Criminal Harm: A Living - Standard Analysis", 11 *Oxford J. Legal Stud.* 1, 16 - 30 (1991).

② 郑筱萸受贿、玩忽职守案，北京市第一中级人民法院（2007）一中刑初字第 1599 号刑事判决书。

③ 成克杰受贿案，北京市高级人民法院（2000）高刑终字第 434 号刑事裁定书。

罪。① 腐败通常具有妨碍国外投资②、危害公众生命（尤其是有关食品药品生产安全的案件）③ 和减少出口税收的潜在危害。④

惩罚犯罪行为的总和性结果具有社会主义理论的依据。其旨在保护社会制度、社会关系和支撑社会共同体的相互合作。蕾西（Lacey）指出：

> 如果一部分社会成员，通过犯罪的形式，有目的地、不注意地、随意地表达他们对社会核心价值的敌对、反抗或不在乎；那么不管社会能否对处置这些人的相关方面提供帮助，其必须要么就主张自己的权利，要么就容忍这种侵害。⑤

将某种损害界定为严重的刑事犯罪，并不拘泥于该损害是严重的个体损害，即涉及具体个体的直接损害。除了那些明显有损我们个体利益的犯罪之外，还有很多有损我们整体利益的犯罪。格劳斯（Gross）指出："社会生活，尤其是在文明社会

---

① See Edward J. Epstein & Simon Hing – Yan Wong, "The Concept of 'Dangerousness' in the People's Republic of China and Its Impact on the Treatment of Prisoners", 36 *Brit. J. Criminology* 472, 490（1996）.

② Beata Smarzynska Javorcik, "The Composition of Foreign Direct Investment and Protection of Intellectual Property Rights: Evidence from Transition Economies", 48 *Eur. Econ. Rev.* 39, 50（2004）.

③ See Linda Calvin et al., "Food Safety Improvements Underway in China", 4 *Amber Waves* 16, 16（Nov. 2006）.

④ See Leah Nylen & Greg Presto, "Ban on Chinese Food Imports Would be Costly", *Market Watch*, May 25, 2007, http://www.marketwatch.com/story/correct – ban-on – chinese – food – imports – would – be – costly. 过去几年里，中国对美国出口的众多产品，从虾仁到干果到调料，皆因不符合美国的健康标准而被拒绝入境。See also Edward Cody, "Chinese Toy Executive Found Hanged After Export Ban", *Wash. Post*, Aug. 14, 2007, at D01.

⑤ Nicola Lacey, "Punishment: A Communitarian Approach", in *Perspectives on Punishment*, p. 181.

这一复杂形式下，使得社会成员之间产生了很多依赖关系。"①
社会成员的整体福利，依赖于每一个成员在追求自己合法目的
的同时，做到一定的克制和谨慎②，还依赖于其成员的通力合
作，来实现一定的共同目标。整体利益通常分为以下两类：社
会利益和政府利益。社会利益包括了对个人福利特别重要的利
益，如健康保障、国防安全和生态环境。而防止对政府利益的
侵害，则包括了防止逃税漏税、维持司法系统、防止海关犯
罪、防止政府官员的腐败犯罪等。③ 我们所有人都和社会利益
及政府利益具有个人利害关系。范伯格（Feinberg）指出：

> 具体的政府利益之维系和改善在既定的个人层面会被大大
> 削弱。尽管我并未因某一个个体的藐视法庭行为或者逃税行为
> 而受到严重损害，但是若这些行为变成普遍的，那么和我的福
> 利（如公共安全和经济繁荣）息息相关的各种政府职能将不
> 再可能施行。④

个体的贪腐行为和逃税行为不仅累积地侵害了社会利益，
而且对个人也具有危害。正如范伯格所解释的那样："对政府
官员行贿的行为对于我个人仅具有间接的、轻微的危害，但是
它对政府系统的运行造成了直接的危害，而政府系统的正常高
效运行和我们每个人都利害攸关。"⑤
鉴于其累积性的危害，贪腐可以被当作一种严重犯罪。如
果中国的众多政府官员都加入受贿的行列，那么其对中国整体

---

① Hyman Gross, *A Theory of Criminal Justice*, Oxford Univ. Press, 1979, p. 120.
② Id.
③ Id. pp. 120 – 121.
④ Joel Feinberg, *The Moral Limits of the Criminal Law: Harm to Others*, Oxford Univ. Press, 1984, pp. 63 – 64.
⑤ Id. p. 64.

利益造成的影响将远远大于一年新增 100 个杀人案这种情形。话虽如此，但行为人的罪责仍需要和他对累积性损害的贡献成比例。[①] 虽然累积性损害的危害性很大，但是该累积性危害中，只有很小的一部分可归责于某个个体受贿者。毫无疑问，受贿和逃税行为将会导致严重的累积损害。这些行为冲击了我们的整体和个体利益。我们的整体利益受到冲击，因为逃税行为会导致用于公共设施（如医院和学校）的税收减少，而受贿行为则会导致食品药品生产标准的降低。另外，当行为人蓄意地实施受贿时，我们就不难将其对累积性结果的有害加功归责于他。

在中国，对社会主义利益的威胁向来被认为是最严重的危害之一。与之相关的社会主义责任或者整体责任，在中国刑法中根深蒂固。社会责任、群体责任或者整体责任注重结果，但是却不考虑行为人和所致罪行之间的责任联系。但是，整体责任只适用于最严重的犯罪，通常这类犯罪都涉及对国家的危害。在清朝（1644—1911），整体责任只适用于十种重罪，而 18 世纪末受贿罪也被归为重罪之一。韦利·科恩（Waley – Cohen）指出：

虽然群体责任作为 1905 年清末变法的一部分已经被正式废除，但是这种传统的刑事群体责任，仍以各种复杂的方式影响着现代，并且经久不消。因为基于家族或者群族的责任概念根深蒂固，很难一下子消失得无影无踪。[②] 结果是更多地考虑家族或者群族责任而不是个人责任的文化传统，使得马克思主

---

① Baker, "Constitutionalizing the Harm Principle", pp. 18 – 19.

② See Joanna Waley – Cohen, "Collective Responsibility in Qing Criminal Law", in *The Limits of the Rule of Law in China*, Karen G. Turner et al. eds. , 2000, p. 112, 113, 118. （"判断是否是贪腐的依据，就是看其所造成的广泛影响，是否会威胁到国家经济，并损害公众对当局的遵从，更进一步说，是否会损害国家的安定本身。"）十恶共包括"谋反、谋大逆、谋叛、恶逆、不道、大不敬、不孝、不睦、不义以及内乱"。Id. p. 117.

义的阶级观念，为中国各个阶层人民所熟知。①

　　社会主义的犯罪理念以及社会主义的责任理念，大概可以解释为什么当局对郑筱萸如此强硬。② 其也可以解释为什么在受贿案件中，中国立法者更多地关注对累积性损害的责任，而更少地关注行为人和特定受害者之间的具体责任联系。③ 但是中国已经在100多年前废除了群体责任，毛泽东政府摒弃了儒家哲学，过去30多年的市场经济，已经把中国推向了一个更加个人主义的社会。

　　值得注意的是，郑筱萸收受贿赂的个人行为，导致了对社会整体利益的危害，这使得对他的定罪和处罚得以合理化。在美国和英国，这种严重的受贿行为可能因为同样的理由被处以重罚，④ 但却肯定不会是终身监禁或者死刑。在对社会所造成的累积性损害结果中，行为人所造成的损害所占据的份额，将会作为相当性原则的一个要件，因此西方立法者不会对此类案件处以终身监禁。⑤ 西方立法者会试图在行为人和行为人对

---

　　① See Joanna Waley – Cohen, "Collective Responsibility in Qing Criminal Law", p. 127.

　　② 郑筱萸是自"文化大革命"以来第四个被执行死刑的高官。这个万众瞩目的案件似乎是用来杀鸡儆猴的。"Zheng to Appeal Death Sentence", *China Econ. Rev.*, May 31, 2007, http: //www. chinaeconomicreview. com/industry – focus/latest – news/article/2007 – 05 – 31/Zheng_ to_ appeal_ death_ sentence. html; Joseph Kahn, "China Quick to Execute Drug Official", *N. Y. Times*, July 11, 2007, at Cl.

　　③ 关于传统中国刑法中罪责的概述，see Geoffrey MacCormack, "Cause, Status and Fault in the Traditional Chinese Law of Homicide", in *Critical Studies in Ancient Law, Comparative Law and Legal History*, John W. Cairns & Olivia F. Robinson eds., 2001, p. 173。

　　④ 在美国，即使发生在私营企业的受贿行为也可能受到高达20年监禁的处罚。See Sarbanes – Oxley Act of 2002, Pub. L. No. 107 – 204, § 1102, 116 Stat. 745, 807 (2002) (codified as amended at 18 U. S. C. § 1512).

　　⑤ See Baker, "Constitutionalising the Harm Principle", pp. 18 – 19; Dennis J. Baker, "A Critical Evaluation of the Historical and Contemporary Justifications for Criminalising Begging", 73 *J. Crim. L.* 212, 232 – 36 (2009).

（自己将因之受罚的）累积性结果的贡献大小之间，建立责任联系。如果死刑有任何适用可能的话，①那么它的适用只有在行为人对累积性结果的贡献足以个体化，并且可归责于行为人的时候，才是合理正当的。②

　　且不论中、英、美三国对受贿罪的处罚，我们认为受贿罪的处罚应该和受贿人个体的财务收益成比例，因为将行为人在总和危害中的可归责部分个体量化是不大可能的。法院应该同案同罚，对于公共机构的受贿之处罚，不应重于在私营企业的受贿和欺诈，尽管在公共机构实施犯罪增加了其行为本身的严重性。另外，如果政府官员收受了20美元的贿赂，那么他不应该被处以监禁刑，因为通常一个人不会因为偷了另一个人20美元而被判入狱。③施以正确的刑罚，最终是一个程度问题。在决定刑罚的初步阶段，立法者需要表明，行为人的行为对于总和危害是有足够的贡献的。除此之外，立法者还需要确保刑罚的上限，和行为人不当所得以及行为人单次贿赂所得，对公共制度产生的轻微影响成比例。刑罚的严厉性应当和行为

---

　　①　作者不同意死刑的适用，因为其不符合人道主义。See generally Ronald Dworkin, *Life's Dominion: An Argument About Abortion, Euthanasia, and Individual Freedom*, 1993, p. 236. 但是我们承认，死刑被广泛地应用在美国、日本和中国，并且在国际刑法上也是容许死刑的。因此，我们基于此现实状况来讨论相当性原则。并且我们认为，根据国际法，如果死刑只被局限于一些极其严重的犯罪，那么相当性原则的要求是可以得到满足的。参见《公民权利和政治权利国际公约》，art. 6.2, Dec. 16, 1966, S. Exec. Doc. E, 95-2 (1978), 999 U. N. T. S. 171（在没有废除死刑的国家，法官只能依据行为时法，对极其严重的犯罪判处死刑）。

　　②　Baker, "Constitutionalizing the Harm Principle", pp. 18-19. 冯·赫希指出，不能从获得不正当利益的角度来阐释对个体的惩罚。但他建议对某些犯罪貌似可以以不正当利益的角度来解释。逃税就是一个例子，它牵涉获取多于一个人的利益。Andrew Von Hirsch, *Censure and Sanctions*, 1993, p. 8. 然而，冯·赫希指出，不公正利益原则无法为对逃税者的惩罚提供指导。这里，我们建议，任何监禁时间都需要和行为人的个体所得成比例，而不是和他对总体危害的贡献成比例。因为总和危害是由很多人逃税造成的，而行为人在其中的贡献微不足道。

　　③　中国刑法允许对轻微的受贿罪施以行政处罚。参见1997年《刑法》第383条第1款第4项之规定。

人的财务所得成比例。[①] 因为即使受贿 1000 万也不会对社会整体利益造成任何重大损害（例如，中国的纳税人远超 6 亿，这 1000 万平摊到他们身上，每人平均还不到一分钱）。但是与此相反，在郑筱萸的案子中，可个体化的损害（对那些服用了不合格药品的具体受害人所造成的损害），足以说明将他的行为界定为最严重的犯罪，并施之以最严厉的刑罚是合理的。郑筱萸的行为被界定为是大规模非蓄谋杀人罪的共犯（考虑其和大规模的非蓄谋杀人之间有责任联系，而不是仅考虑他和受贿罪导致的累积性结果之间的责任联系）的话，对其处以死刑似乎是合理的。文章的下一部分，我们将依据英、美刑法来讨论本案。

我们现在来看一下第二个案件。在该案中，轻微犯罪人（田文华，大型乳品公司三鹿集团董事长）疏忽地利用了他人独立的犯罪行为，导致了大量死伤。[②] 研究发现，许多乳制品厂的大量液态奶被三聚氰胺污染。三聚氰胺是广泛应用于塑料制品的一种工业化工原料，但是它被添加到稀释过的牛奶中，就会造成稀释过的牛奶蛋白质含量合格的假象，因而那些独立的供奶商便可以向三鹿集团提供掺水的牛奶。[③] 向三鹿集团提供生牛奶的三个乳制品厂有添加三聚氰胺的情况。三鹿集团牵涉进这些使用三聚氰胺的乳制品厂的犯罪中，是因为被告知很可能他们的一些供货商存在污染情况后，还继续销售这些牛

---

① 社会主义的刑罚理念含有威慑的目的，包括维系社会核心价值。而社会的核心价值则包括尊重每一个个体成员的尊严和自主性，这就意味着立法者应当确保罪刑相当。

② 参见《田文华案判决书》〔石家庄市中级人民法院刑事判决书（2009）〕。

③ 同前。

奶。① 该公司②和其董事长的行为，引起公众信任危机，③ 从而导致中国作为出口商和制造基地的名誉遭受损害这样一种潜在的总和性损害结果。④ 并且，其导致数以千计的婴儿罹患肾结石和其他并发症，造成规模宏大的严重个体损害。因为食用被污染的牛奶，近 30 万中国婴幼儿遭受严重伤害，其中 6 人死亡。

一些媒体⑤报道称，三鹿集团早在 2007 年 12 月就收到关于婴儿奶粉的投诉，但是他们没有采取任何行动。三鹿集团是中国最大的乳制品生产商，而三鹿公司是其和设立于新西兰的牛奶"大鳄"恒天然集团（Fonterra）所共同经营的合资企业。⑥ 恒天然集团于 2008 年 8 月 2 日收到三聚氰胺污染的警告，并立即提议召回产品，但是据称，当地的经营者拒绝执行召回。⑦ 恒天然集团于 2008 年 9 月 5 日向新西兰政府通报。几天后，新西兰总理海伦·克拉克（Helen Clark）向北京政府发出了警报。⑧ 4 名三鹿集团的高管人员被控实施了 1997 年《刑法》第 144 条和第 150 条规定的生产、销售假冒伪劣商品罪。

---

① 同前。

② 根据 1997 年《刑法》第 30 条的规定，单位可以被起诉和处罚。单位可以是公司、企业、事业单位、机关或者团体。

③ See e. g., Loretta Chao, "Ex – Executive Pleads Guilty in China's Tainted – Milk Case", *Wall St. J.*, Jan. 2, 2009, at A4; Andrew Jacobs, "Chinese Release Increased Numbers in Tainted Milk Scandal", *N. Y. Times*, Dec. 2, 2008, http://www. nytimes. com/2008/12/03/world/asia/03milk. htm; Elisabeth Rosenthal, "China's Milk Scandal Now Seen as Risk in Europe", *N. Y. Times*, Sept. 26, 2008, at A6.

④ 正如我们即将看到的那样，三鹿集团的董事长被控触犯了 1997 年《刑法》第三章规定的犯罪，而这章是破坏社会主义市场经济的犯罪。

⑤ Jim Yardley, "Chinese Baby Formula Scandal Widens as 2nd Death Is Announced", *N. Y. Times*, Sept. 15, 2008, at A6; David Barboza, "Former Head of Chinese Dairy Pleads Guilty", *N. Y. Times*, Jan. 1, 2009, at A10.

⑥ Yardley, "Chinese Baby Formula Scandal Widens as 2nd Death Is Announced".

⑦ Id.

⑧ Id.

第 144 条规定：

> 在生产、销售的食品中掺入有毒、有害的非食品原料的，或者销售明知掺有有毒、有害的非食品原料的食品的，处五年以下有期徒刑或者拘役，并处或单处销售金额百分之五十以上二倍以下罚金；造成严重食物中毒事故或者其他食源性疾患，对人体健康造成严重危害的，处五年以上十年以下有期徒刑，并处销售金额百分之五十以上二倍以下罚金；致人死亡或者对人体健康造成特别严重危害的，依照本法第一百四十一条的规定处罚。

同时，第 150 条规定，单位犯本节第 140 条至第 148 条规定之罪的，对单位判处罚金，并对其直接负责的主管人员和其他直接责任人员，依照各该条的规定处罚。因此，根据该条很清楚，单位会被单独对待并处以罚金。但是，单位的职员却要依照第 140 条至第 148 条规定的刑罚处罚，尤其是第 141 条允许对造成死亡或者人体健康严重损害的行为适用死刑。而第 150 条明确规定，第 140 条至第 148 条规定的个人责任适用于公司对损害结果直接负责的主管人员或者直接责任人员。[①]"直接责任"的要求是有争议的，因为他只针对那些蓄意地或者是疏忽地导致损害结果的人。而"直接负责"的要件似乎对那些在公司中对其他疏忽行为人实施主管的人加诸了严格责任或者代理责任。然而，1997 年《刑法》第 144 条包含了

---

① 该条规定明确地以美国的"主管的公司管理人原则"为模板。See e. g., United States v. MacDonald & Watson Waste Oil Co., 933 F. 2d 35, 50 – 55（1st Cir. 1991）. 关于该原则的概况，see generally Sanford H. Kadish et al., *Criminal Law and Its Processes*: *Cases and Materials*, 8th ed., 2007, pp. 650 – 663。See also, Amiad Kushner, Comment, "Applying the Responsible Corporate Officer Doctrine Outside the Public Welfare Context", 93 *J. Crim. L. & Criminology* 681（2003）.

"明知"的要件，这就表明第150条同样包含了疏忽的条件。①
田文华和她的副总经理们（王玉良、杭志奇、吴聚生）具有
重大疏忽，因为他们2008年5月就获悉顾客的投诉，但直到
2008年8月都没有采取任何措施通知当局。田文华被判处无期
徒刑，并处2000万元人民币的罚款。其他的高管被判处5年到
10年的有期徒刑。三鹿集团被罚款5000万元人民币。蓄意地往
婴幼儿奶粉中添加有毒物质是绝对不可原谅的，因而对其直接
涉案人员施加严刑一点都不足为奇。张玉军——向三鹿集团提
供掺有三聚氰胺奶粉的生产商之一——被石家庄市中级人民法
院以违反《刑法》第114、115条规定的危害公共安全罪判处死
刑。同时，耿金平由于向售给三鹿集团的牛奶中添加434千克
三聚氰胺而被判处死刑。高俊杰和所涉的危害行为之间联系比
较轻微，因为他只是三聚氰胺的生产者和提供者；但他因向张
玉军和耿金平提供了70吨掺有三聚氰胺的蛋白粉而被判处死刑
缓期执行（在中国，如果行为人表现良好，死刑缓期执行就等
同于无期徒刑）。张和耿独立地决定将三聚氰胺掺入牛奶中，并
将奶粉卖给三鹿集团。法院对高俊杰判处较低刑罚大概是因为
他没有直接将三聚氰胺添加进奶粉，而只是给添加的人提供了
三聚氰胺。因此，仅作为一个从犯，他被判处较轻的刑罚。②

## 三、英、美轻微的法人犯罪人之入罪

在英国，引起他人中毒是一种犯罪③；而当有死亡结果出现
时，根据案件情况，会构成非蓄谋杀人罪或者谋杀罪。在以下

---

① 这和美国法是相吻合的。See Kushner, "Applying the Responsible Corporate
Officer Doctrine Outside the Public Welfare Context", pp. 695 - 696.
② 在美国和英国，从犯通常无法获得较轻刑罚。（从犯要和实行犯同等处
罚——译者注）
③ Offenses Against the Person Act, 1861, 24 & 25 Viet., c. 100, § § 23 - 24
(U. K.)（通常刑期分别为十年和五年）。

部分，我们将会详细讨论这些案件在美国和英国是如何处理的。我们先讨论田文华的案子，鉴于她和他人疏忽地销售有毒牛奶之间的直接责任联系，我们提出疑问，探讨将其行为定为轻率的非蓄谋杀人罪或者疏忽的杀人罪是否妥当。接下来我们考察了非蓄谋杀人罪的从犯责任①，并提问将郑筱萸的行为仅仅定为受贿罪是否妥当，毕竟他和制药厂商的犯罪之间有直接责任联系。

### （一）美国和英国法人犯罪的一般理论与田文华案

相对于其代理人，法人入罪真的可能吗？从最纯粹的意义上讲，定罪是建立在行为人选择带给他人不好的后果的可谴责性这一基础之上的。合法的定罪，要求立法者为入罪的决定提供规范的正当化解释。立法者需要证明，那个不被期待的结果在事实上是恶的，且引起这一结果的行为具有可责性，以及这种后果足以严重到需要刑法——而不是其他规范——来作出反应。在法人犯罪的案件中，对于可谴责行为进行刑事责难是不可能的，因为法人是无法蓄意的。② 故而，法人只在监管的意义上受到处罚。监管式的犯罪化，是涉及除监禁刑以外的刑罚的犯罪化；它不谴责个体行为人，而是间接地谴责个体的集合所从事的集体的不法行为。虚拟的法人实体被定义为犯罪人，从而使得公司的管理者、职员和股东避免被直接地责难和惩罚。这种形式的犯罪化不谴责单个人，而是苛责或指责一个个体的集合。这种指责是间接的，因为是虚拟的法人实体承担了直接的污名、指责和惩罚。实践中，"监管式"这个词通常被用在犯罪化领域来形容不涉及个体控诉和监禁刑的犯罪。但我们使用

---

① 美国和英国刑法中的从犯责任仅指非实行犯的责任，其责任基础是派生责任理论。派生责任理论认为，非实行犯的刑事责任派生于实行犯的责任，非实行犯是因为对实行犯的犯罪行为有所加功才受到处罚。——译者注

② 法人是在自然人的参与下运作的，本身没有自然人意义上的思想意识，因此也无法成立和自然人等同的蓄意。——译者注

这个词，是为了便于对因个体不法行为导致个人控诉、个人污名、个人惩罚的犯罪化，和仅将法人作为犯罪人的犯罪化进行区分。法人责任庇护其管理者免受直接的指责、污名化和监禁。

本文使用"监管式"这个词语，来指代对未（或不能）导致个体控诉或个体监禁（不可能监禁一个公司或者一个政府）的不被期待之行为的那些刑罚的反应。然而，"监管式犯罪化"这个词语，也同样涵盖了一些轻微犯罪。这些犯罪的行为人，因为既定的不法行为而受到个体的谴责，但是他们不会因为自己的行为受到指控或者是监禁。以监管式的应对方式来处理法人犯罪的不同，就在于指责和苛责是非个体化的。因此，管理型的犯罪化最好被阐释成是涉及较轻指责的犯罪化。因为当共同承担时，它就是间接的；而且虽然是个人来承担，但是在禁止恶的犯罪中（如违规停车），这样的承担是微不足道的。① 很多时候，法人犯罪被作为一种后备的惩罚措施；但实际上，其效果和做生意要付出代价是没什么两样的。所以，法人犯罪是无牙之虎。通常法人犯罪中，法人的负责人和要被个体谴责②的实际损害间隔得太远。虽然不列颠的改革，为指

---

① 尽管涉及对个体的不法行为进行个体谴责，但乱扔垃圾仍属于管理型的犯罪，因为在大多数司法体制下这些犯罪不会导致刑事起诉或者监禁刑。在此情况下，这种犯罪只是一种类犯罪化的形式，因为其不法侵害行为不足以启动刑法的苛责。然而，这种行为的确造成了一种累积的总和损害，故应该受到罚金这种惩罚性的管理措施的处罚。See Glanville L. Williams, *Textbook of Criminal Law*, 1983, p. 936.

② 关于适当归责的讨论，see Baker, "Collective Criminalization and the Constitutional Right to Endanger Others"; Andrew Von Hirsch, "Extending the Harm Principle: 'Remote' Harms and Fair Imputation", in *Harm and Culpability*, A. P. Simester & A. T. H. Smith eds. , 1996, p. 259。

控法人犯非蓄谋杀人罪的指控①铺平了道路，但这样一种指控，其意也不在取代将法人的负责人作为犯罪人对待的做法。

对一个虚拟的法律实体的定罪，并不具有对自然人的错误选择定罪同样的苛责和报应效果，尽管可能会有一些间接的效果。刑事罚金和法人犯罪的判决，可能会给其负责人和股东带来间接影响，因为公司承受了罚金的损失，以及由于其有罪判决的坏名声而导致公司股票贬值的损失。但这些损失都是以集体的和间接的方式来承担的。另外，在涉及政府部门的法人犯罪中，刑事罚金甚至都不会以集体的方式来分担，因为任何罚金的责任都由纳税人来承担。

审判法人和审判自然人还在其他方面存在不同。自然人可以感受到羞耻以及监禁刑的影响。法人在受到审判时，或许名誉会遭受负面影响，但是对法人的惩罚通常限于罚金或者撤销营业执照。而且，对法人的审判并不关注对个人在报应意义上的应有处罚。不混淆集体性的法人犯罪和白领犯罪很重要。白领犯罪是指行为人在雇用范围之外所从事的行为，例如政府官员收受贿赂。在受贿案中，个体基于其从事舞弊的个人犯罪选择，而受到应有的惩罚。同样地，在有些案件中，法人的负责人会因和间接损害具有充分责任联系而被判承担个体责任，尽管可能公司已经为同一损害承担了独立的处罚（罚金）。彻底的犯罪化和管理性的犯罪化之间唯一的共同点就是，立法者意

---

① 英国的《法人之非蓄谋杀人罪和法人杀人罪法案 2007》C19 条创制了一个新罪名，允许在组织内部因健康安全管理的重大失误而导致死亡时，对公司和其他组织提起刑事诉讼。But cf. Jennifer Arlen, "The Potentially Perverse Effects of Corporate Criminal Liability", 23 *J. Legal Stud.* 833（1994）.（作者质疑法人刑事责任的适用能否带来法人犯罪的减少。）

在预防特定的不必要之有害后果。①

在美国和英国很多备受关注案件中，公司的负责人都逃脱了应得的审判。基于此，我们认为中国的处理方式，可能会为美国和英国如何处理法人犯罪提供有益的借鉴。田文华不仅以公司负责人的身份受到了惩处，还因为自己对明知销售有毒牛奶行为的轻率决定而受到了处罚。② 和美国、英国立法者不同的是，中国立法者在有明确责任联系的情况下，同样有科处刑事责任的政治意愿。在美国和英国，田文华可能被控犯有轻率的非蓄谋杀人罪，或者重大疏忽的③非蓄谋杀人罪，或者疏忽杀人罪，④ 但检方是否能确保获得这样的判决仍存疑问。她的犯罪将会根据她的罪责来确定。如果证据显示她是主观轻率的，那么有可能构成轻率的非蓄谋杀人罪。但如果她只是客观轻率，那么应该构成疏忽杀人罪。如果她知道她在冒致人死亡的真正风险，那她就是主观轻率。但她似乎不知道销售三聚氰胺含量很高的牛奶隐含着重大的危险。然而，审判过程中证据显示：她知道三聚氰胺是有毒的，不能掺入牛奶中，而且恒天然集团（该新西兰公司拥有三鹿集团43%的股份）也是这么建议她的，但是她却没有召回被污染的牛奶。可以说，一旦田文华知悉顾客的投诉和有毒奶粉供给的事实，那么她怠于立即下令召回有毒牛奶的行为，就是极其轻率的。

在美国和英国，同样的冒险（主观轻率）还不足以导致

---

① 可以犯罪化的有害后果不一定都涉及损害。See Feinberg, *The Moral Limits of the Criminal Law: Harm to Others*, pp. 63 – 64.

② 参见1997年《刑法》第144条和第150条之规定。

③ R v. Wacker, [2003] 1 Crim. App. 329; R v. Adomako [1995] 1 A. C. 171 (H. L.).

④ See Kadish et al., *Criminal Law and Its Process: Cases and Materials*, p. 415.

法人的负责人入刑。例如，在福特斑马①丑闻和辉瑞心脏起搏器②丑闻中，法人的负责人和高级管理人员就没有被起诉；尽管他们的行为是极度主观轻率的——他们甘冒导致众多死亡的风险。相反，很多英国案件采取身份原则③。因此，在高级管理者和损害行为之间建立充足的有责性联系是不大可能的。然而，当一个火车驾驶员因为打包自己的行李而闯了红灯时，或者当一个甲板长因为睡着而忘记关闭渡船的艏门时，在最终损害和这些因自己重大失误而导致死亡结果的低层级雇员之

---

① See James Gobert & Maurice Punch, *Rethinking Corporate Crime*, 2003, p. 19. ［福特汽车公司认为，因斑马汽车设计缺陷导致油箱爆炸而引起的伤害诉讼的成本比较低，其远低于在生产之前改变其设计或者生产之后普遍召回再重置油箱（福特公司最终被迫执行此项措施）的成本。］See also Richard T. De George, "Ethical Responsibilities of Engineers in Large Organizations: The Pinto Case", 1 *Bus. & Prof. Ethics J.* 1 (1981), reprinted in *Collective Responsibility: Five Decades of Debate in Theoretical and Applied Ethics*, Larry May & Stacey Hoffman eds., 1991, p. 151, 156. （该文争论道："但是，如果我们要在道德上批评任何没有添加那个部件的人，那我们不应该苛责福特的工程师们，而应该苛责其管理人员，因为这不是一个工程设计的决议，而是一个管理性的决定。"与此相反，我们认为福特的工程师和管理人员同样有责，因而同样该受责难。）

② 辉瑞公司生产了一种有缺陷的心脏瓣膜，并且他们的测试显示有的瓣膜可能会破裂从而导致受体患者的心脏爆炸。然而，该公司拒绝召回产品或者披露其缺陷，因而导致了大量死亡。但涉案的负责人和高管人员都没有被起诉。See Greg Palast, *The Best Democracy Money Can Buy: An Investigative Reporter Exposes the Truth About Globalization, Corporate Cons and High - Finance Fraudsters*, 2003, pp. 228 - 229. But cf. Cal. Penal Code § 387 (West 1999). （该条规定如果一个商业实体或者其个人管理者知道其员工或者顾客可能因工作场所或者产品的"潜藏危险"而受伤或者死亡，那么其刑期将会是 16 个月到 3 年的监禁。）

③ 如果所涉不法行为是由一个没有足够高的等级但却涉入公司管理的人实施的，身份原则可以使法人避开责任。它使得负责人和公司将其本身和低层级雇员的不法行为分离开来。R. v. Tesco Supermarkets Ltd. v. Nattrass, [1972] A. C. 153; R. v. P & O Ferries (Dover) Ltd., [1991] 93 Cr. App. R. 72; R. v. Great Western Trains Co. Ltd. (unreported) Central Criminal Court, 30 June 1999, per Scott - Baker J.

间，建立充分的责任联系是可能的。① 但是，由于无法将公司的负责人及高管人员和这种远距离的损害连接起来，故检方只是将他们的重大疏忽作为意外事件来对待。这些案件中，低层级的雇员被迫长时间工作，而且维修工作不到位使得电子警示灯和警报都失效无用。虽然确保其雇员正常从事安全和维修工作是高级管理人员的责任，但是他们的疏忽未受惩罚是因为英国法使得在高管人员和其疏忽的雇员所致结果之间建立联系变得非常困难。

在涉及公共福利犯罪时，美国法倒是乐意使那些主观轻率的人承担责任。② 在 United States v. MacDonald & Watson Waste Oil Co. ③ 案中，法院判决认为，如果一个个体行为人同时是公司的高管人员，她对于公司所涉犯罪有确切的明知，或者她是公司所涉犯罪的负责人，那么控方可以证明她对所控罪行具有明知。④ 为了证明她是公司所涉犯罪的负责人，就要证明她事实上是公司的高管人员，而不只是一个雇员，并且她对被控之不法行为负有直接责任。⑤ 法院判决认为，仅仅因为某人是公司的高管人员甚至是董事长，并不足以得出其对下属人员的犯罪行为有明知的结论。必须证明该高管人员有责任对所涉行为进行监管，并且她明知或者"相信所涉的不法行为在进行"方可。⑥

因为中国1997年《刑法》第144条规定涵盖了明知的要件，故第150条也应该做同样理解。销售掺杂有毒物质或者其

① Tesco Supermarkets Ltd. v. Nattrass, [1972] A. C. 153; R v. P & O Ferries (Dover) Ltd., [1991] 93 Cr. App. R. 72; R. v. Great Western Trains Co. Ltd. (unreported) Central Criminal Court, 30 June 1999, per Scott – Baker J.

② United States v. Park, 421 U. S. 658 (1975).

③ MacDonald & Watson Waste Oil Co., 933 F. 2d 35, 50 – 51 (1st Cir. 1991).

④ Id.

⑤ Id.

⑥ Id.

中国刑法

他有害的非食品原料的食品的，根据第 144 条是可归责的。鉴于田文华对被污染的牛奶产品具有实际的明知，并且蓄意决定继续销售这些产品，因此她在美国制定法的公共福利犯罪确立的法人负责人原则的适用范围内。但是，通常美国制定法上的公共福利犯罪只有 5 年左右的监禁刑。有主张认为，在极度的主观疏忽情形下，中国的处理方式能得到更加公正的结果。①如果生产食品、心脏起搏器以及福特斑马轿车的那些公司的负责人，对其产品的危险性以及几乎确定会带来伤亡这样的事实，有着完全的明知，那么他们就应该对这些伤亡负个人责任，而不仅仅是对公共福利的犯罪负责。但第 144 条的犯罪应该规定一个类似于美国和英国轻率的非蓄谋杀人那样的罪责要件，因为其涉及的刑罚太严厉了。如果有了这个要件，那么第144 条将销售有毒食品的行为规定为严重犯罪就是很合适的。根据行为人的罪责程度和案件具体情况，销售这种食品致人死亡的，可以构成轻率的非蓄谋杀人罪或者重大过失的非蓄谋杀人罪。

## （二）英、美从犯参与之一般理论及郑筱萸案

如上所述，对不公平的定罪惩罚最主要的限制，就是刑罚相当性的限制。② 当行为人的定罪和惩罚，与其主观罪责和行为的危害性相当的时候，这个原则就得到了实现。正义—报应型的犯罪化涉及行为人蓄意地（或者轻率地），直接以导致损

① 在严重的案子中，只有犯罪人得到应有的惩罚，被害人之于司法正义的权利才能实现。如同罗卡斯（J. R. Lucas）所言：对于被害人来讲，社会是认真对待行为人的不法行为还是视若无睹，是有很大差别的。如果他看到对他视若无睹的人免受处罚，那么他就会形成一种认知，认为社会也对他视若无睹。但是如果让不法行为人看到自己行为方式的错误，那么受害人就会看到他自己的权利得到维护，并且确信社会是在意他的——尽管这社会中的一员不在乎——而且会在侵袭或者伤害面前维护他的权利。

② See generally Von Hirsch, *Censure and Sanctions*; Michael Moore, *Placing Blame: A General Theory of the Criminal Law*, 1997, pp. 83 – 188.

害或者其他不利后果为目的，或者是试图达到这样的损害或后果。有限报应主义的定罪和惩罚与公平、正义①是相一致的，因为它使一个人只有在自己选择危害他人的时候才受到惩罚。这包含了冒险（主观轻率）和冒一般理性人不会冒之险（客观轻率）。当立法者的一般目的是结果预防时，轻率确保了个人化的和适当的犯罪化。受贿的问题是，它并不以带来坏的结果——对个体受害人的损害——为直接目的。

在这部分我们将会探讨美国和英国法律所确立的从犯参与制度，并且以此来判明对类似郑筱萸这样的行为人的归责是否公平。在故意协助他人的不法危险行为并导致大量伤亡的情况下，让这种受贿人承担大规模的非蓄谋杀人罪的责任是否公平。在美国和英国，法官会要求受贿人和其他医药公司的独立的不法行为之间存在责任联系。让郑筱萸等人承担其他公司实施的轻率的非蓄谋杀人罪②的责任，要用充分的责任联系来论证。不仅将从犯和不法行为连接起来很必要，而且也必须确保，对其处以的刑罚和他在犯罪中所处的地位和作用相当。

我们先来探讨美国和英国的从犯制度，看看在这两个司法领域对郑筱萸的定罪和处罚是否会和中国一样严厉。如果他被评价为制药公司（这些公司从事了很多轻率的非蓄谋杀人罪

---

① See Dennis J. Baker, "The Harm Principle vs. Kantian Criteria for Ensuring Fair, Principled and Just Criminalization", 33 *Aust. J. Leg. Phil.* 66 (2008); Dennis J. Baker, "Punishment Without A Crime: Is Preventive Detention Reconcilable With Justice?", 34 Aust. J. Leg. Phil. 120 (2009).

② See Kadish et al., *Criminal Law and Its Process: Cases and Materials*, p. 415.

的行为，而不仅仅只是收受贿赂）负责人的从犯①，那么他的行为，在美国和英国将会被作为非常严重的犯罪来看待。根据英、美法律的规定，如若要将郑筱萸定为从犯，就有必要证明实行犯和从犯的独立行为之间存在规范的或者责任的联系。建立这样的联系，就要证明从犯作出了可被谴责的选择，去分担实行犯的犯罪之责任，或者是使自己和实行犯的不法行为联结在一起。② 正如德雷斯勒（Dressler）所言，从犯责任在本质上是派生性的。从犯并不是因为一个单独的"教唆或者帮助"罪而有责，相反，他的责任派生于他所自愿与之联结在一起的实行犯。③ 从犯的责任联系取决于从犯的主观罪责。如果从犯在实行犯的犯罪行为中所起的作用是无意的，即出于疏忽的，那么我们就没有正当理由归责于他。与之相反，如果 X 给了 Y 一把枪，并意欲 Y 使用这把枪去实施谋杀他人的行为，那么 X 就明显为 Y 的谋杀行为提供了帮助。④ 使 X 承担对 Y 之谋杀的罪责是公平的，因为 X 参与到了 Y 犯罪之中，他故意为 Y 提供谋杀工具，并且意在使这把枪被用来实施谋杀。在规范意义上讲，通过故意地协助实行犯来实现直接损害结果，他

---

① 在 1997 年《刑法》中，从犯参与制度体现在几个条文中。第 26 条规定："组织、领导犯罪集团进行犯罪活动的或者在共同犯罪中起主要作用的，是主犯。三人以上为共同实施犯罪而组成的较为固定的犯罪组织，是犯罪集团。对组织、领导犯罪集团的首要分子，按照集团所犯的全部罪行处罚。对于第三款规定以外的主犯，应当按照其所参与的或者组织、指挥的全部犯罪处罚。"第 27 条规定："在共同犯罪中起次要或者辅助作用的，是从犯。对于从犯，应当从轻、减轻处罚或者免除处罚。"28 条规定："对于被胁迫参加犯罪的，应当按照他的犯罪情节减轻处罚或者免除处罚。"

② 这其中的因果关系是，从犯的协助确实在实际上对实行犯的犯罪行为有所加功。

③ See Joshua Dressler, *Understanding Criminal Law*, LexisNexis Matthew Bender 2009, 1995, pp. 498 – 499. See also Joshua Dressler, "Reassessing the Theoretical Understandings of Accomplice Liability: New Solutions to an Old Problem", 37 *Hastings L. J.* 91 (1985).

④ See Backun v. United States, 112 F. 2d 635, 637 (4th Cir. 1940).

将自己和实行犯连接在了一起，因而可以被判对直接损害结果，也就是谋杀，负刑事责任。德雷斯勒指出大部分法庭都判决称：

除非他和实行犯有共同的犯罪意图，否则一个人不能作为该犯罪的从犯；在他们的不法合伙中必须要有对犯罪目的的沟通。用勒恩德·汉德（Learned Hand）法官的话说就是，从犯理论要求从犯"在某种程度上将自己和所涉犯罪活动联结在一起，他的参与是他希望导致（某种结果）或者以自己的行动来确保（某种结果）的实现"。①

然而，在一个人只是知道（而不是意欲）他的协助会帮助实行犯实施犯罪的情况下，他是否仍然无罪？可以说，在从犯意图帮助实行犯的情况下对他归责，和在他对自己故意协助行为的负面作用非常轻率的情况下对他归责，是同样公平的。英国法院用间接意图的原则，对那些行为时极度主观轻率而导致他人死亡的人，将其主观罪过归为意图。在英国，只要某种结果是某项行为几乎肯定的结果，而行为人也知道其是几乎肯定的结果，那么陪审团会判定，行为人是有意造成该结果的，尽管引起这样的结果并非行为人的本意。间接故意是一种极度的主观轻率。② 美国使用了一种不那么严格的极度主观轻率标准，来判断杀人案件的动机。在一个人非故意杀人的情况下，如果很明显，他有意地无视对他人生命的重大不当危险，那么

① Dressler, *Understanding Criminal Law*, p. 514.

② R. v. Woolin, (1999) A. C. 82. 我们使用"极度主观轻率"这个词是因为我们认为目的或者目标（意图）是无法从"极度主观轻率"当中推导出的——二者只能选一个。因此，"间接意图"这个词是不妥当的。See John Finnis, "Intention and Side–Effects", in *Liability and Responsibility*: *Essays in Law and Morals*, R. G. Frey and C. W. Morris eds., 1991, p. 32, pp. 32–64.

就可以推定他是具有完全的意图的。①

这种将极度轻率作为意图来归责的方式，通常被用于谋杀案中。② 卡迪什（Kadish）主张，这一美国标准同样可以适用于其他情形下的从犯。例如，从犯有意识地无视其他人会实施犯罪这一重大不当风险，这一风险的性质和程度，结合他行为的性质和目的以及他所了解的情况，涉及对其他守法公民所遵守的行为准则的严重背离。③

在很多案件中，仅有明知——主观轻率，不同于极度主观轻率相对应——就可以满足意图的要件。我们所称的主观轻率，是指他预见到自己故意帮助的那个人将会实施某项犯罪的真实可能性。④ 如果 X，一个枪支销售者，在售枪给 Y 过程中听到 Y 给朋友打电话说自己正在买枪要杀其妻子和情人，但 X 还是把枪卖给 Y，那么 X 在此过程中对于 Y 的意图是有明知的并且 X 还意识到 Y 会实施谋杀的真实可能性。这种程度的主观轻率是否足以满足意图的要件而使 X 对两起谋杀案负责？

可以说，如果一个人在售枪时不知道购买者的犯罪意图，

---

① 这个标准被用来对二级谋杀的意图进行归责。See Dressler, *Understanding Criminal Law*, p. 556.

② See R. v. Woolin, (1999) 1 A. C. 82.

③ See Sanford Kadish, "Reckless Complicity", 87 *J. Crim. L. & Criminology* 369, 385 (1997). (该文对模范刑法典中确立的标准进行了探讨。)

④ 英国法院似乎认为故意帮助加上主观轻率（和极度主观轻率相对）地预见到实行犯所涉犯罪，就足以判决从犯有责。（英国刑法对从犯主观方面的要件有两个要求，首先是其故意地实施了帮助行为，其次是其对实行犯的犯罪要有明知。前者是针对从犯自己行为的心理状态，后者是从犯对实行犯的犯罪所持的心理状态。作者在这里用"故意帮助"指代从犯对自己的行为是故意的心态，而主观轻率是对实行犯的犯罪的心态。——译者注）See R. v. Bryce, (2004) 2 Crim. App. 35, 2004 WL 1074533. （间接意图在谋杀罪的归责方面，是指其冒险行为的风险程度很高很严重，因此，可以公平地说，行为人不愿考虑被害人的生命安全而只在意自己的目标，这实质上和意图杀害被害人是一样的。）Dressler, *Understanding Criminal Law*, p. 555.

那么他就不应为实行犯的犯罪负责，除非他是出于极度的主观轻率。间接意图①是罪责要求会使主观轻率的枪支销售者免于刑事责任，因为即便是售枪者在对购买者的双重谋杀计划有明知的情况下，将枪卖给了购买者，也不能合理地断言，销售者知道他的有意销售行为，所带来的基本确定的副效果就是那两起谋杀。仅仅听见某人对一起谋杀计划的闲谈可能会使售卖人警惕，但是这些信息还不足以使售卖者得出购买人离开商店后，就会实施那两起谋杀的确定结论。陪审团也难以推断出这样的结论：售卖者已经预见到了，该两起谋杀是其有意销售行为的几乎确定的结果。间接意图要求行为人的故意帮助行为之可预见后果，是"如此直接和不变地与该行为联结在一起，以致如果说该行为不会有此后果，通常都会被认为是很荒谬的"。②

卡迪什的极度轻率标准胜出一筹，因为它不会将主观轻率的枪支售卖者入罪，但是却可以让像郑筱萸这样极度主观轻率的行为人入罪。郑筱萸有意识地无视实行犯将销售不合格药品这一重大不当风险，并且他的帮助行为严重背离了守法公民所遵循的行为标准。美国的"重大不当风险"标准，意指在没有或者几乎没有正当理由的情形下去冒一项重大风险。③ 重大风险的标准比几乎确定的标准更具灵活性。高俊杰将其生产的

---

① 关于间接意图更进一步的讨论，see Itzhak Kugler, *Direct and Oblique Intention in the Criminal Law: An Inquiry into Degrees of Blameworthiness*, Ashgate Publishing Co., 2002, pp. 1 – 57。

② 故而，如果一个人用锤子猛敲一个玻璃杯，并且明知这会砸碎杯子，那么就可以说他是具有意图地砸碎了杯子（尽管，可能他意不在此），即使他只是想以锤子和玻璃杯碰撞的声音来引起注意。H. L. A. Hart, "Intention and Punishment", in *Punishment and Responsibility: Essays in the Philosophy of Law*, 1968, p. 113, 120. See generally Glanville Williams, "Oblique Intention", 46 *Camb. L. J.* 417 (1987).

③ See Dressler, *Understanding Criminal Law*, p. 556, 以及其后所引之案例。

7 吨掺有三聚氰胺的蛋白粉销售给那些生产商以此来制作不合格牛奶，因而被判死刑缓期执行。这一判决即体现了这种灵活性。中国法院将高俊杰的刑罚降为死刑缓期执行，似乎是因为他并没有将三聚氰胺添加进牛奶，而只是将三聚氰胺粉销售给了其他人。在美国和英国，我们可以说高俊杰是那些将三聚氰胺掺入牛奶之人的从犯；但是，他的刑罚轻重将取决于他的主观罪责，以及他在犯罪中所起到的细微作用的危害性。高俊杰的主观罪责达不到英国间接意图的标准，并且他的重大不当冒险行为（他具有危险性的行为），要比郑筱萸的行为更加轻微。

可以说，美国的"极度轻率"标准，可以适用于故意地帮助他人实施轻率犯罪的人，即可以适用于那些以鼓励他人从事轻率行为为目的的人（例如，乘客要求司机在学区超速行驶，并且预期该司机会照做），① 或者那些意图帮助他人实施轻率的犯罪行为的人（例如，一个政府官员受贿，并且无视可能会造成药品公司生产危险药品这一后果②）。然而，帮助

---

① 在此，该乘客就鼓励了一个会导致进一步无意危害的危险行为的发生。正是其鼓励该行为的动机，导致了其成为危险驾驶，以及由此导致的任何无意危害的从犯。See Sanford Kadish, "Complicity, Cause and Blame: A Study in the Interpretation of Doctrine", 73 *Cal. L. Rev.* 323, 347 (1985) . See also State v. McVay, 132 A. 436 (R. I. 1926) .

② 轻率地帮助他人的轻率犯罪，和有意图地帮助他人的轻率犯罪在概念上是有重要区别的。威廉姆斯（Williams）分别给出了一个例子：如果 N 在出门散步后，意识到他忘记把自己的车钥匙收藏起来，平时他这样做是为了防止儿子用车，但是他没有回去拿车钥匙，而是侥幸地希望他儿子没找到车钥匙。那么 N 就是轻率地帮助了他儿子的危险驾驶，若 N 知道他儿子有危险驾驶的习惯的话。与此同时，如果 N 允许他儿子用他的车，并且知道他儿子有危险驾驶的习惯，那么 N 就是意图地帮助了他儿子的危险驾驶行为。但是，要使后者符合重大不当风险的标准，还需要该父亲知道他儿子几乎总是危险驾驶（有危险驾驶的记录），并且因为危险驾驶被拦截过。See Glanville L. Williams, "Complicity, Purpose and the Draft Code: Part 2", *Crim. L. Rev.* 98, 99 (1990) . 卡迪什改进了威廉姆斯关于意图地支持他人轻率犯罪的案例，以此来说明在重大不当风险标准下有意图地支持他人轻率犯罪之行为的犯罪性。See Kadish, "Reckless Complicity", pp. 380 *et seq.*

他人的疏忽犯罪是不可能招致从犯责任的；因为如果一个人帮助实行犯犯罪，而实行犯甚至都不知道自己在做什么的话，这在逻辑上是不可能的。如果 X 对 Y 的疏忽行为提供了帮助，并且意图通过不知情的 Y 实现某些主要危害，那么 X 才是实行犯，而 Y 只不过是他的无辜代理人罢了。①郑筱萸案中的实行犯并不是出于疏忽而是出于轻率，因为他们故意地销售不合格药品，并且完全知悉这些药品将会给服用的人带来危险。

同样地，三聚氰胺的生产者在提供三聚氰胺时如果是极度轻率的，那么他们就是将三聚氰胺掺入牛奶之人的从犯。供应商以提供三聚氰胺的方式帮助了奶农的犯罪行为，但只有他们彼时出于极度轻率的主观罪责，才可以被同等地作为从犯处理。供应商知道三聚氰胺是通常用于塑料生产的化工原料，并且知道购买者出于掩盖婴幼儿奶粉中蛋白质含量不足的不法目的。因此，可以说其销售三聚氰胺的行为是极度轻率的。这并不是中国掺假奶粉的第一起丑闻②，供应商后来又卷入到建立地下工厂生产三聚氰胺的麻烦中。因此，极度轻率足以对实行犯和从犯进行同等的归责。然而，较低的主观轻率标准，同样可以使那些轻率的枪支售卖者，或真正相信自己的三聚氰胺会被用于塑料或棕皮生产的供货商，进入刑法规制的视野。如果供货商只是怀疑三聚氰胺会被滥用，那么这种低层次的轻率只应获得较低程度的定罪和惩罚。

对那些对自己的帮助行为的可能后果只是出于轻率的人（轻率地帮助并且对实行犯的犯罪意图漠不关心的人）施以同等的谴责是不公平的，因为他们不与实行犯共有导致最终结果

---

① 英国刑法中的无辜代理人理论和大陆法系的间接正犯理论是同义的。——译者注

② See generally Waikeung Tam & Dali Yang, "Food Safety and the Development of Regulatory Institutions in China", 29 (4) *Asian Persp.* 5 (2005) .

的意图，他们只是预见到实行犯的犯罪是真实可能的。但这种情形下，从犯知道实行犯真实可能的犯罪意图，他却仍然轻率地给予帮助。故而，从犯应当因为他们的轻率加功行为而受到些许指责。毕竟，让销售者在该例外情况下，放弃一次三聚氰胺的交易并不为过。

在这些案件中，刑事责任应当反映从犯的较低罪责。因此，最为适当的犯罪化方式，应当是设立一个单独的辅助罪行，从而使这些犯罪人根据其参与行为的危害性和罪责而受到处罚。① 这个方法还可以根除日常用品或服务的销售者，在预见到某特定顾客将利用其产品或服务实施犯罪时所碰到的难题，因为辅助犯罪行为应该和实行犯的罪行的严重性相当。所以，如果销售三聚氰胺的 X 预见到三聚氰胺将会被用于有毒奶粉生产的真实可能性时，那么对这一类严重不法行为提供帮助进行适当惩罚，也是公平的。对轻微犯罪来说，相当性的要求会从根本上排除辅助犯罪的成立。因此，对于轻微犯罪来说，由于轻率的行为而对犯罪行为提供的帮助（例如，对妓女用以吸引嫖客②的裙子进行干洗，从而帮助妓女犯罪）不应被犯罪化，因为其对于实行犯之轻微犯罪的辅助行为，无法满足从犯定罪的损害要求。这里，对实行犯直接定罪便足以处理所涉之损害。

## 四、定罪、惩罚之一般标准：客观主义和相当性原则

中国经常受到批评，称其不遵守西方的相当性标准和定罪标准。但是当行为人以可被谴责的方式，帮助他人犯罪从而导

---

① 从犯由于不与实行犯共有所涉犯罪的同样意图，因而不能同等苛责从犯和实行犯。加功犯罪就是用来处理这类案件的。关于该提议的讨论，see Robert Weisberg, "Reappraising Complicity", 4 *Buff. Crim. L. Rev.* 217, 261 (2000)。

② 关于此例及相关例子，see Perkins and Boyce, *Criminal Law*, pp. 746 – 747。

130

致了死亡发生时，我们还能否说这样的刑罚是不适当的？任何普遍适用的标准，都难以否定将一个间接引起众多婴儿死亡的执行总裁予以监禁的措施之正确性。在这部分我们简单概述了普遍适用标准的局限。我们首先概述了客观主义的理论，并且试问，一个特定的刑罚或罪名，如果没有达到公平正义的普遍标准，或其主要道德标准，那么是否可以说，它们的确是不公正的？我们认为普适标准如果要约束所有国家，那么它就应该是客观的。西方的评论员通常声称，有些刑罚或者罪名在抽象的道德意义上是错误的，但是他们没有解释为什么。对于为何他们的观点，要优于那些持"对商店行窃处以 20 年监禁是公正的"的人的观点，他们也没有给出答案。在加利福尼亚州的一系列"三振"（three – strikes）判决法律中，这样的刑罚是极有可能的。[①] 客观主义可以通过主体互证的[②]、慎重的认可过程来实现，这种方式被当作过滤器用来限制传统的道德准则。道德准则已被用来将一些无害的行为犯罪化；有的行为只是在依照惯例、视情况而定的意义上讲是犯罪，如暴露狂。所以我们需要一些程序，来对这些犯罪化的决定进行仔细审查。由于主体互证的、慎重的认可这个方法，受到人类的能力和众多非正义的传统性质的限制，因此它只能对某一具体刑罚或者罪名对与错的判断，提供粗略的指导。如下文所述，它只能在

---

① "三振法"是美国联邦层级与州层级的法律，要求州法院对于犯第三次（含以上）重罪的累犯，采用强制性量刑准则，大幅延长其监禁时间。目前所有法案下限皆为 25 年有期徒刑，最高是无期徒刑，而且后者在很长一段时间内不得假释（大多法案规定为 25 年）。"三振法"明显增长了曾有过两次以上暴力犯罪或严重犯罪记录的犯人的刑期，并限缩了此类刑事被告判获无期徒刑以外刑罚的机会。该法名称来源于棒球运动的三振出局规则，一名击球手可以连续失误两次，但如果第三次还没有击中球，他就要出局。——译者注

② "主体互证"是心理学、社会学、人类学等学科用来描述人与人之间心理联系的概念，和唯我主义的概念相对立。强调人作为社会生物的本质属性。本文作者旨在强调主体之间交流沟通的重要性。——译者注

非常模糊的意义上，为定罪量刑提供一个普适标准。当经验的、社会的和规范的信息被正确地放在一起考虑时，定罪量刑就有了充分的规范基础。但是，当决策者没有充分利用规范信息去决定定罪量刑时，定罪的决定就会不公正。人类发明了犯罪，来处理公共生活中的常规冲突。刑法就是一个社会控制的体系①，使得特定的社区能够自我管理。刑法被用来处理真正的冲突（犯罪），但是不幸的是，它同时也将仅仅违反了积极道德准则的行为（如卖淫）② 犯罪化，它还被用来控制社会上不怎么强大的群体。约翰·J. 麦凯（J. L. Mackie）指出：

> 只有部分危害，是受到全社会一致憎恶的，而一致感激的情形就更少了。只有一些特殊类型的危害才会萌发传统的、共同的敌意，因此也只有特殊类型的危害会被看作是犯罪，从而需要普遍的愤恨和刑罚惩罚……虽然无法令人信服地辩称，报应原则就是所谓的客观的道德真理，但是报应的态度，却能很轻易地被阐释为是部分地通过生物过程、部分地通过类似的社会学过程，而成长和发展的。③

建立在纯粹的习惯、未经理性论证的惯例和社会学因素上的刑法，会导致不公正的结果，除非其通过特定社区受过良好

---

① Donald Black, *The Behavior of Law*, Acad. Press, 1968, p. 2.
② See generally Patrick Devlin, *The Enforcement of Morals*, Oxford Univ. Press, 1965.
③ J. L. Mackie, "Retributivism: A Test Case for Ethical Objectivity", in *Philosophy of Law*, Joel Feinberg & Hyman Gross eds., Wadsworth Pub. Co. 4th ed. 1991, 1975, p. 684.

教育的公民的主体互证审查。① 例如，16 世纪的时候，有些法官无法理解人类不可能真的是女巫这样的道理，因此很多女性因为从事巫术的所谓理由而被定罪。② 这种情况在现代英国是不会发生的，因为足够的经验数据，使得主体互证的思想者理智地认为人类不具有超能力。同样地，中国和英国都不再使用集体责任原则，因为很明显，大多数内行的思想家都认为这是不公正的。但是，英国在 1798 年以前，还是对严重犯罪适用集体责任和死刑。③ 法院可以引用褫夺公民权法案确立的法律机制，不经审判就宣告某人或者某个群体犯有严重犯罪。④ 褫夺公民权法案使得公民不经审判就被剥夺财产和判处死刑。⑤

通常，我们主张某一特定犯罪的对与错，不是作为一种普世真理被揭示的，与此相反，犯罪是利用主体间构建起来的正

---

① 许多规范性犯罪照例都是暂时的，而另外的一些则会一直都是犯罪（在任何情况下都是犯罪）。关于构建主义和普遍主义的论述，see Onora O'niell, *Towards Justice and Virtue: A Constructive Account of Practical Reasoning*, Cambridge Univ. Press, 1996。

② 据称，即便某种疾病可以用医学理论解释，但其仍然会被看作是另一个人的邪恶意愿引起的……人们区分了机械意义上的原因（某人是如何受伤的），和目的意义上的原因（为什么是该人而不是其他人受伤）。人们谴责女巫不是疏忽为之的，而是因为这样的谴责，解释了为什么他们已经谨而慎之，可是某种不幸还是发生在他们身上，例如为什么他们的黄油没有出现。A. D. J. MacFarlane, "Witchcraft in Tudor and Stuart Essex", in *Crime in England* 1550 – 1800, J. S. Cockburn ed., Princeton Univ. Press, 1977, p. 72, 83.

③ Michael P. Lehmann, "The Bill of Attainder Doctrine: A Survey of the Decisional Law", 5 *Hastings Const. L. Q.* 767 (1978).

④ Id. 和中国一样，英国通常对危害国家的犯罪（如叛国罪）适用集体责任。

⑤ Id.

义原则（这些原则的规范方面来源于由主体互证来进行限制的①道德准则，而不是源于所谓的真理）、社会规则和惯例而创建起来的。我们认为，在实际上判明某一特定刑罚正确与否是不可能的，但是我们认为，从主观意识间的角度来看，大多数理性人，无论他们来自什么背景，都可以理解特定行为的不法性或过分性，以及将它们被宣布为不法的合理性。这种主体互证的审查，可以使我们为某一定罪或量刑决定的普遍正义提供一些粗略的标准。主体互证的方法，要求一个社区的理性的思考者，在作出不法决定或者犯罪化决定时，利用可用的最优信息和最为理性的正义原则。

无论背景和情形如何，主体互证的思考者们都有理由认为，灭绝种族在客观上是非常严重和不法的。灭绝种族在任何情况下都是不法的，因为不论被害人的地域、种族、文化或者国籍如何，它给所有被害人带来的严重后果是一样的。同样的理性人会认为，暴露狂的危害性通常都只是视情况而定的。为了确定其严重性及不法性，理性人还必须考虑构成不法性的基础规则。我们对作为真理被发现的不法性（伦理上的不法性，建立在道德现实主义基础上，由个体的定罪判决体现出来），和来源于对不断发展的正义标准进行的主体

---

① 这个意义上看，客观主义源自于一个协商进程。理智的、理性的、有资格的理性人，经过理想的协商程序而达成的协议，可能是我们所谓判决之正确性的最好标志。但是这个协议并不能使判决本身正确无疑。就这一点来讲，客观主义作为一种倡议，和康德的观点是吻合的。康德认为，如果判决对于每一个有理智的人都是有效的，那么其依据就是客观充分的。这对客观性来讲已经足够，但对正确性（康德称为真理）来说还不够。客观主义被阐释为主体互证的正确性，是经那些理性人的协议而呈现出来的。它并不等同于正确性……但它是试金石，我们通过它可以保证我们关于判决真实性的理解不会太怪诞。Gerald Postema，"Objectivity Fit for Law", in Brian Leiter, *Objectivity in Law and Morals*, Cambridge Univ. Press, 2001, p. 99, 121.

互证思考的不法性，进行了区分。① 从主体互证的层面来讲，理性思考者是一个公平的观察员，他被告知相应的正义原则、社会事实以及惯例，从而其可得出以下推断："虽然我自己不相信或者不看重这些事情，但是我明白，如果理性人处在当事人的境地是同样会那么做的，所以结论就是当事人那样做是基本合理的。"② 这是由许多人对于某一特定情形下的刑罚所达成的理性协议而决定的。主体互证的方法，在刑罚伦理中是更加富有建设性的。因为它使一个理论家、哲学家、政治家或者公民，不仅可以凭借经过好几代人思考和发展的抽象概念（正义、自主、损害、公平、平等和人道③），还可以利用相关的经验数据、实证环境、惯例和社会实践，以期形成实际有益的指导原则，来限制国际多元环境下的不公正定罪和惩罚。④

有人认为，特定的对或者错的标准是普遍适用的，因为它们是真正正确的标准，但是我们怎么知道这些真正正确的

① 参见考斯佳德（Korsgaard）关于慎重的认可的论文，其主张行为的理由都是主体互证的。See Christine Korsgaard, "The Origin of Value and the Scope of Obligation", in *The Sources of Normativity*, Cambridge Univ. Press, 1996, p. 131, pp. 131 –166.

② Nicholas Rescher, *Objectivity: the Obligations of Impersonal Reason*, Univ. of Notre Dame Press, 1997, p. 9.

③ See, *inter alios*, John Stuart Mill, *On Liberty and Other Essays*, John Gray ed., Oxford Univ. Press 1998, 1991; Immanuel Kant, "The Metaphysics of Morals", in *Practical Philosophy*, Mary Gregor ed., Cambridge Univ. Press 1999, 1797, p. 353; John Locke, *An Essay Concerning Human Understanding*, Peter H. Nidditch ed., Oxford Univ. Press 1975, 1690; John Rawls, *A Theory of Justice*, The Belknap Press of Harvard Univ. Press 1971.

④ 很明显，一个人做什么或想什么才是理性的，取决于他所处境地的特别细节，而主要情节是因人和群体而异的。关于合理性的规则是普遍适用的，但是只是有条件的普遍适用，它取决于和主要情节相当的个体相对性。Rescher, *Objectivity: the Obligations of Impersonal Reason*, p. 11. 我们和雷舍尔（Rescher）的方法稍有不同，因为我们认为有些犯罪只是在传统上偶然存在，而其他的则不是。灭绝种族和西方的隐私概念是不同的，普遍适用性不能适用于后者。

标准，是否是所有人都该遵守的呢？建立在现实主义上的不法，不是被创造出来的，而是一种内在的、固有的不法，即真正的不法。客观主义对认为 X 为不法，是绝对真理的主张一视同仁。相反，根据主体互证的方式确立的不法，是基于在有组织的、协作的、协调的文明社会中违法行为对人类真正利益的影响，而给那些人们可以推断为不法的违法行为贴上不法标签的。社会变得越来越复杂，引发了越来越多的和谐问题，不法（犯罪）也就自然呈现。经验告诉人们，避免损害或者其他严重后果，尤其是那些能够避免的，是很必要、很有好处的。刑法是被创制出来实现这些目标的，但同时它也被用来解决很多间接的和谐问题（照例需视情况而定的问题）。

如果 X 在名画蒙娜丽莎上面画了一道亮黄色的线，那么他的行为将会被归为严重的故意破坏行为。[①] 除非考虑其深层的社会规范，否则我们不大可能理解在一副古老的油画上画一道亮黄色线条的不法性、严重性和危害性。如果不了解这幅名画的历史，有人可能还会认为多加的那一道本身也是艺术，而且还增加了画的美感。它并没有像毁掉一个偏远部落唯一的水源、食源那样，去损害任何人基本的、主要的生存资源。[②] 毁掉偏远部落水源食源的不法行为，具有更多的普遍适用性，因为严重脱水对于所有人的影响是一样的。传统不法的客观危害性只能根据背景的、环境的、社会的和经验的因素来确定。[③]

---

① See Criminal Damage Act, 1971, c. 48, § 1 (Eng.).

② 经济损害主要通过传统的所有权思想来体现。与痛苦、折磨、死亡、截肢、强奸等不同，盗窃、损坏财产和挪用等犯罪的危害性是因文化而异的。这主要取决于某一文化是否有公共的或者个别的财产所有权概念，或者取决于某一文化是否认可所有权。从最基础的意义上讲，对于住所、供水等基本资源的损害会被普遍地认为是有害的。例如，澳大利亚土著关于所有权的概念。Peter Butt et al., *Mabo, Wik and Native Title*, 4th ed. The Federation Press, 2001, 1993.

③ Rescher, *Objectivity: the Obligations of Impersonal Reason*, p. 10.

在这个意义上讲，根据渗透在其中的社会规范来理解行为是很必要的。贝克（Baker）和汉克（Hacker）指出：

> 不考虑渗透其中的规范，仅从表面上看，规范的行为看起来似乎完全不可理解。有这样一个故事，一个中国人在北京经过外国使馆时，看见两个欧洲的职员在充满活力地打网球，于是便停下来观看。他很迷惑，于是转向其中一个并问他："如果有什么不明原因，必须要把这个小球打来打去的话，那么难道不能让服务员来做这事吗？"①

几个世纪以来，立法者们利用正义、自主和传统规范等概念，试图为不断演变的常规冲突提供法律解决方案。刑法是人类的创造物。它在演变过程中通常会被不公正的考量所改变，因为在历史上的不同阶段，立法者不够开通和理性地去理解他们某些决策的不公正。② 我们认为一个比较灵活、允许些许误差和一定程度的多元性的方法是更可取的，尽管这样可能会导致有些行为在一些国家的处罚，重于在其他国家的处罚。这同样还可能导致有些行为在某些国家被规定为犯罪，而在其他国家则不是；因为有些行为只是在传统意义上偶尔的作为一种客观不法。暴露狂在非洲可能不会引起和谐问题，但是在美国、中国和英国就会。③

一个裸体主义者使用公共海滩，从基本上说没什么不对。（一百年前，在公共场所穿比基尼的行为，就好比现在的裸体行为，而从今往后的一百年裸体可能会成为海滩的常规——这

---

① Gordon P. Baker & P. M. S. Hacker, *Language*, *Sense and Nonsense*: *A Critical Investigation Into Modern Theories of Language*, Basil Blackwell, 1984, pp. 257–258.

② 另外，赛尔（Sayre）指出，原始的英国法始于几乎是绝对责任的基本原则。Francis Bowes Sayre, "*Mens Rea*", 45 *Harv*. *L*. *Rev*. 974, 976–977 (1932).

③ 考斯佳德指出，道德法告诉我们只需遵循那些所有人在一个可行的齐心协作的体制下都会遵守的规则。Korsgaard, "The Origin of Value and the Scope of Obligation", p. 99.

是在忽略皮肤癌有关的健康问题的基础上说的，如果将皮肤癌的问题纳入考量，则可能会是另一种趋势。）尽管如此，在西方，为了解决在复杂的多元社会道德地使用公共场所所涉及的和谐问题，仍然对裸体进行规制。① 主体互证的方法具有一定的灵活度，而抽象的道德现实主义则没有，因为其不能解释很多传统上需要视情况而定的不法行为（如公共场所的裸露行为）的危害性。它同样无法解释为什么公共裸露狂是一种严重的犯罪因而需要长期监禁。现实主义无法证明公共裸露行为的内在不法性，因为在人类的思想、社会化、环境和惯例之外，公共裸露行为并不产生不良损害后果，而且它并不完全是一种普遍意义上的不法。②

　　道德现实主义者③主张，有些行为在独立于意识④的意义上是不法的，即不管是否有人（包括在文化上受到限定的人）

---

　　① 在美国和英国，公共场所的裸露行为因为无视有关隐私和匿名的社会规范，而被规定为犯罪。没有表示同意的旁观者有权利独处并且有权在公共场合不接收他人的私密信息，而裸露行为侵犯了这样的权利。See generally Dennis J. Baker，"The Sense and Nonsense of Criminalizing Transfers of Obscene Material"，26 *Sing. L. Rev.* 126（2008）.

　　② 我们似乎可以认为，厌恶和恶心是自足式的心理学内容，它们不需要借助任何既定的厌恶属性或者恶心属性来实现概念化……有些概念的适用涉及和我们主观天性（这样的天性似乎是评价性概念的特质）不一样的方面。现在的问题是，如果涉及这些概念时，我们拒绝将我们的主观反应解释为是对有关现实特征的认知而不去追逐真相的现实主义的话，那么我们是否有权认为这样的反应优先享有这种解释，就像投射主义要求的那样。John Mcdowell，*Mind, Value, and Reality*，Harvard Univ. Press，1998，p. 157.

　　③ See *inter alios*，David Wiggins，*Needs, Values, Truth：Essays in the Philosophy of Value*，Oxford Univ. Press，1998，p. 195；David Wiggins，*Ethics：Twelve Lectures on the Philosophy of Morality*，Penguin，2006，pp. 325 – 371；Ronald Dworkin，"Objectivity and Truth：You'd Better Believe It"，25 *Phil. & Pub. Aff.* 87（1996）；Thomas Nagel，*The Last Word*，Oxford Univ. Press，2003.

　　④ 如雷舍尔所说，独立于意识的客观性是现实主义的关键。如果某种实施行为是通过独立于意识的方式（人类智慧所认为的任何改变都不会影响它）获得的，那么在这种模式下它就是客观的。对客观事实来说，思想家的想法一点都不影响。我们所争论的问题是不受意识影响的或者是和意识无关的。Rescher，*Objectivity：the Obligations of Impersonal Reason*，p. 104.

能够对不法进行概念化。可以说，死亡或者生物性和生理性的身体疼痛，是独立于意识的东西，对人、动物、树木以及地球上一切生物来说，它们都是一种严重的后果。本体论的观点认为，无论是否有人类对其严重性的定义，死亡和伤害的后果都会以强大的独立于意识的方式存在。[1] 严重后果可以独立于人类的思想意识而存在，如地震会摧毁物种。然而，不法是一个人类构建的概念，旨在解决人类社会人与人之间的冲突。当人们之间发生矛盾和冲突时，交相互证的主体就要考虑和决定哪一方的行为是不当的（实施了某项犯罪）。例如，每个人都想在同一时间获得服务，排队等待服务就是为了解决这个矛盾而发展出来的惯例。与此相同，从慎重的认可过程中发展而来的罪责要件，[2] 是用来解释故意侵犯他人权利（导致本可避免的损害后果）之行为的不法性的。协商者不需要深入考虑，就可以明白那些没有排队等待服务的人的行为（没有正当化辩护事由或可宥的辩护事由的话）是不当的。

现实主义者[3]认为，从一种独立于心智的角度来看，可受谴责的危害行为是完全错误的主张是空洞的，因为主观罪责要求要有人类的意识。形而上学的道德现实主义，无法为如何确定广泛的传统上需要视情况而定的不法行为的不法性，提供任何真正的指导。因为虽然我们可以用科学来证明疼痛作为一种事实是真实存在的，或者我们可以证明弄瞎一个人的眼睛，从

---

① Matthew H. Kramer, "Is Law's Conventionality Consistent with Law's Objectivity?", 14 *Res Publica* 241 (2008).

② 关于刑事罪责发展和认可的概述，see Albert Levitt, "The Origin of the Doctrine of *Mens Rea*", 17 *Ill. L. Rev.* 117, 120 (1922 – 1923)。（曾经人们因为他们的奴隶、动物或其他家庭成员甚至属于他们的没有生命的东西而引起的任何损害被起诉是再正常不过了。）See also Sir Frederick Pollock & Frederic William Maitland, *The History of English Law: Before The Time of Edward I*, Cambridge Univ. Press 1952, 1895, pp. 470 – 480.

③ Thomas Nagel, *The View From Nowhere*, Oxford Univ. Press, 1986, p. 186.

医学意义上讲确实给被害人带来了损害；但是我们无法用科学来确定"像暴露狂这样偶尔发生的不法行为，实际上是一种普遍的不法"这一主张的真实性。很多行为的危害性，从惯例上来讲，都是要视情况而定的。有些损害因为一些社会目的而暂时的具有损害性，因而在复杂的社会原因情况下则或是可容忍的。① 然而，为什么有意图的人类行为，既是有意图的又和意识无关，则是不清楚的。要使有意图的致害行为具有意志性和意图性，它就必须由一个有着有效意识的人来实施。当一个人思考、计划、深思熟虑之后侵害了他人，那么其意志性的损害后果就很难说和意识无关。只有人类认知者理解其不法性时，它才可以被看作是不法的。它是不法的，是因为拥有极大智慧并且进化了近千年②的人类，可以凭借自己的智力、社会惯例、经验实践和常规理解③，认识到意图侵害他人行为的不法性。这样的推理过程展现了"对他人可责的损害是不法的"这一主张的规范属性。

现实主义在基本层面解释了原始致害行为的有害性，但却没有解释它的不法性。动物会本能地躲避伤害和死亡。即使人们没有在其附近观察狮子猎杀角马，但是角马的死亡仍然是存

---

① 人们通常为了长期的利益而施加短期的身体损害，如手术。严重伤害也可能由于文化的原因，如身体刻印。然而，即便是对于基础的致害行为（直接危害某人生存条件，健康福利等的行为），刑法也并不是总有相应的规则。See Dennis J. Baker, "The Moral Limits of Consent as a Defense in the Criminal Law", 12 *New Crim. L. Rev.* 93 (2009). 身体刻印是一种永久的身体创伤，以不同的花样在身体上刻出很深的伤口形成长期的人体艺术。这些做法很危险，但却有很深的文化根基。See Daniel B. Hrdy, "Cultural Practices Contributing to the Transmission of Human Immunodeficiency Virus in Africa", 9 *Rev. of Infectious Diseases* 1109, 1115 (1987).

② See A. S. Diamond, *Primitive Law*, Longmans, Green and Co. , 1935; *The Law's Beginnings*, Feldbrugge ed. , Brill Academic Publishers, 2003.

③ Erving Goffman, *Relations in Public*: *Microstudies Of The Public Order*, Basic-Books, 1971.

在的，并且这对于角马来说仍然是严重的损害。所有物种都会本能的避免痛苦和死亡。然而，与损害后果的有害性不同，损害后果的不法性，是无法设想其独立于意识的。有意折磨会导致客观的严重后果，但是只有至少和人类拥有同样智慧和反应能力的生物，才能将其理解为不法。驯养的猫有猎食鸟类和老鼠的习惯，并且还有折磨其猎物的习惯，猫在吃掉它们之前会戏弄它们好几个小时。有时候，猫根本不会去吃它们，而只是拿它们玩玩。

当一个人看见猫用戏弄的方式折磨鸟或老鼠时，他会试图去救鸟，因为一般认为，鸟是有益的生物而老鼠是有害的生物。这个人类的介入者将猫戏弄猎物的行为视为是不对的。尽管如此，没有人会想去惩罚猫，因为理性人都会意识到猫不具有人类的反思能力和智慧，因而会认为猫所带来坏的危害后果并不具有可责性。同样的，如果一个游客在一条有大批鳄鱼出没的河岸旁散步的时候被鳄鱼吃掉，那么鳄鱼实际上导致了严重的损害后果。但是，我们已经不再控告动物了，因为我们作为审慎的理性思考者的能力在不断进化，我们现在已经完全开化，知道动物是没有能力去领会，猎杀人类是错误的。① 与此相反，如果一个人有目的地导致了对他人本可避免的损害，那么他的道德可谴责性和损害后果的严重性，会为立法者提供将其行为作为犯罪处理的充足理由。②

现实主义在基本层面还是具有信服力的，因为确定一个事实主张的真实性还是比较容易的，如金子在水中会下沉、火会燃烧、死伤是痛苦的、严重的损害。人类是非常智慧的、很好

---

① 有时候也不是这样，see Edward Payson Evans, *The Criminal Prosecution and Capital Punishment of Animals*, E. P. Dutton & Co. 1987, 1906, pp. 183 – 184。

② 尽管中国直到 1905 年才废除集体责任，但中国人很早就了解集体责任的危害性。See Vankeerberghen, "Family and Law in Former Han China (206 BCE – 8 CE): Arguments Pro and Contra Punishing the Relatives of a Criminal".

地社会化了的生物，可以独立于意识地对某种事实的存在作出假想。例如，一个人可以作出这样的假想：如果一群稀有的类人猿在地震中丧生，或者雨林被火山爆发摧毁，那么无论是否有人在旁边对这个事实进行概念化，地震和火山爆发实际上都引发了严重的后果。尽管如此，地震和火山并不因为它们导致的严重后果，而具有可谴责性。苛责和罪责是从人类理性发展而来的依赖于意识的、通常要视情况而定的道德概念。人类理性即人类对于公平正义的论断，是和相关制度以及社会实践一起随着人们文明化和社会化的不断发展而发展的。另外，现实主义者认为人类的罪责是一种和人类或者人类理性无关的不法要素。即使这种观点是正确的，在解释纽约、北京或伦敦街上发生的暴露狂行为的不法性时，它也是无能为力的。

理论上可以接受说，无论人类存在与否，和人类具有相似智商的生物可以在没有任何正当辩护理由，或者可宥的辩护事由的情况下，通过明知地去损害（故意地招致本可避免的坏结果）他人而对其他种群实施不法。但是采取这种抽象的道德现实主义，来解决定罪量刑的所涉的伦理问题是徒然的。道德原则，如归责原则，在真实世界中被实例化了，但它们毕竟是人类的创造物。罪责要件，如果要作为一种有目的性的、有一定规范效力的正义要素，就要求一定程度的意识——它得是依赖于意识、建立在理性之上的社会事务。因为猫没有理性，所以猫对老鼠的折磨，不是建立在理性基础上的社会事务。士兵是理性的人类主体，有能力主体互证地根据正义原则和社会规范，从事理性的社会事务。因此，如果士兵折磨战争罪犯，那么他们的行为在社会和道德层面都是不理性和不法的。士兵有足够的理性和经验，来理解他们自己行为的不法性。在这里，理性的思想者能够考虑相关的社会情况和正义原则，以此来确定折磨行为的不法性。正义原则中的损害原则、意思自治原则①、归责原则②及平等原则③是由人类来建构和发展的，并且因为人类见识的更好扩展而得到提升。定罪量刑时特定行为不法性的主张应该符合公平正义原则，而这样的公平正义原则要能够主体互证地获得规范效力。这一方案使得立法者可以主张客观性而非真实性。

伦理现实主义无法在复杂国际环境下，为定罪量刑之合理性判断提供指引。对于涉及天然不法和一定犯罪危害性的道德命题，即使对其绝对真理作出判断是可能的，仍有很多罪行，如暴露狂，④无法被解释为在所有时间、所有地点和对所有人都是真正有害的结果，或者是绝对错误的。我们并没看到关于"在公共场所裸露是一种普遍的、先天意义上的真正不法"这一主张之真实性的可信服解释。这不仅是冒犯和恶心是否是被实例化⑤的问题，而是暴露狂行为，是否实际上导致一种内在的有害结果的问题。社会化似乎可以为公共场所裸露行为致人反感的属性，作出更好阐释。我们需要一种公开的、辩证的方法来为通用的定罪量刑要素（如罪责和有害结果要素）提供一种普遍的、合理的解释。这些要素是客观的，不是因为它们

---

① J. B. Schneewind, *The Invention of Autonomy: A History of Modern Moral Philosophy*, Cambridge Univ. Press, 1998.

② Rollin M. Perkins, "A Rationale of *Mens Rea*", 52 *Harv. L. Rev.* 905 (1939).

③ W. T. Blackstone, "On The Meaning and Justification of The Equality Principle", 77 *Ethics* 239 (1967).

④ 纳吉尔（Nagel），作为一个现实主义的最为坚定的捍卫者，其主张暴露狂仅在传统的意义上是错误的。See Thomas Nagel, "Concealment and Exposure", 27 (1) *Phil. & Pub. Aff.* 3 (1998).

⑤ 胡萨克（Husak）最近试图确定犯罪的纯哲学地位，即犯罪的属性是否真实存在。胡萨克无法证明犯罪真实存在，他得出结论称："许多理论家似乎相信我们不需要用令人厌恶的现实主义来证明法律介入的合理性……最终'检验我们令人厌恶的机制的经验数据'还是很必要的。" Douglas Husak, "Disgust: Metaphysical and Empirical Speculations", in *Incivilities: Regulating Offensive Behavior*, Andrew Von Hirsch & A. P. Simester eds., Hart, 2006, pp. 110 – 111. See also Aurel Kolnai, "The Standard Modes of Aversion: Fear, Disgust and Hatred", 107 *Mind* 581 (1998).

为大多数人所支持，而是因为它们是经由一个符合一定条件的
慎重协商过程而得出的。①

　　我们并不想去尝试不可能，即驳倒道德现实主义的"某
些人类行为是真正不法"的主张，驳倒这样的主张是不大可
能的，因为它从来没有被驳倒过。② 相反，我们主张，即使存
在一个关于特定犯罪行为的不法性和刑罚量的绝对真理，其具
有合理性的真理性结论的范围也太窄，不足以提供广泛的规范
标准来指引国际多元环境下的定罪量刑。真理性结论大概只限
于确定某些基础的损害是真正的危害，如身体上的伤痛、饥饿、
居无定所、缺水。但是它无法证明某些依惯例需视情况而定的
有害结果是真正的有害结果，如暴露狂行为引起的骚乱。特别
是，这些基础的损害有时是被直接引起的，例如，一个政府官
员以允许销售不合格药品的方式可责地损害其他社会成员；有
时则是被间接引起的，例如，一个政府官员受贿，通过危害保
护人民福利的国家制度来危害人民。如果说由主体互证的概念
化而形成的有害后果是靶标的话，那么像饥饿、失明这样的基
础的损害形式就是其靶心，立法者沿轴的方向移动得越远，损
害就越不确定（通常就需要视情况而定）。如果一个人用硬币刮
花另一个人的劳斯莱斯汽车的车漆，那么车主就在传统意义上
受到损害。但是，如果只是轻微刮花，那么看起来，车主只是
在通常的意义上被冒犯（而非被损害），因为他已经被社会化

---

① See Christine M. Korsgaard, "The Reasons We Can Share: An Attack on the Distinction Between Agent – Relative and Agent – Neutral Values", 10 *Soc. Phil. & Pol'y* 24 (1993).

② J. L. Mackie, *Ethics: Inventing Right and Wrong*, Penguin Books 1983, 1977, p. 37.

了，并接受了训练以享受完美车漆所带来的美感。① 如果划痕很浅，车不会因此生锈，那么也就不需要修理，这划痕更不会影响车的使用性。如果刮痕影响车的使用性，而该车是车主用来工作谋生的唯一交通工具的话，那么车主的利益就受到了基本损害。现实是，在现代复杂社会中，很多真正的损害，只能通过其背后的社会规范来理解，因为很多有害结果都涉及人为因素。这些有害结果的发生源于复杂的社会配置。我们依赖这样的配置来达到维持社会、社区和文明正常运转所需的协作和协调标准。规范的主张不是关于一个凌驾于我们之上的、形而上学的价值世界的主张，而是关于我们自己以及彼此的主张。②

我们认为，主体互证的正义观，不能被用来确定某一定罪量刑决定的精确的正义，但是可以被用来确定重大或者过分的非正义。例如，如果一个在商店行窃的人被判处死刑，那么国际社会就会谴责这样的刑罚。从主体互证的角度来说，中国和西方都认可损害和罪责要件。另外，相当性的概念在英国③、

---

① 在这里，达成主体互证的协议是不大可能的。例如，在 R. v. Gibson [1991] (1990) 1 All E. R. 649 Eng. Rep. 619 (Q. B.) 这个案件中，被告人因为在展览馆展示用胎儿制作的耳环而被判犯有违反公共礼仪罪。有趣的是，有些人似乎很乐意看这样的展览。与之相同，很多西方人会在自己的画室挂一副浮世绘，但可能不愿意挂来自新几内亚的颅骨。社会条件以一种基础的方式，明显地影响着人们的品味。See generally Frances Berenson, "Understanding Art and Understanding Persons", in *Objectivity and Cultural Divergence*, S. C. Brown ed. , Cambridge Univ. Press, 1984, p. 43.

② See Korsgaard, "The Reasons We Can Share: An Attack on the Distinction Between Agent – Relative and Agent – Neutral Values", p. 51. （我认为这个选择很重要的原因之一是：没有存在论和形而上学的因素是主体互证论的一个显著优势。我们不应该是客观现实主义论者，除非别无选择，这不仅是因为奥卡姆剃刀原理。"我们的价值观有抽象真理的支持"这样的信念必须建立在我们对自己价值观的自信之上，因此它无法解释我们的价值观。形而上学的道德现实主义让我们绕了很久后又回到原点——在我们信念深处，我们的价值不是没有根据的——没有给我们一些我们想要的关于那个信念来源的解释。) Id. p. 32, n. 17.

③ Eur. Consult. Ass. , Convention for the Protection of Human Rights and Fundamental Freedoms, art. 3, (Nov. 4, 1950), 213 U. N. T. S. 222 (entered into force generally on Sept. 3, 1953) .

美国①和中国②都被看作是正义的要件。因此，对刑罚的不公正性作出粗略判断是可能的。我们可能无法赞同盗窃罪判处10年徒刑是公平的，但是我们可以说对其判处15年到20年的徒刑就过分了。从主体交互的角度，我们可以解释为什么在蒙娜丽莎这幅名画上面画上一道，要比在幼儿园小朋友业余的手指画作品上画上一道更为糟糕。我们还可以解释为什么对谋杀罪适用严格责任标准是不公正的。证明对一个强奸犯科处监禁刑在道义上是正确公正的并不难，因为我们很清楚，强奸犯要给他的同胞带来这种有害结果的决定是不法的。当一个人故意地计划给他人带来这样的严重后果时，他的道德罪责和所致结果的危害性，就为我们提供了客观标准，使得我们可以为自身作出的、以监禁来惩罚他而保护被害人的决定，提供合理的解释。当然，任何刑罚都需要和犯罪人的主观罪责以及其行为的危害性相当。但是，为什么对强奸犯判处死刑或50年监禁（而不是15年监禁）就是错的？社会似乎以强奸所涉后果的严重性，和强奸引起的报复情绪的等级为标准，从而对强奸罪施以重刑。然而，目睹犯罪人被绳之以法的满足感③无法量化，因而无法为判断某一具体案件的刑罚之外部限制提供标准。

在定罪量刑系统上的投资，就像是航空公司在其747飞机群维护系统上的投资一样。这样的投资是用来预防损害的。我们从避免刑事侵害中获得的好处大于从被害后的报复中获得的好处。因此，最好把适当的刑罚看作是维护刑法和惩罚系统的代价，而不仅是满足报复愿望的一种方式。我们主要是获益于

---

① U. S. Const. amend. VIII.

② 参见1997年《刑法》第61—63条的规定。

③ 可以说，在很多案件中，赔偿对被害人具有更长远的好处。而且，死者并不因为谋杀者受到惩罚而得到任何满足。

损害的避免；为了实现这个目标，对犯罪的威慑必须和其所涉危害的严重性相当。[①] 让那些实施了重大损害的人，为犯罪预防系统的维护付出更大的代价是公平合理的。他们的代价是承受较长的刑期，而这样的刑期，和他们过去的不法行为的危害性和罪责是相适应的。因此，国际立法者能够对一些核心的基本犯罪之不法性达成协议，而照例需要视情况而定的损害的定罪和处罚就会有更多变数。可以说，这些比较不确定的损害不那么严重，因而应给予较轻的刑罚。

## 五、相当性原则和英美司法实践：西方相当性原则的限制

尽管没有明显的犯罪化理由，但是很多行为在英国和美国都被规定为犯罪。例如，在英国和美国的一些州[②]，在公共街道上消极乞讨是犯罪；以公制度量单位而不是英制度量单位销售水果[③]、使用反式脂肪酸[④]、给无家可归的人提供食物[⑤]、通奸[⑥]、持有性玩具[⑦]、同性恋[⑧]、出于个人用途持有大麻[⑨]、参观现场脱衣舞表演[⑩]，这些都是犯罪。定罪和相当性原则的

---

① See generally H. L. A. Hart, "Prolegomenon to the Principles of Punishment", pp. 1 – 27.

② Loper v. New York City Police Dept., 802 F. Supp. 1029 (S. D. N. Y. 1992). See also Vagrancy Act, 1824, 5 Geo. 4, c. 83, § 3 (Eng.).

③ Christopher Booker, "Meet the Shopkeeper Who is the Latest to have been Penalized for her Imperial Measures", *London: The Daily Mail*, Oct. 15, 2008.

④ Jennifer Steinhauer, "California Bars Restaurant Use of Trans Fats", *N. Y. Times*, July 26, 2008.

⑤ Randal C. Archibold, "Las Vegas Makes It Illegal to Feed Homeless in Parks", *N. Y. Times*, July 28, 2006.

⑥ See e. g., Lawrence v. Texas, 539 U. S. 558, 592 – 94 (2003) (Scalia, A., dissenting).

⑦ Williams v. Pryor, 240 F. 3d 944, 949 (2001).

⑧ Bowers v. Hardwick, 478 U. S. 186 (1986) (Overruled).

⑨ R. v. Malmo – Levine [2003] 3 S. C. R. 571, 2003 S. C. C. 74. (Can.).

⑩ Barnes v. Glen Theatre, Inc., 501 U. S. 560, 574 – 75 (1991).

艰巨任务，就是决定该对哪些常规的不法行为，施以初步的谴责。有趣的是，英国和美国都认可损害要件、罪责要件和相当性要件。可是在实践中，这些标准非常宽松，而且经常因为政治压力而受到忽视。不当的定罪和不当的量刑都存在。当某种行为并非显然需要犯罪化时，对其定罪就是不适当的。这种情况的犯罪化是对所涉社会问题的明显不当反映，因而是专断的。①

只要涉及不当刑罚，就有必要考虑显然是犯罪的行为，是否根据其严重性而得到了相应的定罪和惩罚。在美国，宪法第八修正案可以推翻含有过度刑罚的法律。②在 Solem v. Helm③ 案中，被告人因为使用一张 100 美元的空头支票而被判刑。通常，该罪的最高刑是 5 年监禁和 5000 美元的罚款。但是，根据南达科他州的关于累犯的法案，被告人却被判处终身监禁并且不得假释，就因为他曾经有多起前科。最高法院判决称，美国宪法第八修正案关于酷刑和非正常刑罚的规定，不仅禁止残酷的刑罚，还禁止不适当的刑罚。④

该案中，法院并非凭空地主张"不被不当惩罚的权利"；

---

① Malmo－Levine，［2003］S. C. C. 74，p. 280. ［雷柏（Lebel）法官和德尚（Deschamps）法官探讨了对为个人用途持有大麻行为的犯罪化，他们阐释道：就我们掌握的证据来看，消费大麻带来的损害似乎很轻微。相反，议会选择犯罪化而带来的损害和问题，则似乎很显然也很重要……对单纯持有犯罪的行为人实施监禁，似乎与这样的观念是相吻合的，就其现状来说，对和吸食大麻有关的问题的立法过于激进……采纳和执行对相关社会问题反应不当的立法，使基本的自由权利受到了侵犯。］

② See Solem v. Helm, 463 U. S. 277 (1983); Robinson v. California, 370 U. S. 660 (1962).

③ Solem, 463 U. S. 277.

④ Solem, 463 U. S. 284－90.

相反，法院提及了宪法之前的权利史①、立宪者的原始意图、宪法的内容、持续百年的②先例以及该权利背后的理论依据。法院判决称：

相当性原则深深植根于普通法之中。它在《大宪章》中得到表述，并且在英国法院得到好几个世纪的应用，在英国《权利法案》中以第八修正案所使用的相同的语言被重述。当第八修正案的制定者采纳这样的语言时，他们就采纳了其内含的相当性原则。③

尽管如此，在很多别的案件中第八修正案却是无牙之虎，因为主体交互确立的正义标准时常不被考虑。④ 相反，这种权利是个案的法官根据其先见和习惯来解释的。比如，在 Harmelin v. Michigan⑤ 案中，法院称，第八修正案是允许对持

---

① Solem, 463 U. S. 286 [法院的逻辑论很有说服力，其论证了相当性的要求适用于所有形式的州刑罚。法院指出，英国权利法案重述相当性原则的语言后来被美国宪法第八修正案所采纳："不得要求过多的保释金，不得处以过重的罚金，不得施加残酷和非正常的刑罚。" 1 W. & M. sess. 2, ch. 2 (1689). 虽然这一规定的精确范围并不明确，但是它至少吸收了英国法律中长期存在的法律原则，即刑罚的长度和严厉性不得和所控犯罪严重不相当。R. Perry, *Sources of Our Liberties*, 1959, p. 236; see 4 William Blackstone, *Commentaries*, 1769, pp. 16 – 19. （谴责不合理的严厉刑罚时，使用"残酷"指代严厉或过度。）事实上，在英国权利法案通过后不到 3 个月，上议院就宣称，王室法院对德文郡（Devon）的伯爵判处 3 万罚金极度过分地违反了大宪章和国民的普遍权利，并且也违反了土地法。Earl of Devon's Case, 11 State Tr. 133, 136 (1689).]

② Enmund v. Florida, 458 U. S. 782 (1982); Hutto v. Davis, 454 U. S. 370, 374 (1982); Hutto v. Finney, 437 U. S. 678, 685 (1978); Coker v. Georgia, 433 U. S. 584, 592 (1977); Ingraham v. Wright, 430 U. S. 651, 667 (1977); Gregg v. Georgia, 428 U. S. 153, 171 – 72 (1976); Woodson v. North Carolina, 428 U. S. 280 (1976); Robinson, 360 U. S. 660; Weems v. United States, 217 U. S. 349 (1910).

③ Solem, 463 U. S. 284 – 86.

④ Harmelin v. Michigan, 501 U. S. 957 (1991); Lockyer v. Andrade, 538 U. S. 63 (2003).

⑤ Harmelin, 501 U. S. 957.

有 672 克可卡因的行为，判处终身监禁并不得假释的。该案的
斯卡利亚（Scalia）法官没有遵循 Solem v. Helm 案的先例，而
玩起了文字游戏，称这种权利没有任何历史依据。斯卡利亚法
官更辩称，宪法文本没有明确提到监禁刑，因而监禁刑不在相
当性原则的涵盖范围之内。斯卡利亚法官的观点无法和该权利
的理论依据相吻合，也不符合立宪的思想。并且，斯卡利亚法
官的历史分析并不像 Solem v. Helm 案所阐述的那样令人信服。
在 Solem v. Helm 案中，法院判称：

如果较轻的罚金刑和很重的死刑都受相当性原则的规制，
而介于二者中间的监禁刑却不受相当性原则规制的话，那将会
非常不合常规。而且也没有任何历史证据证明，这样的例外是
存在的。（相当性）这个被第八修正案采纳的普通法原则，显
然可以适用于监禁刑。①

主张相当性原则不能适用于监禁刑的观点，明显缺乏依
据。无论是第八修正案的文本，还是其规范基础，抑或其历
史，都不支持这样的例外。死刑、罚金和监禁刑在第八修正案
起草之时，就都是普遍的刑罚形式。是什么让这些普遍的刑罚
形式变得异常和残酷呢？当刑罚的严厉性大于犯罪的严重性
时，罚金和监禁刑就是异常的和残酷的。同样的，当死刑被适
用于不涉及致人死亡的犯罪时，它就是残酷的。"对于感冒这
种'犯罪'来说，即便是一天的监禁，那也是残忍和异常的
刑罚。"②

根据一个纯粹的原意主义者的历史分析来解释权利，是不

---

① Solem v. Helm, 463 U. S. 277, 289 – 90 (1983) [citing Hodges v. Humkin,
80 Eng. Rep. 1015 (K. B. 1615)].

② Robinson v. California, 367 U. S. 660, 667 (1962).

大可能的。Harmelin v. Michigan 一案的怀特（White）法官在
其（和其他法官的）不同意见中，明确地表达了这样的观点，
他指出："关于禁止异常和残酷刑罚的适用范围问题，人们早
就明白纯粹的历史分析的局限性……当涉及到第八修正案时，
法院必须采取灵活多变的解释。"① 怀特法官指出，某一刑罚
如果"与标志一个成熟社会进步的不断发展的礼仪标准相悖，
那么它就违反第八修正案……在运用这个标准评估刑罚的时
候，我们不仅要考虑我们自己关于礼仪规范的概念，而且还要
通过对整体的美国现代社会关于礼仪规范的概念进行考量，来
判定我们都'发展'出了哪些规范标准。"虽然未来的案件将
会如何判决还不清楚，但是值得注意的是在 Kennedy v. Louisi-
ana② 案中，多数法官都采纳了"不断发展的礼仪标准"的
方法。

在对这些案件划定界限的时候，最高法院显示了一定的技
巧。在 Solem v. Helm 案中，法院判决称，法院依据第八修正
案对相当性的分析应当以客观标准为指导；这些客观标准包括
犯罪的严重性、刑罚的严厉性、类似案件的量刑以及是否较重
犯罪被处以较轻刑罚。③ 法院同时还判称，法院有能力判断犯
罪的严重性，可以通过考虑所致危害或将要发生的危害以及被
控行为人的主观罪责来实现这种判断。④ 法院指出，虽然判断
类似犯罪的严重性时，法院面临困难，但是对于不同犯罪严重
性的比较判断还是有通用的、可接受的标准。⑤ 弄清楚在什么
地方划分道德界限虽然很麻烦，但这个问题并不是决定刑罚是

① Harmelin, 501 U. S. 1014-15.
② Kennedy v. Louisiana, 128 S. Ct. 2641 (2008).
③ Solem, 463 U. S. 290-94.
④ Solem, 463 U. S. 292.
⑤ Solem, 463 U. S. 294.

否正义这个领域独有的问题。① 法院还提到了其他变量，如暴力、所涉危害的总体程度、是否是未完成犯罪、身份是从犯还是主犯。

很明显，当代美国不怎么关注公平定罪和罪刑相适应。在 Rummel v. Estelle② 案中，最高法院维持了对涉案金额为 230 美元的欺诈案的终身监禁判决。在 Lockyer v. Andrade③ 案中，加利福尼亚州根据三振法案，判处在商店内盗取价值为 150 美元的录音带的行为，连续执行两个 25 年监禁刑，而最高法院同样维持了这个判决。

与之相同，英国也④只是在口头上宣称相当性刑罚。在 Weeks v. United Kingdom⑤ 案中，17 岁的被告人因持发令枪抢劫商店而被判处终身监禁。该起抢劫金额为 35 便士，最后在商店的地面上找到了这些钱。被告人进到一家宠物商店，用没有子弹的发令枪指着店主要其将钱柜里的东西交出来。抢劫之后，被告人给警察局打了电话自首并投降。最后查明，被告人欠其母亲 3 英镑，并且当天早些时候其母亲威胁说要把他赶出去，被告人实施抢劫，是为了还其母亲的钱。尽管如此，欧洲法院却判决称，对该案判处终身监禁，并不违反《欧洲人权公约》第 3 条的规定。⑥ 在其他一些案件中，欧洲人权委员会明确表示，《欧洲人权公约》并不包含"质疑某一适格法院所

---

① Solem, 463 U. S. 294. （该文引用了许多案例，而判决这些案例的法院都被要求得出类似的评估性判断。）

② Rummel v. Estelle, 445 U. S. 263 (1980).

③ Lockyer v. Andrade, 538 U. S. 63 (2003).

④ 《欧洲人权公约》第 3 条的规定和美国宪法第八修正案的规定是相似的。英国受该公约约束。European Convention for the Protection of Human Rights and Fundamental Freedoms, art. 3, Nov. 4, 1950, 213 U. N. T. S. 222 (entered into force generally on Sept. 3, 1953).

⑤ Weeks v. United Kingdom, (1988) 10 E. H. R. R. 293.

⑥ Weeks, (1988) 10 E. H. R. R. 293.

判刑期的长度”这一普遍权利。[1]

在决定刑期长度时，立法者会考虑行为人在导致危害时，呈现出来的行为的危害性和主观罪责的程度。故而，大概公式是：罪责×有害结果 = 刑期长度，即 $C \times BC$；在监禁刑情况下是 $C \times$ 损害（H） = 刑期长度。罪责有三个标准：客观轻率、主观轻率和完全意图（目的）。完全意图在三个之中不法性的等级是 3 的话，纯粹轻率的不法性就是 1。损害的程度及特征很多样，因此无法被分为很多种类。例如，对某人身体上的伤害是否比对其造成经济损害更糟糕？如果身体伤害很微小而经济损害很巨大呢？损害对不同的人的影响也是不同的。有人可能宁愿眼睛被打肿，也不愿自己未上保险的宾利新车被破坏分子损坏。另外，有些类型的严重损害比其他的损害，依常例更具有不确定性。例如，在蒙娜丽莎这幅名画上面画一道的行为。显然，基本犯罪（在所有地点、所有时间，对所有人具有相同生物性影响的犯罪，如谋杀、强奸、截肢、饥饿、失明）[2] 为相当性的判断提供了更稳定的客观标准。主体互证的标准只能为既定刑罚的界限提供粗略的评估，尤其是当损害是依常例需视情况而定的时候。

这种粗略的评估虽然不能很精确，但是却足以用来证明 Rummel v. Estelle[3] 案、Lockyer v. Andrade[4] 案、Harmelin v. Michigan[5] 案、Weeks v. United Kingdom[6] 案中的刑罚是不相当

---

[1] See Leena Kurki, "International Standards for Sentencing and Punishment", in *Sentencing and Sanctions in Western Countries*, Michael Tonry & Richard S. Frase eds., Oxford Univ. Press, 2001, p. 331, 362. and the cases cited therein.

[2] 如上所述，通过损害用以防止基本致害行为的国家制度，基本的致害行为也可以间接地被实施。

[3] Rummel v. Estelle, 445 U. S. 263 (1980).

[4] Lockyer v. Andrade, 538 U. S. 63 (2003).

[5] Harmelin v. Michigan, 501 U. S. 957 (1991).

[6] Weeks v. United Kingdom, (1988) 10 E. H. R. R. 293.

的。损害可以被粗略的划分为若干等级，谋杀是第十级，而乱扔垃圾则作为第一级位于层级的另一端。决定将某一既定损害置于哪一等级不容易，但也不是不可能的。在这样一个损害等级的阶梯上，我们采用种类而不是固定梯级；因为和罪责一样，既定有害结果的危害性是一个程度问题。在这个层级阶梯上，它可能位于两个梯级之间。决定如何对既定损害分类时，有许多变量需要考虑。经济损害一定程度上可以用被害人所受损害的金钱价值来衡量。但是，如果经济损害是在暴力情况下导致的，那我们还要考虑其他的变量，如身体暴力和恐吓。另外，对他人的身体暴力一定程度上可以通过其导致的身体伤害来衡量，尽管我们还要考虑其他因素。例如，某些身体侵害（如强奸）所带来的心理影响。

一个危害的坐标或者阶梯，可以为立法者提供一般的参考，但最终，很多决策还是被作为一个关于特定损害种类中的程度问题而作出的。采用一个坐标或者阶梯，意味着考虑所有变量，并且论证某一特定损害应该放在什么位置，以此来保证该损害被公平地定罪。每一个决定都需要规范的、主体交互的正义标准和经验证据的支撑。另一个影响危害性的变量就是某些损害的累积性影响。例如，一起受贿案不会对国家制度造成严重的威胁，但是如果所有政府官员都收受贿赂，那么就会对国家制度造成严重的威胁。

对应以主体互证方法确立的损害阶梯上的某一梯级的话，某些特定的犯罪有可能会被认为是严重的犯罪，但是梯级和梯级之间，仍有很多空间，其可以容纳不同程度的有害性和损害性。罪责的阶梯不那么有争议，因为它只有三个主要层次的罪责。大多数国家都可以确定灭绝种族及其类似犯罪的不法性，但是决定对导致了多人死亡的、应受到谴责的受贿行为适用死刑是否适当，就不那么清楚了。鉴于此，中国对郑筱萸判处死刑，并不一定就是不公正的，毕竟其故意地为他人的疏忽非蓄谋杀人罪提供了帮助。如果死刑只是针对收受贿赂的行为，那就明显过度了。[①] 死刑在这里是过度的，是因为受贿并不涉及任何规范意义上的直接损害；相反，其损害是间接的，因为它还取决于行贿者的不法行为。

英国、中国和美国在死刑和非死刑问题方面有很大差异。美国和中国都对非杀人罪允许保留死刑，[②] 上面的论述已经说明对非杀人犯罪适用死刑是不适当的。但是如前所述，郑筱萸的案件可以被概念化为一种杀人罪，因为其导致了死亡结果，而且其和这些死亡结果之间存在责任联系。同样地，如果田文华的案件被概念化为一个杀人案，那么她的终身监禁似乎就是合理的，因为她代替公司轻率地作出了继续购买被污染的牛奶之决定，并且她知道这些牛奶将被加工，并且再卖给无辜的消费者，所以她的行为和最终结果之间有责任联系。

## 六、结论

我们的分析表明，英国和美国对于相当性原则都是口惠而实不至，这两个国家的很多法律都是和相当性要件相违背的。它们并没有在这个领域遵循所谓的西方的正义标准。这也并不奇怪，因为一个清晰的普遍适用的标准并不存在，而且对于什么是客观公平的量刑，在这些法域内有着很大的分歧。即使在意见一致的领域，量刑上的伸缩空间也是相当宽的。例如，确

① 这表明一个人的生命仅值他所偷东西的金额。参见成克杰受贿案，北京市高级人民法院（2000）高刑终字第434号刑事裁定书，被告人的行为并未对他人造成任何危险或者基本损害，但是他仍被判处死刑。另外，他对国家制度的破坏，虽然应当受到长期监禁，但是如果考虑到他实际上对于累积的总和损害贡献微小这一事实，对他的刑罚就会得到适当限制。

② See Louisiana v. Kennedy, 957 So. 2d 757, 787 – 90 (La. 2007)，关于美国对非杀人犯罪保留死刑的罪名明细；Lu & Miethe, *China's Death Penalty: History, Law and Contemporary Practices*。

定商店行窃行为所涉的轻微损害，是否可以动用短期监禁刑是很难的。一个商店行窃的惯犯，可能确实应当受到监禁。因而，法院必须有一定裁量权，以此来确定可能非常不公的刑罚，并根据相当性原则来对其作出调整。如果某人因为偷了一双鞋而被判十年监禁，那么法院显然可以确定不法行为的危害性，和所判刑罚之间的不相当性。确定一项损害的严重性，需要考虑该损害对基本权利所造成的影响，同时还需要考虑这项损害的传统含义。但是，只有重大不公才能够启动上一级法院的复审。因此，法院需要有一定的刑罚裁量权，从而可以把犯罪时的相关情况都考虑进去。

适当定罪和量刑的真正问题在于，我们不可能对行为人施以相应的损害。比如，一个恐怖主义分子在一次恐怖袭击中夺走了 300 条人命，即使是死刑，也只能报复性地夺走他一条命。还有，监禁刑所带来的损害和强奸罪的危害，是完全不同性质的，所以监禁也不一定就是对强奸的适当报复。即便如此，这并不意味着不存在合理的相当性标准。仅仅依靠现实主义者的假设，是不足以确定定罪和量刑决定的公正性的。相反，这个过程是很复杂、很多面性的。为了得出一个合理结论，这个过程需要考虑有关的正义原则，以及这些原则适用时的传统语境。

最后，我们认为，如果能确定行为人和杀人罪之间的责任联系，那么中国的这些案件就非常容易定性。当提到致人死亡的结果时，中国 1997 年《刑法》第 144 条就说的是一个杀人罪。而且清楚表明，死刑只适用于违反第 144 条进而导致死亡或者其他特别后果的行为。我们建议，除非不法行为确实在事实上导致了死亡结果，否则不能适用死刑；站在定罪量刑的立场，本文应该将这样的一种限制视为是不可侵犯的。如果该罪的罪责要件与英美轻率的非蓄谋杀人罪的罪责相同，那么将违反第 144 条而导致死亡的行为当作杀人罪来惩罚就是适当的。尤其要注意的是，美国法院认为，"如果一个行为人是导致谋杀的重罪之主要参与人，并且其主观心态是轻率的漠不关心，那么第八修正案并不会将死刑作为不适当的刑罚在这种案件中予以禁止"①。在 Tison②案中，法院还判决称：

Enmund v. Florida③ 案表明了一个社会共识，即在没有一个具体的"杀人意图"时，众多其他因素的结合也可以证明死刑适用的合理性。对于人类生命轻率的漠不关心，同样体现了高度可责的主观心态，加上对于导致死亡的重罪的主要参与行为，就可以为死刑判决提供依据。④

至于郑筱萸的案件，我们认为其不应仅仅被定为受贿罪，因为他的故意帮助行为，足以将他和其他药品公司的轻率行为导致的死亡结果联系起来。虽然公共贪腐行为具有累积的严重危害性，但是郑筱萸对总和危害的贡献，不足以将他的行为定性为应获得死刑，或者在监狱终老⑤的犯罪。然而，意图地帮助轻率杀人罪，至少可以为将此行为定性为应获终身监禁的犯罪提供依据。

---

① Tison v. Arizona, 481 U. S. 137, 138（1987）.

② Id.

③ Enmund v. Florida, 458 U. S. 782（1982）. See also Clark v. Johnson, 227 F. 3d 273（2000）; Taylor v. Johnson, No. 4: 01 CV 0264 A, WL 863614（N. D. Tex. 2001）; Joshua Dressler, The Jurisprudence of Death By Another: Accessories and Capital Punishment, 51 U. Colo. L. Rev. 17（1979）.

④ Tison, 481 U. S. 137, 138.

⑤ 同样是终身监禁的刑罚，对有些犯罪人，法院禁止对其假释，而对有些犯罪人，法院则允许其假释。这就意味着，前者将确确实实要在监狱度过终生，而后者在服刑一定时间后则可以假释出狱。——译者注

# 再论中国刑法中的犯罪概念[*]

小口彦太[**] 文

毛乃纯[***] 译

## 一、序言

中国刑法实现了犯罪概念的实定化，即"一切危害国家

---

* 小口彦太：《中国刑法上の犯罪概念再論》，载《早稻田法学》2010 年第 85 卷第 3 号，第 389—406 页。本文的翻译与出版已获得作者授权。

** 小口彦太，早稻田大学法学博士，早稻田大学亚洲研究机构长、法学学术院教授，中国人民大学法学院名誉客座教授。主要作品有《現代中国の裁判と法》（成文堂 2003 年版）、《伝統中国の法制度》（成文堂 2012 年版）等。

*** 毛乃纯，郑州大学法学院讲师，中国人民大学法学博士、早稻田大学法学博士。

主权、领土完整和安全，分裂国家、颠覆人民民主专政的政权和推翻社会主义制度，破坏社会秩序和经济秩序，侵犯国有财产或者劳动群众集体所有的财产，侵犯公民私人所有的财产，侵犯公民的人身权利、民主权利和其他权利，以及其他危害社会的行为，依照法律应当受刑罚处罚的，都是犯罪"（新《刑法》第13条）。要言之，犯罪概念是由三个要件构成：社会危害性（a）（前苏联刑法中称为"社会危险性"）、违法性（b）、可罚性（c）。这是为所有教科书所公认的观点。在三者当中，c是在满足了a、b两个要件之后必然产生的法律效果。因此，通说观点认为，a和b才是中国刑法中犯罪成立的要件。

于是，a和b的关系就成为问题所在。对此，笔者认为，首先，a是一个社会的、政治的、前法律的实体概念，相当于日本刑法中所谓的违法性；b是指违反刑法的规定，相当于日本刑法中所谓的构成要件。根据这种理解，在设置有类推规定的旧刑法时代，由第79条"本法分则没有明文规定的犯罪"的规定可知，a才是犯罪成立必不可少的要件，而b则未必是不可欠缺的要件。然而，由于新刑法采用了罪刑法定原则，因而，上述a和b之间的关系也随之发生逆转，即首先要判断某行为是否符合b，只有在符合的情况下才能进而讨论a。这样一来，在新刑法中，a至少在理论上就获得了与日本刑法中的违法性相当的位置（违法性阻却）。但是，根据上述理解，犯罪要件中缺乏责任（有责性）要件，这常常会使人产生一种不安定感。

在中国的刑法教科书中，除了上述犯罪概念以外，犯罪构成要件论也是必不可少的论题。关于该构成要件论，笔者将在下文进行论述。然而，中国的这种以对犯罪的客体、客观方面、主体、主观方面进行综合判断为内容的构成要件论与上述犯罪概念之间是一种怎样的关系，这也是笔者尚未解决的问题。

就在纠结于以上学术上的疑问之际，最近笔者听到一个消息：面向司法考试考生的刑法相关教材采用了德国式、日本式的构成要件论，这引起了中国刑法学界支持权威立场的学者们的强烈批判。"一些中国刑法学者担任'外科医生'，对中国传统犯罪构成理论做'变性手术'，要将其变性为德日犯罪成立理论。这是德日犯罪成立理论的春天，是中国传统犯罪构成理论的冬天。"① "中国刑法学体系采用德日刑法学递进式三阶层犯罪论体系的说法，公开提出来也就是近两年的事情，这个东西在中国没有根子。"② "硬搬国外的东西当作先进的东西来鼓吹，这本身是错误的。"③ 如果中国刑法学界关于新刑法的通说性犯罪概念首先是从违法性（b）（日本刑法中所谓的构成要件该当性）着手，然后再论述社会危害性（a）（日本刑法中的违法性阻却）的话，就应该不会引起上述批判。然而，如此强烈的批判的出现，则恰恰意味着中国的犯罪论与前述笔者的理解是不同的。

以上就是本文尝试再论中国刑法中的犯罪概念的原因所在。

## 二、再论中国的犯罪概念

如前文所示，中国现行《刑法》第 13 条规定的犯罪概念与 1979 年《刑法》第 10 条的规定是完全相同的。关于该条

---

① 引自《东方早报》，王全宝记者的文章中提到了"三种犯罪构成理论模式"，该模式引用了高铭暄教授的观点。中伦律师事务所李美善律师为我提供了该文的信息，借此机会以表谢意。（王全宝的文章应指《中国刑法学"被变性"引争议 司法部展开调查》一文，载《东方早报》2009 年 6 月 4 日。——译者注）

② 同前。

③ 同前。

文，与新刑法制定同时出版的释义作出以下说明："犯罪必须是同时具备以下特征的行为：（1）具有社会危害性……（2）具有刑事违法性，即犯罪行为应当是刑法中禁止的行为……（3）具有应受刑罚惩罚性……违法行为，不一定都构成犯罪，只有依照刑法规定应当受到刑罚处罚的行为才是犯罪。"① 该释义揭示出三个要件：社会危害性（a）、刑事违法性（b）、可罚性（c）。另外，新刑法制定之后出版的代表性著作中也指出："只有当行为不仅具有社会危害性，而且违反了刑法，具有刑事违法性，才能被认定为犯罪。"② 由此似乎可以认为，在 a、b、c 三个要件当中，刑事违法性（b）具有决定性要件的地位。

事实上，理论界也有支持上述观点的学说，即所谓的刑事违法性优先说。该学说的介绍者指出，"刑事违法性优先说则认为，刑事违法性在犯罪成立中处于主导地位，这是罪刑法定原则的内在要求，也是司法实践的必然选择，且并没有否定社会危害性在认定犯罪中的作用，只不过两者层次不同，刑事违法性显然处于优先地位"③；"社会危害性不能作为犯罪成立与否的标准，决定某一行为是否成立犯罪应当以刑事违法性为前提、基础，兼顾社会危害性"④；"在罪刑法定原则之下，犯罪的成立只能是行为符合刑法规范的规定，即具有刑事违法性。司法者首先考察的是行为的刑事违法性，之后才考察该行为的社会危害性"⑤。

---

① 胡康生、李福成主编：《中华人民共和国刑法释义》，法律出版社 1997 年版，第 16—17 页。
② 高铭暄、马克昌主编：《刑法学》，北京大学出版社、高等教育出版社 2000 年版，第 49 页。
③ 莫洪宪、彭文华：《社会危害性与刑事违法性：统一还是对立》，载高铭暄、赵秉志编：《刑法论丛》（第 11 卷），法律出版社 2007 年版，第 27—28 页。
④ 同前，第 28 页。
⑤ 同前。

这种刑事违法性优先的理论，恰好与日本刑法学中首先探讨构成要件该当性、之后再论证该行为是否具有实质违法性的理论相吻合。根据该理论，社会危害性只可能属于犯罪的阻却事由的问题。笔者认为，由 1979 年《刑法》中允许类推适用的规定转变为 1997 年《刑法》采用罪刑法定原则的基础在于，在有关犯罪成立与否的决定性标准的理解方面，对于社会危害性和违法性的评价发生了根本性逆转。为了验证这种认识是否正确，笔者专门请教了出席早稻田大学主办的"中日刑法论坛"的陈兴良教授。当时的问答内容如下：

问题："《刑法》第 13 条是就中国的犯罪概念所作出的规定……是否可以认为，a（危害社会的行为）相当于日本刑法中的违法性，而 b（应当根据法律规定受到刑罚处罚的行为）则相当于构成要件该当事由呢？"[1]

回答："一般认为，中国的犯罪概念具有三个特征……在这三个特征中，社会危害性是一个类似于日本所谓的违法性的概念，刑事违法性类似于构成要件该当性，而处罚必要性则是与可罚的违法性相近的概念。"[2]

但是，正如本文开头所述，上述陈兴良教授的刑法理论遭到刑法学界权威高铭暄教授等的严厉批判。于是，前文介绍的由高铭暄教授主编的教科书中提出的"只有当行为不仅具有社会危害性，而且违反了刑法，具有刑事违法性，才能被认定为犯罪"[3]的观点，就是建立在不同于构成要件该当性（＝中国的违法性）—社会危害性（＝日本的违法性）的理论的基础之上的。而该教科书中有关"刑事违法性是社会危害性在

--------

① 早稻田大学孔子学院编：《日中刑法論壇》，早稻田大学出版部 2008 年版，第 191 页。

② 同前，第 197 页。

③ 高铭暄、马克昌主编：《刑法学》，北京大学出版社、高等教育出版社 2000 年版，第 49 页。

刑法上的表现"① 的表述，就体现了上述观点。由此可见，作为社会实体概念的社会危害性和作为法律概念的刑事违法性被理解为等号关系。另外，该教科书还沿用了将社会危害性作为犯罪概念的基本、基础的传统犯罪概念，即主张"行为具有一定的社会危害性，是犯罪最基本的特征"②，"一定的社会危害性是犯罪最基本的属性"③。这就是作为刑法理论的通说主张"社会危害性是第一性的，刑事违法性是第二性的"④ 的原因所在。然而，这样一来就出现了疑问，即 1979 年《刑法》与 1997 年《刑法》的犯罪概念究竟有何不同？犯罪概念是否并未发生根本性变化？本文认为，"刑事违法性是社会危害性在刑法上的表现"这一表述最终体现了问题所在。对于刑事违法性体现了社会危害性这一实体的、实质的概念的观点，应当如何理解呢？对于该疑问，刘艳红教授的以下见解（见解①、②、③、④系笔者出于方便考虑附加的）作出了最为直接的解答。

见解①："在分析（中国刑法中的）违法性时，不能仅从刑法规范的层面去探讨，而应当看到刑事违法性的实质是侵犯社会秩序，破坏社会利益，是有害于社会的行为。"⑤

这里所谓的刑事违法性的实质的含义如下：

见解②："中国的刑事违法性与大陆法系国家的违法性同样属于形式与实质的统一。不仅如此，中国的刑事违法性不仅仅包括客观面，而且也包括主观面，即主观的罪过、目的等。

① 同前。
② 同前，第 47 页。
③ 同前，第 49 页。
④ 莫洪宪、彭文华：《社会危害性与刑事违法性：统一还是对立》，载高铭暄、赵秉志编：《刑法论丛》（第 11 卷），法律出版社 2007 年版，第 18 页。
⑤ 高铭暄、马克昌主编：《中国刑法解释》（上卷），中国社会科学出版社 2005 年版，第 186 页。

中国的刑事违法性不是单纯的客观论的违法性，而是主观违法性与客观违法性的统一。"①

上述见解②回答了笔者一直以来的疑问，即为何中国的犯罪概念中没有论及责任（有责性）的问题。此外，论者在其他论文中还指出："我国刑法中虽然也使用犯罪构成要件这一表达方式，但在实质内容上与大陆法系的构成要件已经相去甚远，后者只是隶属于犯罪成立的三要件，即构成要件该当性与违法性和有责性中的一个，前者则是同时体现了类似于大陆法系的构成要件该当性与违法性和有责性的总体意义上的概念。"② 这种观点彻底消除了笔者的疑问。满足日本刑法中由构成要件、违法性、有责性构成的犯罪构成要件的行为，就意味着具有刑事违法性，而具有刑事违法性的行为就是具有社会危害性的犯罪。

对上述观点加以归纳，即可得出"社会危害性＝刑事违法性（大陆法系的构成要件＋违法性＋有责性）"的结论。新《刑法》第3条罪刑法定原则规定的"依照法律定罪处刑"的"依照法律"中，就包含了实质的违法性和有责性。然而，如果这里的逻辑是，只有在满足了大陆法系刑法中所谓的构成要件、违法性、有责性这三个要件，才能具有刑事违法性，进而具有社会危害性的话，那么，这实际上与大陆法系的阶层式犯罪成立理论并无二致。

但是，事实上，刘教授主张的犯罪论并未与上述等式相联结。下面的见解③就说明了这一点。

见解③："在社会危害性和刑事违法性的关系上，社会危害性是第一位的，也是基础性的；刑事违法性是第二位的，是

① 同前，第187页。
② 刘艳红：《犯罪构成要件：形式抑或实质类型》，载《政法论坛》2008年第26卷第5期。

建立在行为的社会危害性之上的。"①

根据该见解，刑事违法性成立与否的讨论取决于是否具有社会危害性。将这种理解必然化的原因之一，在于以下中国刑法作为法规范的构造性特征。

见解④："很多规定都将'情节恶劣'、'后果严重'等作为犯罪成立的构成要件。但是，在解释这些条文时，通过法律规范是无法解释何谓'情节恶劣'，而只能道过社会危害性的大小来判断什么是恶劣的情节。"②

如果上述理解不存在谬误的话，那么，中国的犯罪概念就是由作为前法律的、社会的实体概念的社会危害性的有无、程度所决定的。倘若如此，这与允许类推的旧刑法时代的犯罪概念之间究竟存在怎样的区别，将成为难以回避的疑问。而回答这个问题的关键，就是中国的犯罪构成要件论。因为，犯罪构成要件论才是中国犯罪论的核心所在。

## 三、中国的传统犯罪构成要件论

关于犯罪概念的规定本身，中国的新旧刑法没有任何变化。同样，作为刑法理论的犯罪构成要件论也未发生任何变化。尽管中国新刑法确立了罪刑法定原则，但犯罪构成要件理论仍然没有改变。

传统的、通说的犯罪构成要件论的内容如下文所述：

首先，就犯罪概念与犯罪构成要件之间的关系而言，"犯罪构成是犯罪概念的具体化"③。在旧刑法时代，犯罪概念体现了"犯罪的政治意义和社会意义"；犯罪构成则体现了"犯

---

① 高铭暄、马克昌主编：《中国刑法解释》（上卷），中国社会科学出版社2005年版，第186页。

② 同前。

③ 高铭暄、马克昌主编：《刑法学》，北京大学出版社、高等教育出版社2000年版，第52页。

罪的法律意义",是"法律根据"①。也就是说,二者之间是前法律的、政治的、社会的实体概念与法律概念的关系。然而,随着新刑法中导入罪刑法定原则,根据前述刘艳红教授的观点,由于犯罪概念本身可以理解为"社会危害性=刑事违法性",因此,如果再结合犯罪构成要件加以考虑的话,就将变成"社会危害性=刑事违法性=犯罪构成要件",而满足了作为法律概念的犯罪构成要件的行为,即为具有刑事违法性的行为,并且是具有社会危害性的犯罪行为。

其次,就各个犯罪的构成要件而言,它是由犯罪的四个构成要件,即犯罪客体、犯罪客观方面、犯罪主体、犯罪主观方面构成的。然而,关于这四个构成要件之间的顺序问题,学界存在着不同的认识。在这四个犯罪构成要件中,犯罪客体是指"刑法所保护而为犯罪所侵犯的社会主义社会的社会关系"②,其意味着对保护法益的侵害,具体包括对"国家安全,公共安全,社会主义经济基础,公民的人身权利、民主权利和其他权利,社会主义社会管理秩序,国防利益,军事利益等"③的侵害。犯罪客观方面,是指"刑法所规定的、说明行为对刑法所保护的社会关系造成侵害的客观外在事实特征"④,"在犯罪构成的四个共同要件中,犯罪客观方面属于核心地位"⑤。犯罪客观方面是由危害行为、危害结果、危害行为与危害结果之间的因果关系构成的。犯罪主体,是指"达到法定刑事责任年龄、具有刑事责任能力、实施危害行为的自然人"以及

---

① 高铭暄主编:《新中国刑法学研究综述》,河南人民出版社1986年版,第121页。

② 高铭暄、马克昌主编:《刑法学》,北京大学出版社、高等教育出版社2000年版,第53页。

③ 同前,第55页。

④ 同前,第64页。

⑤ 同前,第65页。

刑法特别规定的"企业事业单位、机关、团体"①。犯罪主观方面，是指"犯罪主体对自己行为及其危害社会的结果所抱有的心理态度。它包括罪过（犯罪的故意或者犯罪的过失）以及犯罪的目的和动机这几种因素"②。正如所有的犯罪均在预备阶段就被认为成立犯罪以及不能犯未遂的概念被普遍承认所体现的那样，犯罪主观方面在中国刑法中受到广泛且高度的重视。

在中国刑法中，以上四个方面的构成要件是"必须具备"③的。然而，具备的含义是什么呢？下面，本文拟以"18周岁的王某因为和李某不和，持刀将其刺死"④的事件为例，将其与日本的构成要件论进行比较。

根据日本式的犯罪成立要件论，首先，第一阶段考察构成要件。就本案而言，"王某的行为是否符合故意杀人罪的构成要件：一个人故意剥夺他人的生命？符合"⑤。其次，第二阶段考察违法性。在本案中，王某没有正当防卫、紧急避险、执行职务等违法性阻却事由，因此具有违法性。最后，第三阶段考察责任。经查，王某精神正常，年满18周岁。因此，应当负责，具有有责性。以上三个条件同时具备，王某的行为构成犯罪。

与此相对，根据中国的犯罪构成要件理论应当如何进行考察呢？在中国的构成要件理论中，任何犯罪都只有在满足前述四个构成要件的基础上才可以定罪，具体而言：（1）在客体方面，犯罪是否破坏或者侵害了法律所保护的社会关系

① 同前，第53页。
② 同前，第106页。
③ 同前，第53页。
④ 王全宝：《中国刑法学"被变性"引争议 司法部展开调查》，载《东方早报》2009年6月4日。——译者注
⑤ 同前。

呢？本案中的王某非法剥夺了李某的生命权。（2）客观方面是犯罪实际所表现出来的可以通过外界加以判断的事实，大多是指犯罪行为或犯罪结果，也就是本案中王某实施了刺死李某的行为。（3）主体是某一犯罪所要求的犯罪人必须具有一定的资格条件。在本案中，王某作为犯罪主体，是完全行为能力人。（4）主观方面是犯罪嫌疑人对犯罪结果的主观认识或追求的心理状态，如犯罪目的、动机；可以分为故意和过失两大类。在本案中，王某具有故意剥夺他人生命的主观动机。

以上即为对中日犯罪成立要件的比较。其中，日本采用的是阶层式体系，而且第二阶层和第三阶层始终都是围绕着阻却事由的有无展开讨论的。相反，中国的四个要件则处于同一平面上。尽管两个理论体系就本案得出了相同的结论，但是这并不意味着它们的结论通常都是一致的。

争论的焦点在于，就中国的四个犯罪构成要件而言，具备所有要件是否是必须的条件？如果认为只要缺少客体、客观方面、主体、主观方面中的任何一个要件，犯罪就无法成立的话，那么讨论阶层式体系和平面式体系的区别也就没有多大的实际意义了。而且，强烈反对在司法考试教材中采用德国式、日本式的构成要件理论，也是没有理由的。然而，在中国传统的、通说的构成要件理论中，是否只要不具备所有要件，就不构成犯罪呢？解决这个问题的关键在于传统的、通说的刑法理论经常在说明中使用的"耦合"一词。该词出现在"四要件犯罪构成理论由犯罪客体、犯罪客观方面、犯罪主体、犯罪主观方面四大要件耦合而成……要素组成要件，要件耦合而成整体……从整体到部分、由部分回归整体的剖析"① 的文脉当中。耦合的"耦",本意是指两个人在一起耕地。进而,耦合又发展成为物理学上的"coupling",是指两个以上的体系或两种运动形式间通过相互作用而彼此影响以至联合起来的现象。② 在考察中国的犯罪构成要件时,具有上述含义的耦合概念是非常重要的。之所以重要,是因为这一概念导致"在实践中,常常会有这样的现象发生,即在犯罪的判断上……出现客观上不足以认定犯罪,但是由于行为人的主观动机极为恶劣,因此,将其认定为犯罪的所谓'客观不足主观补'的现象"③。也就是说,只要采用这种耦合理论,那么,如果没有具体满足所有犯罪构成要件,犯罪就不成立的命题就是不成立的。一旦主观主义刑法学色彩极为浓厚的中国刑法学采用了耦合理论,就会存在犯罪成立的范围不断扩张的可能性。下面,本文将对以上观点进行具体考察。

## 四、用于说明《刑法》第13条的模范案例

下文引用的案例,是教材中用于具体理解《刑法》第13条的犯罪概念而介绍的案例。该教材的编者是赵秉志教授。④ 众所周知,赵教授是高铭暄教授的高足,也是传统的、通说的刑法学传承人之一。赵教授主编的教材将以下事例作为犯罪概念的经典案例是意味深长的。

---

① 高铭暄:《论四要件犯罪构成理论的合理性暨对中国刑法学体系的坚持》,载《中国法学》2009年第2期。

② 参见中国社会科学院语言研究所词典编辑室编:《现代汉语词典(第五版)》,商务印书馆2005年版,第1012页。

③ 黎宏:《我国犯罪构成体系不必重构》,载《法学研究》2006年第1期。

④ 本案例收录于赵秉志编:《新刑法全书》,中国人民公安大学出版社1997年版,第260—261页。

## （一）案件概要

"被告人赵某（以下简称甲），男，40岁，某县教育局人事科科长。

检察机关以受贿罪对被告人甲提起公诉。一审法院经公开审理查明：张某（以下简称乙）系某乡村小学教师，因其家在县城，其妻又常年多病无人照管，而多次到教育局人事科找被告人甲，要求调回县城工作，甲均未予理睬。过了半年多，乙见县教育局仍未给自己调动工作，心中着急，后经人指点，东拼西凑地借了1500元现金，于1992年7月8日晚找到被告人甲，谈了调动工作的要求后将装有1500元现金的信封留在甲的办公桌上离去。甲即将该款收为己有，并于同月10日向乙所在单位发出调乙回城工作的调令，而后将乙安排在本县第一中学工作。"①

## （二）法院的判断

"一审法院认为，被告人甲虽利用职务上的便利收受了他人的贿赂，但数额不大，不应作为犯罪处理。一审法院根据1979年《刑法》第10条（现行《刑法》第13条——作者注）判决宣告被告人甲无罪。一审判决后，检察机关以甲的行为确已构成受贿罪为由向上级人民法院提出抗诉。二审法院经审理认为，被告人甲身为国家工作人员，利用职务之便收受他人财物，虽财物数额不满2000元，未达法定的标准，但'情节'严重，因此，甲的行为已构成受贿罪。二审法院依照全国人大常委会《关于惩治贪污罪贿赂罪的补充规定》第2条第4款之规定，以受贿罪对被告人甲判处有期徒刑1年6个月。"②（下划线系笔者附加，下同）

---

① 同前，第260页。
② 同前，第260—261页。

以上即为本案的概要和法院的判断。如前文所述，本案虽然发生在旧刑法时代，但是二审法院的判断则仍然被作为理解现行《刑法》第13条犯罪概念的经典案例。本案的问题在于上文中标有下划线部分的判断。以下是评释者对于本案的意见。

### （三）评释

"本案一审法院和二审法院之所以在认定被告人甲的行为是否构成受贿罪上作出两种截然相反的判决，主要在于对甲利用职务之便收受他人财物的社会危害性的判断上存在分歧。行为具有社会危害性是犯罪的本质特征，但并非所有具有社会危害性的行为都是犯罪。根据新刑法典第13条关于犯罪概念的规定，行为的社会危害性只有达到一定的严重程度，才能构成犯罪……对受贿罪的社会危害性而言，受贿数额是衡量受贿行为的社会危害性大小的主要因素，但不是唯一因素。此外，行为人是否违背职责，是否为他人谋取不正当的非法利益，是否有索贿情节等，也是衡量受贿行为社会危害性大小的因素。因此，认定受贿行为是否具有严重的社会危害性而构成犯罪，不应仅仅看受贿数额是否已达法定的要求，而应综合全案情节具体分析……受贿数额虽未达到法定的犯罪要求，但其他情节严重的，应认为整个受贿行为的社会危害性已相当严重并应作为犯罪处理。"①

"本案被告人利用职务之便受贿数额为1500元，尚未达到修订前规定的2000元构成犯罪的数额标准。但是，本案具有以下严重情节：第一，甲的行为严重侵害了国家工作人员职务的不可收买性。在乙给甲行贿之前半年多的时间里，虽经乙多次要求调动工作，甲均不予理睬，但当乙向其行贿后即马上为

---

① 同前，第261页。

乙办理调动。这不仅<u>充分反映了甲利用职务收受贿赂的主观意</u><u>图和恶性</u>，而且也损害了国家机关、国家工作人员为政廉洁的形象。第二，乙调动工作的要求确属合理要求，更是甲应当履行的职务行为，但甲却借此收受贿赂，而且甲明知乙只是一个乡村教师，收入不高，且其妻常年有病，家庭困难，却收受乙送来的钱财。因此，<u>综合全案情节，被告人甲的行为具有相当</u><u>严重的社会危害性，并且已符合受贿罪的构成要件，其行为已</u><u>构成受贿罪。</u>在新刑法典生效后，<u>类似案件应按新刑法典第</u><u>13 条及分则关于受贿罪的规定处理。</u>"①

在本案中，甲的受贿金额并未达到受贿罪所要求的 2000 元的要件（在中国刑法中称为"要素"）是关键所在。那么，收受 1500 元现金的行为应当在哪个构成要件中讨论呢？由上文中"甲的行为侵害了国家工作人员职务的不可收买性"的表述可知，收受金钱的行为可能是被作为犯罪构成要件中的犯罪客体的问题来考察。但是，从"受贿数额未达法定的犯罪要求"的表述来看，则似乎应当作为犯罪构成要件的客观方面的问题来考察。另外，根据某刑法教科书中"在某些犯罪中，行为对象的数量大小是划分罪与非罪……的界限"②的论述，也可以认为本案中收受 1500 元现金的行为应当放在犯罪构成要件的客观方面加以讨论。对于受贿金额未达到 2000 元的受贿罪成立标准，即不具备犯罪构成要件中的客观方面的行为，法院认定受贿罪成立，而本书的编者也将其作为理解《刑法》13 条犯罪概念的经典案例加以列举。鉴于此，本文将以本案为基础，尝试在以下的结语部分对于一直以来有关中国刑法中的犯罪概念的疑问作出解答。

---

① 同前，第 261 页。
② 何秉松主编：《刑法教科书》，中国法制出版社 1993 年版，第 147 页。

## 五、结 语

中国刑法实现了犯罪概念的实定化，而且其表述在新旧两部刑法典中也是完全一致的。该犯罪概念是由社会危害性、违法性以及可罚性构成的。通说认为，可罚性仅仅是满足社会危害性和违法性之后所产生的结果而已，因此社会危害性和违法性才是犯罪概念中更为重要的要件。于是，这二者的关系就成为问题所在。1979 年《刑法》第 79 条设置了类推规定，其中使用了"本法分则没有明文规定的犯罪"的表述。这里所谓的"没有明文规定的犯罪"与法律是否作出规定无关，只要具备了社会危害性，犯罪在当时就已经成立。这就是社会危害性在旧刑法中被称为构成犯罪概念的本质要素的原因所在。然而，新刑法废除了类推规定，并采用了罪刑法定原则（1997年《刑法》第 3 条）。其结果是，只要法律没有作出规定，就不会成立犯罪。笔者认为，罪刑法定原则的采用当然会促进1997 年《刑法》第 13 条的犯罪概念发生根本性转变。也就是说，在《刑法》第 13 条犯罪概念中的社会危害性和违法性的关系方面，只要不满足违法性，无论行为具有怎样的社会危害性，均不成立犯罪。

上述理解的基础，是笔者提出的中国刑法中的违法性与日本刑法中的构成要件相当、社会危害性与实质的违法性相当的观点。在授课过程中，笔者也曾向学生们讲述过这一观点。但是，在当时，笔者也常常因为无法理解为何中国刑法的犯罪概念中不存在日本刑法中的有责性而难以释怀。对于学生们，笔者通常会以如下说明含糊地回答这个疑问，即关于未将有责性作为犯罪概念的要素的问题，实际上，20 世纪30 年代的日本刑法学中也出现过主张将责任排除在犯罪成立要件之外，即使是无责任能力人的行为也构成犯罪，但不予科处刑罚的理论。中国或许也采用了这样的犯罪概念。[①] 后来，笔者有机会接触到一个能够颠覆此前的理解，并彻底消除关于有责性方面的疑问的观点。这就是前文介绍的刘艳红教授的理论。

与笔者不同，刘教授并未将社会危害性（a）和违法性（b）理解为 a + b 的关系，而是理解为 a = b 的关系。也就是说，社会危害性这一前法律的实体概念的法律表现形式是违法性，而且该违法性中包含了日本和德国的构成要件该当性、实质的违法性，甚至还包括责任。在中国刑法中，犯罪构成要件理论被理解为将犯罪概念予以具体化的刑法理论。这种要件论与日本的构成要件论不同，它是由犯罪客体、客观方面、主体、主观方面等四个要件构成的。如果将刘教授的观点予以图示化，即社会危害性 = 违法性 = 犯罪构成要件。而刘教授关于"我国刑法中的犯罪论体系是由犯罪客体、客观方面、主体、主观方面四要件构成的，此四要件同时体现行为的社会危害性，同属于违法性的内容"[②] 的表述，则可以印证这种理解是正确的。

这样一来，是否只要不满足该犯罪构成的四要件就不具有刑事违法性，即成为问题所在。是否只要缺少四要件中的任何一个要件，刑事违法性就无法成立，进而也就不存在刑法上的社会危害性呢？笔者认为，如若如此，则其与日本刑法中的犯

---

① 例如，在日本制定的伪满洲国"刑法"中，就设置了无责任能力人的行为也构成犯罪，但不予处罚的规定。这反映了20世纪30年代日本刑法学界的一个动向，即不采用将自由意思作为犯罪要素的观念。关于伪满洲国"刑法典"，参见宫川基：《满州国刑法の研究》，载《東北学院法学》2007年第66号，第81—138页。

② 高铭暄、马克昌主编：《中国刑法解释》（上卷），中国社会科学出版社2005年版，第187页。

罪成立理论之间并不存在实质差异。但是，前文列举的有关
《刑法》第 13 条的经典案例则否定了上述理解。于是，即便
缺少犯罪构成要件中的客观方面要件，仍然能够认定受贿罪成
立。其理由在于，"主观意图和恶性"极其严重，亦即犯罪构
成要件中的主观方面的恶性极为重大。对此，可以理解为，即
使未达到客观方面的标准，但只要主观方面的恶性重大，仍然
能够成立犯罪。而支撑这一理论的，就是所谓的耦合理论，即
对犯罪构成四要件进行"综合"考察，从而判断犯罪的成立
与否。实务中出现的"客观不足主观补"的现象，也是以这
种耦合理论为基础的犯罪构成要件论的必然归结。上述经典案
例就是例证之一。① 而且，如果深入追究这种"客观不足主
观补"的理论，那么决定有罪无罪的关键最终只能取决于该
当行为具有怎样的社会危害性这一实体性判断。对于前述案
例评释中的"综合全案情节，被告人甲的行为已经具有相当
程度的社会危害性，符合受贿罪的构成要件"的表述，也应
当进行这样的理解。从表面上看，社会危害性和构成要件、
刑事违法性的关系可以图示化为：犯罪构成要件 = 刑事违法
性 = 社会危害性。然而，其中决定"犯罪构成要件 = 刑事违
法性"的等式成立与否的，则是社会危害性。就新刑法而
言，在犯罪概念的三个要素中，"社会危害性是第一位的"。
这样看来，虽然中国刑法已经废除了类推规定，取而代之的
是罪刑法定原则，但是，目前还不能认为犯罪概念已经发生

---

① 这样看来，采用耦合理论的通说性构成要件论所主张的"根据我国刑法，
任何一种犯罪的成立都必须具备四个方面的构成要件"的观点（高铭暄、马克昌
主编：《刑法学》，第 53 页），就不得不说是存在疑问的。

了根本性变化。<sup>①</sup>

---

① 需要注意的是，所谓犯罪概念的根本性变化，并不是说发生180度的转变。1979年《刑法》第79条允许类推的规定被删除，代之以罪刑法定原则的规定，这当然会促进犯罪概念的改变。采用罪刑法定原则的重要意义是不能否定的。无论行为具有怎样的社会危害性，只要其处于刑法分则规定的犯罪类型的框架之外，就不得作为犯罪进行考察。在犯罪构成要件中，这种犯罪类型的框架就表现为犯罪构成的客观方面处于"核心地位"。对于虽然处于框架之内，但客观方面要件——由各种要素构成——"不足"的情形，也可能通过耦合式判断（综合性判断）作为有罪处理。此外，在中国刑法中，关于在构成要件中处于核心地位的客观方面，非常多的条文中都规定了与形式判断不符的实体要件（中国刑法中所谓的客观方面的构成要件要素）。"严重后果"、"情节严重"、"重大损失"等表述即是。例如，《刑法》第225条设置了非法经营罪这一犯罪类型，该条文规定：违反国家规定（法律和行政法规），有下列非法经营行为（其中也包括第4款"其他严重扰乱市场秩序的非法经营性行为"这一空白处罚规定）之一，扰乱市场秩序，情节严重的，处五年以下有期徒刑……实际上，类似的分则规定的数量是极其庞大的（下面的②、③是指第2款、第3款）。条文序号列举如下：129、131、132、133、134、135、136、137、138、139、141、142、143、145、146、147、152②、158、159、160、161、162、166、167、168、169、180、181、182、213、215、216、217、219、221、222、223、225、226、228、243、244、246、249、250、252、260、275、281、284、286、288、290、308②、311、313、315、322、324②、324③、326、329②、330、331、335、336、337、338、339②、340、370②、371②、374、375②、376、377、379、380、381、397、398、399②、400②、402、403、407、408、409、410、411、412②、413②、414、418、419、425、427、428、429、432、436、437、441、442、443、448。在上述条文的解释中，对于社会危害性的实体性判断决定了刑事违法性的有无。

# 中国的犯罪概念
# 和犯罪构成要件理论*

小口彦太** 文

毛乃纯*** 译

简目

---

　＊ 小口彦太：《中国における犯罪概念と犯罪構成要件理論》，载《中国21》2011 年第 35 号，第 199—219 页。本文的翻译与出版已获得作者授权。

　＊＊ 小口彦太，早稻田大学法学博士，早稻田大学亚洲研究机构长、法学学术院教授，中国人民大学法学院名誉客座教授。主要作品有《現代中国の裁判と法》（成文堂 2003 年版）、《伝統中国の法制度》（成文堂 2012 年版）等。

　＊＊＊ 毛乃纯，郑州大学法学院讲师，中国人民大学法学博士、早稻田大学法学博士。

## 一、序言

中国《刑法》第 13 条实现了犯罪概念的实定化。该犯罪概念的规定与 1979 年刑法典是基本一致的。然而，规定相同是否意味着新旧刑法在对犯罪概念的理解方面不存在任何变化呢？变化应当是存在的。因为旧刑法中设置了类推规定，而新刑法则对此予以否定，取而代之的是罪刑法定原则。这一变化当然应该反映在对犯罪概念的理解上。但是，事实上，变化也许并不存在。这就是本文的第一个论点。

在中国刑法学中，作为刑法理论的犯罪构成要件论是与上述犯罪概念相区别的。在日本的刑法学讲义中，构成要件论在犯罪论中占据着核心地位；在中国刑法学中，构成要件论（犯罪成立的构成要件理论）也被学者们作为刑法理论加以论述。而且，围绕着犯罪构成要件理论，还存在着继受前苏联刑法影响的传统构成要件理论与近年来受到德国、日本等刑法理论影响的构成要件论之间的尖锐对立。指明两种构成要件论的区别并不十分困难，但问题在于，构成要件论与前述犯罪概念之间的关系。一方面，犯罪概念是由社会危害性、违法性和可处罚性三个要件构成的；另一方面，在传统上，犯罪构成要件则是由犯罪的客体、客观方面、主体、主观方面四个要素构成的。于是，有学者主张，在构成要件论中并没有犯罪概念中的违法性的一席之地。因此，二者之间不存在有机的关联。① 多年以来，笔者也一直认为，将二者进行有机结合是相当困难的。然而，最近，笔者终于接触到了一种对二者作出整合性说明的理论。这就是刘艳红教授的观点。依笔者浅见，刘教授是

---

① 参见陈兴良：《犯罪论体系的位阶性研究》，载《法学研究》2010 年第 4 期。

唯一一位成功地对犯罪概念和犯罪构成要件论进行整合性说明的刑法学者。对该说明进行探讨，是本文的第二个论点。

以上即为本文的考察对象。

## 二、再论《刑法》第 13 条犯罪概念

首先介绍的是《刑法》第 13 条的条文：

"①一切危害国家主权、领土完整和安全，分裂国家、颠覆人民民主专政的政权和推翻社会主义制度，破坏社会秩序和经济秩序，侵犯国有财产或者劳动群众集体所有的财产，侵犯公民私人所有的财产，侵犯公民的人身权利、民主权利和其他权利，以及其他危害社会的行为，②依照法律③应当受刑罚处罚的，都是犯罪，④但是情节显著轻微危害不大的，不认为是犯罪。"（其中①、②等序号系作者附加）

关于本条所揭示的犯罪概念，作为中国的代表性教科书，由高铭暄教授、马克昌教授主编的全国高等学校法学专业核心课程教材《刑法学》[①] 作出以下说明（高铭暄教授执笔）：第13 条的宗旨在于，"这个定义是对我国社会上形形色色犯罪所作的科学概括，是我们认定犯罪、划分罪与非罪界限的基本依据"（第 46 页）。由于其构成了认定有罪无罪的基本依据，因而，由此可以联想到日本刑法学中所谓的犯罪成立的要件。但是，该教材中并未使用"要件"的概念，此处使用的是"特征"一词。于是，第 13 条规定的犯罪概念中就包括三个基本特征，其中处于第一位的是具有一定的社会危害性。其内容如下：

首先，具有一定的社会危害性，是"犯罪最基本的特征"。社会危害性"没有达到相当的程度，也不构成犯罪"

---

[①]　参见高铭暄、马克昌主编：《刑法学》，北京大学出版社、高等教育出版社 2000 年版。

（第 47 页）。那么，社会危害性的大小是由什么决定的呢？其主要取决于以下三个方面：

第一，其取决于行为所侵犯的客体。前述第 13 条①的部分列举了犯罪所侵犯的"客体"。在这些被侵害的客体之间存在着一定的价值序列。危害国家安全的行为所具有的社会危害性最大，其次是危害公共安全的行为的社会危害性（第 47 页）。也就是说，尽管没有作出明确说明，但是在理论上，侵犯公民人身权利的行为的社会危害性则要小于前面两种行为。

此外，虽然这里使用了犯罪侵犯的"客体"的表述，但是，如果认为该"客体"的含义与日文中相应的单词具有相同含义的话，那么，毋宁"法益"这一术语才更为合适。① 实际上，该教科书在其他场合也使用了"犯罪客体即刑法所保护的社会关系"（第 65 页）的表述。基于这一理解，客体就相当于法益概念。但是，在法益的价值序列方面，中日两国之间却存在着重大差异。具体而言，在中国刑法中，法益的价值序列表现为：国家、社会和集体、公民。这与日本刑法中法益的价值序列，即"在以尊重国民主权和基本人权的现行宪法秩序中，生命、身体、自由、名誉、财产等个人法益必须受到刑法的优先保护"② 形成了鲜明的对比。

第二，其取决于行为的手段、后果、时间、地点。犯罪的手段是否凶残，是否残酷，使用不使用暴力，在很大程度上决定着社会危害性的大小。前述教科书对于这一点的论述是相当具体的。"例如，抢劫公私财物就比抢夺公私财物危害严重；杀人后碎尸就比一般故意杀人更为恶劣。危害后果是决定社会

---

① "行为的客体与该当构成要件中的保护客体（法益）未必是一致的……缺少保护客体的犯罪是不存在的，而缺少行为客体的犯罪则是可以被承认的。例如，脱逃罪、多众不解散罪、重婚罪。"大塚仁：《刑法概説（総論）》（第四版），有斐阁 2008 年版，第 142 页。

② 曾根威彦：《刑法総論》，弘文堂 1987 年版，第 7 页。

危害性程度的重要因素。例如，盗窃 500 元与盗窃 1 万元；杀死 1 人与杀死数人，其社会危害性程度显然是不同的。在战时犯罪还是在平时犯罪，社会危害性也不一样。趁自然灾害（如火灾、水灾、震灾）的时候作案（趁火打劫），在社会治安不好的时候进行抢劫、强奸等犯罪活动，其社会危害性则更大。"（第 47—48 页）看到以上论述，笔者不禁联想起唐律以及明清律中的规定状况。根据犯罪行为的形态、程度、方法等的不同，各种犯罪类型和刑罚被具体地、特别地加以规定，这就是中国传统的律例，它将所谓的社会危害性的程度原原本本地体现在 20 多个等级的刑（＝法）当中。

第三，其取决于行为人的情况及其主观因素。例如，成年人还是未成年人，故意还是过失，有预谋或没有预谋；动机、目的的卑劣程度。这些情况，在社会心理上的影响是不同的（第 48 页）。犯罪概念的第二个基本特征以行为为对象，而第三个基本特征则是以行为人为对象的。

于是，犯罪概念中的社会危害性的大小就取决于客体（其实质为法益）、行为、主观（行为人），但不得对其进行固定的、分析性的、现象性的考察。相反，历史的观点、全面的观点以及透过现象把握事物背后的实质的观点，则是非常必要的（第 48 页）。

其次，第 13 条②的部分，是指犯罪是"违反刑法即触犯刑律的行为，是刑事违法行为"（第 48 页）。触犯刑律、违反刑法规定的行为所具有的刑事违法性不同于日本刑法中所谓的违法性（实质的违法性）。其似乎相当于日本刑法中的构成要件该当性。于是就容易产生误解，即将中国刑法中的违法性与日本的构成要件相对应；将前述社会危害性作为超法规的、实体性概念与日本的违法性相对应。基于这一误解，又将陷入为何中国刑法的犯罪概念中没有有责性的困惑。

中国刑法

　　然而，对于作为中国刑法中犯罪概念的核心的"违法性"概念，高铭暄教授等编著的《刑法学》中的说明却非常简略。书中仅指出，与违反民事法律、经济法律、行政法律的民事违法行为、经济违法行为、行政违法行为一样，"违反刑法即触犯刑律的行为，是刑事违法行为"（第 48 页）。但问题是，刑事违法性与社会危害性之间存在怎样的关系？对此，该教科书指出："只有当行为不仅具有社会危害性，而且违反了刑法，具有刑事违法性，才能被认定为犯罪。"（第 49 页）根据这一说明，中国刑法中的犯罪概念就是由社会危害性和刑事违法性（社会危害性 + 刑事违法性）构成的，而且刑事违法性才是犯罪概念的前提条件。

　　同样的说明还散见于其他著作当中。例如，"犯罪必须是同时具备以下特征的行为：（1）具有社会危害性……（2）具有刑事违法性，即犯罪行为应当是刑法中禁止的行为。"[1] 又如，"刑事违法性。刑事违法性是行为违反刑法规范的特征……从司法角度来看，刑法规范确立后，是否违反刑法规范便成为衡量某行为是否具有严重的社会危害性的最直观、最外在的标准；刑事违法性在一定程度上讲又制约着严重社会危害性。行为是否违反刑法规范，是否具有刑事违法性，便成为衡量行为是否构成犯罪的准则。'法无明文不为罪，法无明文不处罚'这一罪刑法定原则被现代刑法奉为圭臬，被奉为刑法的主要原则。"[2]

　　在将社会危害性与刑事违法性相并列，并以刑事违法性作为犯罪成立的前提条件方面，上述所有见解都是相同的。而且，这种理解符合现行《刑法》第 3 条规定的罪刑法定原则，

---

　　① 胡康生、李福成主编：《中华人民共和国刑法释义》，法律出版社 1997 年版，第 16 页。
　　② 周振想主编：《中国新刑法释论与罪案》，中国方正出版社 1998 年版，第 98 页。

同时也是与旧刑法中承认即使是刑法分则未予明文规定的行为，但只要具有社会危害性就成立犯罪，从而使类推适用必然化的犯罪概念的诀别。

但是，也有论者主张，社会危害性概念与刑事违法性概念不是并列关系，与其说二者之间是整合性关系，莫不如认为是相互矛盾的关系。陈兴良教授就是这种观点的代表性论者。陈教授指出："犯罪的形式概念赋予犯罪以刑事违法性，从而为认定犯罪提供了法律标准……犯罪的实质概念是从犯罪的社会内容上描述犯罪而形成的犯罪概念，也就是将犯罪表述为具有社会危害性的行为……犯罪的混合概念，是指形式与实质相统一的犯罪概念……当形式与实质相冲突时，例如在行为具有刑事违法性而无法益侵害性或者有法益侵害性而无刑事违法性的情况下，是形式特征服从实质内容还是实质内容服从形式特征，就会陷入两难境地。"① 这里所谓的"混合概念"，是指前文介绍的通说的、传统的犯罪概念。陈教授认为，通说主张社会危害性和刑事违法性构成了犯罪概念；而且，只要不具有刑事违法性，则无论具有怎样的社会危害性均不成立犯罪——正如通说所论述的那样——的理论构造是不符合第 13 条规定的。也就是说，陈教授的观点是，二者之间原本就是矛盾关系，采用这种矛盾的概念将导致第 13 条的犯罪概念在理论上严重缺乏明晰性。② 因此，从陈教授的立场来看，新《刑法》第 13

① 陈兴良：《陈兴良刑法教科书之规范刑法学》，中国政法大学出版社 2003年版，第 43 页。

② 参见陈兴良教授在另一篇论文《形式与实质的关系——刑法学的反思性检讨》（载《法学研究》2008 年第 6 期）的以下论述，即"犯罪的混合概念已经成为我国刑法学界的通说，在社会危害性理论在我国占据着正统地位的情况下，犯罪的混合概念获得了存在的合理性"（第 100 页）；"在犯罪的混合概念中，虽然强调犯罪的形式特征与实质内容相统一，但仍然坚持犯罪实质内容对于形式特征的优越性"（第 100 页）；"以形式与实质相统一这类模棱两可的话语界定刑法学中形式与实质的关系"（第 111 页）。

条并不具备传统的混合概念说所主张的刑事违法性是犯罪成立的前提条件的构造。在以上陈教授主张的犯罪概念论的根基中，包含着他提倡将德国式、日本式的犯罪构成要件论导入中国刑法的强烈诉求。

第 13 条③的部分，是指应当受刑罚处罚的行为。"任何违法行为，都要承担相应的法律后果……对于违反刑法的犯罪行为来说，则要承担刑罚处罚的法律后果。"（第 49 页）从理论上对该说明加以考察的话，首先要存在"违反刑法的犯罪行为"，然后，其效果是刑罚的产生。据此，③的部分并不是犯罪不可欠缺的要件。这样一来，犯罪的成立最终将取决于①社会危害性和②刑事违法性，而③则是由犯罪概念派生的、次要的要素。①

## 三、根据通说的混合犯罪概念无法说明的经典案例

在前文的介绍中，关于社会危害性与刑事违法性的关系问题，传统的通说的混合犯罪概念说主张"只有当行为不仅具有社会危害性，而且违反了刑法，具有刑事违法性，才能被认定为犯罪"。然而，关于刑事违法性优先于社会危害性这一点受到质疑的案例，在现实中也是存在的。该案例在赵秉志教授主编的《新刑法全书》② 中被视为理解《刑法》第 13 条的经典案例。本书的编者赵秉志教授，是处于创立中国刑法学中的通说、支配说的高铭暄教授的正统传承弟子的立场的学者。因此，可以认为，该案例是为传统的混合犯罪概念说所认可的经典案例。

---

① 目前，这种理解处于通说地位。也有学者试图通过可罚的违法性概念对此进行说明，但是这样一来，讨论将变得复杂化。本文将不予展开。

② 赵秉志主编：《新刑法全书》，中国人民公安大学出版社 1997 年版。

本书列举的有关《刑法》第 13 条的案例如下文所示：

（一）案件概要

被告人赵某，男，某县教育局人事科科长。

检察机关以受贿罪对被告人赵某提起公诉。一审法院经公开审理查明：张某系某乡村小学教师，因其家在县城，其妻又常年多病无人照管，而多次到教育局人事科找被告人赵某，要求调回县城工作，赵某均未予理睬。过了半年多，张某见县教育局仍未给自己调动工作，心中着急，后经人指点，东拼西凑地借了 1500 元现金，于 1992 年 7 月 8 日晚找到被告人赵某，谈了调动工作的要求后将装有 1500 元现金的信封留在赵某的办公桌上离去。赵某即将该款收为己有，并于同月 10 日向张某所在的单位发出调张某回城工作的调令，而后将张某安排在本县第一中学工作。

（二）法院的判断

一审法院认为，被告人赵某虽利用职务上的便利收受了他人的贿赂，但数额不大，不应作为犯罪处理。一审法院根据 1979 年《中华人民共和国刑法》第 10 条（现行《刑法》第 13 条犯罪概念的规定——作者注）判决宣告被告人赵某无罪。一审判决后，检察机关以赵某的行为确已构成受贿罪为由向上级人民法院提出抗诉。二审法院经审理认为，被告人赵某身为国家工作人员，利用职务之便收受他人财物，<u>虽财物数额不满 2000 元，未达法定的标准</u>，但情节严重，因此赵某的行为已构成受贿罪。二审法院根据全国人大常委会《关于惩治贪污罪贿赂罪的补充规定》第 2 条第 4 款之规定，以受贿罪对被告人赵某判处有期徒刑 1 年 6 个月。（下划线系作者所加，下同）

（三）评释

本案一审法院和二审法院之所以在认定被告人赵某的行为

是否构成受贿罪上作出两种截然相反的判决，主要在于对赵某利用职务之便收受他人财物的社会危害性的判断上存在分歧。行为具有社会危害性是犯罪的本质特征，但并非所有具有社会危害性的行为都是犯罪。根据新《刑法》第 13 条关于犯罪概念的规定，行为的社会危害性只有达到一定的严重程度，才能构成犯罪。反之，如果行为的情节显著轻微危害不大的，不应作为犯罪。对受贿罪的社会危害性而言，受贿数额是衡量受贿行为社会危害性大小的主要因素，但不是唯一因素。此外，行为人是否违背职责，是否为他人谋取不正当的非法利益，是否有索贿情节等，也是衡量受贿行为社会危害性大小的因素。因此，认定受贿行为是否具有严重的社会危害性而构成犯罪，不应仅仅看受贿数额是否已达到法定的要求，而应当综合全案情节具体分析。受贿数额虽已达到法定的犯罪要求，但只要不是数额很大，而其他情节显著轻微的，应认为整个受贿行为危害不大且不构成犯罪；受贿数额虽未达法定的犯罪要求，但其他情节严重的，应认为整个受贿行为的社会危害性已相当严重并应作为犯罪处理。《关于惩治贪污罪贿赂罪的补充规定》的第 5 条、第 2 条规定，即体现了这一精神。

本案被告人利用职务之便受贿的数额为 1500 元，尚未达到修订前的刑法规定的 2000 元构成犯罪的数额标准。但是本案具有以下严重情节：第一，赵某的行为侵害了国家工作人员职务的不可收买性。在张某给赵某行贿之前半年多的时间里，虽经张某多次要求调动工作，赵某均不予理睬，但当张某向其行贿后即马上为张某办理调动。这不仅充分体现了赵某利用职务收受贿赂的主观意图和恶性，而且也损害了国家机关、国家工作人员为政廉洁的形象。第二，张某调动工作的要求确属合理要求，更是赵某应当履行的职务行为，但赵某却借此收受贿赂，而且赵某明知张某只是一个乡村教师，收入不高，且其妻常年有病，家庭困难，却收受张某送来的钱财。因此，综合全案情节，被告人赵某的行为具有相当严重的社会危害性，并且已符合受贿罪的构成要件，其行为已构成受贿罪。

在新刑法典生效后，类似案件应按新刑法典第 13 条及分则关于受贿罪的规定处理。[①]

以上即为被视为关于《刑法》第 13 条的经典案例的案件概要、法院的判断以及评释的全部内容。根据该案例，可以作出以下几个方面的归纳：

1. 该事件虽然发生在旧刑法施行的时代，却被作为理解新刑法典第 13 条的案例。这意味着，该案例是有关《刑法》第 13 条的经典案例。

2. 在上述案例中，受贿金额 2000 元是受贿罪成立的法定标准，其该当于犯罪概念中的刑事违法性。关于所谓的刑事违法性，前述高铭暄教授主编的《刑法学》中指出："违法并不都是犯罪，只有违反刑法的才构成犯罪。例如，盗窃……少量财物，属于违反治安管理处罚条例的行为；只有盗窃公私财物数额较大的，才构成刑法中的盗窃罪。"[②] 根据这一论述，1500 元的受贿金额并不满足刑事违法性。

3. 然而，即使不满足刑事违法性（＝法定标准），但只要结合其他情节能够认定具有相当严重程度的社会危害性，犯罪就能够成立。这样的案例被作为理解《刑法》第 13 条犯罪概念的经典案例。相反，虽然具有社会危害性，但是只要不具备刑事违法性（法定标准），就不成立犯罪，而体现这一点的经典案例则是绝对不存在的。

这样看来，将社会危害性与刑事违法性并列，且后者优先

---

① 同前，第 260—261 页。

② 高铭暄、马克昌主编：《刑法学》，北京大学出版社、高等教育出版社 2000 年版，第 48 页。

于前者的有关《刑法》第 13 条犯罪概念的理解，在该经典案例中并未得到体现。只要坚持以该事例作为经典案例，就必须对《刑法》第 13 条规定的犯罪概念作出其他理解。其中一种理解是，在社会危害性与刑事违法性中，前者才是决定性因素。但是，这是未采用罪刑法定原则之前的旧刑法时代的理解方式，在采用了罪刑法定原则的新刑法典中则是不被认可的。尽管如此，前述案例中标有下划线的①部分实际上是说，即使不符合法定标准（＝刑事违法性），但只要社会危害性达到相当严重的程度，仍然可以成立犯罪。由此可见，这仍然是旧刑法时代的犯罪概念。事实上，这也意味着通说的混合犯罪概念是存在理论破绽的。

于是，关于社会危害性与刑事违法性的关系问题，就还需要其他的说明方法。其中之一，就是陈兴良教授的观点。陈教授主张，应当将社会危害性这一实质概念从犯罪概念中驱逐出去，以刑事违法性为基轴构建犯罪论。在陈教授的教科书中，"犯罪的特征"的标题下列举了三个要件，即刑事违法性、法益侵害性、应受惩罚性。其中，第一个刑事违法性要件是形式标准，是判断罪与非罪的前提条件。然而，虽然具有刑事违法性，但只要未造成法益侵害（由实害和危险构成），就不构成犯罪。最后，如果不值得科处刑罚，也不构成犯罪。① 由此可见，陈教授的观点并未像通说那样主张将应受惩罚性消极地定性为由社会危害性和刑事违法性所产生的法律效果，而是承认其对于"司法机关划分罪与非罪的界限也具有指导意义"。② 既然《刑法》第 13 条中规定了社会危害性，那么，该说明作为立法论就是值得肯定的。但是，其作为现行规定的解释论却

---

① 陈兴良：《陈兴良刑法教科书之规范刑法学》，中国政法大学出版社 2003 年版，第 44—46 页。

② 同前，第 45 页。

又存在局限性。

第二种理解是，不把社会危害性（a）与刑事违法性（b）的关系理解为a"和"b的关系，而是将a与b视为等号关系，即在a等于b的关系上理解《刑法》第13条规定的犯罪概念。这样一来，就能够在刑事违法性的框架内对罪与非罪加以区别。所以，这似乎才是对犯罪概念与罪刑法定原则作出的整合性说明。该观点的代表性论者是刘艳红教授。下面，本文拟对刘教授的观点加以探讨。然而，在此之前还有一个需要考察的问题，即犯罪概念与犯罪成立要件论的关系。前述案例评释中出现过"充分反映了……主观意图和恶性"的表述，这就是犯罪构成要件中的"主观"要件。

## 四、中国刑法学中的犯罪成立构成要件论

前述判定赵某有罪的二审法院对于1500元这一不满2000元受贿数额的客观标准和乘人之危索取贿赂的主观恶性进行了综合判断，从而判定犯罪成立。从该判决中就可以窥见中国的犯罪构成要件理论。

在日本刑法学中，构成要件论被理解为，"<u>一个不同于作为犯罪成立、科刑等法律效果的犯罪成立要件的总体的</u>、特殊的法技术概念。它是根据刑罚法规所设定的犯罪类型，为了肯定犯罪的成立，该当这种犯罪类型就是首要的。这也是罪刑法定主义的要求。构成要件具有将不该当的行为不作为犯罪处理的排除机能"。[1] 关于这个意义上的构成要件论的理解，学界存在诸多观点。其中，将其"理解为违法行为类型的立场"被称为"现在日本的多数说"。[2] 该当构成要件的行为即被推

---

[1] 山口厚：《刑法総論》，日本有斐閣2001年版，第23页。
[2] 曾根威彦：《刑法総論》，弘文堂1987年版，第59页。

定具有违法性，因此实质的违法性理论所探讨的就只有是否存在违法性阻却的问题。对于该当构成要件且不阻却违法性的行为，行为人将被追究故意或者过失的责任。概言之，日本刑法学采用的是阶层式论证，即首先从构成要件着手，其次是考察违法性阻却的有无，最后是判断责任的有无。所以，日本的构成要件概念是指在犯罪成立与否的第一阶段考察的"特殊的法技术概念"。相反，中国刑法学中的犯罪成立构成要件概念则是一个意味着"犯罪成立要件的总体"的概念。

中国的犯罪成立构成要件论，是以由德国刑法中的构成要件论演变而来的前苏联 20 世纪 50 年代刑法中的构成要件论为范本构建而成的。① 该理论的代表性论者是高铭暄教授。高教授指出："四要件犯罪构成理论是由犯罪客体、犯罪客观方面、犯罪主体、犯罪主观方面四大要件耦合而成。在四大要件之下，又分别包括特定的组成要素。如犯罪客观方面就包括危害行为、危害结果、因果关系等，基于各个犯罪行为的具体情况各异，犯罪构成要素又有必要性要素和选择性要素的区别。要素组成要件，要件耦合而成整体……从整体到部分、由部分回归整体的剖析。"② 其中，犯罪客体，是指"刑法所保护的、为犯罪行为所侵害的社会关系"③；犯罪客观方面，是指"刑法所规定的、说明行为对刑法所保护的社会关系造成侵害的客观外在事实特征"④；犯罪主体，是指"实施危害社会的行为、

---

① 参见阮齐林：《评特拉伊宁的犯罪构成论——兼论构成犯罪论体系的思路》，载陈兴良主编：《刑事法评论》（第 13 卷），中国政法大学出版社 2003 年版，第 1 页。

② 高铭暄：《论四要件犯罪构成理论的合理性暨对中国刑法学体系的坚持》，载《中国法学》2009 年第 2 期。

③ 高铭暄、马克昌主编：《刑法学》，北京大学出版社、高等教育出版社2000 年版，第 55 页。

④ 同前，第 64 页。

依法应当承担刑事责任的自然人和单位"①;犯罪主观方面,是指"犯罪主体对自己行为及其危害社会的结果所抱的心理态度"②。

问题是,对于犯罪的成立而言,是否必须具备全部四个要件呢?解决这个问题的关键,就在于前述高教授论文中所使用的"耦合"一词。所谓耦合,本意是指二人并列耕作土地,后来则为物理学所转用,意为"两个以上的体系或两种运动形式间通过相互作用而彼此影响以至联合起来的现象"③。这里的"彼此影响"的含义是非常重要的。也就是说,四个要件在相互影响中构成了一个整体(=犯罪)。但是,这绝不意味着需要对各个要件进行个别的、阶层式的探讨,逐个分析考察是否具备每个要件。在同一平面上对四个要件进行排列,即使其中的客观方面尚不充分,但只要主观方面具有严重的恶性,就能够对二者进行统合,其作为一个整体仍然构成犯罪。这就是以耦合理论为基础的构成要件论。正是由于采用了这种构成要件理论,"在实践中,常常会有这样的现象发生。即在犯罪的判断上,优先考虑行为人的主观内容,然后再考虑行为人的客观方面,甚至出现客观上不足以认定犯罪,但是由于行为人的主观动机极为恶劣,因此将其认定为犯罪的所谓'客观不足主观补'的现象"。④ 于是,即使是在中国式的构成要件论看来,前述赵某的案件也属于经典案例。顺便说明一点,中国刑法将不能犯一律作为不能犯未遂处理,并承认各种犯罪类型自实行行为之前的预备阶段开始即成立犯罪,这体现出其

① 同前,第87页。
② 同前,第106页。
③ 中国社会科学院语言研究所词典编辑室编:《现代汉语词典》(第5版),商务印书馆2005年版,第1012页。
④ 参见黎宏:《我国犯罪构成体系不必重构》,载《法学研究》2006年第1期。

具有浓厚的主观主义刑法的色彩。这种主观主义刑法的侧面与以耦合理论为基础的犯罪构成要件论相结合，从而导致了犯罪成立范围的扩大化。

另外，中国所有的刑法教科书均是在对犯罪概念作出说明以后，对犯罪构成展开论述的。于是，犯罪概念与犯罪构成要件论的关系就成为问题所在。

有学者认为，二者之间不存在整合性关系。陈兴良教授就是这种立场的代表性论者。其指出："在我国刑法学中，违法性只是犯罪概念的特征之一，在犯罪概念中进行讨论，而在犯罪构成的四要件中并没有违法性的一席之地。当然，这并不意味着在四要件的犯罪构成理论中不存在实质判断，而只是在四要件之外进行这种实质判断。其（实质性判断——作者注）中社会危害性作为犯罪的本质特征，起着重要作用。但由于社会危害性是游离于并且凌驾于四要件之处、之上的，因此在具体案件的判断过程中，往往容易产生逻辑上的混乱。"[1] 这是一种非常明晰的说明。

那么，在中国传统刑法学中，二者被赋予了怎样的关联呢？相关论述的列举如下：

①犯罪构成与犯罪概念是两个既有密切联系又有区别的概念。②犯罪概念是犯罪构成的基础，犯罪构成是犯罪概念的具体化。③犯罪概念回答的问题是：什么是犯罪；而犯罪构成则进一步回答犯罪是怎样成立的这个具体标准的问题。④犯罪概念的各个基本属性是通过犯罪构成来具体说明的。⑤犯罪概念是从总体上划清罪与非罪的界限，而犯罪构成则是分清罪与非罪、此罪与彼罪的具体标准。⑥犯罪构成就是依照我国刑法规定，决定某一具体行为的社会危害性及其程度而为该行为构成

---

[1] 陈兴良：《犯罪论体系的位阶性研究》，载《法学研究》2010 年第 4 期。

犯罪所必需的一切客观和主观要件的有机统一。①

在以上说明中，②至⑤仅仅对二者是"既密切相关，又有区别"的概念作出的说明，却没有为二者提供有机的关联。从刑法学说中的犯罪论或者具体司法中的解释来看，即使没有犯罪概念，但只要存在犯罪成立构成要件论就足够了。因此，专门在刑法条文中规定第 13 条是不具有积极意义的。在以上说明中，唯一能够看出二者之间存在有机关联的是⑥的部分。但是，其中既未提及刑事违法性，也未提及犯罪的客体和主体。所以，不得不说这是一个极其不充分的说明。

然而，这是否意味着不存在对传统的犯罪概念作出积极评价，并成功地对其与犯罪成立构成要件论进行整合性说明的学说呢？在此，笔者所关注的是刘艳红教授的观点。

## 五、刘艳红教授提倡的犯罪概念与犯罪成立构成要件论

刘教授是如何看待犯罪概念与犯罪构成要件论之间的关系呢？其核心概念是犯罪概念中的刑事违法性。刘教授提倡的刑事违法性论如下："刑法中的刑事违法性是形式与实质、主观与客观的统一"②；"我们有理由认为我国刑法中的刑事违法性与大陆法系国家的违法性同样属于形式与实质的统一……刑事违法性不仅仅包括客观面，而且也包括主观面，即主观罪过、目的等"③；"违法性……是我国刑法中犯罪的特征及判断犯罪的条件，只不过其条件性不是表现为犯罪成立条件之一，而是

① 高铭暄、马克昌主编：《刑法学》，北京大学出版社、高等教育出版社 2000 年版，第 52 页。
② 高铭暄、马克昌主编：《中国刑法解释》（上卷），中国社会科学出版社 2005 年版，第 186 页。
③ 高铭暄、马克昌主编：《刑法学》，北京大学出版社、高等教育出版社 2000 年版，第 187 页。

以整体性的犯罪构成的方式表现出来。因此我国刑法将违法性与犯罪构成的各要件融合在了一起，是通过各个构成要件来体现违法性；大陆法系犯罪论体系所说的有责性则基本相当于我国犯罪论体系中的主体、主观方面"。① 由以上论述可知，刘教授所主张的违法性不仅仅是指大陆法系刑法学中的形式违法性（＝构成要件）和实质违法性，即行为方面的形式的、实质的违法性，还包括行为人的主观方面、主体。由此可以得出结论：中国刑法中的刑事违法性可以与中国刑法中的犯罪构成要件用等号联结。犯罪概念中的刑事违法性也就是中国刑法中的犯罪构成要件。中国刑法中的犯罪构成要件，是一个"体现了类似于大陆法系的构成要件该当性与违法性和有责性的总体意义上的概念"②，其整体即为《刑法》第13条规定的刑事违法性的内容。

其次，犯罪概念中的刑事违法性与社会危害性的关系也成为问题。关于这一点，刘教授并未采纳通说所主张的社会危害性"和"刑事违法性的观点，③ 而是认为二者是基于不同的观点对同一事物的把握。也就是说，"刑事违法性是社会危害性的法律表现……如果说社会危害性只是从实然的层面反映犯罪行为的特征，而刑事违法性则是从应然的层面对犯罪行为的成立条件提出要求。正因如此，社会危害性是犯罪行为的事实特征，刑事违法性是犯罪行为的规范特征"④。

于是，如果用等号将刑事违法性与构成要件相联结，同时

---

① 刘艳红：《实质的犯罪论体系之提倡》，载《政法论坛》2010年第28卷第4期。

② 刘艳红：《犯罪构成要件：形式抑或实质类型》，载《政法论坛》2008年第26卷第4期。

③ 也就是将社会危害性与刑事违法性相并列。——译者注

④ 高铭暄、马克昌主编：《中国刑法解释》（上卷），中国社会科学出版社2005年版，第186页。

又将刑事违法性等同于社会危害性的话，那么，也就能够在构成要件和社会危害性之间画等号。所以，根据刘教授的理论，将二者相分离、对犯罪构成要件予以形式化的观点就应当受到批判。"实质的犯罪论有利于实现我国刑法定罪标准的协调与统一。形式犯罪论（＝将犯罪构成要件与社会危害性相分离，对犯罪构成要件予以形式化的理论）导致我国刑法定罪标准的双重性（构成要件'和'社会危害性的双重性）"，最终，"将是否具备实质可罚性的价值内容剥离出去而单纯从形式上理解我国刑法犯罪构成之后，导致了'犯罪构成要件＋社会危害性理论'这一双重而畸形的犯罪评价标准，并因而导致社会危害性理论倍受指责"。但是，"社会危害性理应是指导犯罪构成要件解释理论，而非构成要件之外第二个定罪标准。"① 对于刘教授而言，构成要件与社会危害性之间并不是"＋"的关系，而是"＝"的关系。因此，与前述陈兴良教授不同，刘教授认为社会危害性绝对不是"构成要件（＝违法性）之外第二个定罪标准"②。

"情节恶劣"、"严重后果或者其他严重情节"等实体概念被构成要件化的规定，散见于中国刑法规定的各种犯罪类型当中。"诸如'情节恶劣'等犯罪行为的法律规范特征不能解释何谓'情节恶劣'，而只能通过社会危害性的大小来判断什么是恶劣的情节。"③ 而这里所谓的"情节严重"中的"情节"，不仅仅是指客观的危害结果，还包括主观恶性，即作为"主观与客观相统一"的"情节"。社会危害性（＝刑事违法性）的程度需要根据该情节的程度进行判断。

---

① 刘艳红：《实质的犯罪论体系之提倡》，载《政法论坛》2010 年第 28 卷第 4 期。

② 同前。

③ 高铭暄、马克昌主编：《中国刑法解释》（上卷），中国社会科学出版社 2005 年版，第 186 页。

根据刘教授提出的"社会危害性 = 刑事违法性 = 犯罪成立构成要件论"的公式，就能够容易理解她为何将"走向实质解释的刑法学"作为论文的题目了。"法律实质理性对形式理性的介入，形式到实质法治国的嬗变，兼具形式与实质内容的现代罪刑法定原则的兴起与古典罪刑法定原则的终结，形式的犯罪概念的解除，犯罪构成要件功能由形式的人权保障到实质的人权保障的新方向，以及大陆法系中构成要件的无价值性到价值判断因素的确立，这一切，决定了犯罪论体系不但是纯粹形式的行为框架，而应该从实质上判断行为是否值得科处刑罚；对犯罪构成要件的解释不能仅从形式上进行，而要从刑罚法规的妥当性的实质层面进行。"① 这就是刘教授所倡导的构成要件论。而且，值得注意的是，刘教授在论述构成要件论时，经常会涉及日本的构成要件论，例如以下的介绍：

"（在日本）作为新的学派之争，即'形式的犯罪论'和'实质的犯罪论'对立则是近年来的事情。承认构成要件的独立机能，以社会的一般观念为基础，将构成要件进行类型性地把握的犯罪论，通常被称为形式的犯罪论。形式的犯罪论者主张对犯罪构成要件进行形式的解释，在构成要件的解释上，在进行处罚的必要性或合理性的实质判断之前，应当从具有通常的判断能力的一般人是否能够得出该种结论的角度出发，进行形式的判断。实质的犯罪论者认为，强调形式上的罪刑法定原则是不充分的，构成要件符合性的判断，是从实质上判断是否存在达到值得科处刑罚的法益侵害。根据实质的犯罪论者的主张，对刑法中的犯罪构成要件的判断不可避免地含有实质的内容，即某种行为是否构成犯罪应从处罚的必要性和合理性的角

---

① 刘艳红：《走向实质解释的刑法学——刑法方法论的发端、发展与发达》，载《中国法学》2006 年第 5 期。

度进行判断，因此，对刑罚法规和构成要件的解释应该从这种实质角度进行。总之，实质的犯罪论者主张的是实质的刑法解释。"① 顺便需要说明的是，这里提到的形式的犯罪论者是指大谷实教授，实质的犯罪论者则是指前田雅英教授。从上述刘教授所倡导的实质的构成要件论来看，其与前田教授的观点是比较接近的。②

以上即为刘教授提倡的犯罪概念论和犯罪构成要件论的概要。本文认为，如果暂且不考虑立法论的话，那么，在以现行法的框架为前提的情况下，关于社会危害性与刑事违法性的关系以及犯罪构成要件、社会危害性和刑事违法性的关系问题，刘教授的论证是非常明晰的。这也是笔者特别关注刘教授的原因所在。

但是，根据笔者的上述理解，刘教授的以下两处说明似乎是难以解释的。第一处，是"简言之，应当建立以形式的、定型的犯罪论体系为前提，以实质的可罚性为内容的实质的犯罪论体系"。③ 第二处，（刘教授一方面主张社会危害性与刑事违法性之间是等号关系）是"在二者（社会危害性和刑事违法性）的关系上，社会危害性是第一位的，也是基础性的；刑事违法性是第二位的，是建立在行为的社会危害性之上的"。④

---

① 同前。

② 前田教授主张："在进行实质性考察时，所谓犯罪，是指满足以下两个基本要件的行为：存在值得处罚的恶害，②可能就行为对行为人进行非难。要件①是违法性，要件②是责任。……也就是说，在原则上，'该当构成要件'就意味着存在值得处罚的违法性，并且能够进行责任非难。……于是，构成要件该当性就只能根据①、②的实质性考虑进行判断。"前田雅英：《刑法総論講義》，东京大学出版会 1988 年版，第 107—108 页。

③ 刘艳红：《走向实质解释的刑法学——刑法方法论的发端、发展与发达》，载《中国法学》2006 年第 5 期。

④ 高铭暄、马克昌主编：《刑法学》，北京大学出版社、高等教育出版社 2000 年版，第 186 页。

首先，"以形式的、定型的犯罪论体系为前提"是什么意思呢？这难道不会与刘教授自己主张的实质的犯罪论体系相矛盾吗？不得不说，这一表述的背景与新刑法采用罪刑法定原则是密切相关的。也就是说，无论怎样展开实质的构成要件论、犯罪论，都必须在罪刑法定原则的框架内进行，即只要不符合"形式的、定型的"法律规定，就不得追究罪责。实际上，该命题也是在探讨罪刑法定原则、人权保障的文脉中论及的。

对于《刑法》第3条，刘教授作出如下说明："我国《刑法》第3条规定：'法律明文规定为犯罪行为的，依照法律定罪处刑；法律没有明文规定为犯罪行为的，不得定罪处刑。'对比中西方罪刑法定原则的含义，后者是'法无明文规定不为罪不为刑'（*nullum crimen sine lege*, *nulla poena sina lege*），前者为'法有明文规定即为罪即为刑、法无明文规定不为罪不为刑'。后者（原文中的'前者'系笔误）只强调'无法无罪无刑'，它体现了入罪禁止机能，因此亦可称为出罪原则；前者（原文中的'后者'系笔误）却率先强调'有法有罪有刑'，而后才是'无法无罪无刑'，它体现了出罪禁止机能，因此亦可称之为入罪原则。我国刑法罪刑法定是以刑法社会保护机能为首要价值取向，罪刑法定原则本身所独有的人权保障机能则退居其后，仅为社会保护功能之附随。"①

但是，刘教授并不认同中国刑法中有关罪刑法定原则的规定。也就是说，"我国刑法罪刑法定违背了西方经典罪刑法定原则的含义，不但失却了人权保障机能，反而添加了禁止出罪的社会保护机能；其背后，深刻体现了立法者对国家刑罚权的维护，而不是本真意义上罪刑法定对国家刑罚权的限制，体现了国家本位与权力本位的思想，而不是法治时代个人本位与权

---

① 刘艳红：《走向实质的刑法解释》，北京大学出版社 2009 年版，前言第 2 页。

利本位的思想"①。如果刘教授一方面以现行《刑法》第 3 条作为前提，另一方面又试图贯彻个人本位、双利本位的立场的话，首先就必须以采纳"形式的、定型的犯罪论体系"作为出发点。当然，在入罪禁止机能（＝出罪原则）方面，这种"形式的、定型的犯罪论体系"应当发挥重要的作用。

如果可以作出上述理解的话，就必须承认，刘教授倡导的实质的犯罪论体系将只能在出罪禁止机能（＝有罪原则）的领域中发挥作用。因此，对于"刘艳红教授主张的具体内容其实是坚持了比较典型的形式主义罪刑法定原则的内核，即入罪论上的形式主义立场与出罪论上的实质主义立场"②的评价，笔者也表示赞同。下面，我们再进一步地对刘教授的观点进行考察。

刘教授主张："针对我国'法有明文规定即为罪即为刑'禁止出罪的罪刑法定，显然应该追问：果真是刑法有规定就必须处罚吗？法定的罪与刑在实质上是否合理？个别的、具体的正义是否必须让位于抽象的、一般的正义？形式的正义是否会掩盖实质上的正义？对这样问题的回答，要求我们应该透过'法律明文规定为犯罪行为'的形式背后，致力于对刑法构成要件从实质合理性进行解释，将法虽有明文规定然而规定本身不尽合理的构成要件，通过实质的刑法解释限制其适用，从而实现刑罚处罚范围的合理化，将不该处罚的行为排除在刑法圈之外，充分实现罪刑法定的人权保障机能。"③而刘教授的第二处说明，即社会危害性处于第一位、刑事违法性处于第二位

---

① 同前，前言第2—3 页。但是，这种个人本位的刑法思想与刘教授重视社会危害性的理论之间不存在矛盾吗？
② 魏东：《论社会危害性理论与实质刑法观的关联关系与风险防范》，载《现代法学》2010 年第 32 卷第 6 期。
③ 刘艳红：《走向实质的刑法解释》，北京大学出版社 2009 年版，前言第 3 页。

也就是这个意思。"即使存在法律的明文规定","也需要通过实质的刑法解释对其适用予以限定化";而决定该"限定化"的,就是社会危害性的程度。这就是刘教授所谓的社会危害性处于第一位、刑事违法性处于第二位的表述的含义。

这样看来,实际上,刘教授的犯罪论不仅仅是在入罪禁止机能方面,而且在出罪禁止机能方面,也极为接近日本式的犯罪论体系,即阶层式的犯罪论体系。正如前文介绍的那样,陈兴良教授采用的是刑事违法性(形式的、定型的标准)——法益侵害(实质标准)——可罚性(实质标准)的阶层论。这与刘教授的理论基本相同。虽然刘教授强调刑事违法性是形式与实质的统一,但是如果从微观上对她的思考过程进行分析的话,其采用的仍然是一种阶层式的思考过程,即首先要查找"明文规定",然后再在考察该案件的社会危害性的程度的同时,"通过实质的刑法解释对其适用进行限定化"。事实上,刘教授所采用的阶层论还体现在以下论述中:"虽然我国犯罪构成的四要件是形式要件与实质要件的统一,是事实评价与价值评价的统一,但在具体确定四要件中的每一要件时,并不是说一哄而上的,同样有个先后问题。一般来说,先确定事实的存在,然后将围绕该事实的各要素,譬如行为、行为人等分开考察,此时的考察应该说是以价值评价为内容的。"[1] 也就是说,犯罪构成的各个要件,即客体、客观、主体、主观等要件分别经历了一个事实—价值评价的认识过程,而刑法上的各种违法性(=社会危害性)的有无则需要进行一体的、统一的判断。

从以上考察中可以看出,刘教授提倡的实质的构成要件论与大陆法系的形式的构成要件论之间在结论上似乎并不存在区

---

[1] 刘艳红:《晚近我国刑法犯罪构成理论研究中的五大误区》,载《法学》2001 年第 10 期。

别。但是是否真的不存在区别呢？下面，本文将对这个问题进行探讨。

虽然刘教授主张"中国刑法中的刑事违法性是……主观与客观的统一"，但是这其中是否也包含着通过主观方面补充客观方面要件不足的"耦合"论意义上的、有机的、一体性把握呢？刘教授对日本《刑法》第 252 条横领罪与中国《刑法》第 270 条侵占罪进行了比较。在日本刑法中，只要发生横领行为，无论横领数额的多寡，也无论情节是否严重，均构成犯罪。相反，在中国刑法中，通过附加"数额较大"、"数额巨大或者有其他严重情节"等实质要件，侵占罪的适用被加以限定。因此，相对于形式的构成要件而言，实质的构成要件在"实质的人权保障"方面就处于优越地位。[①] 然而，对于相反的情形，即不满足侵占的数额（＝客观方面）的标准，但主观方面的情节极为恶劣的情形，应当如何判断呢？对此，刘教授的观点并不明朗。

第二个疑问与《刑法》第 3 条罪刑法定原则中的入罪禁止机能（出罪＝无罪原则）有关。对于刘教授的观点，笔者的理解是：只有在发挥"法无规定不处罚"的入罪禁止机能的场合，"形式的、定型的犯罪论体系"才成为前提。但是，中国刑法中的犯罪类型则未必就是"形式的、类型的"标准。在中国刑法中，多数条文都在日本刑法中所谓的犯罪构成要件部分规定有与形式判断不相符的实质要件，如"严重后果"、"情节严重"、"重大损失"。因此，在中国刑法中，"形式的、定型的犯罪论体系"能够发挥作用的领域是极其有限的。这也是由将社会危害性这一实体概念纳入犯罪类型所造成的。如

---

① 高铭暄、马克昌主编：《中国刑法解释》（上卷），中国社会科学出版社 2005 年版，第 185 页。

果不将社会危害性概念排除在犯罪概念以及犯罪构成要件论以外，"形式的、类型的犯罪论体系"就难以成立。

这也意味着，在中国刑法中，作为罪刑法定原则的支柱之一的明确性原则是无法存在的。这就是第三个问题。所以，只要刘教授坚持将社会危害性作为其犯罪概念以及犯罪构成要件论的核心，上述矛盾就无法避免。

第四个问题是，刘教授认为，只有实质的构成要件论才能实现法的限定性适用。但是，事实是否确实如此则是值得怀疑的。

## 六、结 语

中国《刑法》第13条实现了犯罪概念的实定化。对于其中的社会危害性和刑事违法性，通说观点认为，刑事违法性"和"社会危害性这两个特征是成立犯罪的要件，其中的刑事违法性是指触犯了刑法的规定。这种通说观点的说明很容易产生误解，即刑事违法性相当于大陆法系的构成要件，而社会危害性则类似于实质的违法性（其结果，将会出现第13条中不包括有责性的问题）。而且，将社会危害性"和"刑事违法性相对立，也将使得作为实质概念的社会危害性与作为形式概念的刑事违法性相对立的构造被内在化。对此，刘艳红教授认为，应当消除这种对立的构造，实现对二者的整合。于是，她试图通过对刑事违法性概念的实质化来克服上述矛盾。

在犯罪概念与犯罪构成要件的关系问题上，中国刑法学界一直以来都没能为二者提供有机的关联性。关于这一点，刘教授认为，实质化的刑事违法性中不仅包括客观方面，还包括主观方面，从而在包含了客体、客观、主体、主观等要件的犯罪构成要件与刑事违法性之间画上了等号。

如果以现行刑法中规定的犯罪概念为前提构建犯罪论的话，最终则只能对刑事违法性以及犯罪构成要件予以实质化。

因为中国刑法中的犯罪概念是以社会危害性这一实体概念为核心的。但是，只要以社会危害性为核心进行理论建构，刑事违法性和构成要件论的定型化就必然会因该社会危害性而受到阻碍。另外，中国的新刑法与旧刑法的决定性差异，在于新《刑法》第 3 条规定了罪刑法定原则。既然采用了罪刑法定原则，刑事违法性和犯罪构成要件论的定型化就是必不可少的。这样一来，刘教授提出的刑事违法性、犯罪构成要件论的实质化理论就会与定型化出现矛盾。要消除这一矛盾，就必须将该实质化理论限定在犯罪的"出罪禁止机能"（不得作为无罪的机能），即入罪原则方面。这与日本刑法中的可罚的违法性理论相差无几。但是，根据该入罪原则将会得出奇怪的结论，即从主张罪刑法定原则的内容仅仅是"无法律则无刑罚"的立场来看，实际上，刘教授提倡的实质的犯罪论将只能在与罪刑法定原则无关的领域中发挥作用。

那么，"入罪禁止机能"亦即本来的罪刑法定原则是否能够确保刑事违法性和构成要件的定型化呢？不得不承认，这种确保非常困难。因为，中国刑法分则的大多数犯罪类型中，都将"情节严重"、"重大损失"等与客观化不相符的实体概念予以构成要件化。只要中国刑法坚持将社会危害性作为犯罪概念的核心，就无法消除这一矛盾。

犯罪主体

# 中国的法人犯罪理论
# 与条文上的问题点 *

但见亮** 文

赵兰学*** 译

简目

---

　* 但见亮：《中国の法人犯罪理論と条文上の問題点》，载《早稲田大学大学院法研論集》2000 年第 95 号，第 81—106 页。本文的翻译与出版已获得作者授权。

　** 但见亮，早稲田大学法学研究科博士课程单位取得满期退学，一桥大学法学研究科讲师。主要作品有《中国の行政拘禁制度改革》（《比較法学》2004 年第 38 卷第 1 号）、《「案例指導」の現状と状態》（《比較法学》2010 年第 43 卷第 3 号）等。

　*** 赵兰学，清华大学法学硕士、早稲田大学法学研究科修完博士课程，现任职于上海市方达律师事务所。

# 一、法人犯罪规定成立的经过

正如从中国新《刑法》（1997 年修订）中"单位犯罪的"①（第 31 条）这一规定所看到的那样，有关法人犯罪的规定被设为"单位犯罪"，在总则中就单位犯罪的定义以及处罚方法进行了一般性规定，并在分则中就单位能够成为主体的具体犯罪类型加以个别规定（这里的"单位"原本并不是法律上的概念，而是对于机关与团体的一般性称呼，② 相当于日本的组织体）。

概览一下新刑法中单位犯罪规定的成立过程就会发现：旧刑法时期对于法人犯罪并没有特别的规定，后来则在行政取缔法规等规范性法律文件之中出现了有关法人犯罪的个别规定，作为这些规定的汇总与统合，在 1997 年《刑法》修订之时，在总则以及分则中作为"单位犯罪"加以规定。

以下将首先概览规定成立以前的状况，然后从这一时期所存在的法人犯罪肯定说与否定说的对立出发，来揭示立法以前

---

① 刑法条文依据的是野村稔、张凌：《中華人民共和国新刑法（1997）について》，载《比較法学》第 32 卷第 2 号，第 189 页以下。不过，"单位"这一表述则是原封不动地引用了中国刑法原文。关于这一点，该书的脚注部分也指出，"很多情况下按照原文翻译为'单位'"（第 195 页）。（本译文中"单位犯罪的"所对应的日文原文为"単位が犯罪を犯した場合"，以上注释则是原文对这一日文表述所作的解释。——译者注）

② 参见曹顺明：《论单位犯罪的主体范围》，载《人大复印报刊资料·刑事法学》1998 年第 9 期。

就被意识到的理论上的问题点，① 进而明确之后在行政取缔法规等之中所出现的个别法人犯罪规定所体现出的条文上的问题点。而这些问题点是如何通过新刑法的制定而加以克服与扬弃的呢？下文还将从这一意识出发来对新刑法的单位犯罪规定进行重新探讨。

### （一）旧刑法时期概观

在社会主义的中国，自从彻底实现国有化以来，企业就被置于政府机关的行政管理与监督之下，企业的管理与经营责任集中于由政府所选任的厂长身上。因此，可以认为，在这种企业的管理中，对于作为该企业之专门责任人的厂长进行行政与党内的处罚就成为手段，从刑法上而言，在处罚作为直接行为人的自然人以外还要对其他主体进行处罚，这种意识在当时还很薄弱。②

由于这一背景的存在，1979 年成立的旧《刑法》中，也没怎么意识到以法人为犯罪主体这一点，在观念上仅仅以自然人为犯罪主体。③ 正是因为旧刑法的规定在观念上仅以自然人为主体，所以在这一时期的法人犯罪论争中，"大多数同志还是坚持我国刑法和刑法理论中一贯的主张，坚持'法人犯罪否定说'"。④

这种有关"法人犯罪与处罚"的肯定说与否定说的对立中，的确能够见到处罚的必要性及其理论构成问题这两点，所

---

① 关于法人犯罪的争论，参见高铭暄主编：《新中国刑法学研究综述》，河南人民出版社 1986 年版，第 199 页以下。

② 参见王保树：《股份公司组织机构的法的实态考察与立法课题》，载《法学研究》1998 年第 2 期。

③ "在相当长的一段时间内，无论是在刑事立法上，还是在法学理论与司法实践中，在讨论刑事责任时，法人都被排除在外了。"（陈泽宪主编：《新刑法单位犯罪的认定与处罚》，中国检察出版社 1997 年版，第 93 页。）

④ 高铭暄主编：《新中国刑法学研究综述》，河南人民出版社 1986 年版，第 206 页。

以以下就对 1987 年《海关法》成立之前旧刑法时期的法人犯罪理论进行概览，明确当时的问题意识是怎样的。

### （二）法人犯罪论争

如果仔细看一下这一时期的论争就会发现，这一论争专以经济领域中的法人故意犯罪为前提，来讨论法人处罚的可否。① 这一意识在立法当中也被继承下来，不过需要注意的是，从规定以前的阶段开始就缺乏对过失犯罪的考察。

另外，从论争中还可以发现，混杂着以下两种意识：即使在不存在法人处罚规定的旧刑法之下，是否也可以通过解释来肯定法人处罚；作为犯罪立法的一般性理论问题，应否通过刑法来处罚法人。②

对于旧刑法规定之下的处罚，因为在规定成立之时完全没有就法人处罚作出规定，所以即使有现实上的必要性，处罚法人无论在条文上还是在理论上都是困难的。实际上，法人犯罪肯定说的立场也主张，有必要进行立法，以使法人处罚成为可能。③

由此可见，论争的中心是有关法人犯罪立法的一般性理论问题，即法人犯罪立法与作为刑法理论原则的责任主义与罪刑法定主义之间，存在怎样的理论性问题。这同样也是规定成立以后用于讨论条文的基准，所以下面加以详细的讨论。

### 1. 对立点的要旨

具体讨论法人犯罪论争的内容时，会发现很多对立点，其中虽有主张认为社会主义性质的企业不会进行犯罪活动，不过作为立法中理论构成上的重要方面，对立的内容可以集中概括

---

① 同前，第 200 页。
② 同前，第 210 页，将刑法规定以及司法实践中没有将法人作为犯罪主体的做法作为法人犯罪否定说的主要根据。
③ 同前，第 205 页。

为以下三点：（1）能否承认法人的意思与行为；（2）可否对法人进行伦理性的责任非难；（3）能否承认法人具有刑罚感受能力。上述方面，与日本的问题意识是一样的。①

对于各个对立点，对比肯定说与否定说的主张进行具体的考察时会发现：首先，就第（1）点而言，肯定说认为法人由其机关作出意思决定，并据此实施行为，所以意思与行为具有一致性；否定说则认为，如果从刑法上的责任主义来考虑，只有基于人的自由意志实施的行为才能评价为刑法上的行为，法人没有自然人那样的自由意志，所以也就没有包含意思支配的行为，所以不能承认意思与行为的一致性。

就第（2）点而言，上述（1）中有关法人意思的认定各自成为肯定说与否定说的论据。具体而言，肯定说认为，因为在第（1）点上能够承认法人意思与行为的一致，所以对于这一意思决定当然可以进行伦理上的责任非难；否定说则认为，因为不能承认法人的意思，所以对于不存在自然人那样的基于自由意志的行为的法人而言，即使将法人员工的行为拟制为法人的行为，能够对法人进行责任非难所对应的反伦理的意义也不能被承认，所以不能处罚法人。

就第（3）点而言，肯定说认为，因为可以科处罚金刑，所以对法人实施刑罚是可能的，并且由此使法人抱有后悔的念头，或者使其陷入难以为继的境地，所以能够肯定受刑能力以及处罚的实效性；否定说则认为，在将自由刑作为核心加以规定的新刑法之下，不可能对法人科处那种具有抑制其将来犯罪的效果的有效刑罚，至少在现行处罚体系之下，法人处罚没有

① 参见八木胖：《業務主体処罰規定の研究》，酒井书店 1955 年版，第 90 页以下。根据该书的记述，作为否定说的第一个、第二个、第三个论点，分别将刑法上的行为、法人的意思、法人的责任能力作为问题。第五个与第六个论点则将法人的受刑能力以及刑罚适应性和刑罚体系，另外还有针对法人的刑罚手段，作为问题。

实效性。①

2. 探讨——检证法人犯罪立法的维度

上面对法人犯罪肯定说与否定说的立场进行了对比讨论，通过这一讨论可以发现，法人犯罪肯定说重视社会性事实与处罚的一致性，所以倾向于主张法人犯罪立法的必要性；法人犯罪否定说则重视传统上只有自然人才能被作为刑法上的"人"，将把法人作为犯罪主体与各项刑法原则之间的理论矛盾作为主张的中心。因为这一背景的存在，肯定说总是将重点放在现实的必要性上，在为克服与扬弃法人犯罪立法的理论性问题的理论构成方面，没有详尽的考察。

结果是，对于大多数否定说所主张的理论问题应如何加以解答这一问题，最终委任于立法。也就是说，对于以下几点，立法上应如何处理成为问题：何谓法人的意思与行为；以此为根据对法人进行责任非难是否是妥当的；法人是否为能够承受刑罚的实体以及刑罚是否具有实效性。

那么，对于之后成立的有关法人犯罪的规定，具体应就条文上的哪一点加以讨论呢？首先，从作为刑法原则的罪刑法定主义与责任主义的观点出发，作为历来对个人行为加以规定、并就其背后的自由意志一起加以伦理性非难的刑法理论的要求，法人特定机关的意思与行为能否作为该法人的意思与行为呢？关于这一点，法人的意思决定机关与意思决定过程是否在条文上被特定化，以及这种特定是否使得对法人的责任非难具备合理性，成为问题。

其次，关于刑罚感受能力，法人是否具备可以被处罚的实

---

① 以上有关肯定说与否定说的对立点及其内容，仅仅是从高铭暄有关法人犯罪肯定说与否定说的主张中，抽出了与本文所设定的对立轴（1）至（3）相对应的对立点。参见高铭暄主编：《新中国刑法学研究综述》，河北人民出版社 1986 年版，第 200—213 页。

质并由此可以期待犯罪被抑制？这一点受到追问，所以足以使刑法处罚得以正当化的实效性与必要性能否被承认，成为问题。

下文就从上述角度出发，检视条文规定中有关法人犯罪的理论问题。

## 二、行政取缔法规中的单位犯罪立法

### （一）单位犯罪规定的成立

经过有关法人犯罪的论争，从 1980 年代后半期开始，在行政取缔法规等规范性法律文件之中，出现了有关法人犯罪的规定。但是，这些规定并没有克服与扬弃否定说所主张的有关法人犯罪的理论性问题。倒不如说，肯定说所主张的，与社会实际相适应的处罚的需求，使有关"单位"犯罪及对其处罚的规定得以成立。

进入 1980 年代以后，因为采取改革开放路线，所以经济活动中的自由度扩大，与此同时，与经济相关的犯罪增加，其中，特别是企业等实施的犯罪因为巨大的数额而受到瞩目。为了适应社会状况的变化，有必要对法人也加以处罚，这种意见出现在《法制日报》等报纸以及法律杂志等之中，立法部门制定法人犯罪相关规定的基础开始形成。于是，在 1987 年的《海关法》中出现了法人犯罪规定。①

该部《海关法》中有关法人犯罪的条文规定为："企业事业单位、国家机关、社会团体犯走私罪的，由司法机关对其主管人员和直接责任人员依法追究刑事责任；对该单位判

---

① 规定成立之前的详细经过，参见陈泽宪主编：《新刑法单位犯罪的认定与处罚》，中国检察出版社 1997 年版，第 94 页。

处罚金……"（第47条）① 对于走私犯罪而言，明确规定条文中所规定的单位可以成为其犯罪主体，另外规定，不仅存在对主管人员等组成人员的处罚，而且可以对单位科处罚金刑。

《海关法》中的单位犯罪规定出现以后，以偷税、违反公司法、违反金融管理法等企业犯罪多发领域的经济管理与统制法规的违反为中心，有关各种犯罪的特别刑法之中，众多法人犯罪规定被各自加以设定。

### （二）规定的特征

像这样，由于单位犯罪规定的制定，具体的条文讨论变得可能，所以下面就概述这一时期规定单位犯罪的条文在表述上的特征。

1. 犯罪主体规定的不统一

这一时期有关法人犯罪的规定，针对各个取缔领域而个别设立，所以相对于整体上的统一性而言，更加看重该领域的犯罪倾向及其处罚的必要性。

所以，对于能够成为犯罪主体的组织体，有的仅仅规定"单位"，有的列举规定"企业"、"事业单位"、"机关"、"团体"等，出现了各种各样的规定，这一点在刑法修订时，被作为问题而意识到。

2. 两罚制

虽然1987年《海关法》采取的是两罚制，但之后的很多行政取缔法规仅仅处罚直接行为人。与此相对，在《关于惩治违反公司法的犯罪的决定》等有关个别犯罪的特别刑法中

---

① 刑法以外的条文以及中文文献，依据的是作者的翻译。此时会尽量运用原来的表述。（以上是原文作者针对原文中的中国法律条文以及中文文献所作的说明。——译者注）

设置了很多两罚规定，由此形成了鲜明的对比。①

究其原因，可以认为，很多行政取缔法规仅仅处罚行为人，是因为作为行政处罚，可以在没收不法所得的基础上再处以罚金，并且规定了营业的停止、执照的吊销等各种有效的处罚，所以再对单位科处罚金的必要性就很小了。

另外，诸如"对（因为违反行政取缔的行为）造成严重后果的单位直接责任人员，比照刑法第164条的规定追究刑事责任"〔《药品管理法》（1985年）第51条第2项〕这样的规定，很多情况下规定，违反行政取缔法规的行为达到构成刑法上的犯罪的程度时，要对其加以处罚。② 因此，既然当时的刑法上不存在单位犯罪规定，所以就不能对单位加以处罚，这也是行政取缔法规不处罚单位的原因。

3. 组成人员处罚规定

前述行政取缔法规与"决定"等特别刑法之间所存在的规定上的区别，还体现在组成人员的处罚规定上。

行政取缔法规中一般仅仅处罚组成人员，也就是采取单罚制，此时受到处罚的组成人员，被规定为"直接责任人员"；与此相对，在同时处罚单位与组成人员，即采取两罚制的"决定"等特别刑法之中，作为处罚对象的组成人员被规定为"直接责任人员"与"主管人员"。

与针对组成人员的单罚制与两罚制的区别相对应，存在仅

---

① 陈泽宪主编：《新刑法单位犯罪的认定与处罚》，中国检察出版社1997年版，第104—108页。此处从该文有关单位犯罪个别规定的成立过程的表述中，参考了各行政取缔法规的内容。

② 关于这一问题意识，陈泽宪指出，法人违法行为的严重程度，决定了其所适用的法律类型的不同。另外，很多情况下并不规定直接处罚的条文，而是采取如下的规定，"构成犯罪的，对直接责任人员依法追究刑事责任"（《全民所有制工业企业法》第58条）。参见陈泽宪主编：《新刑法单位犯罪的认定与处罚》，中国检察出版社1997年版，第109页。

仅规定"直接责任人员"以及同时规定"直接责任人员"与"主管人员"的差别。其中，直接责任人员是指直接行为人这一点，并不存在反对见解，但是对于主管人员的范围，因为其他的法规之中并不存在有关主管人员的定义规定，也没有作为事实上的名称而在企业内部使用，所以有必要对其范围加以限定。

### （三）规定的问题点

这一时期单位犯罪规定的问题点，首先在于规定不明确、没有限定性。另外，如前所述，因为就各个领域作了个别的规定，所以又产生了行政取缔法规与决定之间这种规定上的双重性问题。下文将在整理个别问题的基础上，从前述有关法人犯罪论争的问题意识出发加以讨论。

#### 1. 单位的意思认定及其合理性

在这一时期的单位犯罪规定中，因为是将社会上企业等单位的犯罪的事实状态原封不动地作为条文上的规定，所以并没有展示分析式的认定过程，也没有规定单位犯罪认定的必要性要件。至少在规定上，事实上企业等单位的犯罪仅仅被作为前提，至于通过怎样的过程而形成的哪个机关的意思决定是法人的意思这一点，则完全无法加以解读。另外，有关意思决定机关的认定基准也完全没有展示，所以完全没有讨论其合理性的余地。

从条文规定来看，没有对单位的意思形成主体以及意思形成过程进行任何的特定，有关单位的责任非难可能性这一问题也仅仅被作为当然的前提，法人的故意与过失的定位以及要求故意还是过失，也没有被明确规定。诸如此类的理论性问题在立法当中几乎没有被考虑到。

对于作为法人犯罪论争当中最重要的对立点的法人意思认

定，在当时的单位犯罪立法之下，单位的意思决定机关没有被特定，单位犯罪认定中也没有规定单位的意思决定的必要性。法人犯罪肯定说与否定说，都以法人之中存在具有意思决定机能的机关为前提，在此基础上将是否可以把该机关的意思决定视为法人的意思为问题，既然当时缺少这种理论上的基础，可以说根本不存在从条文上来讨论法人犯罪的理论性问题的余地。

2．处罚的实效性

关于在行政处罚以外是否还需要刑法上的处罚这一问题，虽然规定当中处罚的多样性以及对于犯罪的抑制力受到追问，但这一时期的法人犯罪规定继受了刑法的处罚体系，所以对作为企业等单位的具有受刑可能的处罚，仅仅规定了科处罚金。

关于这一点，不是科处仅仅由行政机关作为取缔而实施的行政处罚，而是科处刑法上的处罚，即使其在意图上是要获得某种效果，但实在不能找出以刑法加以处罚的必要性。

另外，如果从体系统一性的观点考虑，前述行政取缔法规中的单位犯罪规定，因为对企业规定了行政处罚，所以没有必要再科处刑法上的罚金，由此判断出发，就成为仅仅处罚行为人的规定了，但是很多设置两罚规定的特别刑法，也规定对违反行政取缔法规的行为加以处罚，这样就无法看出两者在规定性质上的区别。像这样，各规定中单位处罚的区别并不具备合理性，而且有必要从行政处罚与刑事处罚的关系上来重新考虑体系的统一性。

3．主管人员的处罚根据

如前所述，在单位犯罪的条文中，就单位犯罪而被处罚的组成人员，被区分规定为"主管人员"与"直接责任人员"。

前后两者分别被认为是单位的指导人员以及犯罪的直接实施者,① 其中成为理论上的重要问题的是有关"主管人员"的规定。

从处罚对象的区别来看,在行政取缔法规的单位犯罪规定中仅仅处罚"直接责任人",在"决定"等特别刑法中则规定对"单位"及其"主管人员"也进行处罚。因为这种两罚制与单罚制的区别缺乏合理性,所以被作为刑法修订时的问题,但实际上更重要的问题在于"主管人员"的规定。

既然单位处罚仅仅限于罚金,则即使存在刑法理论上的问题,处罚的不当扩大这一问题也比较轻微。因为行政处罚的处罚范围本来就非常广泛。因此,即使根据犯罪类型的不同而设置单罚制与两罚制,也不会对单位的处罚产生极端的不公正。

与此相对,对于"主管人员",因为其概念范围以及处罚根据都不明确,所以成为问题。从条文规定来看,只有在规定处罚法人等单位,也就是存在两罚规定的场合,才会存在对"主管人员"也加以处罚的规定,坦率地考虑的话,可以认为这实际上是对法人犯罪规定了三罚制,也就是除了对直接行为人以及法人的处罚外,还通过转嫁责任来处罚法人代表。但是,完全见不到进行此种理解的表述,对于主管人员而言,一般也是关于犯罪的实行行为成为问题。这可能是因为条文上并没有规定"主管人员"的范围及其处罚根据,所以不能从条文来理解主管人员在单位犯罪中的作用,因此有必要明确这一点。②

---

① 野村稔、张凌:《中華人民共和国新刑法(1997)について》,载《比較法学》第 32 卷第 2 号,第 211 页。此处参见了该文对于条文中"主管人员"以及"直接责任人员"的定义的译注。

② 孙光焰:《单位犯罪的立案管辖与法律适用》,载《人大复印报刊资料·刑事法学》1997 年第 10 期。该文从作为检察官的笔者的立场出发,存在如下的表述:"何谓单位的直接负责的主管人员和其他直接责任人员。对此,必须作出明确的统一的司法解释。"

### （四）刑法修订前的单位犯罪讨论

因为有关单位犯罪的理论性问题没有解决，所以尽管在单位犯罪的多发领域设置了很多单位处罚规定，但正如有人所说的"法律上有关单位犯罪的规定的种类虽然不少，但在司法实践中认定为单位犯罪的案件却极少"[①] 那样，产生了单位犯罪认定的消极性问题。

另外，如前所述，在单位犯罪规定被规定于行政取缔法规等规范性法律文件之时，可能会从刑法与行政取缔法规的性质差别来主张刑法理论不能原封不动地适用于单位犯罪，而如果通过刑法修订将单位犯罪变为刑法上的规定，则单位犯罪立法与刑法理论的抵触就不得不作为问题了。[②]

从这种意识出发，在刑法的全面修订之时，围绕单位犯罪出现了各种各样的意见。其中首先引人关注的是，在单位犯罪规定制定以后，之前处于压倒性多数的法人犯罪否定说反而成了少数说。[③] 如前所述，在当时的单位犯罪中，有关法人犯罪的理论问题被原封不动地保留下来，但围绕单位犯罪条文规定于刑法，居于中心地位的讨论主要是当时各单位犯罪规定之间的内部性矛盾，[④] 由此可以看出，与理论性问题相比，关注的重点转移到适用的问题上来了。

---

① 高铭暄：《试论我国刑法改革的几个问题》，载《中国法学》1996 年第 5 期。

② 崔庆森：《也论法人犯罪》，载《法学研究》1990 年第 5 期。本文介绍了如下观点，因为"法人犯罪与自然人犯罪在主体、行为方式、处罚上都有不同的性质和内容，如果将它们规定在同一法典内，容易出现规范上的混乱"，所以"不在刑法典中规定，而单独制定惩治法人犯罪的法律"。

③ 参见周光权：《新刑法单位犯罪立法评说》，载《法制与社会发展》1998 年第 2 期。

④ 孙昌军、蒋羽扬：《论我国新刑法关于单位犯罪的立法模式及其完善》，载《现代法学》1998 年第 2 期。本文认为本次刑法中的单位犯罪立法在"很大程度上消除了单行法与单行法之间、法条与法条之间、特别法与基本法之间的相互冲突与矛盾"这一点上具有重要的意义。

具体来看，修订的问题意识，首先指向的是单位犯罪规定中两罚规定不彻底。① 当时一贯主张的是对于单位扩大罚金刑的适用范围，这种主张也原样反映在新刑法的条文中，刑法的单位犯罪规定几乎全部采取两罚制。

另外，也可以看到对于单位犯罪条文规定形式的问题意识。② 根据这种问题意识，出现了以下对立的主张：对于单位犯罪，只要在总则中设置原则性规定即可；应该在总则中设置原则规定并在分则中设置具体规定；单位犯罪不应规定在刑法上而是依据特别刑法的规定。不过，在这种对立中，认为在总则与分则中都加以规定的见解处于支配地位，③ 所以在新刑法中，最后也是采取了在总则中规定单位犯罪的定义和一般原则，在分则中规定具体犯罪类型的形式。

与此相对，理论层面的问题意识，也就是法人意思决定机关的认定基准及其合理性，法人处罚的必要性以及实效性，主管人员的处罚根据等问题，会有怎样的论述呢？以下就各个问题加以讨论。

### 1. 法人的意思认定

有关法人的意思认定基准这一问题，在刑法修订过程中，在草案规定中总是可以看到以下构成要件规定："以为单位谋

---

① 高铭暄：《试论我国刑法改革的几个问题》，载《中国法学》1996 年第 5 期。该文对于必须在立法中解决的问题，提到了"对单位犯罪一律采取双罚制"。

② 参见赵秉志、赫兴旺、颜茂昆、肖中华：《中国刑法修改若干问题研究》，载《法学研究》1996 年第 5 期。另外，其并不仅仅将单位犯罪的规定形式作为问题，而且认为在条文上"采取在每一罪中具体规定单位犯罪的刑事责任之方式较为适宜"，由此"可以最大限度地将单位的刑事责任同单位犯罪中自然人的刑事责任相联系"，这种目的层面的讨论，可以看出通过改正来解决理论问题的意识。

③ 崔庆森：《也论法人犯罪》，载《法学研究》1990 年第 5 期；孙昌军、蒋羽扬：《论我国新刑法关于单位犯罪的立法模式及其完善》，载《现代法学》1998 年第 2 期；赵秉志、赫兴旺、颜茂昆、肖中华：《中国刑法修改若干问题研究》，载《现代法学》1998 年第 2 期；等等。这些论文指出条文规定形式的文献，采取的都是总则与分则都加以规定的观点。

取不法利益为目的"，"经过单位的集体决定或者责任人的决定"而实施的犯罪。而且也都提到了责任非难可能性与意思决定过程。[1]

从上述草案的规定来看，也存在如下疑问：作为条文上单位意思认定基准的"责任人"与作为组成人员而被处罚的"主管人员"之间的关系并不明确；单位过失犯罪似乎不被处罚。不过，至少在展示单位犯罪意思的定位这一点上，可以说提到了在法人犯罪论争中应被作为议论的前提与基础的概念，由此形成了讨论理论问题的基础。

但是，总则中的上述要件都从最终的规定中删除，通过后的条文最终还是仅仅规定为"单位犯罪的"。结果是，经过改正虽然实现了单位犯罪构成要件的明确化，[2] 但与历来的行政取缔法规等规范性文件一样，采取的是一种对单位意思决定主体以及内容都不加任何分析的规定形式。

### 2. 处罚的必要性

关于处罚的必要性，如前所述，对于行政取缔法规与决定之间在单位处罚体系的内部矛盾的问题意识，主要作为一种要求在整体上对单位规定罚金刑的论调而出现。[3] 除此之外，还有观点从国家实施的企业统治的角度出发，主张在考虑整体上的体系统一性的基础上进行处罚的重构。从这一观点出发，出现了要求论证刑罚与行政处罚之间的体系性问题的主张，同时还出现了对单位实施比罚金更加有效的刑罚，也就是将财产的没收、惩罚性的公告、营业的停止、解散命令等作为刑罚加以

① 李邦友：《论单位犯罪的定义》，载《法学评论》1998 年第 5 期。

② 高铭暄：《试论我国刑法改革的几个问题》，载《中国法学》1996 年第 5 期；赵秉志、赫兴旺、颜茂昆、肖中华：《中国刑法修改若干问题研究》，载《法学研究》1996 年第 5 期；等等。在刑法修订提案的评论中，这些论文都主张有必要在条文上将单位犯罪的定义加以明确化。

③ 参见徐辉：《论法人犯罪》，载《现代法学》1996 年第 3 期。

运用的提案。① 但结局是这些都没有被采用，刑法修订后也仍然与之前一样，对单位仅仅规定了罚金刑。

3. "主管人员"的处罚根据

在有"主管人员"处罚规定的"决定"等特别刑法之中，存在如下问题：这是不是在依据三罚制对主管人员加以处罚？也就是对主管人员科处了转嫁责任。对于主管人员具有怎样的故意与过失时应被处罚，一般是在讨论完法人犯罪的基础上再将故意犯罪纳入考虑中，② 对主管人员的处罚也以本人对于犯罪的故意为前提，所以对于管理过失、监督过失以及三罚制的考虑并不充分。

## 三、新刑法中的单位犯罪规定

### （一）规定的概要

经过以上修订中的议论，在新刑法中，单位犯罪最终成为刑法典上的规定。就像在修订前的阶段所讨论的那样，作为规定形式，在总则中设置了有关"单位"主体（第30条）以及处罚客体（第31条）的规定，在分则中则对各犯罪类型加以规定。

看一下总则规定，首先在第30条规定，"公司、企业、事业单位、机关、团体实施的危害社会的行为，法律规定为单位

---

① 廖斌：《对法人犯罪刑罚适用的设想》，载《现代法学》1996年第5期。该文从应当规定具有实效性的处罚的角度，提出了上述各种处罚类型。另外，作为特别指出应该就法人处罚进行体系性重构的观点，可参见陈泽宪主编：《新刑法单位犯罪的认定与处罚》，中国检察出版社1997年版，第99页。

② 参见崔庆森：《也论法人犯罪》，载《法学研究》1990年第5期。他认为，"必须经过取得法人资格的社会组织的决策机关的授意和批准"，"必须为了法人组织的非法利益"，类似的见解很多。周光权：《新刑法单位犯罪立法评说》，载《法制与社会发展》1998年第2期。该文指出，肯定单位可以成为犯罪主体的学者们，也多认为单位只应该成立故意犯罪。

犯罪的，应当负刑事责任"。这样就对作为单位犯罪主体的"单位"的组织体进行了一般性定义。另外，明确了仅仅处罚这些主体所实施的在刑法上被规定为单位犯罪的行为。

另外，看一下第31条的规定，"单位犯罪的，对单位判处罚金，并对其直接负责的主管人员和其他直接责任人员判处刑罚"，可以发现，前阶段上发现的单位犯罪之间的内部性矛盾，也就是处罚对象与处罚形式中存在的法规之间的差异这一问题，已经被解决。

另外，看一下分则中有关具体犯罪类型的规定，这些规定在前段一般对自然人犯罪加以规定，在后段则采取以下规定形式："单位犯前项罪的，对单位判处罚金，并对其直接负责的主管人员和其他直接责任人员以前项规定加以处罚。"这些规定在形式上、表述上与刑法修订前的"决定"等规定是一样的，由此可见，新刑法中的单位犯罪规定具有集中与总括"决定"等规定的性质。

### （二）条文上的特征

概览一下条文的内容，在规定的表述上沿袭了之前的"决定"等规定的形式，所以在"决定"等规定之中所体现出的特征，几乎原样保留下来。不过，因为个别的单位犯罪规定在刑法典中集中与总括下来，所以解决了主体与处罚的二重性问题。

### 1. "单位"主体

在新《刑法》的单位犯罪中，对于单位犯罪主体，第30条存在"公司、企业、事业单位、机关、团体"这一限定，解决了之前各法人犯罪规定在主体上的不统一这一问题。但是，很难说这一规定明确地限定了犯罪主体。在这些主体中，尤其是对于"团体"，学说之中也见不到对其加以限定性解释的见解，实际上可以认为只要不是非法组织，就能被这一规定所涵盖。①

另外，在学说的对立上，条文中的"机关"这一概念被提到，尤其是国家与地方行政机关是否可以作为单位犯罪主体加以处罚这一点，被作为了问题。②

关于这一点，虽然进行了详细地讨论，但是因为即使处罚机关，其被科处的罚金也会被税金所抵销，所以从实效性来讲，处罚机关是有疑问的。

## 2. 组成人员处罚规定

对于组成人员的处罚，总则与分则都规定对主管人员与直接责任人加以处罚，这虽然解决了之前的行政取缔法规与"决定"等之间的规定的二重性问题，但是其内容，特别是"主管人员"的可能范围，在本次的立法中仍不明确。③

解释上有疑问的是，分则中的组成人员处罚规定。其中经常见到对于主管人员"依前项规定加以处罚"的表述，但仅仅是处罚依据前项规定，还是各构成要件符合性的判断也依据前项规定，并不明确。

另外，还可以见到"单位犯罪的，对主管人员等判处……年徒刑"这样的规定。对于这些组成人员应该讨论怎

---

① 参见何秉松：《试论我国刑法上的单位犯罪主体》，载《中外法学》1998年第1期。"团体"是指"为了一定的宗旨而自愿组成进行某种社会活动的合法组织"。另外，因为对法人资格没有要求，所以这里的"合法的"仅仅具有"并非违法"这种程度的含义。

② 参见曹顺明：《论单位犯罪的主体范围》，载《人大复印报刊资料·刑事法学》1998年第9期。该文认为，对于能否将这样的国家、地方政府机关作为犯罪主体，以及能否将法人企业的下级组织、支部等作为犯罪主体这一问题，是在本次刑法修订后见到的最多的问题。

③ 讨论主管人员的范围、内容的明确化的必要性的观点，可参见孙光焰：《单位犯罪的立案管辖与法律适用》，载《人大复印报刊资料·刑事法学》1997年第10期。

样的构成要件，上述规定并没有加以明确，而在条文上设置这种形式上的差别的理由是什么？这一点也成为解释上的问题。

### （三）新刑法中法人犯罪的理论问题

依据上面的条文规定，有关法人犯罪的理论问题有没有解决呢？以下将对这一点加以讨论。

1. 单位意思认定基准

在修订后的刑法条文中，前述修订过程中出现的"单位意思"、"为了单位的不法利益"等基准最终被删除，而像原来那样仅仅在事实层面规定"单位犯罪的"，对于单位的意思认定基准没有给出任何提示。

在新《刑法》通过以前，这些要件被删除，是因为考虑到，如果加上"单位意思"、"为了单位的不法利益"等要件，会使单位过失犯罪不能被包括在内。[①] 这一点，与单位以及主管人员等的范围的不明确相叠加，成为一种为了应对之后可能发生的所有犯罪而不对主体以及行为的范围加以限定的规定形式，可以说实体正义远远优先于形式逻辑。[②]

这里对单位犯罪的一般性记述是以故意犯罪为前提的，[③] 所以考虑单位实施的故意犯罪时，就有学说将"以单位的意思"、"为了单位的不法利益"等作为单位犯罪的认定基准，但至少在条文上并没有与此相关的规定，所以对单位的意思认定缺乏规定上的根据。

---

① 周光权：《新刑法单位犯罪立法评说》，载《法制与社会发展》1998 年第 2 期。本文从不能涵盖单位过失犯罪的角度，对要件被删除的经过进行了阐述。

② "从立法者的意图看……是希望通过这种方式堵塞漏洞。"（陈泽宪主编：《新刑法单位犯罪的认定与处罚》，中国检察出版社 1997 年版，第 97 页。）

③ 马长生、胡凤英：《论新刑法对单位犯罪的规定》，载《政法论坛》1997 年第 6 期。本文认为就单位犯罪而言，故意犯罪占"绝对多数"。周光权：《新刑法单位犯罪立法评说》，载《法制与社会发展》1998 年第 2 期。本文也有相同的见解。

尽管刑法修订意在减少法官恣意的发挥余地，但从单位规定来看，对于条文上单位犯罪的认定，可以说仍然完全委任给了法官。[1]

不过，看一下最近的单位犯罪判例，可以看到"为单位获取不法利益"、"经过单位的集团性决定或者责任人的决定"的定义，[2] 从而可以认为，主张这些因素属于单位犯罪认定基准的想法已经固定下来。

然而，即使在事实上这些要件被讨论到，但是对此缺乏根据或者说不具有强制性，所以刑法作为行为规范与评价规范的机能仍然无法充分发挥。另外，还可以认为与条文上规定的罪刑法定原则相矛盾，所以比较理想的是，通过司法解释或者立法来展示单位犯罪构成要件的认定基准。

### 2. 处罚的必要性

关于对单位科处罚金这一点，如果考虑到行政取缔法规中丰富的罚则，会存在以下的问题：科处罚金还有必要性吗？还能说罚金具有实效性吗？但是关于这一点，在本次刑法修订中，对单位具有受刑可能的处罚并没有设置新的规定，所以仅仅存在罚金处罚这一点没有变化。

关于这一点，如前所述，经常见到主张新设更有实效性的刑罚的论调，在本次刑法典全面规定单位处罚之际，也并非没有对处罚的多样化进行过讨论。不过，因为处罚终究只是限于罚金，所以缺乏充分肯定刑法处罚必要性的根据。

实际上，从检方的立场来看，也存在"行政取缔法规等

---

① 从罪刑法定主义的角度来说明排除法官恣意性的必要性的文献，可参见高铭暄：《试论我国刑法改革的几个问题》，载《中国法学》1996 年第 5 期。

② 参见国家法官学院、中国人民大学法学院编：《中国审判案例要览：1998 年刑事审判案例卷》，中国人民大学出版社 1999 年版，第 47 页。

的罚则种类更多，效果也更大"的意见，[1] 受过刑法上的处罚这一层面上的意义暂且不论，以与刑法理论相矛盾为代价来处罚单位是否有必要，这一疑问仍然存在。

3. 主管人员的处罚根据

有关主管人员的规定，历来存在其概念范围的非限定性以及故意与过失的明确性问题，而通过本次刑法修订，单位犯罪从行政取缔法规等变为刑法上的规定，这使得问题更加复杂了。

在本次刑法修订中，很多违反行政取缔法规的行为原封不动地变为刑法上的犯罪。因此，这与规定"只有明文规定为过失犯的场合才作为过失犯"的刑法之间的矛盾应如何处理，就成为问题。[2]

在行政取缔法规中，基于取缔的必要性，行政取缔法规更加重视对结果的责任，而非伦理上的责任，所以有很多规定并没有明确是故意还是过失。与此相对，刑法更加重视伦理上的责任非难，所以要求严格规定故意与过失。[3] 尽管存在这种性质，但在本次刑法修订中，将行政取缔法规中的处罚规定，也就是对违反行为中违法性较高的行为加以处罚的规定，直接纳入刑法中，这使得刑法典中出现了很多对故意或者过失不加限定的规定，所以产生了规定上的不统一的问题。

这样，在以违反行政取缔法规的行为为构成要件的犯罪中，很多都没有区分规定故意或者过失，而是成为一种无论怎

---

① 参见陈泽宪主编：《新刑法单位犯罪的认定与处罚》，中国检察出版社1997年版，第99页。

② 阮齐林：《刑法学研讨会发言摘要》，载《法学研究》1997年第5期。本文认为违反行政法规的行为，与传统的故意或过失的观点之间存在明显的差异，于是提出了"对于行政法规违反行为应该如何认识与评价其故意·过失形式"这一问题。

③ 中国也存在这种意识，参见前注。

样理解都可以的规定。因为单位犯罪中，有很多都以对行政取缔法规的违反为要件，所以存在这种规定上的问题的场合很多。

另外，对于主管人员自身而言，在单位犯罪中对主管人员是否要求故意与过失以及要求哪一种，都没有明确，而且存在主管人员概念自身范围不明确的问题。

在本次修订中，对于行政取缔法规与刑法的差别并没有给予充分的考虑就将其统一于刑法典之中，所以在条文上成为故意犯与过失犯都可以被处罚的规定，另外主管人员规定还存在概念范围以及所要求的故意与过失的内容不明确的问题。所以，要处罚单位犯罪中的主管人员，需要其对犯罪事实存在怎样的认识这一点，完全不明确。因此，对于管理过失、监督过失以及三罚制也没有讨论到。

关于这种类型的犯罪，首先要考虑到对违反行政取缔法规的行为而言，存在相比伦理责任更加重视结果责任的特点，所以有必要讨论，是仅仅停留在相对严格的责任主义而更加重视取缔目的达成的行政取缔法规规定，还是应该同刑法中的故意与过失相对应而明确地将其区分规定。① 在此基础上，对主管人员，首先要明确概念的范围，对故意与过失也加以明确的规定，然后再来讨论管理过失、监督过失以及三罚制的妥当与否。

## （四）总结

以上尝试对刑法中的单位犯罪规定进行了检讨，如果看一下修订后的条文，可以说并没有对法人犯罪论争中提到的理论问题加以充分的考虑。

---

① 周光权：《新刑法单位犯罪立法评说》，载《法制与社会发展》1998 年第2 期。该文对于区分故意与过失的必要性有所论述。

从整体上来看，现行刑法之中的单位犯罪规定，对于各主体的规定欠缺限定性，另外关于将单位认定为犯罪主体时所适用的基准，也缺乏与此关联的规定。结果是，即使在修订后的规定中，作为讨论如何克服与扬弃理论性问题之基础的单位意思的定位，也仍然没有被明确化。

这一点，从刑法作为行为规范的侧面来看，可以说对国民缺乏犯罪行为的告知，有悖于作为刑事处罚之前提的罪刑法定主义，存在缺失处罚正当性的疑问。另外，从刑法作为评价规范的侧面来看，法官没有被提示在其作出判断时所应遵从的基准，在通过立法排除法官的恣意性这一点上仍然不充分。

由此看来，本次改正极大地牺牲了形式性的理论构成，而是选择重视实体正义，但是对此仍然存在刑事处罚的必要性以及有效性的疑问，通过刑法典来统一单位犯罪规定是否操之过急，这一点受到追问。

如上所示，现行刑法中的单位犯罪规定在理论构成上存在诸多问题，无法期待充分的处罚效果。今后如何改善这一点也受到追问，但因为刑法刚刚进行了大幅度的修订，所以无法期待立法上的改善，现在只能期待就单位犯罪认定基准出现判例与司法解释。

## 四、对今后的展望

通过本文的讨论，本次修订虽然删除了类推规定以及过于抽象的分则规定，但考虑到能够应对社会实际的处罚的灵活性，规定仍然是不明确的、非限定的，由此导致罪刑法定主义规定所具有的实际意义被打了很大的折扣。

另外，关于修订时学说的作用这一点，虽然通过后的规定完全没有考虑法人犯罪否定说的主张，但在刑法修订前，从理论问题的角度来看，处于压倒性多数的法人犯罪否定说在刑法修订后反而成了少数学说，由此可以表明，学说仅仅是以规定的存在为前提来说明其理由，学说当中并不存在纯粹从理论构成的角度来对现状加以批判、对修订施加压力的力量。[1]

通过条文的探讨可以发现，立法与实务的运用重视实体正义，处罚的灵活性的确保与扩大容易被考虑到，与此相对，能够提出形式理论问题的只有学说。学说不是只有为肯定立法进行说明这种机能，还有从原则以及整体体系来发挥讨论理论性构成、批判条文规定的机能，该机能在今后罪刑法定主义等刑法上的原则的实质化方面，具有不可或缺的作用。

---

① 关于这一点，参见 Klaus Tiedemann：《経済犯罪と経済刑法》，西原春夫等译，成文堂 1990 年版，第 85—108 页。该文指出，德国的法人犯罪立法，"是顾虑到对于法人处罚的理论批判"（第 93 页），这表现出了学说对于立法的推动力。

# 中国刑法中"单位"
# 概念的限定化[*]

佀见亮[**] 文

赵兰学[***] 译

---

　*　佀见亮：《中国刑法における「单位」概念の限定化》，载《早稻田大学大学院法研論集》2001 年第 97 号，第 99—126 页。本文的翻译与出版已获得作者授权。

　**　佀见亮，早稻田大学法学研究科博士课程单位取得满期退学，一桥大学法学研究科讲师。主要作品有《中国の行政拘禁制度改革》（《比較法学》2004 年第 38 卷第 1 号）、《「案例指導」の現状と状態》（《比較法学》2010 年第 43 卷第 3 号）等。

　***　赵兰学，清华大学法学硕士、早稻田大学法学研究科修完博士课程，现任职于上海市方达律师事务所。

　　中国现行刑法的法人犯罪规定（以下则使用中国刑法本身的表述——"单位犯罪"）中，因为没有明确规定构成要件，所以学说与实务上对此歧见纷呈。本文将通过讨论有关单位犯罪的规定及其学说上的定义，明确以下事实：围绕规定的模糊性，存在着维持这种模糊性以及对其加以限定这种对立；在此基础上，从近来有关单位犯罪的裁判以及司法解释的主旨出发，来展现对单位概念加以限定这种方向性，并就作为整体的单位犯罪规定的明确化加以思考。

# 一、单位概念及其刑法含义

## （一）单位犯罪的构成要件

　　对于单位犯罪，在本次刑法修订以前，就存在于个别法规中，而且这些规定也被加以适用，但是条文上并没有明确其构成要件。所以，对于"何谓单位犯罪"这一问题，在修订前后有很多学说提及，并从单位犯罪的特征出发来尝试加以定义。下面首先对此加以概览。

### 1. 单位犯罪诸学说

　　综观关于单位犯罪定义的各种学说，发现作为各种学说的特征，可以列举出以下几点：（1）作为只有具备民法上的法人资格而被个别规定为法人者，才能成为其主体的犯罪，在条文规定中也应表述为"法人犯罪"，而反对使用"单位"这一模糊概念；（2）由单位的意思决定机关作出决定或者加以承认是其本质要素；（3）必须以单位的名义加以实施；（4）必须是单位的代表人或者责任人在其职务范围内实施的行为；（5）必须以单位的利益为目的而实施。[1] 如果从这些特征出发

---

① 有关单位犯罪的定义，参见俞利平：《单位犯罪若干问题研究》，载《人大复印报刊资料·刑事法学》1998 年第 9 期；李邦友：《论单位犯罪的定义》，载《法学评论》1998 年第 5 期；等等。

来考虑各个学说关于单位犯罪的定义，则将重点放在诸多特征中的哪一个，以及如何对这些特征加以组合，是区别关于单位犯罪的各家学说的基准。

2. 基于单位犯罪诸学说的单位犯罪定义

如果探讨上述各种学说的内容，可以说，只有其中的第（1）种学说同关于单位犯罪的一般学说中的认识明显不一致，所以不能成为关于单位犯罪的一般性定义要素。

其他学说的特点则是，各自重视在单位犯罪的实际案例中所表现出的不同特征，彼此之间在内容上也不存在矛盾与排斥，只是各自重视的要件不同，所以将这些特点结合起来是有可能的。实际上，现在的一般性定义也就是各个学说所指出的特征的融合。

关于这种一般性定义的内容，如果综合几篇论文中的表述，可以认为单位犯罪具有如下的定义：（1）由单位实施的；（2）在单位主管人员、直接责任人所决定的单位意思的支配下；（3）以单位的名义；（4）为了单位的利益；（5）故意或过失实施的、危害社会的行为，应受法律的处罚。[1] 这一关于单位犯罪的一般性定义中，其中第（5）点是中国刑法学中对于犯罪所要求的一般性构成要件，而从第（1）点到第（4）点则是仅仅存在于单位犯罪中的特征。

3. 单位犯罪的定义和"单位"的犯罪构成要件

以上对于单位犯罪的定义，是如何反映在单位犯罪构成要件之中的呢？关于这一点，首先可以发现，有很多学说认为上述第（3）点，也就是"以单位的名义"这一点并不必要。[2] 实际上，虽然犯罪行为是否以单位名义实施，对于考虑该犯罪

---

[1] 有关单位犯罪的定义，参见高铭暄：《试论我国刑法改革的几个问题》，载《中外法学》1996年第5期；何秉松：《单位（法人）犯罪概念及其理论根据》，载《法学研究》1998年第2期；等等。

[2] 参见吴金水：《论单位犯罪的概念》，载《刑法问题与争鸣》1999年第1期。

是否由单位实施而言，能够为其提供根据，但是难以认为这对单位犯罪是一个必要的构成要件。因此，上述第（3）点并不构成条文上的构成要件。

接下来的问题是对于第（1）、（2）、（4）点的处理。特别是对于（2）和（4），不仅可以视为学说上的多数说，而且在刑法修订过程中，"单位利益"、"单位的意思决定"等表述也进入了草案，只是在最终的条文中没有这样规定。上述要件被法律规定所排除，是因为考虑到，在实务当中，不应该以单位利益与单位的意思决定为构成要件来限定该规定的适用范围。但既然如此，上述两点就仅仅是单位犯罪的特征，而不是单位犯罪的构成要件。①

不过，上述（2）和（4）在刑法修订后，仍然维持着绝对多数说的地位，另外观察近来的裁判，也发现这两点都成了认定单位犯罪时的基准。② 由此可以说，至少就故意犯罪而言，这些基准都成为单位犯罪的认定基准。

但是，就单位犯罪的构成要件而言，上述有关犯罪过程的定义都没有被作为构成要件规定下来，只有"以单位为主体"这一定义被条文规定下来。接下来，就明确一下作为单位犯罪之唯一构成要件的"单位"概念的具体内容。

## （二）有关"单位"概念的定义及其内容

"单位"这一用语在中国有各种各样的用法。其本来的意思是指"机关、团体或者其附属部门"，③ 但作为法律用语而

---

① 有关这一经过，参见周光权：《新刑法单位犯罪立法评说》，载《人大复印报刊资料·刑事法学》1998 年第 6 期。
② 同前，第 19 页指出，刑法修订后依然为绝对多数说。另外，有关这一点的案例，可参见最高人民法院刑事审判第一庭编：《刑事审判参考》，法律出版社1999 年版，第 8 页。
③ 曹顺明：《论单位犯罪的主体范围》，载《人大复印报刊资料·刑事法学》1998 年第 9 期。

言，其并不具有固定的外延。

对于在刑法上使用这种模糊的词语，有观点指出，"使用单位这一非法律概念，可以由此来填补法律的漏洞，进而避免与法人犯罪相类似的其他非法人团体的犯罪逃避法律的处罚"。[1] 由此可以看出，其目的在于，通过不使用"法人"这一用语而是使用定义模糊的用语，以确保外延的灵活性。

那么，"单位"这一概念是否除了组织体这一内容外再无其他的限制，因而所有的组织体都可以被这一概念所涵盖呢？以下就这一点进行考察。

1. 关于其他法律、行政法规中的"单位"概念

相对于上述一般意义上的"单位"概念而言，在考察作为单位犯罪之犯罪主体的"单位"概念时，必须明确经常被用于法律与行政法规中的"单位"概念的定义。

"单位"一词，在本次刑法修改以前就被用于各种法律中，但在这些法律与行政法规中也没有对"单位"概念加以定义。不过，其中的大多数条文都在"任何单位以及个人"这样的上下文中使用，并且多采用"一切法人以及非法人单位"这种用法。由此可以明白，其意图指出，前者中的"单位"是指与个人相对应的组织体，后者中的"单位"则不问是否具备法人资格而包括全部的组织体。[2] 据此可以说，"单位"概念一直被作为可以包含所有组织体的概括性概念，而沿用至今。

2. 刑法上的"单位"概念及其意义

那么，"单位"这一概念是否可以说成是组织体而不问合法与否呢？至少从刑法上来看，并不能这样说。以下就这一点

---

[1] 陈泽宪主编：《新刑法单位犯罪的认定与处罚》，中国检察出版社 1997 年版，第 97 页。

[2] 在很多行政法规中可以看到这样的规定，前者的例子有《出版管理条例》第 24 条；后者的例子有《著作权法》第 11 条。

进行概览。

（1）"法人"概念的特殊性

首先需要注意的是，正如所谓"法人是民法上的概念"①所表述的那样，在中国，"法人"概念不仅意味着经过法定程序设立而被许可的组织体，而且是本来就作为社会主义经济的一分子，而由《民法通则》赋予法人资格的特定组织体。需要注意的是，就"非法人组织"而言，虽然名称如此，但其前提是必须为合法的。总之，这种区别的背景并不在于合法与非法的区别，而根源于以下这种所有制：在合法存在的组织体中，以公与私作为区分法律上的人格的基准。②

（2）何谓"非法人组织"

要对"法人"这一用语进行限定，就必须对法人概念的"反对概念"，也就是"非法人组织"的一般性定义加以概览。

中国的"非法人组织"是指，没有被规定为民法上的法人，因而没有被赋予法人资格的组织体，能够独立参与民事活动与诉讼活动，从根本上来讲，是指没有被宪法作为社会主义经济主体的组织体。

学说上对"非法人组织"的定义是，虽然没有法人资格，但依法定程序而设立，具有自己的名称、一定的组织结构以及所在地，具有一定的财产及经费，"具有民事权利能力与民事行为能力"，"并能承担民事义务"的组织体。③

由此看来，中国的"非法人组织"与"法人"的区别，来源于社会主义所有制的区别。其实际情况则相差不大，结果

---

① 蒋莺：《论单位犯罪的定罪与处罚》，载《现代法学》1997年第3期。

② 主张这种见解的文献有谢伟、杨利敏《私有企业刑法地位之研究》，载陈兴良主编：《刑事法判解》，法律出版社1999年版，第172页以下。

③ 郑跟党：《试论非法人组织》，载《中外法学》1996年第5期。作为代表性的例子的有个人经营企业、合伙型联营企业、外资企业、企业法人以及单位的支部、下级机构等。

是，其区别仅仅在于是否具有民法上的法人资格。

（3）不是"法人犯罪"而是"单位犯罪"——规定的模糊化

作为讨论的前提，通过以上的检讨可以清楚，"单位"概念包含经一般性的法定程序所设立的合法的组织体。这一规定并不像之前的法规那样，描述为包含所有组织体，从这一意义上来说，刑法上的"单位"概念是有限定的。

但是，因为"单位"概念包含"非法人组织"，所以其外延就变得模糊，结果就是刑法上的单位犯罪主体不明确。"法人"在《民法通则》中被加以个别的规定，与此相对，"非法人组织"仅仅以组织体的合法性为条件，所以其外延并不固定，其范围扩大与缩小都是有可能的。

通过以上的内容，可以认为，刑法中使用"单位"这一概念，没有设置"法人犯罪"的规定，而是设置"单位犯罪"的规定，其目的在于通过规定的模糊化，来确保处罚范围的灵活性。而恰好在这一点上，学说见解存在对立，因而有解决的必要。

## 二、新刑法中有关"单位"主体的规定及其问题点

### （一）构成条文中的"单位"的组织体

如上所述，刑法修改时，为了灵活地应对组织体犯罪，而使用了"单位"这一模糊的规定。从这一意图来看，将"单位"概念加以模糊化，是从这一规定的宗旨出发而得出的当然要求。

但是，在新刑法的条文中，一方面概括性地规定了单位犯罪，另一方面，关于构成单位的组织体，则通过"公司、企业、事业单位、机关、团体"（《刑法》第30条）这一个别列举的形式加以规定。

这里，首先对新刑法所列举的构成"单位"的组织体，

在明确意见对立点的基础上加以概览。

1. 公司

《刑法》第 30 条首先列举的单位犯罪主体是"公司"。刑法中被作为单位犯罪主体所规定的"公司",当然包含了根据《公司法》所设立（或承认）的公司。虽然有主张认为,刑法上的公司也应限定为《公司法》中所规定的公司,① 但也有见解认为,中国《公司法》所规制的公司,仅仅限于资本较多的有限公司以及股份公司,而刑法中所规定的公司,也包括其他国营公司以及个人的小公司等,单位犯罪规定中的公司不应限定为《公司法》上规定的公司。②

如果按照采取广义"公司"概念的立场,则何谓"公司"的判断基准就成为问题,但公司必须符合以下要求:依法设立（法人性）,以营利为目的（营利性）,至少有两个以上的出资人所设立（社团性）的经济联合体。③

2. 企业

"企业"是指以营利为目的而从事生产经营活动的社会经济组织,其本来应该也包含"公司",但在立法之时,因为考虑到在现实的单位犯罪中"公司"的突出角色,所以特别将"公司"与"企业"相并列。④ 不过,中国历来存在很多全民所有制企业与集体所有制企业,对此存在《民法通则》《全民

---

① 苏惠渔主编:《刑法学》,中国政法大学出版社 1997 年版,第 149 页。该论者强烈地展示出对"单位"概念进行限定的方向。另外,野村稔、张凌:《中华人民共和国新刑法（1997）について》,载《比較法学》第 32 卷第 2 号。对于"公司"概念的理解,也有相同的宗旨。

② 陈泽宪主编:《新刑法单位犯罪的认定与处罚》,中国检察出版社 1997 年版,第 43 页。其强烈主张"单位"概念的模糊性的功能。

③ 同前,第 43 页。

④ 何秉松:《试论我国刑法上的单位犯罪主体》,载《中外法学》1998 年第 1 期。

所有制工业企业法》等法律上的规定，所以"企业"与"公司"的区别这种观念容易被接受。

上述有关"公司"概念的限定化或模糊化的对立，在"企业"概念中同样存在：上述对"公司"概念加以限定化的立场，认为"企业"概念与民法等规定的企业法人相一致；而模糊化的立场则认为，法人资格并不影响企业犯罪的成立。"企业"的判断基准，应当与其前述公司的判断基准基本一样（法人性、营利性、社团性）。

3. 事业单位

对于"事业单位"这一概念并不存在较大的对立观点。一般是指从事公益性事业，根据法律或者行政命令设立，接受国家机关的指导与经费，实施非营利活动的组织。作为实际的例子，学校、公共科学研究机构、医疗机构、艺术文化团体、包括报社在内的报道机构等属于这一类。

4. 机关

这里所说的"机关"，一般是指国家（或者地方政府）机关。作为最初的单位处罚规定的《海关法》中，就单位犯罪的组织体规定为"企事业单位、国家机关……"，从 1980 年代出现单位犯罪的个别规定开始，就已经意识到国家机关可以成为单位犯罪的主体。

对于"机关"而言，有观点认为，对于国家机关之末端的工作人员的犯罪，很难认定该机关的最高责任人存在故意或者过失。另外，国务院或者公安部等国家机关作为犯罪主体而受到刑事处罚，也是不现实的，所以不应将机关作为单位犯罪的主体（后述）。另外，很多学说主张，通过将责任追究的范围加以限定，也就是将专门性部门（厅、局、署、科）或者末端组织作为"机关"，可以消除这一弊端，国家机关的某一部门就是这里所规定的"机关"。①

　　另外，根据民法的规定，机关是指经费上独立的机关，有独立的法人资格（《民法通则》第 50 条），但是对于经费独立性的内容及其程度没有规定。

　　5. 团体

　　对于"团体"的概念，学说基本上对其进行了非限定性的定义，诸如，"为了一定的目的而自主结成的、实施某些社会活动的合法组织"。② 实际上，对于"团体"进行限制性定义是较为困难的，可以认为，只要是具有某种组织性的合法性团体，都可以被"团体"这一概念所涵盖。③

### （二）"单位"主体规定的整体性问题

　　如上所述，在"单位"主体规定中，由于考虑到适用上的灵活性而规定得较为模糊。例如，"公司"与"企业"这一对处于包含关系的概念并列存在。另外各概念之间也存在重叠的部分，对于这些问题，需要对理论构造以及概念进行重构。

　　但是，与上述构造上的问题相比，此处更加引人关注的是，正如上述有关各组织体的学说之间的对立所显示的那样，存在以下两种对立的见解：主张像历来那样，充分发挥规定的模糊性的功能的见解；通过概念的限定来使规定明确化的见解。这种见解上的差别，产生了有关单位主体规定的理论上的对立。以下就以这种对立的见解为视角，对与"单位"概念整体有关的一般性问题加以考察。

---

　　① 同前。
　　② 同前。
　　③ 关于这一点，同前，第 48 页也指出，在规模、种类、组织形式等方面，多样性非常显著，"状况很复杂"。

1. 关于"非法人组织"

通过设置有关"单位"主体的规定，五种组织体被作为单位犯罪的主体而规定下来。但是，因为没有规定"法人"犯罪而是"单位"犯罪，所以作为整体性问题，是否能够将"非法人组织"视为"单位"这一问题就产生了。

关于这一点，在实务与学说中都存在争论，因为条文上的"单位"概念本身较为模糊，而且没有在定义规定中提及法人资格，所以至少从条文上来看，能否包括"非法人组织"这一点并不明确。

（1）有关"非法人组织"的司法解释的变迁及其评价

概览一下有关"非法人组织"的司法解释可以发现，对于刑法修订以前的特别法中的单位犯罪规定是否适用于"非法人组织"，根据最高人民法院与最高人民检察院于1989年出台的司法解释，[①] 对于私营企业等非法人组织的经济犯罪，将其作为自然人犯罪处理，在上海市高级人民法院等于1995年11月出台的意见[②]中也可以发现，对于私营企业等非法人组织以企业名义实施的诈骗行为，视为自然人犯罪。

但在引用这一解释的论文中，恰恰以该解释与现实的经济状况不符而进行了批判。[③] 另外，公安部法制司在有关1992年1月一起具体案件处理的答复函[④]中，也与前述司法解释不同，认为参与卖春的旅馆与餐饮店，即使属于个人经营，也将其作为单位犯罪处理。由此可见，在处理上并不具有一贯性。

---

① 《最高人民法院、最高人民检察院关于当前处理企业事业单位、机关、团体投机倒把犯罪案件的规定》第3条。

② 《上海公检法司关于查处经济领域中利用合同犯罪案件若干问题的意见（试行）》第1条。

③ 薛进展：《论私营公司刑法中的地位》，载《法学》1998年第5期。

④ 《公安部法制司对个体旅馆业等是否属"单位"的请示的答复》（公法[1992] 12号）。

（2）有关"非法人组织"的判例

如果考察此前的判例对于"非法人组织"的处理，就会发现，在以下这一点上存在一贯性：对于作为"非法人组织"的个人业主参与犯罪的案件，即使是完全符合上述有关单位犯罪定义的事例，也不会将个人经营的经济组织体实施犯罪的情形视为单位犯罪。[①]

特别是，同样是制造、贩卖淫秽书籍的案件，如果犯罪主体是个人业主则不作为单位犯罪；与此相对，如果是法人代表实施的，则将企业法人作为犯罪主体，对单位加以处罚。[②] 在这两种案件中，除了主体是否是具有法人资格的组织体外，几乎看不到其他的差别，由此可以确证，其采取的处理是：不将"非法人组织"视为单位。

如上所述，尽管为了将"非法人组织"作为组织体犯罪的主体，而没有在条文中规定"法人"，而是规定"单位"，但在实际的案件中，对于将其作为"单位"处理，采取的是一种消极甚至否定的态度。

（3）关于将"非法人组织"认定为"单位"的消极性

通过上述案件的检讨可以发现，对于将这种"非法人组织"认定为单位采取一种犹豫的态度，是因为这些"非法人组织"中存在个人经营以及小规模组织体。有人指出，在将这些小规模组织体作为犯罪主体的案件中，因为从事经济活动的个人与单位之间的界限较为模糊，所以难免会作为单位犯罪立案，而且针对自然人的处罚与针对单位的处罚，其对象实际

---

① 作为这样的案例，可参见国家法官学院、中国人民大学法学院编：《中国审判案例要览：1998年刑事审判案例卷》，中国人民大学出版社1999年版，第308、328、332、375页。这些案例都是只处罚了自然人。

② 相关案例，参见中国高级法官培训中心、中国人民大学法学院编：《中国审判案例要览：1997年刑事审判案例卷》，中国人民大学出版社1998年版，第70、453页。

上是重合的，所以就会对同一人存在两重处罚，这样在理论上就存在与刑法上的双重处罚禁止原则的抵触。[①]

与此相对，有一种认识认为，"非法人组织"在实体经济中与法人受到同等的对待，对于这一作为民事权利义务的主体而实际活动的组织体，仅仅以不具有法人资格为理由而不加以刑事处罚，是不公平的。

另外，对于"非法人组织"，也可以认为，因为其组织机构、财产以及法定代表等已向有关行政部门进行登记，主张"非法人组织"是刑法上的单位，个人与单位的区别是明确的，所以不存在上述问题。由此可见，在这一点上存在意见的对立。

（4）有关"单位"主体的司法解释

面对上述实务与学说中的对立，1999年6月，最高人民法院火速出台了有关这一问题的司法解释（以下简称《解释》）。[②] 根据这一《解释》，《刑法》第30条规定的"公司、企业、事业单位"中，包含了国有与集体所有的各种组织体，合法设立的合资经营、合作经营的企业，以及具有法人资格的各种组织体，其意图在于对"单位"主体加以限定。

在这一《解释》中，虽然并不存在"非法人组织"不包含于"单位"这一表述，但其着眼点却恰恰在于"非法人组织"。该《解释》所附的解说中也指出，对于不具有法人资格的组织体，将其比照自然人犯罪的规定加以处罚，[③] 这也表现出了以下这种认识：该《解释》是为了应对"非法人组织"

---

① 曹顺明：《论单位犯罪的主体范围》，载《人大复印报刊资料·刑事法学》1998年第9期。

② 《最高人民法院关于审理单位犯罪案件具体应用法律有关问题的解释》（1999年）。

③ 最高人民法院刑事审判第一庭编：《刑事审判参考》（第3辑），法律出版社1999年版，第86页。

的问题而出台的。

（5）有关"非法人组织"的非"单位"化

上面指出的非法人组织体在法律以及实务上的问题点，以司法解释的形式得以解决。如上所述，将实际上可以视为个人的组织体也作为单位犯罪加以处罚，会存在诸多问题，所以在这一点上，作为自然人犯罪处理是妥当的。

然而，在这一《解释》中，也可能存在反面的批判。如上所述，在"非法人组织"中，实际上包含了很多同法人并无差别的组织，将这类组织以欠缺民法赋予的法人资格这一评价为由，而免于在刑法上作为"单位"的处罚，这与其他组织体相比欠缺公平。另外要注意的是，这一《解释》中"具有法人资格的"组织体的范围过于模糊。

在这一点上，虽说在理论上不应将"非法人组织"作为"单位"，但却存在不将较大规模的"非法人组织"作为单位处理造成的公平性问题。现在被作为"非法人组织"的范围并不确定，而且在规模、组织形式上存在过度的差别，这些都是"非法人组织"的问题所在，所以有必要采取从整体性观点出发的立法来寻求解决。应该按照中国"法人"与"非法人组织"概念的实际情况进行再构筑、再定义，在此基础上，再对条文上各组织体的定义与范围进行妥当的重构。

不过，主张将"单位"概念模糊化的立场指出，行政法规中规定了停止营业、取消资格等各种各样的行政处罚，这些处罚"对于法人而言其严重程度甚至超过罚金刑"，① 所以至少从当下来看，仅仅对非法人组织采取行政处罚，既符合逻辑，也具备实效性。

---

① 陈泽宪主编：《新刑法单位犯罪的认定与处罚》，中国检察出版社 1997 年版，第 99 页。

2. 能否将组织体的一部分视为"单位"

正像在"机关"那一部分所指出的那样，对于单位犯罪案件，存在将巨大组织体的一部分分离出来，将该部分作为独立的"单位"加以处罚的处理。以下首先介绍有关判例，然后对学说进行分析与探讨。

（1）有关下级组织的裁判例

①关于将下级组织等作为诉讼主体

关于能否将企业的一部分视为作为诉讼主体的"单位"，在民事诉讼中，存在法人的一部分被要求赔偿，在判决中将法人的支部认定为"单位"等的情形。① 在诸如此类的众多案件中，企业的支部与下级组织被作为诉讼主体，同时还被视为法律上的权利义务主体。

但是，在出于防范目的而对顾客的随身物品进行检查的行为构成名誉毁损的案件中，上海市中级人民法院拒绝了法人一方提出的"实施该特定检查行为的支部是诉讼主体"的主张，以该支部不具有诉讼主体资格为由，将法人作为犯罪主体，命令该法人进行赔偿。②

在这个对名誉毁损案件的处理中，上海市中级人民法院在判断作为企业一部分的下级机构能否视为单位、作为诉讼主体时，不是采用行政登记的标准，而是采取"核算上的独立"这一标准。可以说，不是根据行政法规上的登记，而是以经济活动中的实质标准来判断其独立性。

②刑法案件中对于下级组织的处理

刑法上的"单位"认定是否也采用这一标准呢？以下是一起企业下级组织参与的刑法案件：在企业的第二工厂作为犯罪主体

---

① 参见上海市高级人民法院编：《'98上海法院案例精选》，上海人民出版社1999年版，第571页。

② 参见《民主与法制》1999年1月15日，第12页。

的案件中，虽然认定该第二工厂在本部的指挥与命令之下，其生产活动是根据本部的上传下达进行的，但仍然把第二工厂作为单位犯罪主体，将其列为本案被告，对第二工厂科处了罚金。[1]

再次检讨这一案件，关于能否将第二工厂视为"单位"，在判决中只是提到，因为是"单位"，所以成为该犯罪的主体，就"单位"的认定基准并没有任何具体的记载。不过，在案例的概要中，存在有关当时第二工厂的收支状况以及法定代表人的记载，据此可以认为，是根据核算上的独立性以及行政上的登记，而将其认定为"单位"主体的。

从以上裁判例可以发现，同民事领域的处理一样，在刑法上也将企业等的支部以及下级组织视为"单位"。这是因为，在中国，存在将行政、民事以及刑事领域作为一个整体加以把握的倾向，所以从某种意义上讲，这是一种当然的理解。另外还可以确认的一点是，在进行"单位"的认定时，会提到"核算上的独立性"，所以是以经济活动中的实质基准加以判断的。

以下在持有这一问题意识的基础上，对学说中提到的问题加以检讨，深化对这一问题的理解。

（2）有关企业等的下级组织问题的争论

对于能否将组织体的下级组织视为"单位"，本文想首先确立一般性解释中的对立轴。

首先，从学说的概况来看，对于企业等的下级组织不具有法人资格这一点，很多见解认为可以将其视为"单位"。根据这一见解，如果这些下级组织"独立开展活动，以自己的名义从事经营活动"，[2] 则能够将其作为单位犯罪主体进行处罚，

---

[1] 参见上海市高级人民法院编：《'98 上海法院案例精选》，上海人民出版社 1999 年版，第 282 页。

[2] 陈泽宪主编：《新刑法单位犯罪的认定与处罚》，中国检察出版社 1997 年版，第 48 页。

只要独立活动的下级组织并不是直接接受上级下达的命令与指挥而行事，就将其作为下级组织实施的单位犯罪，对下级组织判处罚金。

与此相对，认为"单位"的下级组织不能作为"单位"犯罪主体的立场，存在以下主张：将下级组织作为主体，"不仅破坏了单位犯罪主体的统一性，而且使刑法所设立的刑事责任原则失去实效"，所以"对于居于单位的下级、不具备独立资格的下级组织，不能将其视为刑法上的单位，并作为单位犯罪主体"。[①]

将单位范围进行宽泛理解的立场对这一主张进行了批判。根据这一立场，如果回归刑法上没有规定"法人"而是"单位"的立法宗旨，是因为"单位"这一词语"不仅包含了法人，还包括法人内部具有不同职能的机构与部门"，不将企业下级组织视为"单位"，不仅"与《刑法》第 30 条的立法精神不符"，而且，"将法人的职能部门实施的犯罪由法人承担，会使刑罚措施失去实效"，所以下级组织能够成为"单位"。[②]

（3）下级组织问题探讨

①独立性认定基准

如上所述，裁判案例中存在将企业下级组织也作为"单位"处理的例子，但对于这一肯定立场的主张也存在疑问。也就是说，在这一主张中，重视对下级组织科处罚金，而反对由企业来承担下级组织的犯罪，但在认定下级组织为"单位"时，对于作为其前提的"核算的独立"，判决的内容并不明确，作为基准来说，过于模糊。

正是因为这种模糊性，很可能存在以下情况：被认定为

---

① 苏惠渔主编：《刑法学》，中国政法大学出版社 1997 年版，第 150 页。

② 侯国云：《新刑法疑难问题解析与适用》，中国检察出版社 1998 年版，第 179 页。

"单位"的企业等的下级组织实际上不过是完全附属于该企业的一个组成部分。在这种情况下，罚金实际上不是由下级组织而是由企业支付，这与该组织体完全没有被追究刑事责任，因而也没有辩解的机会，但却被科处刑罚，是一样的。

针对这一批判，认为下级组织可以成为单位犯罪主体的立场存在以下理解：在判断该下级组织能否成为单位犯罪主体时，不仅重视该组织对于指挥命令系统的独立性，还重视其在财产上的独立性，所以罚金是对这一作为独立"单位"的下级组织科处的，因此上述问题并不存在。① 但是，对于这一见解，恰恰是财产上独立的基准，也就是判决中提到的"核算独立"这一基准的模糊性受到追问，存在对于独立性的考虑不够充分的疑问。

②罚金支付主体

另外，即使考虑上述财产上的独立性，也还没有对是否具备充足的罚金支付能力进行判断。在有关上述第二工厂的判例中，第二工厂处于债务累积的状态，将其作为单位而对其科处罚金，也不能认为其具有罚金支付能力。

那么，当下级组织无法支付罚金时应该怎样处理呢？因为下级组织不能支付的债务由企业来承担，所以尽管是对下级组织科处的罚金，结果是由企业来承担这一责任。②

从这一点来看，不得不说，将下级组织作为"单位"的解释与刑法原则相抵触。另外，即使下级组织具有财产上的独立性，但在很多情况下，下级组织的财产构成企业财产的一部分，所以即使罚金在形式上由下级组织支付，其实质上与判处企业罚金是相同的结果。

---

① 同前。
② 曹顺明：《论单位犯罪的主体范围》，载《人大复印报刊资料·刑事法学》1998年第9期。

（4）结论——企业等的下级组织的非"单位"化

根据上文，可以说，对于企业等的下级组织，欠缺将其作为单位犯罪主体的必要性，在逻辑上也欠缺整体性。民法上也规定，在法人的组成人员构成犯罪的场合，该法人以及法人代表对此承担责任（《民法通则》第110条），即使在具有相当独立性的场合，对于没有法人资格的下级组织，还是考虑处罚法人更具备逻辑上的整体性。

据此，对于企业等的下级组织，即使不将其作为单位犯罪主体，而是对具有法人资格的企业等进行责任追究，其弊端也较少。另外，从上述司法解释来看，存在一般要求单位主体应具备法人格的方向性，这种处理与上述司法解释也是相适应的。

（三）有关"单位"个别定义的问题

从对于"单位"主体的整体性问题的讨论中，可以发现对模糊的"单位"概念加以限定的方向性，这有利于整体性的单位犯罪规定的明确化。但是，如果"单位"主体的个别规定仍然是模糊的，则这种限定化不过是徒具形式，而欠缺规定整体得以明确化的基础。所以对这种限定化而言，对个别规定的限定仍然是不可或缺的。以下将就"单位"主体的个别规定之中，在模糊性上存在问题的"团体"，以及必然伴随着下级组织问题的"机关"加以讨论。

1. 关于"团体"——定义的模糊性

如果概览一下刑法上对于被作为犯罪主体之"单位"的组织体的表述，就会发现，因为存在"团体"这一一般性规定，所以即使新《刑法》第30条对于"单位"内容的规定进行了限定性列举，"单位"这一概念仍然是模糊的。

如果看一下学说的定义，就会发现，即使是对于其他"单位"主体采取相当限定之解释的立场，也存在对于"团体"的限定较为缓和,① 而且对于团体在其内部设立的内部性活动团体也视作"单位"的见解。② 这一"团体"概念,具有使"单位"概念过于泛化与模糊化的危险。

因为没有对作为单位犯罪主体的"团体"的内容进行实质的限定,所以就相当于在单位犯罪规定中存在"以及其他组织"这样的规定。因此,对于刑法总则条文中列举"单位"主体的意义而言,尽管是一种限定性列举,但实际上仅仅具有例示性列举的意义,从对"单位"概念进行限定的方向来看,这一规定的问题受到极大的关注。

关于"团体",上述《解释》中也没有提及,"团体"概念甚至是"单位"概念的模糊性得到维持。不过,从上述《解释》中所能看到的限定"单位"概念的方向来看,由于"团体"这一规定的存在而造成的"单位"概念的外延的过度模糊化,与这种方向相矛盾,对于这一点还有待明确的解释。

2. 关于国家机关实施的犯罪

关于国家机关能否成为犯罪主体的问题,很多学说对此持否定见解。在判例当中,在国家机关能够成为单位主体的规定被制定后的 15 年间,尽管发现了很多由国家或地方政府等所谓的"机关"实施的走私等犯罪规模巨大的案件,但不作为国家机关实施的单位犯罪处理,仍然是一种通例,多数案件仅仅存在对自然人的处罚。③

---

① 苏惠渔主编:《刑法学》,中国政法大学出版社 1997 年版,第 150 页。本文虽然从限定的立场对这一概念进行了提示,但仍然作出了极其缓和的定义,认为"团体"是指"由特定行业、阶层自发地、合法地组织起来的市民自治性组织"。

② 何秉松:《刑法典修订以来若干重要理论问题新探索(上)》,载《政法论坛》2000 年第 3 期。

③ 曹顺明:《论单位犯罪的主体范围》,载《人大复印报刊资料·刑事法学》1998 年第 9 期。

但是，判例当中也可以发现将"机关"作为"单位"处罚的例子，所以以下围绕这一点对判例进行检讨。

（1）有关"机关"犯罪的判例

概览"机关"所参与的案件，正如对乳山市商业局、公安局以及其他公共机关的责任人作为犯罪主体所参与的走私案件等的处理中所显示的那样，大多数不将公共机关作为单位犯罪处罚，而仅仅处罚自然人。[①]

与此相对，在丹东机动车走私案件中，丹东市市长、秘书长、市对外贸易委员会主任、粮食局局长、武装警察部部长、副部长等众多公共机关的责任人，因为在实施走私犯罪时各自起到不同的作用而被起诉，在这一案件中，对外贸易委员会与粮食局被作为单位犯罪主体而被科处了罚金刑，这说明对"机关"也存在作为单位犯罪主体加以处罚的例子。但是，从与自然人犯罪主体的对应关系来看，丹东市、武装警察部等没有被作为"单位"加以处罚，由此也可以看出，对将"机关"认定为"单位"的消极性。[②]

如上所示，尽管裁判例中存在将"机关"作为单位犯罪主体加以处罚的例子，但即使是对"机关"处罚持肯定态度的立场，也提到了"机关"处罚案件数较少等情况，由此可以认为，判例对处罚"机关"持消极态度。

（2）"机关"的单位处罚否定说

①国家意思与犯罪意思

作为不能将"机关"作为单位犯罪主体的意见的理由，首先是以下这种社会主义理念：国家机关在其活动中代表的是

---

① 刘家琛主编：《新刑法案例释解》，人民法院出版社 1997 年版，第 552 页。

② 同前，第 523 页。曹顺明：《论单位犯罪的主体范围》，载《人大复印报刊资料·刑事法学》1998 年第 9 期。本文也提到了这个案例。

国家的意思，这种国家意思与犯罪意思是不可能共存的。①

这种主张，与过去法人犯罪论争中认为承担社会主义义务的中国企业不能成为犯罪主体的否定说的主张相类似，其作为政治上的理念很有趣味，但最近几年，国家机关公务员实施的犯罪在中国社会频频出现，所以可以认为现在这种主张已经不能被接受。另外，根据上述案件中所显示的对"单位"范围的划定方法，在将国家机关作为单位犯罪主体时，要与被作为实行行为人的自然人的职责以及所管理的部门的范围相对应，来灵活地设定"单位"的范围。所以，就犯罪意思而言，就仅仅限定于对犯罪意思能够直接负责的部门（或其责任人），所以说与国家意思相矛盾这种批判并不成立。但是，必须指出的是，如上所述，将组织体的一部分抽离出来作为"单位"，是有问题的。

②有关对机关科处罚金的效果的问题

接下来，在认为不应将"机关"作为单位犯罪主体的主张中，还存在以下观点：注意到新刑法的单位处罚规定中只有罚金刑，这对于国家机关的刑罚是没有意义的，有时甚至是有害的。② 也就是说，单位犯罪处罚与自然人犯罪处罚的区别，仅仅是单位被科处罚金，而即使对国家机关科处罚金，也不过是在国家之中的数字移动，实际上不仅没有任何意义，还会对国家的财政管理机关造成不必要的障碍。考虑到这种障碍，就不应将国家机关作为犯罪主体。

（3）关于机关的非"单位"化

看一下实际的处理，可以认为，即使将国家机关规定为单位犯罪主体之一，在仅仅规定罚金刑一种处罚方式的现行法之

---

① 徐辉：《论法人犯罪》，载《现代法学》1996 年第 3 期。
② 蒋莺：《论单位犯罪的定罪与处罚》，载《现代法学》1997 年第 3 期。

下，认定为国家机关实施的单位犯罪，实际用处很小，因此被适用的例子也很少，而且之后也不怎么会出现。[1]

另外，考察被作为单位犯罪定义（至少在单位的故意犯罪中被作为要件）的"单位利益"，在处于"机关"的顶端的责任人实施犯罪的场合，难以认定该责任人是企图通过犯罪来为该"机关"谋取利益。概览实际的判例，机关所参与的犯罪中，有很多都是走私罪，而将走私物品所产生的利益归属于公共机关是难以想象的。从这一点也可以认为，将"机关"作为单位犯罪主体进行追究的必要性很低。

基于上述理由，学说当中也存在很多对于将"机关"作为单位犯罪主体持消极态度的见解，今后也可以考虑将其从"单位"规定中删除。不过，与其他组织体不同，这不是涉及私人权利的急迫性问题，问题意识仅仅在理论构造方面，加之也存在被避免实际适用的倾向，所以不必期待迅速的处理。

## 三、总结——以单位犯罪规定的明确化为方向

如上文所述，考察刑法上的"单位"概念时发现，虽然根据适用上的灵活性这一实务上的要求，而在规定制定阶段上，"单位"概念的模糊性显著地表现出来，但在近来的裁判例以及司法解释中，存在对其加以限定的趋势。由此出发，对于尚没有出现在现行的司法解释文件中的各个论点，也应该在"单位"认定的限定化这一方向上加以考察。

不过，必须注意到的是，对于单位犯罪的明确化，仅仅是"单位"概念的限定化还不够，更大的问题是，有关单位犯罪

---

[1] 周光权：《新刑法单位犯罪立法评说》，载《人大复印报刊资料·刑事法学》1998年第6期。另外参见蒋莺：《论单位犯罪的定罪与处罚》，该文提到，伴随着经济体制的发展，由机关实施的犯罪会消失。

的判断基准的构筑，也就是怎样的构成人员实施的怎样的行为能够被作为单位犯罪。这一判断基准的问题仍然存在。

关于这一点，上述单位犯罪的定义，有必要在与单位主管人员的关系中，来考虑如何在裁判实务中加以运用，有关这一点，将在今后讨论。

# 中国的法人刑事责任及对从业人员的处罚[*]

但见亮[**] 文

李世阳[***] 译

简目

一、单位犯罪认定中的"思路转变"

（一）单位的刑事责任

（二）从业人员的刑事责任

（三）规定或学说中的问题点

二、事例处理中"单位"与"主管人员"的刑事责任

（一）故意犯罪·行为责任类型的事例

（二）监督过失类型的事例

三、单位犯罪认定的整体构造

---

[*] 但见亮：《中国における法人の刑事責任と従業員処罰》，载《早稲田大学大学院法研論集》2001 年第 99 号，第 107—132 页。本文的翻译与出版已获得作者授权。

[**] 但见亮，早稲田大学法学研究科博士课程单位取得满期退学，一桥大学法学研究科讲师。主要作品有《中国の行政拘禁制度改革》（《比較法学》2004 年第 38 卷第 1 号）、《「案例指導」の現状と状態》（《比較法学》2010 年第 43 卷第 3 号）等。

[***] 李世阳，北京大学法学博士、早稲田大学法学博士，现任浙江大学光华法学院讲师。

笔者对中国 1997 年刑法修订案中关于法人犯罪的规定曾提出两点疑问：一方面，虽然有"单位犯本条规定之罪的，对单位进行处罚"的规定，① 但并未对"单位"犯罪的构成要件作出明晰的规定就将其列为犯罪主体。另一方面，能够成立单位犯罪的组织体范围也被过度的扩张泛化了。②

本文意在阐明，中国关于单位犯罪的法律规定及学说中所体现出来的单位犯罪的特征与板仓宏教授所提出的"企业组织体责任论"的观点不谋而合。③ 同时，本文将要探讨关于中国提出单位犯罪时的思路转变或者说视角转换，所带来的影响及产生的效果，从而得出中国在认定单位承担刑事责任时所采用的基准。本文将进一步研究"单位"与其从业人员的刑事责任承担问题，从而通过本文明晰中国新刑法中关于单位犯罪认定的整体构造问题。

## 一、单位犯罪认定中的"思路转变"

### （一）单位的刑事责任

#### 1. 规定成立的背景及影响

在 1997 年的刑法修订中，法人犯罪根据条文"单位犯本条规定之罪的"进行处罚，这句话与以前特别刑法中对单位

---

① 该条文参考野村稔、张凌：《中華人民共和国新刑法（1997）について》，载《比較法学》第 32 卷第 2 号，第 189 页以下。此外本文中有关对法人等组织体的称呼，中国刑法中规定的犯罪主体"单位"，不仅包括一般的法人，而且还包括个别的集团、集合体。"单位"则是将这一组织体与单纯的法人作出了区分。而且当"单位"作为类似于"单位犯罪"中这一形容词用法时，则省略引号这一符号。

② 笔者所著文章，载《早稲田大学大学院法研論集》2000 年第 95 号，第 81 页；2000 年第 97 号，第 99 页。

③ 何秉松主编：《法人犯罪与刑事责任》，中国法制出版社 2000 年版，第 476 页。此处详细介绍了板仓教授的企业组织体责任论，这一理论与中国的单位犯罪理论"不谋而合"。

犯罪的规定是相同的，正式承认"单位"作为一个组织体也可以成为犯罪的主体。

这一法律规定所体现出来的特性与单位犯罪成立过程中的时代背景密不可分。纵观中国确立法人犯罪的过程，随着改革开放的不断推进，以企业为主体的偷逃税款、走私等较大规模的经济犯罪显著增加，从而使中国立法部门逐渐意识到对这一形式的犯罪进行处罚、监督的必要性，这就是单位犯罪确立的主要原因。[①] 因此，1980 年代后期逐渐确立的单位犯罪规定中，"单位犯本条规定之罪的"正式承认"单位"也是犯罪的主体。"单位犯罪 = '单位'组织的故意犯罪"这一概念渐渐明确。

在法律对单位犯罪作出规定的过程中，为了加强对"单位"有组织的故意犯罪进行处罚与监督的重视程度，对"单位"承担刑事责任的规定，作为一般理论前提认为，对"单位"为了获取不法利益而实施故意犯罪这一行为，应当由"单位"自身承担相应的责任。同时，为了满足现实需要，立法上给予一定的自由裁量权。为此直接导致对单位犯罪认定过程及判断基准，刑法条文中未作出任何规定。对"单位"实施犯罪这一社会现象作为处罚单位犯罪成立的根据，以及"单位"及其从业人员承担刑事责任的犯罪构成、对其进行处罚的整合性理论问题等，法律规定中均未有所体现。

2."单位"承担刑事责任的根据

尽管条文中关于单位犯罪的规定并不明确，但通过讨论这一问题的各学说著作，不难发现随着法律确立单位犯罪，学术界也出现了一些通说性的见解。下面笔者针对此问题进行如下

---

① 有关单位犯罪成立的经过，参见陈泽宪主编：《新刑法单位犯罪的认定与处罚》，中国检察出版社 1997 年版，第 94 页。

中国刑法

概括：

（1）单位犯罪的确立及学说发展

在特别刑法方面，单位犯罪确立之前，即刑罚法规规定犯罪及处罚的主体仅限于自然人的时候，当问及法人是否能够承担刑事责任这一问题时，学术界多数持否定态度。从传统的刑法理论角度看，自然人能够成为犯罪主体是由于其应当承担伦理责任的非难，而这并不适用于法人，即法人无法承担刑事责任。因此，法人不能成为犯罪的主体。[①]

而如今单位犯罪已然确立，并且通过条文直接承认"单位"拥有刑法中的犯罪主体资格。当然，学术界也普遍认为，"单位"具有犯罪主体资格，同时也是承担责任的主体。学者的观点、学说与法律规定相同，均以"首先承认'单位'行为能成立犯罪"为前提而继续发展的。

但各学说与法律条文相同，并没有对社会现实中存在的单位犯罪假定任何前提条件，仅仅对单位犯罪的认定过程作出适当提示。根据这一提示，以犯罪时"单位的主观意思表示"为依据，对"单位"自身构成的犯罪，仅对"单位"追究刑事责任。这一观点已被普遍认可。

（2）学说中的普遍见解

详尽分析后可知，学说中的普遍见解认为，"依据单位集体的意思决定或依据单位负责人的意思决定，以获取不法利益为目的，单位的构成人员以单位的名义实施犯罪"。这一犯罪行为即是单位犯罪。[②]

通过这些学术见解可知，法律条文中并未提及"单位意

---

① 高铭暄主编：《新中国刑法研究综述》，河南人民出版社1986年版，第210页。

② 全国人民代表大会常务委员会法制工作委员会编著：《中华人民共和国刑法释义》，人民出版社1997年版，第44页。

思表示"等犯罪构成要件,当然,针对给出的未对要件内容及范围作出限定及明示的理由,学术界的普遍观点认为,未对"单位"的主观意思、行为主体等作出明确的限定,将导致对单位犯罪的定义变得非常模糊。

尽管这样,学说中还是对单位犯罪作出定义,这也给单位犯罪的认定过程起到一些提示性作用。依据法定代表人等"单位"为其行为后果承担责任的人员的意思表示,或者是根据董事会等机关作出的意思表示作为"本单位的主观意思"。"单位"的构成人员根据这一意思实行的行为,应当视为"单位的行为"。所以,这一犯罪是根据"单位"自身的意思表示,由"单位"自身实施的犯罪行为。

这也就是"单位"承担刑事责任的依据所在。关于单位犯罪的思路转变,即从"首先承认'单位'行为能成立犯罪"这一视角出发,"单位"承担刑事责任才是全部单位犯罪认定过程的基础。

### (二) 从业人员的刑事责任

前文阐述了中国在"单位"固有刑事责任方面的思路转变,这一转变对其从业人员所应承担的刑事责任也产生了一定影响。对从业人员的处罚规定,也在一定程度上体现出了单位犯罪的特殊性。

新修订的刑法条文中,在单位犯罪的情况下,对"单位"处以罚金,同时对"直接负责的主管人员"(以下简称主管人员)及"其他直接责任人员"(以下简称直接责任人员)处以刑罚。从这一规定形式中也可看出"单位"是犯罪主体,并在此基础上对其从业人员进行处罚。下面笔者想通过这一思路转变对规定及学说的影响而进行具体探讨。

1. 单位犯罪规定中对从业人员的分类

作为"单位"承担刑事责任的根据,其"单位"的构成人员的意思表示或行为，是否应当认定为"单位"的意思表示或行为呢？对于这一点疑问，虽然法律条文中并没有直接作出规定，学说中也只是作出了责任人的意思表示视为"单位"的意思表示这种程度的限定。对应当以单位犯罪进行处罚的从业人员这一问题，法律条文中对"主管人员"与"直接责任人员"的规定是有所区别的。

以前的特别刑法等诸多规定中，对从业人员的处罚规定各不相同，在现行刑法中同样也存在"主管人员"与"直接责任人员"的区别。同时，法律中也设定区分"法人的法定代表人"与"直接责任人员"，也对"单位的直接责任人员"作出相应规定。对从业人员的处罚规定并不是固定统一的，对其追究责任的根据、对法定代表人的法定代位责任、对犯罪承担直接责任等问题，均有相应的法律规定。在刑法的修订过程中，没有统一的名称这一问题得到了重视，修订后的法律条文中对"主管人员"与"直接责任人员"的区别作出了限定。

（1）主管人员

正如上文所述，新刑法条文中虽然采用了"主管人员"、"直接责任人员"的概念，但这与公司法、有关企业登记的规则等其他法规中，或者说公务文书中所规定的概念不同。而且一般情况下，企业内部并没有采用与法条相对应的职位或名称，在运用刑法的过程中，有必要明确哪些人员属于"主管人员"的范畴，而这一概念并没有在新修订的刑法条文中有所体现。

那么，学说中对"主管人员"这一范畴进行了怎样的理解呢？"主管人员"是指在单位中处于指导地位的人。这是一种通用的但并不严格的解释，也是所谓的"具体情况具体分析"，[①]

---

① 陈泽宪主编：《新刑法单位犯罪的认定与处罚》，中国检察出版社1997年版，第55页。

受到法规的模糊性影响，对"主管人员"是法定代表人还是机关等并不作出具体限定，形成一种维持外延灵活性的立场。

正是因为应对具体情况及问题的态度得到进一步强调，单位犯罪中根据个别人员所处状态及其担当的职务来判断其是否为"主管人员"。[①] 这一学说认为，法律条文中规定的关于"主管人员"概念，不是犯罪前预先设定的规范性基准，而应根据具体犯罪时的相关行为来判断其是否属于"主管人员"范畴。

像这样的学术见解，对于单位犯罪中的思路转变是非常合适的，即在单位犯罪中根据该人员所完成的本职工作性质来判断对其是否应当予以处罚。这一见解并不意在指出何谓"主管人员"，而是想指出在单位犯罪中应当予以处罚的"直接负责的主管人员"。[②] 总之，对"主管人员"的理解应当是基于"在企业内部具有能够承担责任地位的构成人员"这一概念，并附有"直接负责"这一意思。最后，从这一学说理解总结得出，对拥有一定程度的指导地位的单位构成人员，根据其具体行为状态，应当作为"主管人员"进行处罚。

（2）直接责任人员

如前述所说，"主管人员"在法律条文中有"直接负责"这一意思。而在"直接责任人员"情形中的"直接责任"，并不包含对单位人员的地位和职务的划分。这里所指的"直接责任"是作为追究刑事责任的根据，表述行为状态及在犯罪中所起的作用。在这一层面上与"主管人员"中的"直接负责"有共通之要素。

---

① 参见俞利平：《单位犯罪若干问题研究》，载《刑事法学》1998年第9期。

② 黎宏：《论单位犯罪中"直接责任主管人员和其他直接责任人员"》，载《法学评论》2000年第4期。该文认为，所谓的"主管人员"是指对犯罪负有直接责任的，同时掌握实际领导权限的主管人员。

对从业人员的"直接责任"判断基准法条中并没有作出明确规定。那么，就只能依靠学说上对这一问题的理解，"直接责任人员"一般需具备以下要件：（1）"法人或非法人单位内部的人员"；（2）"亲自实施了单位犯罪行为的人员"；（3）"必须对所实施的单位故意犯罪是明知的，即明知自己实施的是单位犯罪"；（4）"必须是在单位犯罪的实行过程中起重要作用的人员"。①

那么综上可知，"直接责任"作为处罚从业人员的根据，是具备犯罪故意要件（要件3）的行为责任（要件2）。所以可以得出与之相符的见解，即单位犯罪是对"单位"追究其故意犯罪的行为责任。

更进一步说，"单位犯罪实行过程中起到重要作用"是构成"直接责任"的要件之一（要件4），而这一要件同时也完全适用于"主管人员"。这是"主管人员"中的"直接负责"条文内容的直接体现。但是，法律条文中对"重要作用"的具体内容以及对各人员的区分规定显然是模糊不清的，并没有作出具体限定性规定。

从这一点来看，对单位犯罪的决定过程与实行过程进行区分可知，对前一个过程起重要作用的是"主管人员"，对后一个过程起重要作用的则是"直接责任人员"。② 但对组织体内部的决定或实行过程进行区分比较困难，而且仅仅通过区分是决定还是实行来判断其是否属于起重要作用的人员欠妥当。实际上以这种方式处理这一问题是比较困难的。所以，较为妥当的方法是，对犯罪过程所起作用进行综合考察的基础上，来决定该人员是"主管人员"还是"直接责任人员"。

---

① 陈泽宪主编：《新刑法单位犯罪的认定与处罚》，中国检察出版社1997年版，第56页。

② 同前，第57页。

2. 构成人员处罚规定中的"思路转变"

通过上文对"单位"构成人员处罚规定的讨论得知,对构成人员的法律规定并不是直接对"实施犯罪行为的构成人员"这样的犯罪实行内容作出规定,而是作出构成人员的行为与"直接负责"的犯罪行为自身无关的规定。根据这样的法律条文,虽然造成了对构成人员处罚时是出于"单位"运营上的责任,还是出于因犯罪而直接承担的责任区分不甚明确,但这一条文很适宜单位作为实施犯罪主体的规定形式。那么,这一规定也体现出了单位犯罪认定中的思路转变。

为了更明确揭示出"单位"是单位犯罪主体这一思路转变,刑法分则对同一犯罪中"主管人员"与自然人的法定刑作出了不同规定。对刑法分则单独作出的单位犯罪规定大致可以分为以下几类:(1)仅对"单位"作出的单位固有的犯罪规定;(2)法条在第 1 款等作出对自然人犯罪的规定,在第 2 款等作出"单位"在实施前款罪行时的处罚规定;(3)为保护法益而在该节末尾作出对单位犯罪的规定,"单位犯本节第三百三十八条至第三百四十五条规定之罪的"。

其中,第 1 种类型中没有单位犯罪与自然人犯罪在处罚轻重上存在差异的情形。在第 2 种和第 3 种类型中,存在对自然人犯罪处罚的最高刑与单位犯罪中对"主管人员"等处罚的差异。特别是在第 2 种类型中,对自然人犯罪的处罚与对单位犯罪的处罚存在很明显的差异。

例如,根据《刑法》第 175 条关于高利转贷罪的规定,其中第 1 款规定自然人犯本罪的,其最高刑为 7 年有期徒刑,而第 2 款中单位犯罪的"主管人员"的最高刑为 3 年有期徒刑,两者之间的刑期有 1 倍之差。同样,在《刑法》第 188 条规定的违规出具金融票证罪中,对自然人所处最高刑为 10 年有期徒刑,而对单位犯罪中的"主管人员"等处以的最高刑为 5 年有期徒刑，同样存在有 1 倍的差距。如此，在法定刑上存在着显著的差异。

在此基础上还有更为极端的例子，即《刑法》第 153 条规定的走私普通货物、物品罪，《刑法》第 199 条至第 200 条规定的金融诈骗罪的加重情形中对自然人的处罚及对单位犯罪的处罚规定。其中，在《刑法》第 153 条的规定中，自然人犯罪的最高刑为无期徒刑（第 1 款），而对单位犯罪的处罚则仅限于有期徒刑（第 2 款）。再看《刑法》第 199 条，对自然人犯罪处罚的最高刑为死刑，而第 200 条中对"主管人员"等的处罚最高刑为无期徒刑。

法定刑中存在的这种差异，是由多数人设立存在的"单位"作为犯罪主体，"主管人员"等的责任得以分散的结果。同时，这也反映出了单位犯罪中的思路转变。[①] 但是，即使具备同一构成要件的自然人犯罪与单位犯罪，有时法定刑上存在差别而有时则无差别的现象虽存在但并不常见。[②]

### （三）规定或学说中的问题点

从前文所述的法条规定及学说的一般见解中不难发现，中国在单位犯罪规定的理论问题及其运用方面，存在着一些亟待解决的问题。笔者认为存在以下几点问题：

### 1. 法律规定整体模糊不清

首先是条文中体现出来的模糊性问题，"单位"与"主管人员"之间的范围及内容不明确。而且，没有作为补充性的定义规定，法规中的各个概念都过于模糊不清。

---

① 孙昌军等：《试论单位犯罪中责任人的认定与处罚》，载《法学评论》2000 年第 1 期。

② 例如，所举例子中虽然走私普通货物、物品罪中的法定刑存在差异，但《刑法》第 151 条走私武器、弹药罪，第 152 条走私淫秽物品罪等条文中单位构成人员的法定刑与自然人的法定刑则是相同的。

并且不仅仅是各个概念不清，单位犯罪的判定基准上也存在模糊性问题。新刑法的规定中同样存在这一问题。在追究"单位"固有的刑事责任时，由于没有对"单位"自身犯罪认定过程分析作出规定，"单位"中哪一等级的构成人员的意思表示、怎样的行为可以视为"单位"的意思表示或行为均无法判断。甚至连"单位"的意思表示等是否属于单位犯罪的构成要件这一点也没有作出明确的规定。

针对规定的不明确性，学说在对其进行分析的基础上，建立起"单位的意思表示"等单位犯罪认定基准，构建单位犯罪成立的构成要件。学说中也普遍认为必须指出法规中的模糊性问题。但这一基准只不过是学说中提出的"见解"罢了，必须注意这并不是条文中规定的基准。

对于这些问题，新刑法对单位犯罪所作的规定，本应使刑法处罚正当化的刑法条文却没能起到事前告知的作用。那么这是否存在严重违背刑法中的罪刑法定主义的嫌疑呢？笔者对此有重大疑问。

2. 刑法中基本概念的实质性变化

本次刑法修订并没有像从前那样在行政取缔法规、特别刑法中作出与法人犯罪相关的规定，而是在刑法中对单位犯罪进行了规定。因此，违反行政法规所设基准的行政类案件，不再视为违反行政法的行为，而应视为触犯刑法的犯罪行为。那么认定单位犯罪的方法是否与刑法中的基本概念相抵触，是问题之所在。

针对这一问题，曾占据压倒性地位的法人犯罪否定论认为，其存在相抵触的问题。而新刑法对刑法基本概念定义的规定，在保持与旧刑法中的相应条文内容一致的情况下，对单位犯罪进行了规定，那么仅规定自然人为犯罪主体的旧刑法与规定"单位"与自然人同样具备犯罪主体资格的新刑法之间，并没有发生实质性的变化。加之单位犯罪自身规定的模糊性，使得现行刑法中的基本概念与其对单位犯罪的规定之间相抵触的情形愈加鲜明。

以上这种与刑法基本概念相抵触的问题之中，最为显著的问题是有关单位犯罪故意及过失的认定。新刑法中对故意、过失的定义规定与旧刑法中的规定完全相同。其中"自己"、"希望"、"不注意"、"轻信"等用语上更重视体现自然人的主观意识层面，并不适合用于体现"单位"的意思形成过程。由于法律中并没有对"单位"的意思形成过程作出规定，对"单位"自身意思表示的认定也就只能使用自然人主观构成要件认定方法，虚构出"单位"的"希望"、"不注意"。

有力的学说认为，首先"单位"是一种假定的"人格化社会系统"，在此基础上主张"单位自己整体的意思表示及行为"使"单位"作为一个整体承担刑事责任。用社会学的认识方法来假定"单位"意思表示及人格，从而使"人格化"的刑事责任得以肯定。[①] 那么，要使现行刑法对单位犯罪的故意、过失概念更加贴合，当前也就只能使用法律外的假设方法了。

那么，违反行政取缔法规而构成的犯罪与一般情形中违背伦理道德而构成的犯罪相比较，主观上缺乏对伦理侵害的故意。再者，违反行政取缔法规构成犯罪的，对其犯罪结果严重性的重视程度远大于对其主观方面的重视程度。与原来强调伦理责任非难性，即以故意、过失为衡量基准相比，如今更适用于类似无过错责任，即以客观违法犯罪行为的有无作为处罚标准。相反，从这一犯罪性质来看可能导致，虽然要求主观上有故意或过失，但在实际处罚时依据的却是结果责任或者说无过

---

① 何秉松主编：《法人犯罪与刑事责任》，中国法制出版社 2000 年版，第 470 页，第二编第十三章第二节中的主张。

错责任。这一问题令人担忧。①

　　尽管存在这种疑义，刑法中关于故意、过失的条文内容却没有作出任何变更。对这些犯罪类型的处理在实务中仍是根据以前对故意、过失进行认定所使用的方法进行的。那么就有这么两点疑问了：既然这些犯罪领域应当为刑法所规定，是否有必要制定与这些犯罪类型相关的特殊规定？在实务中是否已经从实质上改变了刑法中对故意、过失的考量基准？进一步讲，由于"单位"的刑事责任是故意犯罪中的行为责任，那么对监督责任的理论性考察还不够充分也是需要解决的问题之一，关于这一点笔者将在后面进行论述。

　　3. 双重处罚问题

　　双重处罚问题是在单位犯罪成立以前法人犯罪否定说的主要论据之一。在对自然人处罚之后又对法人进行处罚，就出现了双重处罚的问题，而这一观点即成为了否定法人刑事责任的根据。对此，则出现单位犯罪是以"单位"为主体的犯罪这一思路转变。而双重处罚问题也针对这一思路转变指出，对"单位"进行处罚之后又对其从业人员进行处罚是否存在双重处罚的问题？

　　关于这一问题，各学说中曾尝试给出一些关于单位犯罪中"单位"及其构成人员之间关系的理论。因此，笔者接下来想通过概览各学说中所提之观点，探究如何解决双重处罚问题。

　　（1）有关单位犯罪中的"单位"与构成人员关系的学说

　　①构成人员非单位犯罪主体论

　　在这一学说中认为，"单位"的法定代表人等的行为是构

---

　　① 三井诚：《法人処罰における法人の行為と過失——企業組織体責任論に関連して》，载《刑法雑誌》第23卷第1・2合订号，第146页。该文指出，日本"实质上是无过失责任"，"违法行为作为一种接近于客观处罚要件的行为"，"作出处理"。

成单位犯罪的有机组成部分之一，不能与"单位"脱离而独立存在，因此单位犯罪中仅有"单位"这一主体。那么，为什么又要追究构成人员的刑事责任呢？"单位"虽然具有法律拟制的生命，但"单位"自身不能作出意思表示，其实行的行为是通过责任人等构成人员个人的意思表示及行为体现出来的。而责任人的意思表示及行为正是导致单位犯罪的重要原因，所以应当对其进行处罚。[1]

②双重犯罪主体论

这一学说中，"单位"是对立于自然人的存在，同时也是由自然人构成的。单位犯罪实际上是一个犯罪、两个犯罪主体，即单位犯罪有"单位"及其构成人员这两个主体。而构成人员负刑事责任的根据则是其在单位犯罪中的主观上的故意、过失，客观上实施的犯罪行为。[2]

③双层机制论

此学说认为，"单位"与其构成人员属于两个不同层面的犯罪主体，但这两个犯罪主体均应存在且不会相互排斥。单位犯罪在形式上是以"单位"为主体的，而实际上由"单位"的意思决定者与实行行为人实施的共同犯罪。因此，实际操作的"单位"构成人员的意思表示或行为才是构成单位犯罪的原因。而这正是对构成人员进行处罚的根据所在。[3]

④连带刑事责任论

这种理论认为，"单位"与其构成人员的犯罪行为相互关联，应同时追究二者的刑事责任。在民法、行政法中，我们知

---

[1] 李僚义、李恩民：《中国法人犯罪的罪与罚》，中国检察出版社 1996 年版，第 69 页。

[2] 何秉松主编：《法人犯罪与刑事责任》，中国法制出版社 2000 年版，第481—482 页。

[3] 卜维义：《法人犯罪及其双层机制与两罚制》，载《经济与法》1991 年第6 期。

道，对"单位"的违法行为，通常采用双罚原则，即法人内从业人员在执行职务活动中，对他人造成损害时，不仅法人因此而承担民事责任、行政责任，而且致人损害的责任人员也要承担相应的责任。而刑事犯罪行为只不过是一般违法行为因其社会危害性在量上的变化而引起质变的结果，当民事或行政中的违法行为达到一定严重程度时，应当以刑法中的犯罪论处。因而对"单位"的刑事犯罪行为与法人的一般违法行为一样实行双罚制是科学、合理的。所以，本理论主张应当对"单位"及其构成人员同时追究刑事责任。[①]

⑤单位与个人责任一体化论

这一理论首先认为，单位犯罪的特殊性是由犯罪主体反映出来的，"单位"与其构成人员作为一个整体实施犯罪行为。因此，这里的犯罪主体是由两个性质上不同的主体相复合构成的，但各主体之间并不是共犯关系，而是融合成了一个整体，以这个整体作为犯罪主体承担刑事责任。[②] 对"单位"及其构成人员同时追究刑事责任的根据在这里并没有予以明确，但从这一理论所表达的中心意思，即"融合一体"、"一个犯罪主体"之中可以看出，对"单位"与构成人员是作为一个整体进行处罚的。

⑥双重主体说

这一理论很简单，即认为单位犯罪的主体问题并不是单纯的理论问题，而是国家根据需要要求法律作出什么样的规定的问题。正因为在中国对"单位"及其构成人员的处罚规定的是双罚制，所以必须承认单位犯罪主体的双重性。正因为犯罪

---

① 杨春洗、丁泽芸：《试论单位犯罪的刑事责任》，载《刑事法学》1998年第5期。中国的法人对其从业人员的行为不负连带责任，所以该理论的前提是错误的。

② 娄云生：《法人犯罪》，中国政法大学出版社1996年版，第40—44、75—76页。

主体的双重性，才会有责任承担的双重性。因此，这一理论主张并没有违反刑法理论的责任主义和罪刑法定主义。①

（2）各学说间的探讨——有关双重处罚问题

在这些学说中，无论哪个理论，均认可"单位"的犯罪主体资格，所以从这一点能够如实反映出笔者所提的单位犯罪的思路转变。

而这些学说中的不同之处在于，在单位犯罪中只有"单位"这一个主体，还是将自然人与"单位"合并成一个整体作为单位犯罪的主体，又或者是双重主体。但是，如果只有"单位"这一个主体，那么为什么还要对其构成人员进行处罚？将犯罪主体"融为一体"的情形则过于技巧性、拟制性。双重主体的情形则会出现对意思表示、行为的双重评价，忽略了理论中存在的问题。所以，最终还是无论根据哪个学说，都无法充分解决理论中存在的问题。

虽然有学者主张，实际处罚时，对构成人员处以自由刑，对"单位"处以罚金刑，而刑法中罚金属于附加刑（《刑法》第34条），所以对单位犯罪的处罚仅仅是对一个主体同时处以主刑和附加刑，不构成双重处罚，所以理论上也不存在其他问题。② 但在实例中有很多对自然人处以罚金附加刑的同时，还对"单位"处以罚金，那么这一主张就稍欠妥当了。另外，对同样作为犯罪主体的"单位"仅处以罚金，而对构成人员处以自由刑的情形也是不合理的。

对于这一点，如果仅强调解决理论上的问题的话，从法律内容来看，单位犯罪是由"单位"实施的犯罪，学说中大多

① 陈泽宪主编：《新刑法单位犯罪的认定与处罚》，中国检察出版社1997年版，第53—54页。

② 朱华荣、林建华：《论对法人犯罪的双罚原则》，载《法学研究》1987年第6期。

数理解也是认为"单位"是单位犯罪主体。所以,单位犯罪的主体是一个,处罚的主体也是一个,那就是"单位"。这一说法也说得通。①

然而,刑法对很多财产犯罪作出最高刑为死刑的规定,并且考虑到中国对经济犯予以死刑宣告的并不鲜见的实际情况,被认定为单位犯罪时,仅对"单位"处以罚金,有些不太合理。与普遍的法律情感相差甚远,有失妥当。

最后,对"单位"进行处罚成为解决双重处罚问题最为稳妥的方法。但是这一方法与"单位"是犯罪主体这一理论性前提不相一致,那么就要求对"单位"认定过程本身进行再次考察。

## 二、事例处理中"单位"与"主管人员"的刑事责任

### (一) 故意犯罪·行为责任类型的事例

1. "单位的意思表示"与"主管人员"

对以上各问题初步认识之后,接下来笔者想借用一些事例进一步讨论。首先,作为单位犯罪中的基本型,即有关所有类型的企业的故意犯罪事例中,基本上所有作为公司领导的"经理"或是其"单位"的法定代表人等均积极参与了犯罪。那么,在实务中将以上人员合并为"主管人员"进行处罚。②

在这一类型的犯罪中,无法分析出"单位"在犯罪中的

---

① 马长生、胡凤英:《论新刑法对单位犯罪的规定》,载《政法论坛》1997年第6期。

② 例如,《中国审判案例要览(1998年刑事审判案例卷)》(中国人民大学出版社 1999 年版)中收录的单位犯罪事例均是这一类型。

意思形成过程或者无法对其犯罪意思进行认定的情况很多，而将"经理"等"主管人员"的意思或行为直接等同于"单位"的意思或行为进行认定。那么，在实例中认定为"经理"个人犯罪行为的案子中，也应认定为单位犯罪。① 这样一来，对"单位意思"的认定基准就过于宽松。

还有将企业商品开发部主任这样的低层职员的意思、行为作为"单位"的意思、行为的案例，② 加之"主管人员"自身概念的模糊性，不难发现"单位意思"的认定在"单位"犯罪认定时并没有起到任何实质性的作用。

2. "单位的利益"认定

"单位的利益"认定这一方面在单位犯罪认定中起着非常重要的作用，笔者意在通过案例指明单位犯罪以"单位"获取利益为目的，或者说犯罪所获不法收益归"单位"所有这一问题的认定。

"单位的利益"这一基准本身并不十分明确，在具体的案例中对其是否以"单位的利益"为目的作出判断是比较困难的。关于这一点，虽然也有仅凭"主管人员"有获得经济利益的目的，从而认定为"单位的利益"的实例。③ 但大多数情况是，在将不法获利归个人所有的情况下，不视为具有获"单位的利益"目的，而以自然人犯罪进行处罚。④

但是有这样一个案例，犯罪获取的利益用于偿还公司债务。该案例认为，这一犯罪行为是为了获取个人利益，"单

---

① 张军等编：《刑事审判参考》（第5辑），法律出版社2000年版，第17页，案例第72号。
② 刘家琛主编：《新刑法案例解释》，人民法院出版社1997年版，第652页。
③ 张军等编：《刑事审判参考》（第1辑），法律出版社1999年版，第4页。
④ 张军等编：《刑事审判参考》（第3辑），法律出版社1999年版，第9页，案例第18号。

位"并不构成犯罪。① 是否必须在获取利益之初即具有获取
"单位的利益"的目的呢？若不是，那么对实际所获利益归个
人占有的比例标准是多少？对这些问题都没有作出明确的规
定。"单位的利益"基准果然还是模糊不清的。

3. 单位犯罪构成要件的司法解释

针对实务中出现的这些问题，1999 年 6 月最高人民法院
审判委员会通过了《最高人民法院关于审理单位犯罪案件具
体应用法律有关问题的解释》（以下简称《解释》）。《解释》
中的第 2 条规定，个人为进行违法犯罪活动而设立的公司、企
业、事业单位实施犯罪的，或者公司、企业、事业单位设立
后，以实施犯罪为主要活动的，不以单位犯罪论处。再加之第
1 条对单位犯罪主体的限定，通过对单位构成要件进行限定，
在实例中对构成单位犯罪进行限定这一方向性已然明了。

同时，根据第 3 条规定，盗用单位名义实施犯罪，违法所
得由实施犯罪的个人私分的，依照刑法的有关自然人犯罪的规
定定罪处罚。法律条文中对基于"单位的利益"的单位犯罪
认定基准作出明确规定。

而这一对单位犯罪认定的限定、回避的倾向，在刑法修订
以前是作为"单位犯罪认定上的消极性"之问题，② 而修订以
后，回避认定单位犯罪的原因，则是出于犯罪心理的不一致。
因为对单位犯罪中构成人员的法定刑较自然人犯罪中对自然人
的法定刑轻，所以不认定为单位犯罪是为了确保刑罚的严
厉性。③

---

① 张军等编：《刑事审判参考》（第 5 辑），法律出版社 1999 年版，第 3 页，
案例第 33 号。

② 参见高铭暄：《试论我国刑法改革的几个问题》，或《中国法学》1996 年
第 5 期。

③ 张军等编：《刑事审判参考》（第 3 辑），法律出版社 1999 年版，第 86
页。

这并不单纯是理论上的问题，也是出于一种严格处罚的现实需要对单位犯罪进行限定，特别是对"单位的利益"这种具体要件的设定上进行限定。

4. 单位犯罪认定过程及条文构造

如前所述，在实务处理中对本应以"单位"为主体的犯罪中并没有发现"单位的意思表示"这一构成要件，那么对"单位"的代表人等应当适用自然人犯罪的构成要件，对"单位"则应以代位责任相近的责任构成判处罚金。

进而，在单位犯罪诉讼的现场，经常出现"单位"作为诉讼中的被告却没有配备辩护律师的事例，[①] 显然在刑事诉讼中轻视了"单位"的诉讼地位。

可以看出，单位犯罪中对"单位"的犯罪认定及处罚均处于从属地位。所以可以得出结论，在将单位犯罪作为典型类型的犯罪中，"单位"是犯罪主体这一前提没有起到任何实质性的作用。

同时，关于"单位的利益"这一构成要件，因有必要具体考察"主管人员"是否具有个人获取利益、利益归己等的目的，所以作为对"主管人员"犯罪的认定基础，应进一步确定对"单位"进行处罚的认定过程。

以上所述故意犯罪、行为责任这些单位犯罪的典型类型中，实务中的犯罪认定过程，不是"'单位'所犯之罪→对'主管人员'等进行处罚"这样的构造，而应是"'主管人员'等所犯之罪→对'单位'进行处罚"的构造。那么，可以说在事例处理中的单位犯罪认定过程，法律条文中的构造与学说中所做的理解是有所区别的。

---

[①] 《中国审判案例要览》所收录的案例中的单位都没有辩护人。《贯彻刑法刑事诉讼法难点研究》（人民法院出版社 1997 年版）中收录的法官所写文章中指出，像这样的"缺席判决"在司法实务中是常有的事。（第 24 页）

### （二）监督过失类型的事例

1. 监督过失类型的故意犯罪认定

单位犯罪中的理论性问题，是指单位犯罪的故意、过失的问题。而单位犯罪的故意、过失认定问题，具体说来是由监督过失事例汇集而成的。

在中国，由产品事故、公害等引发的违反行政取缔法规的事例中，不是根据监督过失追究其刑事责任。而是根据其故意违反行政取缔法规，以故意犯罪对其进行处理。[①] 并且在这一类的诉讼中，当无法充分证明被告是否具有犯罪故意时，根据明知违反法律而为之的犯罪故意推定，可以帮助认定故意犯罪。

这既适用于以强调故意犯罪、行为责任为前提的单位犯罪，同时也适用于违反行政取缔法规类型的犯罪，即反映出，比起已知有发生危险的可能性又持"希望"或"放任"态度的主观方面，[②] 更加强调对安全基准的违背及造成严重危害结果等客观方面的重视。

在这种犯罪类型中，应当对造成重大事故的人追究与其造成的危害结果相应的责任。并且从确保遵守行政规定中的安全基准的角度来看，对主观上的伦理责任提出严格要求，从规定的特质与犯罪预防这两点上来说是不太合适的。

虽然刑法总论已对故意、过失的定义作出规定，但在实际运用中针对不同的犯罪类型采用不同的基准，这被认为是刑法的保障机能，同时也被提出质疑。不能在没有法律根据的情况下就对其进行实质性的变更。从根本上说，刑法条文对这一类

---

① 张军等编：《刑事审判参考》（第 2 辑），法律出版社 2000 年版，第 6 页，案例第 47 号。这一类型的案例都是"故意犯罪"。

② 同前，第 5 页。

型的犯罪作出规定属于自问自答，既然刑法上已作出规定，是否采取过失的犯罪构成，建立违反基准的客观认定基准等，有必要再考量一下主观层面上的问题。

2. 对监督过失类型"主管人员"的代位处罚

在监督过失类型中更为重要的问题是，有关"单位"违反安全标准的故意认定，直接适用于对"主管人员"犯罪的认定及处罚。

例如，在食品中毒事件中，因"单位"具有违反食品卫生标准的故意，对其责任人进行处罚。使用热水器触电身亡的事例中，因产品不符合安全标准，一旦认定"单位"具有故意，则对工厂厂长及员工予以刑罚处罚。所以，以上是针对这一类型犯罪的认定过程。①

这一犯罪类型，从发生的危害结果中可推定其行为违反了安全基准，同时推定出"单位的意思表示"，并以此为基础认定为单位犯罪，对其"主管人员"进行处罚。这一认定过程，如同上面所举事例，是对"单位"的一般故意犯罪类型在实务上的处理。换言之，当"主管人员"行为具备一般构成要件时，并不是直接接受"单位"的代位处罚。而是在以单位为主体的犯罪中，根据其在单位犯罪中所起的作用，构成人员之间分担其所应接受的处罚。这正明确体现出单位犯罪规定中的思路转变。

这一认定过程是从"单位"与"主管人员"之间的关系这一点进行考察的。首先，在前文所述的一般的故意犯罪类型中，对"主管人员"的犯罪认定适用与自然人同样的基准。并且以"'主管人员'等所犯之罪→对'单位'进行处

---

① 刘家琛主编：《新刑法案例解释》，人民法院出版社 1997 年版，第 502、512 页中的事例。

罚"这一方式处理。因此，实质上是以"单位"进行代位处罚。对"主管人员"的法定刑低于对自然人平均处以的刑罚，并且对"单位"处以的罚款对"单位"来说并没有很大的影响。

与此相对，在监督过失类型的事例中，从前面所提的认定过程可知，"'单位'所犯之罪→对'主管人员'进行处罚"，实际上就是"单位"的犯罪由其"主管人员"承担代位处罚。在推定虚构的"单位"的意思表示与故意的基础上，基于这种模糊的认定，实质上对自然人进行代位处罚，而这与责任自负原则及刑法的保障机能相抵触，所以这一问题产生于对自然人的代位处罚中。①

综上可知，在监督过失问题中，对单位犯罪认定中的"单位"与"主管人员"相互关系的认识问题上是有基点的，即以"首先承认'单位'行为能成立犯罪"为前提。对拟制的"单位"的犯罪推定成为对自然人处罚的根据有悖于责任主义原则，稍欠妥当。因此，即使是对这一类型的犯罪，也采用基于"主管人员"犯罪而对"单位"处罚这一思路更为合适。

### 三、单位犯罪认定的整体构造

有关这一问题的考察，将中国单位犯罪认定的全体构造分别提取出来看，首先，有关行为责任问题的一般故意犯罪，虽然法条的规定形式及学说中都提出"首先承认'单位'行为能成立犯罪"这一前提条件，但在实务处理上，对"主管人员"的认定基准等同于自然人犯罪，并对"单位"进行处罚。而从这一点中并不能体现出像企业组织体责任论

---

① 川本哲郎：《フランスにおける法人の刑事責任》，载《刑法雑誌》1996年第35卷第3号，第3页以下。法国刑法对法人刑事责任的认定，倾向于减轻经营者的责任，在对经营者的责任进行推定时抑制"随意扩大处罚范围"。

那样的思路转变，而是体现了因代位责任而对"单位"进行处罚。

并且，由于对构成人员规定的法定刑低于一般自然人犯罪中的刑罚，能够看出有回避认定为单位犯罪的倾向性。这一倾向性虽然可能并不是出于想解决理论性问题这一目的，但像"单位"的范围、单位犯罪认定的基准等条文中并没有作出具体规定的问题，正在逐步得到解决。

而对于事故、公害等与监督责任问题相关的类型，由于发生的危害结果是"单位"的经营活动导致的，且违反了行政基准中规定的防止事故发生的必要限度，则推定"单位"具有故意。既然认定为"单位"的犯罪，那么其"主管人员"等也因具有故意而应当受到处罚。这就是由违背客观基准这一点，引申出来了对故意、过失基准的实质性变化，对拟制设立的"单位"的故意推定，基于推定的故意对自然人进行处罚等一系列问题。

而刑法上的故意、过失基准根据犯罪类型的不同而有所区别，这与法规的统一性相矛盾。所以，笔者认为对于这种类型犯罪的刑法规定有必要进一步考察。[①] 还有，将对"单位"的责任推定直接适用于对自然人的责任推定，与刑法的责任原则、保障机能相矛盾。笔者认为，首先在将"主管人员"限定为法定代表人等身份的基础上，规定"主管人员"过失的基准，再以此作为对"单位"进行处罚的根据。

总之，"'单位'所犯之罪→对'主管人员'等进行处罚"这一思路转变的视角与故意犯罪中的实际处理不同，直指过失犯罪中的刑法理论性问题，无法看出处罚的现实性及必

---

① 德国理论界认为，对中性的行政基准违反不属于刑法上的犯罪，而是一种违反行政秩序的行为，两者存在着本质上的区别。

要性。所以，笔者认为无论是从与实际的犯罪认定过程相一致这一点来看，还是从尽可能调和与理论上存在的争议角度看，"'主管人员'等所犯之罪→对'单位'进行处罚"这一方式更为妥当。而对于规定的形式还有待进一步考察。

# 中国刑法中"黑社会性质组织"的认定标准问题[*]

宇野和夫[**]　文

曾文科[***]　译

---

　　[*] 宇野和夫：《中国刑法における「黒社会性質組織」の認定基準問題》，载《比較法学》2005 年第 38 卷第 3 号，第 1—25 页。本文的翻译与出版已获得作者授权。

　　[**] 宇野和夫，1950 年出生于日本福井县。早稻田大学法学部毕业，并完成法学研究科的修士课程。历任社团法人中国研究所研究员、东海大学助教授等职，现为早稻田大学商学学术院教授。研究领域包括中国的治安、犯罪等中国社会相关问题，发表过多篇论文。

　　[***] 曾文科，清华大学法学学士、法学硕士，早稻田大学法学博士，现任中国政法大学刑事司法学院讲师。

## 一、前言

近年，中国受到有组织犯罪的威胁，取缔黑社会犯罪成为治安方面最重点的课题。根据中国公安部刑事侦查厅的统计数据，据说公安部自 2000 年 12 月开展针对"黑社会性质组织"① 与"恶势力"② 的集中整治以来，截至 2003 年 11 月，各地公安机关查获 631 个"黑社会性质组织"和 14，000 多个"恶势力"；另外截至 2003 年 3 月底，逮捕"黑恶分子"10 万多人，解决 15 万多件刑事案件。③

---

① 关于"黑社会性质组织"的日文翻译，有译成"黑社会的犯罪組織"的（张凌：《日中比較組織犯罪論》，成文堂 2004 年版），也有译成"暴力団性質の組織"的（全理其翻译、木村峻郎监修：《中華人民共和国刑法》，早稻田经营出版 1997 年版），还有译成"闇組織の性質を持つ組織"的（西原春夫编：《共犯理論と組織犯罪》，成文堂 2003 年版）。本文为了避免混乱，就直接使用中文原文的"黑社会性质组织"。顺便提及的是，该词的英文翻译也多种多样，有 underworld – like organization、Mafia – style syndicate、Mafia – style criminal gang、gangland style organization、organization with underworld nature、organization with underworld characteristics 等，至今尚无确定译法。

② "恶势力"（具有恶劣性质的势力）主要是公安机关等使用的一种俗语，不是严格意义上的法律用语。其与一般的犯罪集团、像黑社会性质组织这样专门实施犯罪的组织不同，是既实施违法行为也实施犯罪的组织化程度较低的违法犯罪组织。放在日本来说的话，近似于比暴力团低级一些的不良组织。这种"恶势力"中包含"流氓恶势力"、"黑社会势力"、"地方恶势力"、"农村恶势力"等。此外还有"黑恶势力"这一概念，有学说认为这一概念中包含"恶势力"与黑社会性质组织。根据这一学说，"黑恶分子"是指"黑社会性质组织"及"恶势力"的成员。另外，对此更详细的介绍参照张穹：《关于"严打"整治斗争中的法律适用的几个问题》，载《检察日报》2001 年 7 月 23 日；康树华、石芳：《透视"黑势力"》，载《中国刑事法杂志》2001 年第 2 期；《刑事审判参考》（第 1 辑），法律出版社 2002 年版，第 212—213 页。

③ 《全国公安机关 3 年打掉 631 个黑社会性质组织》（新华社 2003 年 11 月 17 日）。另外，也有像陈兴良这样的学者，认为中国当前并不存在如报道那么多的黑社会性质组织。笔者认为，黑社会性质组织案件的查获件数、审理件数之所以急剧增加主要有以下几个原因：（1）由于司法实务中暧昧地把握黑社会性质组织的认定标准，以致错把尚未达到黑社会性质组织标准的犯罪组织认定为黑社会性质组织（认定范围的扩大化倾向）；（2）作为中国的刑事政策所开展的"严打"斗争（犯罪的集中取缔）中呈现出来的重罚主义倾向（部分地区是把"严打"等同于大量拘留逮捕，作出较重判决）；（3）政治家为了提高自己的"政绩"（政治上的业绩），具有想要增加所管地区的查获件数这样的倾向（相反，战役式的集中取缔一结束，又有降低查获件数的倾向）。关于这一点，参见赵长青等：《黑社会性质组织罪的适用及立法问题研究》，载张智辉、谢鹏程主编：《中国检察：刑事政策与证据规则》（第 4 卷），中国检察出版社 2004 年版，第 442—443 页。

　　"黑社会性质组织"的意思是具有"黑社会"性质的组织，是个法律用语，但"恶势力"和"黑恶分子"是公安机关等较为多用的用语。这里的"黑社会性质组织"以"黑社会组织"的存在为前提。"黑社会"是英文中 underworld society（地下社会）的中文翻译。中国的"黑社会组织"指的是日本的山口组这样的广域暴力团。另一方面，"黑社会性质组织"不是典型的黑社会组织，而是准黑社会组织，即准暴力团乃至中小零细规模的暴力团。现行刑法公布的时候（1997年），中国国内尚不存在"黑社会组织"，条文中只规定了"黑社会性质组织"。但是近年来，在中国认为存在"黑社会组织"的刑法学者①正在逐渐增加。不仅如此，甚至有学者指出，"黑社会组织"当中出现逐步完成向多国籍的黑社会组织进化的趋势。②

　　那么在这里为了避免用语概念上的混乱，基于在中国刑法学界成为多数说的理论，来看看有组织犯罪、集团犯罪与黑社会性质组织犯罪、黑社会组织犯罪（以下简称为黑社会犯罪）的关系。

　　首先，在与有组织犯罪的关系上，黑社会犯罪与典型的有组织犯罪具有相同的内容。另一方面，黑社会性质组织犯罪被认为是准有组织犯罪。③ 一般的犯罪集团被定位为有组织犯罪的初级形态，黑社会性质组织则被定位为有组织犯罪的中间形

---

① 例如，何秉松（中国政法大学）、韩玉胜（中国人民大学）、崔敏（中国公安大学）、李文燕（同前）、田宏杰（同前）等。

② 何秉松：《有组织犯罪研究：中国大陆黑社会（性质）犯罪研究》（第1卷），中国法制出版社2002年版，第187—188页。

③ 康树华主编：《当代有组织犯罪与防治对策》，中国方正出版社1998年版，第27—28页。但是，也有学说把黑社会组织与黑社会性质组织所实施的犯罪纳入组织犯罪的范畴之中。参见赵秉志、于志刚：《论我国新刑法典对有组织犯罪的惩治》，载《法商研究》1999年第1期。

态，黑社会组织则被定位为有组织犯罪的高级形态。① 黑社会组织的发展规则是由低级向高级发展，即可理解为是按照以下顺序逐渐发展的：一般的犯罪集团（黑社会性质组织的基础或前身）→黑社会性质组织（黑社会组织的低级形态或未成熟形态）→黑社会组织（黑社会组织的高级形态或成熟形态）→多国籍黑社会组织（黑社会组织的最高级形态）。②

其次，在与集团犯罪的关系上，黑社会性质组织犯罪（黑社会性质组织所实施的犯罪）是集团犯罪的重大形态。③ 黑社会性质组织与黑社会组织是一种特别的犯罪集团。如果认定为一般的犯罪集团，则会适用《刑法》第26条有关犯罪集团的规定；但如果认定为黑社会性质组织，则会适用《刑法》第294条。

在中国当今对黑社会性质组织及"恶势力"的集中取缔过程中，成为问题的是，把作为低级犯罪组织的"恶势力"误认为更加高级的黑社会性质组织，出现黑社会性质组织的范围扩大化倾向。其中一个原因是司法（公安、检察、审判）机关中没有将黑社会性质组织的成立要件（在中国称为"法律特征"）以明确的形态固定化。因此，本文的课题是想要首先考察中国黑社会性质组织的概念与特征（标准）的发展过程，然后弄清楚现阶段理论研究到了什么地步以及问题的所在。

---

① 陈兴良：《关于黑社会性质犯罪的理性思考》，载《法学》2002年第8期。

② 何秉松：《恐怖主义·邪教·黑社会》，群众出版社2001年版，第414页。张文、许永强：《黑社会性质组织辨析》，载《贵州警官职业学院学报》2002年第2期。

③ 叶高峰、刘德法主编：《集团犯罪对策研究》，中国检察出版社2001年版，第45页。

## 二、中国黑社会性质组织的概念、特征的沿革

### (一) 1997 年《刑法》颁布之前的历史

1. 广东省的黑社会取缔法规

改革开放之后，中国内地受到从中国香港等地入侵的黑社会的威胁，法律上最早使用"黑社会"这一概念的是广东省深圳市的法规，即《关于取缔黑社会的公告》（1982 年）。1988 年 12 月，与中国澳门接邻的珠海市，也颁布了取缔黑社会组织的公告。深圳市政府于 1989 年再次公布了《关于取缔、打击黑社会和带黑社会性质的帮派组织的通知》。同时，深圳市公安局、人民检察院、中级人民法院、司法局 4 个机关，共同颁布了《关于处理黑社会组织成员及带黑社会性质的违法犯罪团伙成员的若干政策界限（试行)》。在这份文件中，首次对黑社会组织与具有黑社会性质的违法犯罪集团给出了定义，但并没有明确区分二者。

1990 年，广东省公安厅、高级人民法院、人民检察院、司法厅共同制定了名为"粤公（研）字第 156 号文件"的文书，对黑社会组织及黑社会性质组织作出了解释。根据这份文件所指出的，"黑社会组织"是指境外（中国的香港、澳门、台湾地区以及外国）的黑社会在国内建立的分支组织，或者是受境外黑社会的支配，依照其指示来发展组织、进行犯罪活动的重大犯罪集团；而"黑社会性质组织"则是指进行一种或多种违法犯罪行为的帮会组织（民间秘密结社组织），或者是虽不受黑社会组织的支配，但与其具有关联的犯罪集团。①

---

① 周心捷：《广东黑社会问题初探》，载《政法学刊》1999 年第 3 期。

接下来广东省在 1993 年 11 月 16 日颁布了中国最早的黑社会取缔法规，即《广东省惩处黑社会组织活动规定》。该规定第 2 条参考香港的黑社会概念，将黑社会组织定义为"有组织构造，有名称、帮主、帮规，在一定的区域、行业、场所内对社会秩序加以危害的非法团体"。这个定义虽然很好地把握了犯罪组织的组织方面的特征（有组织构造，有名称、帮主、帮规）与行为方面的特征（在一定的区域、行业、场所内对社会秩序加以危害的行为），但存在如下缺点：（1）没有言及黑社会性质组织；（2）由于使用了帮会的"帮"这个用语，容易使人发生误解，将黑社会组织等同于传统的帮会组织。

2. 中国公安部有关黑社会性质组织的规定

关于黑社会性质组织的概念、特征，不只是上面提到的地方层面，在中央层面也作出了规定。1992 年 10 月，在为了取缔团伙犯罪而举办的研讨会（公安部主办）上，关于黑社会性质组织（犯罪集团），公安部领导首次提出了 6 个特征：（1）在当地已经形成恶势力，具有一定的势力范围；（2）将犯罪职业化，较为长期地从事一种或多种犯罪；（3）一般而言人数比较多，而且相对固定；（4）反社会性特别强烈，作恶多端，杀害平民大众；（5）常常具有一定的经济实力，支配着一部分经济实体及地盘；（6）用尽一切办法笼络公安、司法干部及党政干部，使其堕落，以求得其保护。[1]

公安部提出的这 6 条标准，在之后相当长的一段时期内，成了公安机关认定黑社会性质组织的标准，在司法实务中起到了积极的作用。

---

[1] 何秉松：《黑社会组织（有组织犯罪集团）的概念与特征》，载《中国社会科学》2001 年第 4 期。何秉松：《恐怖主义·邪教·黑社会》，群众出版社 2001 年版，第 329 页。

## （二）1997 年《刑法》的规定

### 1. 立法说明

1997 年 3 月颁布的刑法典中首次设置了有关黑社会犯罪的规定。但是刑法作出修改的当时，尚未出现大量的黑社会犯罪，而且对于该犯罪，在刑法学、犯罪学的研究层面上的积累也很少。在这样的状况下，对于黑社会犯罪这样的新型犯罪，立法机关一改以前的经验型立法这种做法，采取了预先型的立法。

全国人民代表大会常务委员会副委员长王汉斌代表立法机关，就立法的宗旨作出如下说明："在我国，明显的、典型的黑社会犯罪还没有出现，但带有黑社会性质的犯罪集团已经出现，横行乡里、称霸一方，为非作歹，欺压、残害群众的有组织犯罪时有出现。另外也发现有境外黑社会组织成员入境进行违法活动，可能会对社会造成严重危害。对于黑社会性质的犯罪，必须坚决打击，一定要消灭在萌芽状态，防止蔓延。只要组织、参加黑社会性质的犯罪组织，不管是否有其他具体犯罪行为都要判刑。"①

### 2. 刑法规定及对其评价

《刑法》第 294 条第 1 款规定："组织、领导和积极参加以暴力、威胁或者其他手段，有组织地进行违法犯罪活动，称霸一方，为非作恶，欺压、残害群众，严重破坏经济、社会生活秩序的黑社会性质的组织的，处三年以上十年以下有期徒刑；其他参加的，处三年以下有期徒刑、拘役、管制或者剥夺政治权利。"

在这里应该注意的是，立法机关在规定黑社会犯罪时，没

---

① 王汉斌：《关于"中华人民共和国刑法"（修正草案）的说明》，载《中华人民共和国刑事法汇编》，法律出版社 1997 年版，第 220—221 页。

有使用黑社会犯罪这一概念，而是使用了黑社会性质的组织这一概念。如王汉斌所说明的那样，立法机关当时采取如此慎重的态度，是出于对当时现状的认识，即在中国内地尚未出现意大利的黑手党、香港的三合会那样典型的黑社会组织，但已经出现了称得上黑社会雏形的具有黑社会性质的组织，且问题变得日益深刻化。另一方面，黑社会组织这一概念只使用在境外（中国香港、中国澳门及外国）组织入侵中国内地的情形之中。

因此在中国，组织黑社会性质的组织，或者只是参加这样的组织，即使没有实施除此以外的具体的犯罪行为，也会受到处罚。① 就对司法机关的影响而言，只有在各种类型的犯罪集团、团体中，明确了如何识别哪些属于、哪些不属于黑社会性质组织的认定标准，即成立要件，才能够将其工作顺利开展下去。但由于当时的立法机关没有充分把握黑社会性质组织的法律特征，所以单凭《刑法》第294条是难以满足司法实务要求的。

如果基于《刑法》第294条第1款来看，所谓黑社会性质组织是指"以暴力、威胁或者其他手段，有组织地进行违法犯罪活动，称霸一方，为非作恶，欺压、残害群众，严重破坏经济、社会生活秩序的"组织，但这一定义中非法律性的词语很多，过于抽象，可适用性很低。

针对就黑社会性质组织所作出的如此抽象的定义，中国很多刑法学者提出了批判性的见解。例如，高铭暄教授（中国人民大学）等指出，"《刑法》第294条第1款的规定明显地带有模糊概念的性质，并未具体指出该组织所实施的具体违法

---

① 这一点与日本不同。在日本，宪法承认结社的自由，组织、领导或者只是参加这样的组织不会构成犯罪。暴力团的存在本身是合法的，只要它们不实施犯罪，就不会被科处刑罚。

犯罪行为"。① 此外，陈兴良作出了如下严厉的评论，"在对黑社会性质的组织的界定上，立法机关采用了几乎是文学性的语言对黑社会性质的组织加以描述"。②

另外，张明楷教授（清华大学）认为，刑法修改时，由于立法机关是在尚不存在被司法认定为"黑社会性质组织"或"黑社会组织"的状况下，考虑到黑社会组织出现的可能性从而规定黑社会性质组织犯罪的，所以"对其构成要件的描述以及法定刑的设定多少会出现偏差"。此外还指出，"《刑法》第 294 条对黑社会性质组织的规定也并不完整，只是描述了黑社会性质组织的部分外部特征"。③ 甚至连参与了刑法典起草的赵秉志教授（中国人民大学）也指出，由于使用了非法律性的用语，定义变得抽象且暧昧，并且现象性的描写很多，本质上不能用以认定黑社会性质组织，并评价说，"该定义给司法适用留下了极大的自由裁量的余地"。④

对于司法实务人员而言也是如此。由于《刑法》第 294 条的规定很抽象，而且没有作出具体的司法解释等原因，他们也说不能明确地把握该犯罪的构成要件。因此，即便 1997 年《刑法》施行约 2 年之后，在全国范围内公开的典型案例仍接近于零。⑤

接下来比较一下《刑法》第 294 条的定义与前述公安部领导提出的 6 个标准（1992 年）。在刑法中只吸收了公安部提

① 高铭暄、王秀梅：《试论我国刑法中若干新型犯罪的定罪问题》，载《中国法学》1999 年第 1 期。

② 陈兴良：《关于黑社会性质犯罪的理性思考》，载《法学》2002 年第 8 期。

③ 张明楷：《黑社会性质组织的本质特征》，载《检察日报》2002 年 3 月29 日。

④ 赵秉志、许成磊：《论黑社会性质组织的成立条件——以司法解释和立法解释为视角》，载《刑法评论》（第 2 卷），法律出版社 2003 年版，第 162 页。

⑤ 张文军：《试论组织、领导、参与黑社会性质组织的犯罪构成与认定》，载《湖南公安高等专科学校学报》1999 年第 3 期。

出的 6 个标准中的第 1 个特征（在当地已经形成了恶势力，具有一定的势力范围）与第 4 个特征（反社会性特别强烈，作恶多端，杀害平民大众），此外的 4 个特征在定义中没有明确得到反映。从这里可以看出，尽管当时的立法机关可以充分地参考公安部关于黑社会性质组织的法律特征的成果，但实际上却并没有这么做。

### （三）最高人民法院的司法解释

1. 司法解释的内容

2000 年 12 月，为了扑灭当时威震一时的黑社会性质组织及"恶势力"，在全国开始展开"打黑除恶"专项斗争。为了取得这一集中取缔的胜利，最高人民法院审判委员会于 12 月 4 日通过了《最高人民法院关于审理黑社会性质组织犯罪的案件具体应用法律若干问题的解释》（以下简称司法解释）。借用祝二军（最高人民法院研究室）的话来说，这一司法解释是为了"适应司法实践的需求，为认定和处理黑社会性质组织犯罪提供统一、明确、具体的标准"而制定的。[①]

司法解释第 1 条规定，《刑法》第 294 条规定的"黑社会性质的组织"，一般应具备以下 4 个特征：

（1）组织结构比较紧密，人数较多，有比较明确的组织者、领导者，骨干成员基本固定，有较为严格的组织纪律。

（2）通过违法犯罪活动或者其他手段获取经济利益，具有一定的经济实力。

（3）通过贿赂、威胁等手段，引诱、逼迫国家工作人员参加黑社会性质组织活动，或者为其提供非法保护。

---

① 祝二军：《对〈最高人民法院关于审理黑社会性质组织犯罪的案件具体应用法律若干问题的解释〉的理解与适用》，载南英主编：《"打黑除恶"审判参考》，人民法院出版社 2003 年版，第 264 页。

（4）在一定区域或者行业范围内，以暴力、威胁、滋扰等手段，大肆进行敲诈勒索、欺行霸市、聚众斗殴、寻衅滋事、故意伤害等违法犯罪活动，严重破坏经济、社会生活秩序。

为了使用上的方便，关于以上 4 个特征（标准），有的学者归纳为：（1）组织构造特征、（2）经济实力特征、（3）社会背景特征（"保护伞"特征）、（4）行为方式特征。也有学者归纳为：（1）组织特征、（2）经济特征、（3）政治腐蚀性特征、（4）行为特征。

2. 司法解释的特色

第 2 个特征（经济特征）与第 3 个特征（"保护伞"特征）在《刑法》第 294 条的条文中完全没有相对应的表述，事实上是修改了刑法条文。关于这一点，何秉松评论说，"这种补充修改，已经超越了最高人民法院的司法解释权"。[①] 这是因为，最高人民法院本来只有解释法律的权限，并不具有修改刑事法律的权限。

第 4 个特征（行为方式特征）中，既有保留《刑法》第 294 条的表述的部分（"以暴力、威胁等手段"，"严重破坏经济、社会生活秩序"），也有将条文上抽象的行为（有组织的"违法犯罪活动"）以具体列举的形式予以更改的部分。还有将刑法条文的表述（"称霸一方，为非作恶，欺压、残害群众"）完全变更为其他内容（"在一定区域或者行业范围内"）的部分，这部分相当于修改了法律。

其次，试着比较一下司法解释提出的 4 个特征与公安部领导提出的 6 个特征（1992 年）则可以看出，司法解释的第 1

① 何秉松：《黑社会组织（有组织犯罪集团）的概念与特征》，载《中国社会科学》2001 年第 4 期。

个、第 2 个、第 3 个特征分别与公安部的第 3 个（组织构造）、
第 5 个（经济实力）、第 6 个（"保护伞"）特征基本上是相同
的。司法解释的 4 个特征中，有 3 个都是基于公安部所定的特
征（标准）来设定的，只有 1 个是基于刑法的条文来设定的。
此外，司法解释提出的各个特征，使公安部提出的各个特征得
到进一步的细致发展。

另一方面，司法解释的用语当中也有不少暧昧的表述，诸
如"人数较多"①、"较为严格的组织纪律"等这样的"比较
性"的用语（共计有 4 处），还有从"一定的经济实力"等能
看到的"一定的"这样的用语。可以说，虽然比起抽象的
《刑法》第 294 条是前进了一步，但仍然是欠缺明确性的
规定。

**（四）全国人民代表大会常务委员会的立法解释**

1. 立法解释的背景——最高人民检察院的应对

司法解释公布后，检察院、公安机关方面提出要求缓和 4
个特征（标准）的愿望，特别是提出，应该去除"保护伞"
特征这一意见。法院与检察院、公安机关之间围绕"保护伞"
问题展开了争论（详细内容如后所述），其影响是，很多被起
诉的案件进入诉讼程序之后，被法院以有关"保护伞"的证
据不充分为由驳了回去。② 此外，广东省在 2000 年 12 月到
2001 年 12 月的期间内，有 9 件黑社会性质组织犯罪案件被起
诉，但由于见解不一致，一审判决认定的只有 3 件，二审判决

---

① 祝二军：《对〈最高人民法院关于审理黑社会性质组织犯罪的案件具体应
用法律若干问题的解释〉的理解与适用》，载南英主编：《"打黑除恶"审判参
考》，人民法院出版社 2003 年版，第 264 页。祝称，关于"人数较多"的标准，
在司法实务中，一般是以 10 人左右来把握的。但是，围绕着黑社会性质组织的成
员人数的下限，除此之外，还有 3 人以上说、3—5 人说、5 人以上说、10 人以上
说等各种学说，尚未达成统一的见解。

② 卢建平主编：《有组织犯罪比较研究》，法律出版社 2004 年版，第 178 页。

认定的只有 1 件。①

为了解决司法机关相互间见解不一致的问题，虽然最高人民法院与最高人民检察院之间展开了对话，但双方互不相让，终究还是未能达成统一的见解。因此，最高人民检察院于2001 年 11 月向全国人民代表大会（全国人大）常务委员会提出了报告书，指出司法解释 4 个特征中的第 3 个特征（"保护伞"特征），超出了《刑法》第 294 条有关黑社会性质组织的规定的内容，以致在"打黑除恶"斗争（集中取缔运动）中，处理中的黑社会性质组织犯罪案件不能基于法律得到追究。此外还指出，虽然司法解释的 4 个特征在一般状况下是应该同时具备的，但在特殊情况下，应理解为不必同时具备。因此，最高人民检察院基于《立法法》第 43 条，向全国人大常委会提出，要求其对《刑法》第 294 条第 1 款规定中的"黑社会性质组织"的特征进行立法解释。②

2. 立法解释的内容

全国人大常委会法制工作委员会基于《立法法》第 44 条的规定，在与中央政法委员会、最高人民法院、最高人民检察院、公安部及法律专家反复讨论之后，起草了《全国人民代表大会常务委员会关于〈中华人民共和国刑法〉第 294 条第 1 款的解释》（以下简称立法解释）。此后，2002 年 4 月 28 日第九届全国人大常务委员会第七次会议通过了该立法解释（相当于法律）。

立法解释规定，"《刑法》第 294 条第 1 款规定的'黑社会性质的组织'应当同时具备以下特征"，即列举了以下 4 个

---

① 罗宁妮：《黑社会性质组织犯罪的法律界定》，载《法制日报》2001 年 12 月 17 日。

② 黄太云：《全国人大常委会关于"黑社会性质组织"和挪用公款"归个人使用"的立法解释简介》，载《人民检察》2002 年第 7 期。

特征:

（1）形成较稳定的犯罪组织，人数较多，有明确的组织者、领导者，骨干成员基本固定。

（2）有组织地通过违法犯罪活动或者其他手段获取经济利益，具有一定的经济实力，以支持该组织的活动。

（3）以暴力、威胁或者其他手段，有组织地多次进行违法犯罪活动，为非作恶，欺压、残害群众。

（4）通过实施违法犯罪活动，或者利用国家工作人员的包庇或者纵容，称霸一方，在一定区域或者行业内，形成非法控制或者重大影响，严重破坏经济、社会生活秩序。

3. 司法解释与立法解释的不同点

司法解释与立法解释有很多的共同点，可以说基本上是一致的。主要的不同点在于：

第一，司法解释将"保护伞"特征作为必需要件，与此相反，立法解释只将其作为选择性要件。

第二，司法解释在第1个特征（组织构造特征）中将"有较为严格的组织纪律"作为条件，与此相反，立法解释将这个部分给删除了。

第三，立法解释附加了司法解释中没有的新内容，如下所示：（1）在第3个特征（行为特征）中附加了"有组织地"与"多次"（意味着2—3次以上）；（2）在第4个特征（"不法支配"特征）中，附加了"形成非法控制或者重大影响"这样的表述；（3）改变了司法解释开头的"一般应具备……"等会招致误解的表述，而在立法解释中表述为"应当同时具备"。

此外，附加的新内容中，被认为问题最大的是"形成非法控制或者重大影响"这一表述。也就是说，无论是形成非法控制还是形成重大影响都是可以的，但这样一种选择性要件是存在问题的，即由于程度较高的"非法控制"不是必需要件，只要具备程度更低的"重大影响"就能满足要求。"重大影响"这样不确定的规定有使司法机关的自由裁量幅度变大的危险，暗含着引起新的争论的可能性。

### 4. 起草者的说明

根据参与了立法解释起草工作的黄太云（全国人大法制工作委员会刑法室副主任）的说明，立法解释主要有以下几个要点：[1]

（1）区分黑社会性质组织与一般的犯罪集团的主要标准在于，国家工作人员是否参与了犯罪活动或者是否提供了不法保护。如果没有这个标准，就有可能大量地认定黑社会性质组织，此外也不利于根绝支援黑社会性质组织的后盾。但是，一些部门、专家反对将"保护伞"特征作为认定黑社会性质组织的必需的要件。

（2）第1个特征（组织构造特征）中，应该明确黑社会性质组织的人数下限，虽然讨论了至少比集团犯罪的下限人数（3人以上）更多的10人以上，或几十人这样的数字，但考虑到组织状况的复杂性，认为写明具体的数字还是有困难的。虽然草案中规定的是"人数众多"，但在中国人对"众"的传统理解中是"以3人为众"，所以恐怕会有人将"人数众多"理解为"3人以上"，因而使用了比较级式的"人数较多"。

（3）虽然黑社会性质组织具有安定性、严密性、人数多等组织构造上的特征，但在认定该特征时，未必需要具有明确的组织名称、纲领、规约、成文化的帮规等。

（4）是否具有一定的经济实力是区分犯罪集团与黑社会性质组织的一个主要特征。如果黑社会性质组织经营着某种经

---

[1] 同前。

济实体，那么可以成为"具有一定的经济实力"的佐证，但由于黑社会性质组织获得经济性利益的手段是多种多样的，所以没有采用起草过程中提出的这个提案。

（5）黑社会性质组织的本质特征是对一定的区域或者行业（运输、建筑、餐饮等行业领域）实施不法支配，公然反抗公权力。并且这也是区分黑社会性质组织与犯罪集团的最主要的特征。黑社会性质组织拥有不法支配的一定区域或者行业领域，但犯罪集团没有这样的势力范围。黑社会性质组织在自己支配的势力范围内，通常是以公开、半公开的方式任意地欺压、残害群众，但犯罪集团害怕被发现、检举，采用的几乎是秘密、半地下式的方式。

立法解释中说的"形成非法控制"是指不法操纵一定的区域范围或者是一定的行业领域，将其置于支配之下。而"重大影响"是指，在相当程度上具有左右、决定这些区域、行业的作用。

形成黑社会性质组织通常有两种途径：一种途径是通过有组织地实施违法犯罪活动，另一种途径是利用公务员的庇护或者放任。在中国这样的政治体制之下，没有公务员的庇护、放任，不可能实现对一定区域、行业领域的不法支配。但是，在基层政权的组织较弱的地方，即便没有公务员的庇护、放任，通过有组织地一次次实施犯罪活动，也有可能对一定的区域、行业形成不法支配的局面。

比较实施犯罪活动与公务员的庇护、放任这两种途径，在黑社会性质组织将一定的区域、行业置于不法支配之下这一点上，后者起到了更加重要的作用。

（6）立法解释强调同时具备4个特征。虽然一般情况下是应同时具备，但这绝不意味着在特殊的情况下，就不必同时具备。

5. 对立法解释的评价

由于全国人大作出了立法解释（与法律相同），最高人民法院的司法解释就自动失效了。去除了"保护伞"标准的立法解释，强烈地反映了中央政法委员会希望尽早将黑社会性质组织，扼杀在摇篮里之中的刑事政策。在中国，黑社会性质组织之所以能够在短时间内发展起来，是由于黑社会性质组织与一部分腐败的公务员（"保护伞"）相互勾结。不除去支撑在其背后的"保护伞"，就不可能彻底地铲除黑社会性质组织。在迫于以下选择时，即是选择即便会花费一些时间和精力，也要同时打击黑社会性质组织与"保护伞"，还是选择放弃查处需花费时间和精力的"保护伞"，从而在短时间内尽可能多地打击黑社会性质组织，作为国家，选择了后者。

在中国，基于刑事诉讼法上管辖权的分配，呈现一种黑社会性质组织的查处归公安机关管辖，"保护伞"（国家工作人员）的查处归检察机关管辖的架构。由于黑社会性质组织犯罪案件的侦查跨越了两个机关，所以在立法背景中，出现难以构建协作方式的问题，从而也出现"保护伞"的证据收集十分困难的问题。

根据王作富教授（中国人民大学）的观点，最高人民法院之所以会执着地要求同时具备包含"保护伞"在内的 4 个特征，是出于以下两个原因：一个原因是考虑到，如果不严格认定黑社会性质组织的标准，则会导致大量地认定黑社会性质组织，这反过来会对国民的安全感、引入外资带来不良影响；另一个原因是考虑到，如果有了"保护伞"这一特征，那么对于侦查机关竭尽全力打击腐败而言是有好处的。①

---

① 张捷：《"黑保护伞"引发的法律问题》，载《南方周末》2002 年 5 月 9 日。

"保护伞"特征从必需要件降格为选择性要件，认定标准也得以缓和，由此司法机关也就变得容易对黑社会性质组织作出司法认定，大量的犯罪组织则作为黑社会性质组织被查获、认定。与此相反，如陈兴良教授、赵长青教授（西南政法大学）所指出的那样，在这一过程中，也助长了黑社会性质组织的范围扩大化倾向。

## 三、围绕黑社会性质组织的法律特征的争论

### （一）司法解释公布后的争论

如前所述，司法解释中提出的 4 个特征（标准）补充了《刑法》第 294 条规定的不完整性，成为司法机关正确认定黑社会性质组织的统一标准（法律特征）。但是，司法解释公布之后，各地的司法机关，尤其是检察机关与公安机关对司法解释的第 3 个特征（所谓的"保护伞"特征）提出了批评。他们提出这样的意见：由于不利于实现尽早将黑社会性质组织扼杀在摇篮之中的刑事政策，因此"保护伞"特征不应该作为黑社会性质组织的认定标准。

如此一来，围绕黑社会性质组织的第 3 个特征（"保护伞"特征）是否是必需的要件这一论点，展开了激烈的争论。①

争论的另一个主要论点是，黑社会性质组织是否必须具有较为严格的组织纪律这一问题。

根据万海富（上海市人民检察院研究室）的整理，从司

---

① 站在没有必要具备"保护伞"特征这一立场的论者有孙应征（《黑社会性质组织的司法认定》，载《人民司法》2002 年第 1 期）、黄京平（《论黑社会性质组织的法律性质和特征》，载《法学家》2001 年第 6 期）、张明楷（《黑社会性质组织的本质特征》，载《检察日报》2002 年 3 月 29 日）等。另一方面，支持必须同时具备的论者则有余宏荣、胡建福（《试论黑社会性质组织犯罪》，载《中国司法评论》2001 年第 1 期）等。

法解释公布到立法解释公布这一段期间里出现的见解中，具有影响力的主要有以下 4 种见解：①

第一个是陈兴良的见解，认为黑社会性质组织必须完全具备司法解释的 4 个特征，应当将 4 个特征看作一个整体，4 个特征同时具备时，才能认定为黑社会性质组织，也才能正确区分黑社会性质组织与一般的犯罪组织。他认为其理由在于，黑社会性质组织的最大特征是对社会的不法支配（反政府性）。黑社会性质组织为了实现对社会的不法支配，除了要实现对自己组织的内部支配之外，还要实现对经济的支配，对政府的渗透，对社会（区域、行业）的支配。②

第二个是李武清（最高人民法院刑事审判第一庭副庭长）的见解，认为司法解释第 1 条中"黑社会性质组织一般应具备以下特征"这句话里面的"一般"不意味着在认定黑社会性质组织时，非"一般"的情形下即便缺少某一个特征也可以，只不过是意味着 4 个特征中有某个特征不是很典型，或者说是其他的行为方式里面也有可能会显现这个特征，因此 4 个基本特征一个也不能欠缺。③

第三个是江礼华（国家检察官学院副院长）的见解，认为一般情况下只有同时具备 4 个特征才能认定，但在着力扑灭黑社会性质组织的情况下，不应该过度强调同时具备 4 个特征，只要 4 个特征中已经有 3 个特征很显著了，那么即便剩下的那个特征不是很鲜明，也能认定为黑社会性质组织。④

---

① 万海富：《再论黑社会性质组织的特征》，载《上海检察调研》2002 年第 7 期。

② 陈兴良、李武清、熊选国：《谈谈黑社会性质组织犯罪》，载《刑事审判参考》（第 5 辑），法律出版社 2001 年版。

③ 同前，第 80—83 页。

④ 江礼华：《黑社会性质组织犯罪认定中的几个问题》，载《国家检察官学院学报》2002 年第 1 期。

第四个是张穹（最高人民检察院副检察长）的见解，认为虽然一般情况下有同时具备的必要，但为了司法实务上的便利，具有适当的柔软性也是可以的。①

如上所述，当时站在拥护最高人民法院的司法解释的立场提出的见解（陈兴良、李武清等），与从直面"打黑除恶"斗争的必要性出发，要求在条件上进行一定缓和的检察院方面的见解（江礼华、张穹等）之间，存在着很大的距离。

**（二）立法解释公布后的讨论**

1. "保护伞"问题

如前所述，"保护伞"问题随着立法解释的公布，大体上在法律上有了着落。但是，还不能说学术上的争论也就终了了。虽然有很多刑法学者②都认为"保护伞"不是必需的要件，但前述的陈兴良、赵秉志等一部分有影响力的学者依然认为这是必需的要件。

赵秉志主张，立法解释将作为黑社会性质组织的必要条件的"保护伞"特征予以取消，是不恰当的。赵提出了以下几点理由：

（1）在黑社会性质组织尚未发展到存在于各县、各村这种程度的状况下，如果强调只需具备组织结构的紧密性、经济实力等特征，就容易犯盲目扩大化的错误。

（2）黑社会性质组织的本质特征在于对社会的不法支配。黑社会性质组织为了谋求对社会不法支配的进一步实现，必然

---

① 张穹：《关于"严打"整治斗争中的法律适用的几个问题》，载《检察日报》2001 年 7 月 23 日。

② 其中之一的魏东教授谈及，尽管黑社会性质组织为了实现对社会的不法支配，拥有一把"保护伞"是最合适的，但这并不是说没有了"保护伞"就不行。魏东：《论"黑社会"的基本特征与法律完善》，载《四川警官高等专科学校学报》2004 年第 1 期。

要向政府渗透，寻求政府的保护。

（3）"保护伞"特征是区分黑社会性质组织与其他犯罪组织（一般犯罪集团、一般的流氓恶势力等）的最为显著的重要特征。

（4）如果"保护伞"特征是必需要件，那么检察机关、公安机关就会竭尽全力地去揭发背后的"保护伞"。①

另一方面，阮方民教授（浙江大学教授）指出，"保护伞"特征（政治渗透性）虽然不是低级的黑社会性质组织的必需要件，但却是高级的黑社会组织的本质特征之一。②

### 2. 关于黑社会性质组织的基本特征

关于黑社会性质组织的基本特征，有从犯罪学角度进行的研究，也有从刑法学角度进行的研究，二者大体上存在一些差异。本文讨论的是后者，即有关《刑法》第294条规定的黑社会性质组织的法律特征的学说。

有关基本特征，刑法学界存在各种各样的学说，康树华教授（北京大学）指出可以概括为以下3种：③

（1）张明楷的四特征说：④ ①行为手段的残忍性；②行为主体的组织性；③在区域内的势力性；④重大的危害性。

（2）赵廷光的五特征说：⑤ 他将其与一般的犯罪集团相比

① 赵秉志、许成磊：《论黑社会性质组织的成立条件——以司法解释和立法解释为视角》，载《刑法评论》（第2卷），法律出版社2003年版，第168—169页。

② 阮方民：《论黑社会性质组织犯罪的几个问题》，载中国人民大学刑事法律科学研究中心编：《现代刑事法治问题探索》（第3卷），法律出版社2004年版，第362—364页。

③ 康树华：《有组织犯罪的特征与分类》，载《南通师范学院学报（哲学社会科学版）》2004年第3期。

④ 张明楷：《刑法学》（下），法律出版社1997年版，第814—815页。

⑤ 高铭暄、马克昌主编：《刑法学》（下编），中国法制出版社1999年版，第965—966页。

较，认为黑社会性质组织有以下的主要特征：①犯罪行为的多样性；②犯罪组织的严密性；③犯罪手段的强制性；④犯罪活动的区域性；⑤社会危害的重大性（"保护伞"是其重要原因）。

（3）郭立新、杨迎泽的八特征说：[①] ①犯罪组织的严密性；②浓厚的封建色彩；③犯罪手段的暴力性；④对经济、社会生活秩序的重大危害性；⑤组织成员的强烈反社会性；⑥政治腐蚀性（"保护网"的形成）；⑦组织活动的隐蔽性；⑧强大的经济实力与近代的犯罪工具。

除此之外，还有以下诸种学说。第 1 种是何秉松的五特征说：①一定构造的组织；②组织性暴力；③通过犯罪或介入经济、政治领域，获得金钱、实物上的利益、权力；④一定的经济实力；⑤排他性的势力范围（地盘）。[②]

第 2 种是何秉松的四大要素说：①组织（组织规模、组织化程度）；②暴力；③财力（经济实力）；④势力范围（地盘）等要素是有机结合在一起的。[③]

第 3 种是韩玉胜教授的五特征说：①追求经济利益的目的性；②活动形式上的组织性；③行为手段上的强暴力性；④势力范围的垄断性；⑤对公务员的腐蚀渗透性（"保护伞"）。[④]

第 4 种是黄京平教授等的两特征说。黄教授等认为，经济实力特征与"保护伞"特征是不必要的，只要有①组织性特

---

① 郭立新、杨迎泽主编：《刑法分则适用疑难问题解》，中国检察出版社 2000 年版，第 261—262 页。

② 何秉松：《恐怖主义·邪教·黑社会》，群众出版社 2001 年版，第 412 页。

③ 何秉松：《有组织犯罪研究：中国大陆黑社会（性质）犯罪研究》（第 1 卷），中国法制出版社 2002 年版，第 283 页。

④ 韩玉胜：《打击黑社会性质组织犯罪法律问题研究》，载中国人民大学刑事法律科学研究中心编：《现代刑事法治问题探索》（第 3 卷），法律出版社 2004 年版，第 340—342 页。

征与②行为特征（在一定的区域、行业内形成一定的权威并实施犯罪行为）这两个本质特征就够了。并且指出，经济实力特征（一定的经济实力）与"保护伞"特征不必要的理由在于，这两个特征虽然对黑社会组织来说是必要的特征，但对尚处黑社会组织初级阶段的黑社会性质组织而言，这是种过高的要求。[①]

通过以上这些学说可以看出，以直接的形式将所谓的"保护伞"特征纳入基本特征之中的学说是占少数的。上面这些学说中只有郭立新、杨迎泽和韩玉胜提出的两种学说是如此。值得关注的是黄京平教授等提出的学说，即将有无"保护伞"特征作为区分最高级犯罪集团的黑社会组织，与比其低一等级的黑社会性质组织的标准之一。最终，出现两种学说，一种是将"保护伞"特征作为区分一般的犯罪集团与黑社会性质组织的标准，另一种是将其作为区分黑社会性质组织与黑社会组织的标准。这有待今后更进一步的学术探讨。

3. 关于黑社会性质组织的本质特征

关于黑社会性质组织最本质的特征是什么这一问题，学术界也提出了各种各样的见解。根据魏东的整理，有以下4种见解：（1）以高度严密的组织性作为本质特征的学说；（2）以巨大的犯罪实现能力作为本质特征的学说；（3）以通过各种手段获得不法经济利益作为本质特征的学说；（4）以对社会的不法支配作为本质特征的学说。[②]此外还有以组织性暴力作

---

[①] 黄京平、石磊：《黑社会性质组织及黑社会性质组织犯罪若干问题研究》，载赵秉志主编：《刑事法治发展研究报告》（2003年卷下册），中国人民公安大学出版社2003年版，第885—889页。

[②] 魏东：《论"黑社会"的基本特征与法律完善》，载《四川警官高等专科学校学报》2004年第1期。

为本质特征的学说。(何秉松)①

　　近年来，以上第 4 种学说提出的"对社会的不法支配"是黑社会性质组织的最本质特征的观点占据优势。陈兴良、赵秉志、张明楷等有影响力的刑法学者都是该说的支持者。根据该说，"对社会的不法支配"是能够区分黑社会性质组织与其他犯罪组织的最为根本的特征。这里所说的其他犯罪组织，是指比黑社会性质组织的组织化程度更低的犯罪组织。可以预见，将来法律会规定组织化程度较高的黑社会组织，那么又要用什么标准来区分黑社会性质组织与黑社会组织呢？

　　阮方民将讨论推进了一步，提出了以下的见解。既与低级的"恶势力"，又与高级的黑社会组织相区别的黑社会性质组织的本质特征有两个：一个是通过违法犯罪活动的手段实施对内的（对组织内部成员的）人身支配，另一个是通过违法犯罪活动的手段实施对外的（对一定区域、行业的）不法的经济支配（通过一种手段实施两种支配）。因此可以说，黑社会组织与黑社会性质组织的不同点在于，前者在更高的程度上实行"两种支配"。即黑社会组织①对于内部成员制定严密的组织纪律，施加约束与制裁；②对外不仅实行不法的经济支配，还实行不法的社会支配（向政治、文化、宗教、科学技术等社会领域渗透）。与此相对，黑社会性质组织不具有严格的组织纪律，对外的不法支配也仅停留在经济支配的层面上。②

## 四、结语

　　中国改革开放之后，黑社会犯罪与经济增长呈现正比例急

---

　　① 何秉松：《恐怖主义·邪教·黑社会》，群众出版社 2001 年版，第 387—392 页，第 412 页。

　　② 阮方民：《论黑社会性质组织犯罪的几个问题》，载中国人民大学刑事法律科学研究中心编：《现代刑事法治问题探索》（第 3 卷），法律出版社 2004 年版，第 359—361 页。

剧增加的趋势，如今甚至成为取缔的重中之重。近年来，也明显地出现了由"黑社会性质组织"这样的准暴力团向更高程度的犯罪集团，即"黑社会组织"（暴力团）进化的趋势。在中国这样的政治体制下，黑社会性质组织之所以能够暗中猖狂起来，是因为有"黑保护伞"（腐败的政府官员、警察等）的庇护、放任。

但是对于这种黑社会犯罪的蔓延，难免令人明显感到立法方面的滞后，并没有采取充分的应对措施。1997 年《刑法》虽然首次规定了黑社会性质组织犯罪，但条文中规定的概念、特征很抽象，适用性较低。之所以如此，是由于中国的立法机关在修改刑法时，对于新型犯罪采取了预先立法之故。

其后，在竭尽全力扑灭黑社会性质组织的阶段，虽然最高人民法院以弥补暧昧的刑法规定的形态，作出了司法解释（四标准），但围绕着称得上具有中国特色的黑社会犯罪的"保护伞"特征，认为其是认定黑社会性质组织的必需要件的法院方面的见解，与认为其不必作为必需要件的检察院方面的见解从正面展开了对立。因此，全国人大常务委员会作出立法解释（新四标准），试图消解两院之间的意见不一致。并且在当时，考虑到优先尽早扑灭黑社会性质组织这一刑事政策，事实上是取消了作为必需要件的"保护伞"特征。

由于立法解释缓和了认定标准，司法机关在对黑社会性质组织施加打击方面就变得容易了，但另一方面，作为区分黑社会性质组织与其他犯罪团伙的标准的"保护伞"特征的消失，也成为助长"范围扩大化倾向"的一个原因，即将"恶势力"这样的更低级的犯罪团伙、一般的犯罪集团错误地认定为了黑社会性质组织。

作为现在所能达到的最高程度的立法解释，其中仍有不少范围很广，富含弹性的表述。今后有必要立足于学术研究层面的深化，制定出自由裁量余地少，更加精致的认定标准。

　　另一方面，也不能无视促进围绕认定标准的争论在学术研究层面不断深化的工作。正如在论战的过程中，提出了"对社会的不法支配"是黑社会性质组织的本质特征这样的见解一样，引人注目的学说也逐渐登场。认为在中国存在黑社会组织的学者有很多，在这样的状况下，有关区分黑社会性质组织与黑社会组织的标准的研究，将会具有比至今为止更大的意义。笔者也将继续关注今后的研究动向。

# 刑事处罚与刑事政策

# 中国"和谐社会"时代背景下的刑事处罚难题*

苏珊·卓沃斯基斯**　文

杨海强　简爱***　译

---

　＊ Susan Trevaskes，"The Shifting Sands of Punishment in China in the Era of Harmonious Society"，*Law & Policy* 32. 3（2010）：332 – 61. 本文的翻译与出版已获得作者授权。

　＊＊ 苏珊·卓沃斯基斯，澳大利亚格里菲斯大学亚洲研究所研究员，语言及语言学学院副教授。

　＊＊＊ 杨海强，华东政法大学中国法治战略研究中心师资博士后、助理研究员；简爱，中国人民大学刑法专业博士研究生、东京大学法学政治学研究科外国人研究生。

# 一、介绍：正义的再平衡

目前，中国的刑事司法政策正在经历一系列重要的变革，对于这个世界人口第一的国度的有关法律的关键问题来说，如果我们想要更好地参与到其中去，并对这些问题作出回应的话，就需要中国以外的学术界对这些变革予以关注。最近，一直有一种趋势，即鼓励法院要对极少数严重犯罪给予严厉惩罚，而对绝大多数犯罪给予宽缓处理，并且法院要在这二者之间取得一个平衡。这包括了对那些不太严重的犯罪，甚至对许多在传统上会被判处长期监禁刑或者死刑的暴力犯罪，都进行更为宽大的处理。在刑法中，有68个罪名可能会判处死刑。而截至目前，一项名为"严打"的政策一直是以前这种严厉处罚景致中的显著特色。"严打"既是一项刑事政策（通过从快、从重的刑罚严厉打击严重犯罪分子），也指中国进行的一系列打击犯罪的运动，该运动始于 20 世纪 80 年代前期、持续至 2003 年。而最近的这项旨在减缓过去对犯罪普遍进行严厉惩罚的改革行动，是通过一项名为"宽严相济"的新政策来推动的。在定罪量刑方面，适用该政策的结果是，许多轻罪如今被非罪化处理，或者被处以更为轻缓的刑罚。与此同时，一些相对来说更小范围内的重罪，则被处以严厉刑罚。就目前来说，"重罪"以及"轻罪"的定义和使用越来越受到限制，而国家也鼓励法院运用其他替代性措施来代替严厉处罚。从本质上说，该项新政策着重强调了刑法中既存的从宽情节和从严情节的概念。对于现存的在许多严重的暴力性犯罪中，司法裁量权的缺乏，以及在其他犯罪中，自由裁量权被过分自由地运用等问题，该项新政策都能加以约束。

为了将该项新政策转为司法实践中的指导方针，最高人民法院于 2010 年 2 月 8 日发布了一个权威性的意见，以指导全国的法院理解这项宽严相济的新的基本刑事政策。该政策旨在通过对绝大多数犯罪处以轻缓的刑罚，来预防或减少因国家重刑倾向（司法圈中熟知的重刑主义）而产生的潜在的社会不稳定和不和谐因素。①

总之，本文揭示了中国的政治意识形态，是如何对刑事司法政策和司法实践进行指导的。本文的观点是，要想理解 21 世纪中国的刑事司法政策，我们必须考量国家是如何运用意识形态为改革背书的，以及上述新政策是如何得到相关的司法界和政界支持的。这些变革的推动力，源自于司法界在思考如何在经济迅猛发展的时代，更好地实现社会稳定以及社会和谐时，思维方式的转变。这些转变，始于对中国悠久的重刑主义

---

① 参见《最高人民法院关于贯彻宽严相济刑事政策的若干意见》的序言。

倾向所产生的残酷效果的认识，即重刑主义倾向会对社会的安定以及和谐社会的构建产生反作用力。除此之外，社会也逐渐认可了这样一种观点，即在一个急速变革又充满不确定性和不安定性的社会中，对大多数犯罪，尤其是那些因家庭纠纷、邻里关系、同事之间纠纷以及土地纠纷而产生的犯罪处以相对宽缓的刑罚，可能会是一个减少潜在的社会冲突的积极有效的办法。本文说明了，几十年来一直占支配地位的"严打"政策，是如何被宽严相济的新政策所悄然取代的，而后者则是与现代化的刑事司法系统中的官方理性相符合的。

有观点认为，在中国这样的威权国家，一项刑事司法政策，在未经过相关利益者之间的探讨和磋商的情况下，权力顶层就可以草率地将其推出，并进入到各基层单位。这样的看法，并非完全没有根据。本文展示了在中国，在推进和施行一个新的刑事司法发展方向的政治角力中，一个更微妙、更复杂的动力在起着作用。

到目前为止，从这一政策的发展过程中，我们可以辨认出三个明显的发展阶段：新政策出现、在实践中发展，经由媒体推广以及通过法规推动。本文用三个疑问词——是什么，为什么，怎么样——作为分析框架，来解释这些阶段的演变过程。第一部分将考虑该政策带来了什么，该部分略述了在近期，即2010年2月，最高人民法院发布了关于如何理解宽严相济刑事政策的意见，该刑事政策将适用于全国范围内的所有法院。第二部分与为何需要该政策有关，该部分回溯到20世纪初的前几年（2002—2004），当时对长期"严打"政策的效用进行重新评估的诉求之声日益增多，本文将对该诉求背后的当代历史背景进行评价。第三部分对这一政策最初是如何被用来改革刑事司法界的这一问题进行了考量。该部分着重强调两个发展变化：一是2006年和2007年的死刑适用；二是2007年对轻罪的刑罚适用。这些发展表明，追求宽严相济的趋势是如何通过媒体声明和专家评论，被上级司法部门采纳和推动的。最后部分，文章探讨了和谐社会以及重振党对司法系统的领导等政治意识形态问题，这些问题为改革者提供了丰富的养料。该部分简述了在 2008 年党中央确认该新政策之前，最高人民法院在推动法律变革中所受到的一些限制，也考察了 2008 年党中央的司法改革方案，该方案以宽严相济为突出特色。该方案为司法改革提供了其所急需的、来自党中央部门的关键支持，该支持使得推进这项政策改革具有了合法性。在评价党在其中所扮演的角色时，本文主要评估了党在塑造该政策时的自由化或政治化可能。

## 二、融宽严相济政策于实践中：2010 年最高人民法院关于"宽严相济"的意见

在本文我们将以"是什么、为什么以及怎么样"的分析框架，来研究当代刑事司法政策在中国的施行情况，并对宽严相济刑事政策在判决实践中会带来什么影响进行概述。2010 年 2 月 8 日，中国最高人民法院发布了《关于贯彻宽严相济刑事政策的若干意见》（以下简称《意见》）。该《意见》共 45 个条款，其中有 8 个条款是有关"从严"的规定，11 个条款是有关"从宽"的规定，另有 11 个条款描述何谓"宽严相济"，以及如何在定罪和量刑中实现"宽严相济"。该《意见》的序言指出，宽严相济刑事政策是党中央新时期构建社会主义和谐社会的一项重要的政策。这就赋予了该政策以中国的"基本"刑事司法政策这样的最高地位，这也使该政策具有了政治权威性，并且为法官修改其裁判行为和理由提供了许可。该文件罗列了一系列情节，这些情节有助于判定，在法律中使用"从宽"、"从严"的最大限度为何。其指出，应当在刑事

案件中适用该政策，这样做有助于实现中国最高的刑事司法政策制定主体——中央政法委于 2009 年所指出的，当今与法律和秩序有关的三个核心目标。这三个目标是：（1）加强措施以减少社会矛盾；（2）通过创新性举措来管理社会问题；（3）通过促进公平和诚实来执行法律。

## （一） 对宽严相济政策的合理化解释

根据最高人民法院 2010 年 2 月发布的《意见》，宽严相济刑事政策应贯穿于中国的刑事立法、刑事司法以及刑罚执行的整个范围。该政策是在一项类似的，名为"惩办与宽大相结合"的原有政策的基础之上继承和发展而来的，后者曾载入 1979 年《刑法》中，但司法实践中已不再适用。宽严相济的刑事政策，被认为是"惩罚犯罪，预防犯罪，保护人民，保障人权，正确实施国家法律的指南"（最高人民法院 2010 年《意见》的前言）。

该《意见》指出，该政策的适用，以在实践中处理具体的个案时，考虑案件的特殊情况，而不是就特定的类罪一刀切地适用相同或类似的轻罚或重罚措施为目标。其应当以如下方式适用：

做到该宽则宽，该严则严，宽严相济、罚当其罪，打击和孤立极少数，教育、感化和挽救大多数……（《意见》第 1 条）

## （二） 适用从严的要求

在刑法中，对严重犯罪来说，可供科处的刑罚很多，从几年的监禁刑直到死刑不等。目前为止的做法，一直是对此类犯罪处以最严厉的刑罚，尤其是那些针对个人权益的犯罪，如严重侵犯人身权和财产权的犯罪。例如，那些虽然在以暴力为意图，但一般并未造成被害人死亡之结果的抢劫罪。根据该《意见》的规定，宽严相济刑事政策中的"从严"，主要聚焦于惩罚以下犯罪：

- 仅对那些社会危害性极大，依法应当判处重刑或死刑的犯罪判处重刑或死刑；或
- 从严惩处（但不是必须适用死刑或者无期徒刑）那些罪行十分严重的犯罪；或
- 从严惩处那些具有法定、酌定从重处罚情节，以及主观恶性深、人身危险性大的犯罪（《意见》第6条）

上述情形之描述，其本身并不足以为法庭提供一个关于谁应被相对从严惩处的解释。因此，在实施宽严相济政策的过程中，该《意见》会促使法官更多地考量刑法中所列的以下犯罪类型：（1）严重危害国家政权稳固和社会治安的犯罪，包括危害国家安全犯罪、恐怖组织犯罪、邪教组织犯罪、黑社会性质组织犯罪、恶势力犯罪、故意危害公共安全犯罪（如向大坝中投毒）等；（2）严重暴力犯罪和严重影响人民群众安全感的犯罪，包括故意杀人、故意伤害致人死亡（过失致人死亡）、强奸、绑架、拐卖妇女儿童、抢劫、重大抢夺（如引致暴力或者暴力未遂）、重大盗窃等；（3）毒害人民健康的犯罪，如走私、贩卖、运输、制造毒品。（《意见》第7条）

截至目前，"群众"中的成员所实施的暴力犯罪，毋庸置疑是适用重刑的重点所在。与以往这一特征明显不同的是，该《意见》第7条重点强调属于特定组织的成员所实施的犯罪，而第8条对如何处罚官员腐败的政策强调，则是到目前为止最为详尽的。按第8条规定，以下犯罪需要处以重刑：国家工作

人员所犯的贪污贿赂、挪用公款、滥用职权、失职渎职的严重犯罪，黑恶势力犯罪，重大安全责任事故罪，制售伪劣食品药品罪，以及那些发生在社会保障、征地拆迁、灾后重建、企业改制、医疗、教育、就业等领域严重损害群众利益、社会影响恶劣的国家工作人员职务犯罪。

### （三）适用从宽的要求

同样地，该《意见》要求法院对包含以下一个或几个特点的犯罪从宽处罚：犯罪情节较轻、社会危害性较小的犯罪，或者罪行虽然严重，但具有法定、酌定从宽处罚情节，以及主观恶性相对较小、人身危险性不大的被告人的犯罪。（《意见》第14条）在此，实践中采取了两种方式进行相对从宽处罚：一是从轻，二是减轻。因此，对于不会对社会造成严重危害的犯罪，以及犯罪性质较轻的犯罪，法院可以认定其情节显著轻微危害不大，不作为犯罪处理。对构成犯罪但依法可不监禁的，法院可判处其缓刑、管制或者单处罚金。（《意见》第14条）对于未成年人犯罪、从犯、犯罪性质较轻的犯罪，该《意见》鼓励法院在适当的情况下利用其自由裁量权，可不关押上述犯罪人，或者定罪免刑。（《意见》第15条）

就严重犯罪来说，该《意见》鼓励法院依据案件特殊情况，给予以下实施了严重犯罪的犯罪分子相对从宽的处罚：

- 因恋爱、婚姻、家庭、邻里纠纷等民间矛盾激化引发的犯罪
- 因劳动纠纷、管理失当等原因引发、犯罪动机不属恶劣的犯罪
- 因被害方过错的突发性犯罪
- 具有防卫因素的突发性犯罪
- 基于义愤引发的突发性犯罪（《意见》第22条）

316

### （四） 宽严相济刑事政策

就轻罪来说，一直以来，中国的判决力度不是"太强"就是"太弱"："太强"是指法院对那些犯下非常轻微犯罪的犯罪人，滥用一至五年有期徒刑；"太弱"则主要表现在，对被害人的附带民事诉讼赔偿请求的执行上。就严重的刑事犯罪来说，我们发现与轻罪相似的问题。最高人民法院于 2005 年和 2006 年反复劝告，要使用"少杀、慎杀"的政策，这预示着自 2007 年 1 月 1 日后死刑罪犯数量会大量减少。尽管截至目前来说，法院对无期徒刑等长期监禁刑的执行仍然"太弱"。许多法官声称，他们有时会选择宣判死刑，因为作为死刑唯一替代性措施的无期徒刑，并不会被始终如一地坚持执行下去。[1] 他们认为，服刑人可以非常容易地通过减刑制度，大幅度地减少其实际执行的刑罚。许多主张慎用死刑的人，也在推进死刑的可靠的替代措施，如最低必须服 20 年的无期徒刑。

根据该《意见》，宽严相济刑事政策中"相济"的概念指的是，法院需在每年刑事案件的总体裁判总量中，取得一个平衡。该概念也指一种个案审判方式，即根据案件自身情况裁判，而不是对个别犯罪类型全盘适用一个总括的重刑（如暴力犯罪案件）或轻刑（如官员贪腐案件）。法官权衡一个案件的具体情节时的要点就是，量刑时要比过去更为精细，即需要做到严中有宽、宽以济严；宽中有严、严以济宽。（《意见》第 25 条）

该文件所提及的给予相对严厉的处罚，不仅仅适用于严重的犯罪。对于轻罪来说，尽管法院被鼓励适用相对宽缓的处

---

[1] Xingliang Chen, "Destiny of the Death Penalty in China in the Contemporary Era", *Frontiers of Law in China* 1: 64 – 5, 2006.

罚，但该《意见》第 27 条也允许法院考虑，对那些屡教不改、严重滋扰社会、群众反映强烈等的犯罪适用比平常更为严厉的刑罚。

《意见》第 29 条指出，死刑只适用于极少数罪行极其严重的犯罪。坚持只对极其严重的犯罪适用死刑，这并不是一个新的声明。该《意见》所新增的是，最高人民法院承诺在不久的将来，其会发布一个机制以判定何谓"罪行极其严重"，从而对法院在死刑个案中的裁判进行指导。该《意见》指出，将来最高人民法院会制定死刑适用的详细标准，并颁布指导案例，以确保死刑只适用于"极少数罪行极其严重的犯罪"。但是就目前来说，该文件补充道：对于所有可能适用死刑的案件，证据必须确实、充分，得出唯一结论（《意见》第 29 条）。对于罪行极其严重，但只要是依法可不立即执行的，就不应当判处死刑立即执行，而应判处死缓（《意见》第 29 条）。

总而言之，正如该《意见》指出的那样，该政策的主要目标，是预防和减少犯罪、化解社会矛盾、维护社会和谐稳定。贯彻该政策的最终目的，是为了"最大限度地减少社会对立面，促进社会和谐稳定，维护国家长治久安"（《意见》第 1 条）。很明显，"构建和谐社会"是宽严相济政策的试金石，但若要明白我们最初为何会需要该政策，就需要在一种诉求之声日益增多的情况下（该诉求之声指的是应重新评估对大范围内的犯罪进行严厉打击的这种长期政策的效用），对该诉求背后的当代历史背景进行评价。接下来的讨论，解释了在惩罚犯罪时需坚持宽严相济这一诉求背后的主要动力。

## 三、从"严打"到"宽严相济"

在过去的 30 年里，中国法律的各个领域中，法制改革几乎都取得了重大进展。然而，因为政治和体制的原因，刑事司法实践却远远滞后于其他领域。这主要是因为社会稳定这一中国经济繁荣的先决条件，被政府赋予了极其重要的地位。在20 世纪 80 年代早期，政治上以社会稳定和有序挂帅，这一要求导致了一场针对严重犯罪的"战争"爆发，而这场战争是通过一系列由重刑主义思潮所催生的"严打"运动来进行的。① 在整个 20 世纪 90 年代直至 2001 年这段时期内，这一类运动又催生出了数十个持续了很久的、针对特殊犯罪的全国专项斗争。② 从 20 世纪 80 年代起，全国每年都会发起一个或几个全国性的专项整治运动，外加几十个地区性的运动。中国最后一场全国性的普遍性"严打"运动始于 2001 年，并持续了共两年时间。后毛泽东时代中的这类运动，已经变成了对报应主义和重刑主义的一种特殊表达。

### （一）从重从快处罚

在后毛泽东时代，革命和后革命时期的因果报应得到重塑，同时在经济得到空前发展的这一关键时期，国家为确保经济发展成功，也对促进社会稳定作出了口头强调。上述二者共同发挥着作用。通过确保对刑事不法的零容忍，公检法系统分担了保障经济顺利过渡到现代化的重担。作为一种有助于实现改革的方法，打击犯罪专项运动利用了"从重从快"所能带来的处罚效果，来帮助实现社会稳定，从而确保中国经济迅猛

---

① Ronald C. Keith & Zhiqiu Li, *New Crime in China: Public Order and Human Rights*, London and New York: Routledge, 2006; Borge Bakken, "The Culture of Revenge and the Power of Politics: A Comparative Attempt to Explain the Punitive", *Journal of Power* 1: 169 – 87, 2008; Susan Trevaskes, *Policing Serious Crime in China*, London: Routledge, 2010.

② Susan Trevaskes, *Courts and Criminal Justice in Contemporary China*, Lanham, MD: Lexington Press, 2007.

发展。"从重从快"处罚的政策成了运动性司法的主调。[1] 在 21 世纪的第一次普遍性的"严打"运动之后,公安司法界内部也对有关该运动的成效、该运动对公安司法系统的公众形象所造成的损害、该运动的合法性产生了激烈的争论。2003 年之后政治上所出现的新面貌,表明国家逐渐接受了对"严打"运动所产生的滥用程序正义的批评。

由于 2001 年至 2003 年的"严打"运动,并未能实现全面改善公共秩序的既定目标,在大约 2002 年和 2003 年左右,一些原先支持"严打"政策的警界高层人士,成为"严打"政策最严厉的批评者。在 2002 年和 2003 年若干期的《公共安全研究》杂志(中国最好的公安类杂志)上,中国的警界高层之间展开了一次前所未有的大辩论。在那次大辩论之后,"严打"的轨迹发生了出乎意料的变化。2003 年年底,前中央政法委书记罗干宣布,不应再继续通过一场集中的普遍性运动来实现"严打","严打"应当被打散,并在每一天的司法实践中得以"经常化"。推动该声明出台的这些讨论表明,这种推行运动式司法的形式本身,可能正是该问题的部分所在。我们发现,在 2003 年年末,即在上述公安系统在开展"严打"运动的方法上开始产生转变的时候,公安部也进行了一定的协调努力,以限制运动式司法。[2] 在此之前,当代中国一直都是通过政治斗争的意识形态棱镜,来对严重犯罪的控制进行定义和描述的。而在后毛泽东时代,国家对社会主义法制的宽泛解读,也持续性地反映出了中国犯罪控制的意识形态路线,而人

---

[1] Susan Trevaskes, *Courts and Criminal Justice in Contemporary China*; Susan Trevaskes, "Severe and Swift Justice in China", *British Journal of Criminology* 47 (1): 23 – 41, 2007; Susan Trevaskes, "The Death Penalty in China Today: Kill Fewer, Kill Cautiously", *Asian Survey* 43: 393 – 413, 2008; Susan Trevaskes, *Policing Serious Crime in China*.

[2] Susan Trevaskes, *Policing Serious Crime in China* .

们也正是通过这种解读，来理解"斗争"的含义。毫无疑问，打击犯罪运动的形式和内容，植根于包括"打击"人民公敌在内的政治斗争之概念中。

**（二）和谐社会时代：缩小刑罚的适用范围**

2004 年左右，一种相对宽容的、和谐的舒缓氛围开始出现，在中国共产党于 2006 年 10 月发布的构建和谐社会的决定中，该氛围也有所体现。在该氛围之下，对原先向重刑主义方向发展的刑罚制度进行重建的运动也应运而生。虽然全国性的"严打"综合整治运动已经停止（但专项斗争依旧存续），但是"严打"，特别是通过从重从快地处罚来实现的"严打"，仍是一项应对严重犯罪的官方刑事政策。

2006 年 10 月 11 日，中国共产党十六届六中全会通过了《中共中央关于构建社会主义和谐社会若干重大问题的决定》，该决定设定了构建和谐社会的九大目标。这其中包括了自"缩小城乡和地区发展差距"，到完善社会保障体系；完善公共服务体系；提高全民族思想道德素质、科学文化素质和健康素质；形成良好的道德风尚和和谐的人际关系等目标。"和谐社会"本质上是一个口号，旨在解决在 21 世纪，因为经济空前增长和社会变革所引发的社会矛盾和冲突激增的问题。

在 2006 年中国共产党发布了关于构建和谐社会的决定之后，有关重刑主义的争论，转向了何谓"严打"的对象的问题，也就是主张将"严打"限制在"少数的极其严重的犯罪"之上的问题。这个转变非常重要，因为在 20 世纪 80 年代以及 21 世纪初的几年，包括故意杀人、强奸、抢劫、故意伤害、走私毒品以及严重的盗窃罪等大量罪行，都落入了"严打"的网络之中。在和谐社会的时代，从哪些犯罪仍应适用从重从快地处罚的问题中被提炼出来的，是究竟哪些犯罪才是"最"

严重的犯罪（例如，在谁的利益和什么利益间按照重要性排序）这一更为基本的问题。对严重犯罪的定义进行限缩，可以将严厉刑罚的适用对象限于更少的犯罪分子类型之上，并对于大多数犯罪，尤其是那些被认为是属于"群众"的犯罪排除适用"严打"政策。对于司法改革者来说，这是一种暗中消解中国的重刑主义文化的有效办法。

但是，早在 2004 年"和谐社会"时代开始之前，刑事司法领域的政治家们，已经开始淡化"严打"一词在政治语言中的使用。在过去 20 多年来，在公安部部长在国家安全会议的讲话中，第一次没有出现"严打"二字。[①] 自从 20 世纪 80 年代以来，公安部部长们总是号召公安干警要"打击和预防犯罪"。然而列席 2003 年会议的警界高层，在听见将以往"打击和预防犯罪"的用语，改为"预防、消除和惩治犯罪"，并去除了运动色彩浓厚的"打击"二字之时，都感到非常惊讶。[②] 对于与会的警界高层来说，他们很容易揣度到政策正在发生变化，在最高层有关刑事政策的取向中，"严防"已经取代"严打"而居于优势地位。个别字眼上的变化，预示了政府有意推动刑事政策和司法实务上的转变。

### （三）旧的"惩办与宽大相结合"的政策

在当今"和谐社会"的政治和法律的氛围中，无论在政治话语上、观念上，还是在实践中，"宽严相济"都是国家改革与改进处理严重犯罪方式的关键。虽然中国的刑法，最初将"宽与严相结合"认可为一项基本的刑法原则，但自从 20 世纪 80 年代以来，在历次"严打"犯罪的运动中，该原则都被有意地排除在适用之外。事实上，在中华人民共和国 1979 年

---

① 来源于笔者于 2005 年对高级公安干部的采访。

② 同前。

《刑法》第 1 条的规定中所包含的"惩办与宽大相结合"基本法律原则，其最初的设立目的，就是为了抵御重刑主义的滥用。但是，著名法学家陈兴良研究称，"严打"政策已否定了惩办与宽大相结合的原则，后者已然失效。① 惩办与宽大相结合基于这样一种观念：严厉刑罚应减少适用，其只应针对极少数犯罪，而对于大多数犯罪行为较轻以及具有减轻情节的犯罪应从宽处罚。② 惩办与宽大相结合通过诸如严厉处罚主犯和累犯，从宽处罚从犯和轻罪等方式，试图"争取和教育大多数，孤立和惩治极少数"。③

在革命年代，惩办与宽大相结合的原则被用来教育大多数质疑社会主义理念的人，并惩罚少数的阶级敌人，从而使这些人得以重新回归到社会之中。该原则使法官在作出判决的过程中，能够更多地考虑从宽处罚的情节，因而有着重要的现实意义。然而，自从 20 世纪 80 年代"严打"政策施行以来，敌我的二元区分这么一个语言上的参照标准，在对严重的犯罪分子判罚时会遇到更大的问题。"严打"对刑事打击网的扩张（事实上对大多数严重犯罪全面适用"从重从快的刑罚"），与仅对极少数犯罪适用重刑的观念是矛盾的。陈兴良在 20 世纪 90 年代指出，为了落实严重偏向"严"的一边的、对严重犯罪适用更重刑罚的"严打"政策，原先的惩办与宽大相结合的原则几乎被抛弃。这主要是为了给"可抓可不抓的，抓"以及"可杀可不杀的，杀"的做法提供正当

---

① 陈兴良：《宽严相济刑事政策研究》，载《法学杂志》2006 年第 1 期。
② 黄京平：《宽严相济刑事政策的时代含义及实现方式》，载中国法律网，http：//www. criminallaw. com. cn/article4. default. asp？ id = 289，最后访问日期：2007 年 2 月 3 日。
③ Du Xichuan & Zhang Lingyuan, *The Chinese Legal System：A General Survey*, Beijing：New World Press，1990.

性的理由。①

### （四）选择多杀

著名法学家陈光中认为，死刑的滥用，并不能简单归咎于中国刑法中的罪名数量众多，死刑自 20 世纪 80 年代早期以来在全国范围内的广泛适用，也不能归因于中国的物质状况条件。他认为，死刑的过度适用，与"严打"所主张的强制适用重刑的原则直接相关，该原则可浓缩为一句格言，即在可能判处死刑的案件中，"可杀可不杀的，杀。多数都得杀"，该格言在 1983 年的"严打"中是耳熟能详的。②

对司法滥用以及误判错判的问题，学者和法律专家之间逐渐达成了一致的反对意见。与此相呼应的是，2002 年到 2004 年，全国新闻媒体报道了社会中出现的一系列轰动性的错误处决的案件。新闻媒体广泛报道了陈兴良等学者关于一些著名案件（如董伟案）的批评观点。③ 陈兴良的一个主要观点是，无视"相济"，将会使惩办与宽大相结合原则提供的防止重刑滥用的机制失效。④ 而该机制的失效，为重刑在 1983 年至 2003 年"严打"期间，甚至在没有官方"严打"运动期间被滥用，大开方便之门。虽然当局明确要求，只有在"严打"运动期间才能适用普遍性的从重措施，但对如抢劫罪等一些犯罪来说，重刑却一直被持续性地适用。"严打"政策的从重从快的要求，暗含在"从重从快处罚"之中，却在"可杀可不杀时，杀"这一短语的理念中得以呈现。其在专项斗争、甚至在从 1980 年代直至 21 世纪的第一个没有专项斗争的十

---

① 陈兴良：《宽严相济刑事政策研究》，载《法学杂志》2006 年第 1 期。

② 赵蕾：《中国司法开启少杀时代：最高法院统掌生杀大权》，载《南方日报》2007 年 1 月 4 日。

③ Chen Xingliang, "An Examination of the Death Penalty in China", *Contemporary Chinese Thought* 36（3）：35－52，2005.

④ 陈兴良：《宽严相济刑事政策研究》，载《法学杂志》2006 年第 1 期。

年时期，仍持续得以施行，其为要求"多杀"的社会风气提供了动力。①

### （五）和谐社会话语——平衡正义的天平之工具

截至目前，我们在借鉴以往刑事司法实践经验的基础上，探讨了宽严相济政策带来了什么，并分析了为何中国当下需要这项政策的原因。目前对这一政策之需求的理由，也反映了中国关于解决社会冲突和矛盾的整体政策环境上的变化。因此，胡锦涛时代的整体政治环境，为这些变化提供了意识形态的框架。

在中国，无论是毛泽东时代还是后毛泽东时代，意识形态话语的特色都是作为一个推动法律变革的重要机制而存在的。从2005年和2006年起，新的宽严相济刑事政策获得推动，从中我们看到了正在发生作用的"和谐社会"这一话语的具体表现。到目前为止，我们已经看到，为了构建一个更均衡（因此也更有效且更高效）的刑事司法体系，最高人民法院是如何将胡锦涛的和谐社会话语，作为指导下级法院判案的意识形态理论来使用的。

根据中央政法委的说法，法官在中国的发展中起了关键作用，其角色已不仅限于纠纷的裁判者。法官负有维护社会稳定的政治责任，而社会稳定则是改革开放30年来的首要目标，而这一目标主要通过刑法的运作来实现。② 为了帮助构建胡锦涛和他的支持者所称的和谐社会，基于报应、威慑和预防等政治、社会目的，刑事司法系统关注对犯罪所处之刑罚也就不足为奇。那些位于权力最高层的官员已经认识到，在一个经济迅猛发展的社会中，一些普通大众中的成员

---

① 同前。

② 林中梁编著：《各级党委政法委的职能及宏观政法工作》，中国长安出版社2004年版。

所犯之罪，至少是因社会和政治而引发的矛盾与冲突的部分结果，而这些会导致社会不和谐（例如，家庭暴力、因土地纠纷和雇佣冲突而产生的伤害、大规模抗议并于其后转化为暴力性质的抗议等类似活动）。许多犯罪类型在动机和目的方面日益复杂，这在各方已达成共识。因此，仅以一种残酷的方式，统一对所有的严重犯罪进行侦查和处罚，从而维护社会的和谐稳定的做法，则明显难以满足适应这样的变化。承认这些犯罪有着复杂的社会根源（而这在事实上既明确又含蓄地承认，地方政府也共同"参与"了某些因社会冲突而产生的犯罪）将会开启认可多样化的刑罚处罚方法的可能性。考虑到在过去 20 年的实践中，重刑并没有降低犯罪率，这样的说法则更为可信。因此，虽然"和谐社会"必然会被看作是一项政治手段，但其同样也是推进政法系统改革的一个可信赖的话语工具。

但是，意识形态化的话语，是怎样以一种支持特定审判实践的方式，被真正地合理化的呢？此时，我们必须透过政治语言这一棱镜来观察这一问题，因为在后毛泽东时代，刑罚政策在传统上都是通过政治语言来酝酿和阐明的。在后毛泽东时代中国共产党政策中，有关刑罚的话语体系，仍持续地由社会稳定和经济发展之间的辩证关系所确定。自 1979 年后毛泽东时代开始，这两个国家建设的关键目标，已经成为刑罚政策的参考标准。为了适应胡锦涛有关和谐社会的新论述，这两个关键目标也经过了一定的"调整"。当前有关实现"宽严相济"的途径，为中央政府提供了一种正确的方法，使其得以在和谐社会的话语范围内，解决实现党的中心目标之一（社会稳定）这一难题。要使一种较为宽缓的犯罪控制方法合理化，并使其获得认可，就需要策略性地运用有关刑事司法的政治语言。这一语言，需要适应上述两个国家目标之间的一个语言上的潜在紧张关系：通过处罚大量犯罪而维护社会稳定，以及促进社会和谐。然而从各方面来看，后者的实现都是困难的。正如某学者所描述的那样，原因就在于，对大量犯罪适用重刑，会产生残酷的负面效应。[①] 本文此处的主要观点是，限缩重刑的适用范围，以及扩大轻刑的适用范围的努力，正在逐渐解决维护社会稳定和构建和谐社会的双重承诺之间既存的潜在矛盾。这种向对重刑适用范围进行更加限缩发展的转变，是实现既定的改革目标的一项重大突破。如表1所示，迄今为止，司法当局基于打击犯罪，以及确定严厉处罚的适用范围这两个目标（这也是评价其工作表现的标准），集中力量对一系列特定罪行进行了打击。

党的十六次全国代表大会为将来10年或更长时间设定了治理目标。2006年，胡锦涛主席倡导用"构建和谐社会"这一概念，来作为这些治理目标的试金石。在这之后，一系列司法改革的公告开始逐渐出现。这些改革的目标是在史无前例的经济和社会大变革时期，通过预防社会冲突的加深，来解决促进社会和谐这一至关重要的政治问题。在2006年和2007年间，最高人民法院用这些政策，为重大的死刑改革提供理论基础。2007年，刑事司法机关宣布对大量的轻罪进行非罪化处理，并推动法院适用非监禁化的替代处罚方法。接下来的部分将会探讨，刑事司法界是如何用这些政策，来努力实现这些变革的。该部分也检验了以下两个最新进展：一是2006年和2007年死刑的适用；二是2007年对轻罪的刑罚适用。其展示了上级司法机关，是如何通过新闻传播和专家评论，来推动这一朝向"宽严相济"发展之趋势的。

---

① Borge Bakken, *The Exemplary Society*: *Human Improvement*, *Social Control and the Dangers of Modernity in China*, New York: Oxford Univ. Press, 2000.

表1　针对特定犯罪的全国性"严打"专项斗争中出现的罪名类别

（1987—2007）

| 年份 | 严打专项 |
|------|---------|
| 1987 | 盗窃罪和走私文物罪；有关卖淫的犯罪；拐卖妇女儿童罪；赌博犯罪；爆炸罪以及包括谋杀、抢劫、放火、强奸、伤害等其他暴力性犯罪；高速公路上的抢劫犯罪；流窜犯罪。 |
| 1990—2000 | 卖淫相关的犯罪；盗窃；拐卖妇女儿童罪；火车上的相关犯罪；高速公路上的抢劫罪；非法偷越国（边）境罪；伪造金融票证罪；毁坏铁路、交通设施罪；毒品犯罪；暴力犯罪；非法买卖、储存爆炸物罪、邪教组织中的积极参加者；流窜作案分子。 |
| 2000—2007 | 拐卖妇女儿童罪；伪造货币罪、假冒注册商标罪；卖淫相关的犯罪；逃税罪；黑社会性质组织犯罪；盗窃罪；毒品犯罪；暴力犯罪。 |

来源：郭兴国：《建国以来公安工作大事要览》，群众出版社2003年版，第645—1299页。

## 四、推动轻刑和重刑的全面改革

从上面的讨论中我们可以看到，中国政府已经认识到，这一过于强调报应的刑罚制度已经过时。但若要理解事实上政策变动是如何开始出现的话，就需要对最初在实践中，政策的推动所凭借之机制进行考察。发出改革的信号，以及为这一改革添加政治与法律的环境，从而使全国的法院认识到，作为被上级当局所支持的、存在于具体司法经验之中的该政策的基础，对一个实验性基础的推动就是必需的。在这之后，上述经验被提上了公共议程以供论辩。下面，我们先从2007年的轻罪，之后从 2006 年到 2007 年的死刑出发，来探讨这一经验的基础。

## （一）在地区层面尝试及推动改革

2007 年的 3 月中旬，推动宽严相济政策的行动开始了，该行动对轻罪进行更大幅度的从宽处罚。[①] 对于部分轻罪来说，可以适用宽严相济政策对其进行非罪化处理，对于其他类型的轻罪案件，则可以适用非监禁刑罚。在此，对于宽大处理的均衡性地适用之效果有着现实的意义：通过改变何种行为构成可被提起公诉之犯罪的概念，每一年将会有成千上万被指控犯有轻罪的人得以躲过刑法的处罚。作出这样一种努力的动机，部分是原则性的，部分则是功利性的。将轻罪的犯罪分子非监禁化处理，是为了防止这些犯罪分子在监狱中交流犯罪经验、提升犯罪能力，这些非监禁处罚也可以对犯罪分子起到威慑作用。这也会减轻中国监狱系统所承受的重负。在过去的 10 年里，被判处 3 年及 3 年以下有期徒刑的犯罪分子所占的百分比一直都较为稳定。例如，在 1998 年是 42.7%，1999 年是 45.1%，2000 年是 43.3%，而 2001 年则是 45.8%。[②] 减少监狱中过剩的犯罪分子的唯一可行的方法，就是将那些犯有轻罪的人，即那些犯有非暴力性轻罪，原先可能被判处 3 年或者 3 年以下有期徒刑的犯罪分子排除在外。[③] 将这一类人员排除在监狱系统之外，可以明显减少急速增加的在押人数，且也可

---

① 需要注意的是，为推进对轻微犯罪分子更宽大的处理的程序性项目，始于 2002 年—2003 年左右。全国各地都启动了"刑事和解"程序，该检控程序被视为"恢复性司法"的一种形式。参见时延安对该程序的概述，时延安：《中国恢复性司法的实践：被害人和被告人和解的挑战和前景》，未发表的论文，2007 年，载 http：//www1. law. nyu. edu/nyulawglobal/fellowsscholars/.../gffyananshipaper. pdf，最后访问日期：2010 年 2 月 2 日。

② 李金贵：《宽严相济是我国基本刑事政策》，载正义网，http://www. jcrb. com / zyw/n124/ca514495. htm，最后访问日期：2007 年 10 月 18 日。

③ 同前。

以节省许多方面的开支。

从本质上说，这场始于 2007 年的推动宽严相济政策贯彻落实的运动，就轻罪而言，包括对轻伤害、小偷小摸等罪行的非罪化处理。在中国，我们经常会发现，在一项政策最终在全国这一层面形成之前，先要在省级或区级层面对公众的意见进行"试水"，为中央政府在国家政策最终发布之前减轻压力。在这种情况下，2007 年 7 月上旬，河南省郑州市人民检察院发布了一个文件，提出了新的方法，来对犯罪人进行刑事控告进行实验，该文件将会降低判定某些犯罪是否可以被提起公诉的标准。

为了给这些变化提供正当化理由，郑州市人民检察院检察长王庆向媒体公开解释了该市有关新办法的试验及其结果。在缺乏与轻罪相关的宽严相济政策的程序性规定的情况下，郑州市发布了一系列的试行办法，勾勒出了 19 种应该适用更轻刑罚的犯罪类型。对其中 9 种犯罪的犯罪嫌疑人不再予以逮捕或刑事拘留，对 10 种犯罪不再予以刑事起诉。对那些过去可能会被判处 3 年或 3 年以下有期徒刑，或者如拘役、管制、罚金刑及社区矫正等非监禁刑，或者免于刑事处罚的犯罪分子，可以适用这些新的标准。郑州市还要求检察官们更多地关注那些不太有再犯可能的或那些处于弱势地位的行为人：未成年人、65 周岁以上的老年人、残疾人、患病重的初犯者、怀孕及哺乳的妇女。具有以下减轻情节的轻罪也不应被提起公诉：自首、立功、犯罪未遂、犯罪中止。从宽处罚的罪名种类包括轻伤、盗窃、交通肇事以及过失伤害等。其他依照法律可以酌情予以减轻处罚的情形包括犯罪嫌疑人坦白，有悔罪表现并获得被害人的谅解，再犯的可能性小。[1] 对于那些犯罪人提供了民

---

[1] 杜韬行、闫波：《刑事司法"宽严相济"的郑州样本：彰显司法文明》，载《民主与法制时报》，2007 年 8 月 13 日，http://www.mzyfz.com/news/times/v/20071018/152403.shtml，最后访问日期：2007 年 8 月 18 日。。

事赔偿的轻罪，经被害人同意，可以撤销起诉。

支持郑州市的该决定的法律专家和媒体评论员们指出，该规定无疑将会减少需经法院审判程序的案件数量，因此也会减轻刑事司法部门的压力。通过对法律进行软化处理，国家也会给初犯者和犯轻罪的犯罪人一个"重生的机会"。① 对于主观恶性较小，或者没有恶意的轻罪犯罪分子不适用监禁刑，可以通过家庭、工作单位、学校等其他社会机构对犯罪分子进行矫正，给予其矫正自己行为的机会。同时，将处罚轻罪的司法资源，转移至起诉那些危害人身安全和大额财产安全的重罪上，可以使刑事司法机关更好地维护社会稳定。② 对于那些支持这些变化的人来说，这是其主要的合理性所在。

在这些先行的试验规则颁布一个月后，郑州市人民检察院检察长李泽民发布了一个媒体声明，表示这个规定不会对市政当局高标准的执法产生影响。"这是执法原则的一个变化，而不是检察官工作所依据的标准的变化。"③ 该规定主张，这些变化是必需的，因为在过去 20 多年来，在应对危害公共秩序的犯罪以及严重犯罪时，"严打"政策一直得到垂青。该规定也认为，虽然强调"严打"是必要的，且在当时这也是应对严重犯罪的一条正确之路，但官方变得严重依赖"严打"政策，这使得"严打"成了应对严重犯罪或较严重的危害公共安全的犯罪都必须参考的标杆。"由于不能明晰地区分谁可以被'严打'，谁不可以，所以所有的刑事犯罪都遭受了严厉的打击。这就是我们（郑州法院）进行重新考量的原因。"④

---

① 同前。
② 同前。
③ 同前。
④ 同前。

### （二） 在全国范围内对轻罪使用从宽处罚

可以预见的是，国家的标准发布于 2007 年 8 月 13 日，从时间上看，这一举动紧跟在郑州的试验之后。最高人民检察院声称，新标准的目的是为顺利执行宽严相济的刑事政策提供帮助。现在新标准明确规定，"任何宽严相济政策范围之外的起诉决定，都被认为是不达标的"。[①] 最高人民检察院的一位发言人将该标准形容为中国刑事司法政策的一个主要变化，其偏离了"从重从快"的"严打"倾向。[②] 县检察院的一位名为韩山青的检察官给出了自己的观察："过去，为了避免承担打击不力的责任，检察官都采取了当时盛行的办案原则，即'可捕可不捕，捕。可诉可不诉，诉。'"韩认为该原则：

在一段时间内对于控制犯罪来说起到了积极的作用，但我们已经无法再承担这一重担了。我们必须承认我们故意地忽视了对"宽严相济"的使用……我们不能够通过使用"从重从快惩罚犯罪"来构建和谐社会。我们必须改变我们的执法观念。[③]

### （三） 死刑改革

2006 年 10 月，全国人民代表大会对《人民法院组织法》进行了修订，规定自 2007 年 1 月 1 日起，死刑复核权由各省高级人民法院归还最高人民法院。这是一个有关死刑政策的关

---

① 林世钰：《高检院下发起诉和不起诉案件质量新标准》，载《检察日报》2007 年 8 月 14 日，http：//www.spp.gov.cn/site2006/2007 - 08 - 14/0002114812html，最后访问日期：2007 年 10 月 18 日。

② 杜韬行、闫波：《刑事司法"宽严相济"的郑州样本：彰显司法文明》，载《民主与法制时报》，2007 年 8 月 13 日，http：//www.mzyfz.com/news/times/v/20071018/152403.shtml，最后访问日期：2007 年 8 月 18 日。

③ 韩山青、胡丽萍：《浅析"宽严相济"刑事政策》，载 http：//old.china-court.org / html/article/200701/26/232284.shtml，最后访问日期：2007 年 9 月 20 日。

键变化。在此之前，法官维护公平正义的能力，以及随之而来的被告获得公平判决的可能，都受到了严重的影响。在一个刑事程序中，一个省级法院的法官的决定，将在两个司法层面之上得到适用：其不仅需要审理被定罪的犯罪人的上诉案件，还要同时复核自己所作出的上诉决定。① 2006 年的修正案，是中国政法历史上的分水岭，对那些经定罪并判处死刑的人来说，该修正案多少恢复了一些案件得到公平复核的希望。该修正案也为最高人民法院在 2007 年进一步整合其改革主义的观点铺平了道路。

借着死刑重大变革的势头，最高人民法院试图通过在当时还较为模糊的宽严相济刑事司法政策，来设置一个更加宽缓的刑罚制度。因为直到 2006 年，提到该政策时，我们仅仅只知道最高人民法院发布了一些声明。该政策第一次全国性的正式亮相，是在 2006 年中国共产党的《关于构建社会主义和谐社会若干重大问题的决定》中。在该决定中，提及宽严相济的文本部分都较为简短，且不甚明确。党代会的决议指出，社会和谐的实现，有赖于加强对社会管理策略和制度的运用，在诸如民众暴乱、游行等问题升级至危机程度之前解决它们，改进缩小贫富差距的方法以及发展一个保障社会安全的制度以及健全医疗保障的制度。

在《中共中央关于构建社会主义和谐社会若干重大问题的决定》中，宽严相济显得微不足道。它位于该文件的最后部分，近乎藏在角落里，且其仅主要描述了对未成年人犯罪的

---

① 该观点来源于外国观察者对中国死刑的一份研究，其见解独特而深刻，see David T. Johnson & Franklin E. Zimring, *The Next Frontier: National Development, Political Change and the Death Penalty in Asia*, New York: Oxford Univ. Press, 2009, pp. 225 – 286。

新的处罚办法。① 虽然该规定仅以一种简短且含蓄的方式出现在决定中，最高人民法院却意识到了该词组作为话语工具的效用，并通过缩小全民公敌性的犯罪类型的范围，将党的构建和谐社会的平台，与其试图弱化盛行的从重处罚政策的计划，直接联系到了一起。

**（四）最高人民法院和中央政法委在商讨确定严重犯罪的边界中的分歧**

在该政策的重要性日渐凸显的过程中，中国刑事司法政策的主要制定机构，中央政法委却没有给予该政策巨大的支持。在惩治严重犯罪时该政策所受到的欢迎，仅仅局限在学术界和最高人民法院圈内。其时，对于轻罪的刑罚制度的宽缓化改革，可能会得到党中央的支持，但对于严重犯罪来说，在时任中央政法委书记罗干的眼里，宽缓化改革并非一个优先事项。罗干是中国支持"严打"的最为主要的高级干部。不言而喻，最高人民法院推动宽严相济的刑事政策，是对严重犯罪滥用"从重从快处罚"的质疑。因此，罗干认为应通过强硬手段，对严重犯罪适用"严打"政策以实现正义的观点，也同样受到了质疑。在2006年年底、2007年年初的一次茶话会上，中央政法委和最高人民法院都主张各自具有解释宽严相济刑事政策的权力。尽管2007年1月1日，中国将所有死刑复核的权力收归最高人民法院所有，但那时这一改革还没有为"严打"政策敲响丧钟。②

运用政治技巧，最高人民法院将当时相对模糊的词组"宽严相济"套入了"和谐社会刑事司法"之中，并将"宽严

---

① "宽严相济"一词出现在该决定第6章第6节，题为"完善社会管理，保持社会安定有序"。

② Susan Trevaskes, "The Death Penalty in China Today: Kill Fewer, Kill Cautiously".

相济"作为后者的主旋律，从而给予了"宽严相济"政策一个政治话语锚点，以实现政策转向。在执行宽严相济政策时，最高人民法院在 2006 年 12 月发出信号，并于 2007 年 1 月发布了一个司法解释，规定了许多死刑犯罪不再适用死刑立即执行。最高人民法院现在正在引导法官，不再判处犯罪分子死刑立即执行，并代之以考验期满后必然减为 20 年有期徒刑的死缓。在中国的政治法律文化中，这是一个巨大的变化，这预示着几十年来依赖重刑主义，垂青重刑、无视轻刑的倾向，终于有望改变，而对重刑主义的依赖，原意是为了维护社会稳定，但事实上却导致了犯罪率的同比增长。①

1997 年《刑法》第 48 条规定，死刑只适用于"罪行极其严重"的犯罪分子。在试图严格限制死刑适用的这个阶段，最高人民法院需要解决的问题是确定极其严重犯罪的定义。最高人民法院计划死刑只适用于罪行极其严重的犯罪分子。早在 2006 年中期，最高人民法院召集法学界的学者们开会，讨论颁布宽严相济政策的可能性。② 学者和法官们对该政策的讨论结果发表在了国家媒体之上。最高人民法院却一直没有动静，甚至直到 2006 年 12 月 28 日，在死刑复核权收归最高人民法院的前夕，其仍在蓄势待发。直至在党宣布"宽严相济"作为中国的一项新的刑事司法政策之后，最高人民法院院长肖扬才发布声明，指出中国死刑判决的新时代已经到来，并概述了一系列的减轻处罚情节。这些情节的目的，就是限制死刑立即

① Borge Bakken, *The Exemplary Society: Human Improvement, Social Control and the Dangers of Modernity in China.*
② 赵蕾：《中国司法开启少杀时代：最高法院统掌生杀大权》，载《南方日报》2007 年 1 月 4 日。

执行的适用。① 正如先前所说，自 1980 年以来，在 20 多年的时间里，对那些因犯严重犯罪而被定罪的人，国家一直以维护中国社会稳定的名义，利用"严打"政策对其进行严厉处罚。其中这些严重犯罪包括故意杀人、抢劫、强奸、贩卖毒品、故意重伤，甚至是严重盗窃等。最高人民法院抓住时机，借助"和谐社会"这个"特洛伊木马"，来促成了一种观念的形成，即除了极其严重犯罪外，对其他犯罪，要适用相对宽缓的处罚。② 和谐社会作为"特洛伊木马"的用途，还不止于此。同一天发布的另一个声明，清楚地阐明了在 2007 年 1 月 1 日之后，下级法院在适用死刑判决时将会受到的限制。肖扬指出，对于死刑案件的证据问题，最高人民法院不久将会起草适用于所有死刑案件的国家统一标准。根据学者型官员刘佳晨的说法，这些标准早已经被起草出来了，只是还未公布而已。经司法部门和其他学者磋商后制定的这些标准，将会为死刑案件的审判提供统一的措施。这些标准将会特别适用于以下四种主要的死刑犯罪类型：故意杀人、暴力抢劫、贩卖毒品和故意伤害致人死亡。③

## （五）重新解释"严打"的对象和维护社会稳定的目标

最高人民法院强调宽严要"相济"，目的是为了减少"严打"政策的严厉性，这些犯罪包括非暴力性的死刑犯罪，和那些虽然是暴力性的、但并未造成被害人死亡的死刑犯罪。肖

---

① 对于肖扬声明的详细说明，参见《中国将在现有法律框架内严格控制死刑适用》，新华网 2006 年 12 月 28 日，http：//news. xinhuanet. com. legal/2006 – 12/28/content_ 5542754. htm，最后访问日期：2006 年 12 月 29 日。

② Susan Trevaskes, "The Death Penalty in China Today: Kill Fewer, Kill Cautiously".

③ 关于修改的内部讨论，参见《最高法院副院长：死刑核准不开庭事出有因》，载新华网 2007 年 3 月 10 日，http：//news. xinhuanet. com/legal/2007 – 03/10/content_ 5825329. htm，最后访问日期：2007 年 3 月 10 日。

扬认为，"从重从快处罚"的"严打"政策应该继续下去。但他对不同类型的死刑犯罪进行重新分类的做法，已经重新定义了"严打"政策的处罚范围，即只有罪行极其严重的犯罪分子才是打击的目标。① 为进一步加深对这一声明的理解，2007年1月15日，最高人民法院向下级法院发布了名为《最高人民法院关于为构建社会主义和谐社会提供司法保障的若干意见》（以下简称《和谐社会意见》）的一个捆绑式的文件。《和谐社会意见》就在个案中应如何具体适用宽严相济的刑事政策，作出了详细规定。《和谐社会意见》明确重申，法院应继续坚持对严重犯罪进行严厉打击，以维护国家安全和社会稳定。在2007年及以后，法院将会继续对以下三类犯罪进行严厉打击：危害国家安全的犯罪、恐怖组织犯罪、黑社会性质组织犯罪。但对于那些可减轻处罚的犯罪，《和谐社会意见》也要求法院应当从宽处罚。除了那些罪行极其严重的犯罪之外，对那些因家庭内部纠纷升级的案件、存在被害人过错的案件、被告人有悔罪表现并立即赔偿被害人家属的案件，《和谐社会意见》要求法院对这些案件的犯罪人判处死刑缓期两年执行。②

试图限制死刑的适用范围的努力，与推动完善重刑的适用对象直接相关。也就是说，要限制几十年来对严重犯罪进行"严打"的政策。在此，对最高人民法院来说，核心问题是要解释"和谐社会"的目标与威胁社会的不稳定因素之间的关系。持续上升的犯罪率已清楚地表明，"严打"的重刑主义政策，并未能实现其预期的震慑效果。现在，"和谐社会"的话语为我们

---

① 参见《中国将在现有法律框架内严格控制死刑适用》，载新华网2007年12月28日，http：//news. xinhuanet. com. legal/ 2006－12/28/content_ 5542754. htm，最后访问日期：2006年12月29日。

② 参见《最高人民法院关于为构建社会主义和谐社会提供司法保障的若干意见》（2007年），载http：//chinacourt. org，最后访问日期：2007年1月30日。

提供了一种可能，来反思和阐明严厉处罚在维护社会稳定上的效果。对于时任最高人民法院院长的肖扬和其追随者来说，只有扫清在中国社会中过度滥用死刑所产生的恶劣效果后，和谐社会才有可能建成。30 年来，党的路线一直认为，只有通过"严打"政策中的严厉惩罚，才能给党和国家带来稳定。① 现在，肖扬引入了一个新的视角，来观察社会稳定和"严打"政策之间的关系。依照这一新的逻辑，司法机关更人性化的刑罚举措，将会产生更为和谐的社会关系，也会减少暴力性犯罪和社会不稳定因素。2007 年 2 月的新闻采访展示了类似观点。在此，这一弱化了的"严打"，仅仅是维护社会稳定的众多可能性中的一种：

> 坚持宽严相济，是拓宽维护稳定的工作思路。打击刑事犯罪可以维护稳定，化解矛盾纠纷也可以维护稳定；坚持"严打"方针可以维护稳定，坚持尊重和保护人权也可以维护稳定。②

虽然"依法严厉打击严重犯罪"仍然是必要的，而且法院对此仍然必须"意志坚定"，但肖扬坚决主张"重刑只适用于极少数罪行极其严重的犯罪分子"。对这些犯罪分子，应当根据党的和谐社会的理念以及"少杀、慎杀"的政策判处其死刑。③

上文对媒体声明和论辩是如何推动最近的政策发展进行了考察。该考察也凸显了，改革者们一直用以试图重塑其对改变司法裁判，以适应政治意识形态之视野的机制。从 2006 年到 2008 年早期发生的变化可以看出，在肖扬任期的最后一年内，他和副手们仍在党的宗旨范围之内进行着自己的工作。他们用

---

① Susan Trevaskes, *Courts and Criminal Justice in Contemporary China*; Susan Trevaskes, "Severe and Swift Justice in China".

② 董瑞丰：《专访最高院院长肖扬：为和谐社会提供司法保障》，载http：//www. chinacourt. org，最后访问日期：2007 年 2 月 6 日。

③ 同前。

一种政治上审慎的方式，小心地阐释着社会稳定与和谐社会之间的关系，这样他们就可以开始重新配置中国的刑罚制度，并最终对轻微和重大犯罪案件的判定刑罚的方式，施加实质性的影响。实现这些变革，主要依靠最高人民法院在改革刑事司法制度中的决心、智慧和力量。

## 五、政治化或自由化？

中国共产党认可和赞同宽严相济政策，是赋予该政策以效力的关键一步。2008 年 11 月，在中央政治局的要求下，中央政法委起草了《司法体制改革方案》。这是中国共产党第一次将注意力集中在该政策之上。中央政法委公开宣告了一项新的司法体制改革方案，该方案奠基于构建和谐社会这条主线之上。[1] 该方案公开宣布了它的一个主要目标，即在刑事司法实践中落实一个宽严相济的政策。[2]

这一方案的蓝图，主要集中在四个关键任务之上。这四个主要任务分别是："优化监督职能的分配、适当配置互相监督的司法职权；在实践中贯彻、落实宽严相济的政策；加强政法队伍建设；加强保障政法经费。"[3] 该方案的第二项任务，即"落实宽严相济的政策"，共包含两个重要方面。第一个方面

---

① 请注意，笔者虽有幸见过该方案的文稿，但其全文并未公开发布。它的存在请见 2008 年 11 月 29 日发表的《中央政法委员会关于深化司法体制和工作机制改革若干问题的意见》，由中共中央批准和传达，即《〈中央政法委员会关于深化司法体制和工作机制改革若干问题的意见〉的通知》[中发（2008）19 号]。值得注意的是，该文件是由中央政治局以"通知"的形式批准和发布的。另参见《中共中央政治局召开会议 分析研究 2009 年经济工作 讨论深化司法体制改革工作》，载《人民日报》2008 年 11 月 29 日。

② 该方案指出，其主要目的是开发制度内的能力，以司法机关在履行其中心任务时的运作更为公平及有效率。该中心任务就是通过运律来规范社会关系。改革的关键是要加强以下主要政治或者政法部门的监督功能：检察院、地方各级人民代表大会、上级法院和上级党委。

③ 同前。

就是，精炼和简化党所认为的"极其严重之犯罪"的概念。在此，该文件提供了一个长期的针对重点犯罪的列表，政法机关应当以其为对象并处以严厉处罚。那些在 1980 年代、1990 年代以及 21 世纪前几年中，被当时的"严打"专项运动所广泛打击的行为，2008 年后，已经不再认为是对社会稳定构成最严重威胁的犯罪行为。而这些犯罪行为现在应当包括故意杀人以及其他针对人身的暴力犯罪、有组织的集团犯罪、恐怖主义犯罪、许多涉及国家工作人员的财产犯罪、贪腐案件、网络犯罪以及危害国家安全的犯罪。执法机关的新的重点关注目标，与表 1 中的犯罪类型相比反差巨大。这些新的犯罪不但包括那些由"群众"（除了故意杀人和其他严重的暴力犯罪之外）所构成的犯罪，还包括普通民众之外的人所构成的犯罪，如有组织犯罪、国家工作人员贪腐以及危害国家安全的犯罪。党在两类人之间建立了一个敌我的区别，这两类人一类是"群众"，另一类是通过有组织犯罪、贪腐、恐怖主义等犯罪，对国家正在进行的市场化改革造成"威胁"和破坏，进而影响社会未来的繁荣昌盛的罪犯。在此基础上，近来国家转向使用"群众路线"以及"司法为民"这样的语言就不难理解了。

2008 年有关司法改革的方案所预示的一个重要的司法改革领域，就是判决政策。在宽严相济的大标题下，该方案表示出了修改和简化刑事判决标准之意向，以进一步完善刑事诉讼法，并改进与死刑有关的法律，以逐渐减少刑法中的死刑罪名；修改将无期徒刑作为死刑替代措施时的量刑标准，建立一个与死缓（最终在 2 年后会不可避免地降为无期徒刑）和无期徒刑有关的、关于服刑期限的严格执行制度；将无期徒刑和死缓的最低执行期限明确化。

### （一）以往最高人民法院改革的局限性

以上提及的近期的刑事司法改革，发生在政法权力的上层梯队发生变动的过渡时期，而且这些改革与一般政治领域、特别是刑事司法界中的政治语言的转变相一致。当前，在阐明和宣传刑事司法政策方面，中央政治局发挥了更为明显的作用。而在 2008 年之前的十年里，关于司法系统的改革的讨论，则主要由最高人民法院院长肖扬所主持。

在近十年的时间里，在肖扬的领导下，最高人民法院成功地推动了大量的改革，以改进法官的培训和教育资质，以及审判的证据制度。① 最高人民法院为法官创造一个更好的条件，让法官更有能力应对日益复杂的经济和社会所提出的要求。最高人民法院的这些努力表明，其正在引导着法院系统向更积极的方向转变。虽然很多西方和中国的学者以及评论家们都认为，肖扬是一个杰出的改革者，但改革结果除了在法院作出判决时进行技术性的改善以及更具专业化外，他作为改革派的名望并没有转化为成功的政策结果。肖扬和他的副手们在最高人民法院推动的其他以提高审判质量为目的的改革，尤其是那些旨在抑制地方的政治干预和司法腐败的改革，并没有被地方法院和法院之外的中央政法当局所接受。很明显，当涉及不同关键部门之间的权力重新配置的问题时，最高人民法院是无能为力的。

最高人民法院试图努力建立一个更专业、更独立的司法机构，这些努力所产生的复杂效果，以三个特殊的改革活动为典范：第一，它通过将法院的经费来源从地方政府转向中央政

---

① 对法院成果的审查，see Benjamin Liebman, "China's Courts: Restricted Reform", *China Quarterly* 191: 620 – 38, 2007; Qianfan Zhang, "The People's Court in Transition: The Prospects of the Chinese Judicial Reform", *Journal of Contemporary China* 12: 69 – 101, 2003; 陈卫东：《优化司法职权配置　建设公正司法制度》，载《法制日报》2007 年 12 月 9 日。

府，试图消除地方保护主义和司法腐败，然而该努力是失败的。[1] 第二，它试图使司法官员的任命更加公开、透明，并减少地方政府当局对司法官员任命程序的影响，然而该努力也收效甚微。第三，它试图确立一个死刑量刑的统一标准，以及在审判实践中准确区分轻罪和重罪，但前述这些努力的成效都微乎其微。一些政法界的人士主张，在肖扬的领导下，最高人民法院雄心勃勃的改革最终折戟沉沙，因为这些改革步子迈得太远太快。肖扬任期内的改革成效表明，在其直接的权限范围外，最高人民法院在改革时仅能取得有限进展。但如果说，在一个领域内，最高人民法院的改革取得了较为显著的效果的话，那就是死刑。

在 2008 年院长的任期结束后，肖扬从最高人民法院退休，王胜俊接任该位。随后，新的政治话语出台，即"三个至上"（党的事业至上、人民利益至上、宪法和法律至上），其被用来指导司法官员的工作。围绕在阐明和实际执行刑事司法改革周围的、由肖扬发起的作为一个组织性概念的"相济"，在事实上并未受到阻碍。相反，其还增强了更为宽缓的举措，并力求实现之。政法委依然对"相济"的概念表示欢迎，并一直在准动宽严相济刑事政策的发展。

很明显，从上述有关的讨论中我们可以看到，司法研究者们试图描述党的话语背后的意思，并以刑事司法"改革"之

---

① 到目前为止，对地方法院和政府的关系作出了最为详尽描述的著作，see Xin He, "Ideology or Reality? Limited Judicial Independence in Contemporary Rural China", *Australian Journal of Asian Law* 6: 214 – 30, 2004; Xin He, "Why did They Note Take on the Disputes? Law, Power and Politics in the Decision – making of Chinese Courts", *International Journal of Law in Context* 3: 203 – 25, 2007; Xin He, "Court Finance and Court Responses to Judicial Reforms: A Tale of Two Chinese Courts", *Law & Policy* 31: 463 – 86, 2009。关于为减少司法腐败而提出的有见地之建议的一个列表，see Randall Peerenboom & Xin He, "Dispute Resolution in China: Patterns, Causes and Prognosis", *East Asia Law Review* 4: 1 – 61, 2009。

名行事，而"加强党的领导，减少严厉处罚"的动态关系，为这些司法研究者出了难题。这究竟是一个政治化的过程，抑或是一个自由化的过程？我认为，其并非是一种可以被归类为制度的一个自由化进程的东西。其从本质上说与自由化无关，毋宁说，它是一种官僚理性化的过程：对大量犯罪适用严厉惩罚的效果的一种反思。同时，仅凭借党的领导的加强，或者党的意识形态在刑事司法政策中的注入，我们也不能将该趋势归为制度的政治化过程，因为制度政治化的过程不会孤立地发生。更准确地说，中国现存的刑事司法，在本质上一直都带有明显的政治性。当下正在发生的变化，是承认了严厉刑罚的局限性，同时再次承诺用意识形态来推动政策的变革。这是一个强调需要逐渐弱化对大量严重犯罪适用"严打"这一政治合理性的过程，也是一个限缩严厉刑罚所适用范围的标准的过程。

## 六、结论

本文探讨了在中国的刑法政策中寻求平衡的一个新路径，该路径是国家对胡锦涛在和谐社会时代构建和谐社会的要求的一个关键回应。本文认为，"加强党的领导，减少严厉刑罚"的动态关系，是由中央政治局和司法机关，以在中国刑罚政策中策划实现一个变革为目的而下的一步棋。本文也研究了，与中国严厉刑罚的政治合理性有关的更为宽泛的概念性问题。通过司法裁决工作，中国共产党对司法机关委以重任，让其支持党在发展中以及党在国家中的领导地位（尤其是要保持和维护社会和政治稳定）。但笔者的主张并非是说，在刑罚的政治文化中，党所设计的这些微妙的变化，使刑事司法机关的政治角色发生了质的变化。笔者也不是主张说，这一对待犯罪的新的"软化"方法，标志着高级政法机关对"公正"概念的理解发生了变化。①

笔者在本文中主张，"加强党的领导，减少严厉刑罚"的思想和宽严相济的刑事政策释放出了追求社会控制的目标之变化，而非对正义的考量之信号。这些社会控制的目标，源于对在近 30 年时间里适用严厉刑罚后的实际效果之反思，而适用严厉刑罚的目的，是为了在应对犯罪行为时更有效和更为有效率，以达到社会控制的目标。但在这种情况下，还有另外一个问题具有同等重要性，即这些社会控制的目标，所涉及的政治纲领、策略、意见等，是通过什么方式，被证明是适宜于被纳入到社会控制政策之中的。在中国政策的制定过程中，政策的原理与政党话语之间关系的微调是至关重要的。在此，笔者探讨了，对政策原理与政党话语之间的关系进行怎样的仔细调整后，新的概念和新的实践成为可能。若是在国家发展政策的要务中，对社会安定给予较少强调的话，则对于作为更广泛地认定犯罪活动，和严厉打击犯罪分子这一个严苛的刑事司法政策的指导原理的社会稳定要求来说，国家对其的强调将会持续必要地降低。现在"社会稳定"这一用语得以保留，主要是被用来作为打击暴力犯罪、恐怖主义犯罪以及危害国家安全的犯罪等特定严重犯罪的合理化的理由。但是新的总体国家政策的强调重点，是"构建和谐社会"，这也是胡锦涛执政时期的一个标志。从"稳定"到"和谐"的转变，为刑事司法机关缩小如此大范围的犯罪圈，以及为限缩值得科处重刑的罪名范围，提供了言语上的空间。由此可见（有些人可能会讽刺地说），在今日，决定中国的那些犯罪嫌疑人或者犯罪人的命运时，以"宽严相济"为目的的行动将会更多地由党的介入所

---

① Jerome Cohen, "Flame of Conscience", *South China Morning Post*, November 12, 2009.

驱动，而不是更少。

因此，本文揭示了中国对刑事处罚采取的新方法，该方法源自于，由仅仅理解刑罚所欲达到的目标，转向理解刑罚是怎样运作以达到这些目标的这样一种变化。和谐社会这一政治语言，已经不再像2005年和2006年左右那样，最初在媒体中广受支持，吸引公众的注意力了。然而，它在寻求规范更和谐的社会关系的政策舞台中的积极影响，仍然存在于宽严相济的刑事政策之中。

# 中国的死刑制度——最高人民法院、死刑缓期执行和刑罚改革中的政治考量[*]

苏珊·卓沃斯基斯[**]　文

刘雁鹏　兰迪[***]　译

简目

---

[*] Susan Trevaskes, "China's Death Penalty: The Supreme People's Court, the Suspended Death Sentence and the Politics of Penal Reform", *British Journal of Criminology*, 53（3），482–499（2003）. 本文的翻译与出版已获得作者授权。

[**] 苏珊·卓沃斯基斯，澳大利亚格里菲斯大学亚洲研究所研究员，语言及语言学学院副教授。

[***] 刘雁鹏，中国社会科学院法学研究所助理研究员；兰迪，中国人民大学法学博士，西北政法大学反恐怖主义研究院专职研究员。

## 一、简介

　　司法改革正在以有趣且令人意想不到的方式，对中国的死刑制度进行着重塑。本文审视了中国自 2007 年开始进行的独特改革路线。其主要关注自由裁量权在死刑缓期执行判决中的适用，这一死刑改革的主要工具。而总体上说，这一议题在中国之外还未曾被详尽探讨过。自 2007 年起，司法机关利用死缓这种手段，使下级法院在作出死刑判决时更加宽缓，这种做法逐渐被制度化，并最终导致全国范围内的死刑判决锐减。这些改革运动的推行，主要通过最高人民法院，而非直接借助共产党的方针政策。2007 年 1 月，最高权力机关将全中国的死刑判决的复核与批准的独有权力交还给最高人民法院，而就在那时起，最高人民法院就被置于继续推进这项改革的位置之上。

　　权力由高级人民法院向最高人民法院的移转，有利于将死刑判决的决策权重新集中于北京，并重新配置各层级法院之间的权力关系。很快，最高人民法院充分利用了在这一历史性变革中获得的权力，并用其去引领新的改革。特别是通过其对司法自由裁量的影响来达到预期效果。最高人民法院通过使用案例指导制度，明确要求下级法院在作出死刑判决时，要先考虑新的国家政策之后，再将他们的自由裁量焦点集中在法律和案件事实之上。现有的政策强烈主张对大量犯罪量刑轻缓化，但在目前的政治环境下修改《刑法》很困难，因而在无法改变《刑法》规定本身的条件下，只能通过审判程序中的司法自由裁量，践行"少杀"的愿景。

　　在一个健康有效的司法体系中，司法自由裁量权通常被认为是该体系中积极的和必要的部分。当法律含糊不清时，它给法外因素留下极大的空间，这个空间允许法官作出的判决结果，与国家控制犯罪的目的保持一致。在中国，自由裁量权已经支配死刑判决实践达数十年。在死刑判决的自由裁量空间中，国家通过严厉惩罚措施，对严重犯罪进行"严打"的政策指令，来向法庭施加间接影响。近年来，改革者一直在朝着量刑更加宽松的方向努力，研究可以对这一自由裁量空间施加影响的各种途径。① 在当下的中国特殊的政治背景所允许的空间内，究竟哪一条才是最适合中国的改革路线，对此，学者、法律专家以及法官产生了分歧。一些人认为需要通过修法，即通过修改 1997 年《刑法》，使其规范更加明确，进一步减少死刑数目，以及通过规定相关法律要件，使其在适用死刑判决中可以在更广的范围内减轻罪行。还有人则认为，立法路线有太多政治考量，因而此时此刻很难有任何的实质性的改变发生。他们认为，只有司法制度的内部改革的方法才是唯一具有可行性的。第三类观点则提倡一种由最高人民法院牵头的、② 既包含立法改革又有司法改革之混合途径。第三种混合的方法已经成为中国的主流改革方向。

在本文中，我们发现，这一混合途径的重点，在于鼓励审判人员确认和接受"死刑立即执行"的替代措施。这是中国所独有的替代物，这是一种"延迟"执行的死刑判决，即被判死刑后有两年的死刑缓期，中文简称"死缓"。由于这种刑罚两年后通常会减为无期徒刑，对于绝大多数判处这种刑罚的犯人而言，这种刑罚仅仅具有死刑的名字罢了。改革的关键是约束法官的自由裁量权，而方法则是使法官能够识别案件中的大量酌定从宽处罚情节，从而法官们能够选择适用更为宽大的

① 赵秉志、彭新林：《论酌定量刑情节在限制死刑适用中的作用》，载《中国刑事法杂志》2011 年第 12 期；范春明：《试论死刑案件的司法控制》，载杰罗姆·科恩、赵秉志主编：《死刑司法控制论及其替代措施》，法律出版社 2008 年版，第 149 页。

② 赵秉志：《关于中国现阶段慎用死刑的思考》，载《中国法学》2011 年第 6 期。

"死刑缓期执行"而非"死刑立即执行"。

在最高人民法院的引领之下，这一混合的方法已经形成三步走的战略。第一步，在党和国家的授意下，在 21 世纪头十年的中期，最高人民法院发布了一个新的国家刑事司法政策，重新确定了刑罚的政治目标，使其与胡锦涛主席提出的，倍受好评的"和谐社会"的纲领相融。第二步，最高人民法院依靠对大量内部指导意见等法律文件的灵活运用，劝导下级人民法院尽可能用死刑缓期执行的判决，来代替死刑立即执行。这些意见是最高人民法院长期建立的司法解释体系的一部分，而这些法律文件，在本质上是服务于解释新法或者政策的法令。第三步，最高人民法院于 2010 年新创设了"案例指导制度"，并用这种案例指导制度，来为解读 2011 年的刑法修正案提供指引，而正是该修正案进一步明确了对死缓的运用。

本文第一部分讨论了上述提到的改革方略的第一步。我们结合了改革背景和自由裁量权，对死缓问题进行了探讨，研究了最高人民法院在 21 世纪头十年中期提出的政策，即要求死刑判决中的自由裁量趋向轻缓化。文章的第二部分研究了第二步：自 2007 年展开的刑罚轻缓化运动后，最高人民法院发布的指导意见之运用。第三部分盯准了第三步，并且是最近期的方案：通过案例指导制度，在指导下级人民法院正确解释和运用 2011 年的刑法修正案中，最高人民法院所扮演的角色。

总之，我们观察到了这些成功的改革方案背后的政治考量，即在大幅抑制死刑的适用的同时，保证国家始终能够处于法律系统之上的地位，而这主要是通过司法体制改革，而非通过修法来实现的。比起全面的立法改革来讲，这条改革道路要更加切实可行，而立法改革则需要获得广泛的、来自中央和地方的各种政治力量的一致同意，而很多的政治意见并不赞同"少杀"。这种以司法改革为主、修法为辅的混合的方法，有利于规避支持死刑的广大民众的反对声音，并且有利于缓冲来自地方权力部门以及自 2007 年起丧失了死刑核准权的地方法院的各种阻力。更为重要的是，这种混合的方法将会继续保留更宽范围的自由裁量权以及刑法的模糊性，这就将死刑判决置于国家政策以及党的意志的支配之下。

## 二、法律、政策及改革背景

大卫·加兰（David Garland）曾经谈论过美国的死刑制度，他说："今天的死刑制度已经不再以控制犯罪和公平正义为目标；它有它自己的形式，自己的功能和它自己的原理。"[1]加兰认为，死刑不再主要与犯罪控制的原理相关，而是有自己的一套逻辑。这种论断比较符合美国的情形，但是这与中国的情况并不相符。无论过去还是现在，中国的死刑制度在形式、功能和原理上，都明显有别于美国。但是中国的这些原理和功能的涵盖范围，已经远远超出了犯罪控制之外，并且它们很大程度上借鉴了如"社会稳定"和"和谐社会"等国家的政治目标。虽然犯罪控制的既定方针仍然保持在这个框架之内，但在近年里，中国一直在努力大幅软化本国严苛的刑罚体制。[2]推动司法机构的责任意识这一务实的政治目标，蕴含在诸如将死刑复核权回收至最高人民法院等措施之中。此外，由于在 20 世纪 80 年代到 21 世纪头几年的"严打"时期内，严重犯罪的比例随着死刑执行比例的提升也在升高，这就在事实上削弱而非增强了"严打"可以控制犯罪的观点。但是，经历过那个时代之后，很多体制内的高级官员都致力于在全国范围

---

[1]　D. Garland, *Peculiar Institution: America's Death Penalty in an Age of Abolition*, Cambridge, MA: The Belknap Press of Harvard University Press, 2010.

[2]　S. Trevaskes, *Policing Serious Crime in China: From "Strike Hard" to "Kill Fewer"*, London: Routledge, 2010. Trevaskes, "The Shifting Sands of Punishment in China in the Era of Harmonious Society", *Law and Policy*, 32: 322–61, 2010.

内，通过司法实践的标准化和职业化，来推动改革的进行。尤其是在过去的四年间（2007—2010），自2007年死刑审查权回归至最高人民法院后，通过发布被称为"典型案例"和"指导案例"的重要刑事案件以及出台最高人民法院司法解释等措施，刑事司法改革得以在人民法院中实现。通过最高人民法院在政策制定方面的努力，所有的这些内部机制才得以推行。

在其著作《司法政策制定和现代国家》（*Judicial Policy Making and the Modern State*）的开场白中，费尔里（Feeley）和鲁宾（Rubin）观察到，"法院共履行了三个相互联系但又彼此不同的职能：他们对事实进行认定、对官方的法律文本进行解读、制定新的公共政策"。[1] 费尔里和鲁宾主张，新政策的制定，不仅是由单个法官所主导的司法能动主义的另一种称谓而已。他们为这一功能界定了一个更为宽泛的定义和范围，将政策的制定定义为一种司法行为，在其中，法官"基于行为会产生良好的社会效果之判断"而行使裁判的权力。[2] 这样的话，法官为了"建立对标的之控制，并于其后，结合那些不具有法律效力的非正式渊源，综合他们自己的判断力，以结果之合理性为导向，来作出判决"。[3] 对于中国情况的讨论来说，这些对美国司法体系的观察，是一个非常有趣的突破口。虽然根据美国的法律传统，以司法方式来实现制定政策的功能，很有可能是不合法的，但中国的法律学者们并没有就最高人民法院有权制定政策这一功能的存在，进行过争论。关于中

---

[1] M. Feeley & E. Rubin, *Judicial Policy Making and the Modern State*：How the Courts Reformed America's Prisons, Cambridge, UK, and New York：Cambridge University Press, 2000.

[2] M. Feeley & E. Rubin, *Judicial Policy Making and the Modern State*：How the Courts Reformed America's Prisons, p. 5.

[3] M. Feeley & E. Rubin, *Judicial Policy Making and the Modern State*：How the Courts Reformed America's Prisons, p. 5.

国司法政策制定和司法能动的各种争议，处于一个完全不同的政治社会的语境之中。在这样的背景下，改革就无可争辩地蕴含在（外部）国家社会的政治目标，和（内部）改革倡议之间的交集中。

自从 20 世纪 30 年代以来，人民法院在党领导司法的前提下建立起来后，最高人民法院的法官一直是紧跟党的政策的"积极分子"。但是近年来，最高人民法院法官们却渐渐成为主张渐进式改良主义的拥护者。[1] 中国的法律学者们并没有将最高人民法院的司法能动主义，视为司法政策制定能力的"全方位扩张"的另外一个普遍例子，[2] 而是各自以不同的方式，对最高人民法院近来的积极倾向进行了阐释。例如，有学者就观察到，[3] 最高人民法院的职业化和制度建构的意图，并不必然意在直接挑战党的政策或规则。更准确地说，他们致力于在党的领导下更务实地工作，以提高法院本身的权威形象。最高人民法院的意图是通过加强对地方法院决策的控制，来提高自身的权威。这种方式激励着司法机关利用现存的司法权力和功能，加强司法制度的影响力，而这些权力和功能，包括以

---

[1]  E. Ip，"The Supreme People's Court and the Political Economy of Judicial Empowerment in Contemporary China"，*Columbia Journal of Asian Law*，24：367 – 435，2011；T. Zhang， "The Pragmatic Court：Reinterpreting the Supreme People's Court of China"，*Columbia Journal of Asian Law*，25：61，2012.

[2]  E. Ip， "The Supreme Court and the Making of Public Policy in Contemporary China"，*Michigan Journal of Public Affairs*，7：1 – 15，2010.

[3]  E. Ip， "The Supreme Court and the Making of Public Policy in Contemporary China"；E. Ip，"The Supreme People's Court and the Political Economy of Judicial Empowerment in Contemporary China"；T. Zhang，"The Pragmatic Court：Reinterpreting the Supreme People's Court of China".

司法解释的方式进一步规范地方法院的判决。① 正如张泰苏所言,② 这导致了一定程度的"实用主义"倾向。③

在 21 世纪的头十年里,没有任何一项制度,要比死刑改革过程更能凸显实用主义的倾向。在这一点上,实用主义的做法包括审慎的采用政治意识形态,以及含有大量政治专门知识的口号。在中国,刑罚政策通常与普遍的全国性政治语言直接相关联,不论人民如何看待如"阶级斗争"(在毛泽东时代),后毛泽东时代的"保护社会秩序"、"维持社会稳定"、"建设和谐社会",以及最近提出的"社会管理"等,简化为口号形式的这些政治语言,至少在执政党的眼中,为司法行为提供了一个合法的语境。在 20 世纪 80 年代、20 世纪 90 年代和 21 世纪早期,"维持社会稳定"这一目标得到了推崇,而其中就包含有一个对故意杀人、严重的抢劫和走私毒品等严重破坏社会秩序的行为进行"严打"的政策。自 21 世纪头十年以来,胡锦涛主席提出了"和谐社会"理念,这为改变"对严重犯罪进行严厉打击"的国家政策,打开了一个政治以及语言上的空间。最高人民法院中的改革派迅速地掌握了应该如何运用这一空间,以及其附随的政治语言,来实现长久以来一直追求的"少杀"的目标。

从 1998 年到 2008 年担任最高人民法院院长的肖扬,是数十年来最有改革想法的法官。他和其他最高人民法院的改革者们,首先通过"和谐社会"这一社会主义话语作为政治杠杆,

---

① R. Keith & Z. Lin, "Judicial Interpretation of China's Supreme People's Court as 'Secondary Law' with Special Reference to Criminal Law", *China Information*, 23: 223 – 55, 2009.

② 张泰苏,美国杜克大学法学院副教授。作者在此误将张泰苏称为 Tsai Zhang。——译者注

③ T. Zhang, "The Pragmatic Court: Reinterpreting the Supreme People's Court of China".

并于其后通过发展出一套新的司法政策，使严厉惩罚（死刑）和不严厉处罚（死缓）之间达到更好平衡，这样便聪明地利用了制度规则来限制和控制死刑的数量。在 21 世纪头十年的中期，最高人民法院的改革者们，系统运用修辞、制度以及其他手段，并将其发挥到极致。由于最高人民法院只能通过对系统本身进行调整，以便于可以以其所欲求的方式控制他们。①

第一次主要的法律运动开始于 21 世纪头十年中期。从 20 世纪 80 年代早期到 2007 年 1 月，全国人大批准了一项决议，授予省级人民法院对大部分死刑判决进行审查和批准的权力，这就通过严刑峻法和打击犯罪运动实现了"多杀"的目标。在 20 世纪 80 年代早期，《人民法院组织法》的一个修正案，将原属于最高人民法院的权力下放给省级人民法院，以方便打击大部分严重暴力犯罪。② 但是，通过"严打"进行威慑背后的政治意识在不断消逝，以及严重犯罪数量的增加也证实了，"严打"具有威慑效果是一种误解。2003 年后，由于它对于杀人等犯罪行为的威慑力不断减弱，导致其在治安管理系统内以及党内的受欢迎程度下降。胡锦涛主席也提出了发展更好地控制死刑判决的决策之要求。最终，在 2006 年 10 月，国家修改了《人民法院组织法》，审查和批准死刑的权力从 2007 年 1 月起又重新回到了最高人民法院的手中。最高人民法院表示，这一举动有立竿见影的效果，在第一年里死刑案件就减少了 30%。在年底的时候，最高人民法院院长宣称，在该年，中华人民共和国历史上第一次出现了死缓判决的数量高于死刑立即

---

① S. Trevaskes, *The Death Penalty in Contemporary China*, New York：Palgrave Macmillan, 2012.

② D. Johnson & F. Zimring, *The Next Frontier：National Development, Political Change, and the Death Penalty in Asia*, Oxford and New York：Oxford University Press, 2009；S. Trevaskes, *Policing Serious Crime in China：From "Strike Hard" to "Kill Fewer"*.

执行判决的数量。① 在这一重大改革之后，最高人民法院开始实行一系列内部的司法改革，以进一步降低死刑立即执行率。据中国一些研究死刑的学者所述，在决策的质量和被判死刑的违法者的数量方面，这些改革已经取得了积极的效果。②

随着 2007 年审查和批准死刑案件的权力，又再一次回到最高人民法院手中之后，为最高人民法院祭出另一政治高招所搭建的舞台已然就绪。从过去的政策变革中吸取了教训后，其将会使用政治手段，即利用充满着必要意识形态和语言的政策话语，通过指导措施，来帮助低层法院改变作出决策的模式。并且，其可以重新启用一个仍被称为死刑，但没有"立即执行"之通常结果的替代判决制度。正如本文在简介部分所提到的，"死缓"是一种死刑，符合"缓"之要求的罪犯，通常不会被夺去生命，而实践中其结果为无期徒刑，只有那些在这两年期间不悔过仍然犯罪的人，才会被处以死刑立即执行。为了顺利通过刑法修正案，政法机关的领导需要克服来自体制内的、难以想象的各种阻力。

死缓，即死刑缓期执行，为死刑替代措施之需求提供了一个近乎完美的双面回应。它能够使法院在适用死刑的同时，满足"少杀"的要求。但是死缓作为一个判决，其有着和死刑立即执行一样的缺点。二者在关于法官应该基于何种犯罪情节适用何种判决方面，都极为模糊。因为法律对于如何判决的问题并没有明确规定，所以当法官从二者中选择其一时，主要是司法自由裁量权在支配案件的判决。因此，最高人民法院的改革策略，是在死刑立即执行和死缓的判决中做选择时，对自由

---

① Xinhua News Agency（2008），"China Sees 30% Drop in Death Penalty"，10 May，http：//www. chinadaily. com. cn/china/2008 – 05/10/content＿ 6675006. htm.

② 赵秉志：《关于中国现阶段慎用死刑的思考》，载《中国法学》2011 年第 6 期。

裁量权范围的宽泛特性加以利用。通过鼓励法官识别更为多样的、可在死刑判决中加以考量的各种减刑因素，最高人民法院使自由裁量成为调控地方法院判决的手段，通过这个手段推动"少杀"政策在地方法院层面得到贯彻。

## （一）极其恶劣的犯罪和死刑判决

关于中国死刑判决问题的讨论，集中于 1997 年《刑法》的第 48 条第 1 款，其可以说是死刑相关立法的试金石。该条清楚而又宽泛地表明：

> 死刑只适用于罪行极其严重的犯罪分子。对于应当判处死刑的犯罪分子，如果不是必须立即执行的，可以判处死刑同时宣告缓期二年执行。（第 48 条第 1 款）

第 48 条第 1 款的规定，是判定那些法官认为罪行极其严重，根据法律足以被判处死刑之罪的基本法律标准。但是对于一个罪行在性质和程度上必须兼备"极其"和"严重"这两个关键术语的具体含义来说，该条款并没有明确说明。它也没有解释清楚，一个法官该如何认定一个案件是否"极其严重"，该判处"死刑立即执行"还是"死缓"。[①] 对犯罪之性质含糊其辞，这使得对第 48 条的解读进入了法官自由裁量权的空间，同时也造成了法官在实际判案中的困难。由于这一法律框架缺乏详尽的内容支撑，使法官被迫寻找其他法律渊源——主要是国内的社会政治政策来指导如何衡量犯罪情节的严重性，以及是否有从轻减轻刑罚的可能性，进而作出相应的判决（死刑或是其他刑罚）。若是死刑，是立即执行还是缓期

---

[①] 赵秉志：《中国死刑制度改革前景展望》，载《中国法律》2012 年第 1 期；赵秉志、阴建峰：《故意杀人罪死刑司法控制论纲》，载赵秉志主编：《死刑适用标准研究》，中国法制出版社 2011 年版，第 161—172 页。

执行。

第 48 条第 1 款的规定，作为决定一个相关罪行，是否应当被判处死刑的基准，被置于 1997 年《刑法》的总则之中。对于 1997 年《刑法》中分则规定的 55 个死罪中的绝大多数而言，死刑的确可以适用，但实际上其并非是强制性的，其只是包括从管制到无期徒刑在内的几个量刑选择之一。并且，尽管在 1997 年《刑法》的分则部分中，每一个单独的可以判处死刑的罪行中，也罗列了其他可供选择的量刑，这些罪行在什么情况下，会被视为严重到需要用死刑，而非无期徒刑或其他有期徒刑方面，同样语焉不详。在这个死刑的迷雾中，有一点是清晰的，即一旦法官已经认定某个犯罪行为属于"极其严重"，就只有两个判决结果可供选择：死缓和死刑立即执行。尽管 1997 年《刑法》专门确定了 55 种可能判处死刑的罪行，但就中国的死刑立即执行来说，其中大部分都是因为故意杀人。[①] 而因罪行严重的抢劫和走私毒品被判处死刑立即执行的概率则排在其次。

### （二）死缓是改革的关键

在没有明确的关于"极其严重犯罪"的标准之情况下，相应的解释在司法机关内部也就大有差异。法律上死刑规定的不确定性，也影响了法官明确区别两种死刑判决选项的能力。它的模糊性也同时为制度的灵活性提供了空间，当国家司法机构把新的犯罪或者重新兴起之犯罪活动认定为打击重点时，其也使死刑的一种政策精神作为一种威慑因素，能够继续指导自由裁量权。例如，在加重抢劫的案件中就尤为明显。[②] 纵观"严打"时期，各个地方的、省级的和中央的权力机构，要求

---

[①] 赵秉志、阴建峰：《故意杀人罪死刑司法控制论纲》，载赵秉志主编：《死刑适用标志研究》，中国法制出版社 2011 年版，第 152 页。

[②] 聂立泽：《我国抢劫罪死刑控制司法研究》，载赵秉志主编：《死刑适用标准研究》，中国法制出版社 2011 年版。

下级法院严肃处理犯加重抢劫罪的犯罪嫌疑人。自由裁量并不意味着明察秋毫；法官很少去考虑团伙犯罪或集团犯罪中每个人应对犯罪承担的责任范围和大小。"严打"政策全面一致地适用于严重犯罪嫌疑人，而不考虑个体的犯罪情节，以及犯罪团伙中每个个体所应当被分配到的刑事责任之大小。

在 2007 年之前，在很多省份死刑案件中 15% 到 20% 的人被判处死缓。[①] 其主要被适用于那些法官想留有余地的、不是所有的事实和证据都完全确定的、存在共犯的或犯罪嫌疑人主观恶意较小的案件。它被视为存在于监禁刑（法官不太愿意将该刑罚适用于许多严重的犯罪之上）和死刑之间的"缓冲地带"。[②]

2007 年之后，随着新的政治口号的出现，其提供了一种极为有效的话语工具，以重塑判决之中的政策与法律空间，使法官倾向于死缓多于立即执行。在一个废除死刑的概念不受党和人民欢迎的国家，改革者需要小心谨慎地践行，同时也需要将一些通常与推广死刑相关联的言辞，融入"少杀"的宣传之中。因此，改革之路径即为，通过利用死缓作为无期徒刑和死刑立即执行的中间过渡，来鼓励对那些并没有严重影响社会稳定或社会秩序的死刑犯，给予更为宽大的处理结果。

在宽大处理激励下，利用死缓处理死刑需要细化减轻处罚的情节，以便法官在自由裁量空间内充分考量减刑情节，最终确保在杀人案件中被执行的是死缓，而非死刑立即执行。即便在死缓被定位为最高人民法院改革计划之关键前，死缓就被普遍认为是法律规定和自由裁量情节均可适用的，为宽大处理提

---

① 黄伟明：《死缓制度的当代价值》，科学出版社 2007 年版，第 113 页；S. Trevaskes, *The Death Penalty in Contemporary China*。

② 张正新：《中国死缓制度的理论与实践》，武汉大学出版社 2004 年版，第 31 页；陈华杰：《论死刑适用的标准》，人民法院出版社 2005 年版，第 287 页。

供合理性的一种判决。① 1997 年《刑法》确认了许多一般的减轻处罚的情节。这些情节主要与犯罪嫌疑人实施了犯罪行为之后的表现有关（如自首和向警察机关提供重要情报等立功表现）。没有在 1997 年《刑法》中明确列出的、又可被用于减轻判罚的自由裁量情节如下：其造成的社会危害性的程度、对社会造成的危险、共同犯罪中个人的责任承担，以及通过实际的方式（以金钱的角度解读的话，为受害者家庭提供经济上的补偿）所表现出的悔改程度。这些是对一项罪行的事实情况的司法认定。

由最初是家庭矛盾或邻里之间的争端所导致的故意杀人以及伤害致死案件，是中国目前被判处死刑最为普遍的两类案件，现在改革者面临的挑战，就是建立和推进一套更为广泛的自由裁量情节，以为减轻判罚提供依据。与通过法律修正案对 1997 年《刑法》进行修改，这种拖沓、且在政治上争论不休的过程相比，鼓励法官去接受更宽松的减刑情节，将会是一条更为容易的路径。在全国政策变动且不稳定情况下，改革者心中非常清楚，想在全国司法实践中植入"少杀"的理念，就必须主要依靠由最高人民法院直接控制的机制，而非国家立法机关。

鼓励下级法院在作出死刑判决中适用更加"平衡"的方法，需要改革者开发和推动一个明确的政治总纲，该总纲可以使最高人民法院发布的新实体性和程序性规定更加配套。这种总纲，以一种新的广受赞誉的、名为"宽严相济"的刑事司法政策的形式出现。② 受最高人民法院所启发，下级法院鼓励

① 黄伟明：《死缓制度的当代价值》，科学出版社 2007 年版，第 137 页；刘树德：《死刑片论：死刑复核权收归之际的思考》，人民法院出版社 2007 年版，第 36 页；陈华杰：《论死刑适用的标准》，人民法院出版社 2005 年版，第 40 页。

② S. Trevaskes，"The Shifting Sands of Punishment in China in the Era of Harmonious Society"．

法官除了对最为严重的犯罪之外，对其他所有的犯罪都宁可失之过宽。①

这项新政策适用于死刑之上可能带来的影响是，扩张死缓的使用以代替死刑立即执行，尤其是在由于家庭纠纷或邻里争端升级而来的杀人案件中。针对这种类型案件的想法，首次出现于1999年，当时最高人民法院发布了广受追捧的1999年《全国法院维护农村稳定刑事审判工作座谈会纪要》。该会议纪要概括了最高人民法院的意图：鼓励对这类受害人存在明显的过错，或者对直接引起攻击的冲突也负有直接责任，或者有减刑的情节存在之案件适用死缓。随着2001年一个新的两年"严打"运动启动，这一想法被暂时性搁置了大约一年左右，但其随后又于2006年被重新启动。在2006年12月，就在最高人民法院成为唯一拥有死刑复核审查权的机关之前，它宣布在杀人案件中有自首情节的，在一起犯罪中提供了主要证据的，在集团犯罪中不承担主要责任的犯罪嫌疑，除特殊情形外，不被判处死刑立即执行，而应当代之以死缓。类似地，下级法院被告知，在由家庭或民事纠纷升级而来的杀人案件中，或者在凶手犯罪后立即自首，并愿意且能够给受害者的家庭提供经济补偿的情况下，判处死刑不是首要或唯一的选择，选择死缓更为合适。

## 三、改革机制：最高人民法院指导意见

总的说来，最高人民法院是一个通过对国家新的政策、法律、规定的解释，来对下级法院的工作进行监督的主体。最高人民法院对下级人民法院的上级审查权，以及多层次结构监督，能够确保中国司法系统紧密结合。监督与上级审查的范围

---

① 陈兴良：《宽严相济刑事政策研究》，载《法学杂志》2006年第1期；卢建平：《刑事政策与刑法变革》，中国人民公安大学出版社2011年版。

广泛，涵盖了司法机关与党的政法机关在更高且更为一致的级别上的职责与角色。最高人民法院通过向下级法院传达解释，以建立并监督下级法院的程序，这些解释主要是以对新的或已经存在的法律、法规或者政策进行阐明的指导意见的形式出现的。由于中国的立法经常是抽象和模糊不清的，因而法律解释就成为一项极其重要的功能。这些指导意见，给法官在处理中国高度抽象且概括之立法，与纷争和犯罪之现实之间提供了"关键的纽带"。①

在中国，政治上的话语会影响刑事司法政策，而刑事司法政策转而又会左右最高人民法院向下级法院作出的各种解释以及指导性的机制。指导机制归属于最高人民法院的一个广阔的解释体系之内，② 当下司法解释体系包括四个主要的文件类型："规定"（包括"意见"和"标准"）、"解释"、"决定"和下发给下级法院提供如何实现国家政策的指导之"批复"。③根据王晨光教授介绍，尽管最高人民法院没有官方承认的制定法律的权力，但其拥有一个通常被认为是法律的渊源的"准立法功能"。④ 在 2007 年之后的死刑改革的背景下，最高人民法院改革者的策略，是将宽大处理的思想，通过司法指导手段予以传递。在这种程度上对刑罚文化进行重新调整，不仅需要来自最高人民法院的支持，同时也需要最高人民检察院、公安

---

① C. Wang, "Law – Making Functions of the Chinese Courts: Judicial Activism in a Country of Rapid Social Changes", *Frontiers of Law in China*, 3: 1 – 30, 2006.

② S. Finder, "The Supreme People's Court of the People's Republic of China", *Journal of Chinese Law*, 7: 145 – 224, 1994; C. Wang, "Law – Making Functions of the Chinese Courts: Judicial Activism in a Country of Rapid Social Changes"; R. Keith & Z. Lin, "Judicial Interpretation of China's Supreme People's Court as 'Secondary Law' with Special Reference to Criminal Law".

③ R. Keith & Z. Lin, "Judicial Interpretation of China's Supreme People's Court as 'Secondary Law' with Special Reference to Criminal Law".

④ C. Wang, "Law – Making Functions of the Chinese Courts: Judicial Activism in a Country of Rapid Social Changes".

部和司法部的支持。由这些机关发布的共同意见，对死刑程序之新解释来说是一项意义重大的宣言。最高人民法院、最高人民检察院、公安部以及司法部在 2007 年 3 月 9 号发表的《关于进一步严格依法办案确保办理死刑案件质量的意见》共有 52 条细致的规定。法官被要求继续执行"严打"政策，但关键的是，这一政策只针对一些"极少数"的"极其严重"的犯罪。他们将根据建设和谐社会的要求和"少杀、慎杀"的规定，对这些罪犯判处死刑。第 7 条规定了"宽严相济"的政策，该政策应该被适用于包含自首并悔罪等减刑情节的所有案件之上。[①]

2007 年最高人民法院发布了许多指导意见，这是迈向"宽大"的积极的一步，但是国家在期望法官对哪些特定案件应以严惩，对哪类案件应以宽大，却缺乏精确的定位。因此，最高人民法院在 2010 年推出了一个重要的解释文件。在 2 月 8 号，最高人民法院以意见的形式发布了迄今为止最为全面的关于"宽严相济"政策的解释，对与情节轻微的和情节严重的罪行有关的这一政策之适当适用作出概述。[②] 最高人民法院于 2010 年 2 月发布的指导意见（《关于贯彻宽严相济刑事政策的若干意见》——译者注）包含有 45 条规定，其对死刑改革进程作出了宝贵的贡献。最重要的是，最高人民法院鼓励法官通过对手头的个案之特殊情况加以考量，以个案分析为基础进行刑事裁判，而非对特殊犯罪类型全部适用相同的或相似的"轻"和"重"的判决。它重申了在能够对犯罪人判处死缓的情况下，就不应对其判处死刑立即执行。[③]

---

① S. Trevaskes, "The Shifting Sands of Punishment in China in the Era of Harmonious Society".

② See id.

③ See id.

### （一） 对减轻处罚的情节之厘清

虽然最高人民法院于 2010 年 2 月发布之指导意见，为确定从宽处理（如由于个人间的纠纷引起的杀人案件）和从重处理（如黑社会性质的犯罪和严重的毒品犯罪）的案件类型提供了迄今为止最为详细的指导，其却并未就刑法中单独的死刑罪名发布量刑建议。尽管最高人民法院一直致力于对常见的犯罪提供统一的判决指导，但是中国并没有一个涵盖死刑罪名的统一的全国性判决标准。一些省级人民法院一直在发展它们自己的指导意见，并将其作为下级人民法院的指导材料。由于这些基于特定省份的指导意见是为了适应其当地环境而设计，并未在全国范围内发布，其仅被作为参考材料，因而也就没有效力或者法律约束力。

由于认识到了在全国与省内的死刑判决中的不一致的问题，最高人民法院就寻求进一步使与死刑立即执行和缓期执行的恰当适用相关的规定逐步具体化。在 2010 年 7 月 1 号、最高人民法院、最高人检察院、公安部、国家安全部、司法部联合发布了两套针对改善司法程序问题的规定。法律界人士称之为“两规”，即《关于办理死刑案件审查判断证据若干问题的规定》和《关于办理刑事案件排除非法证据若干问题的规定》。① 第一个文件主要涉及与证据收集和评估的质量相关的程序正义之规则和救济。但是在其第 36 条中包括了一个特别的规定，即第一次规定了应当被作为在死刑判决中可能的减刑情节而适用的、一个丰富的自由裁量情节列表。第 36 条提出，在对被告人作出有罪认定后，人民法院认定被告人的量刑事实，除审查法定情节外，还应审查其他影响量刑的情节。该条

---

① Hua Dui (translators), "China's New Rules on Evidence in Criminal Trials", *New York University Journal of International Law and Policy*, 43: 740 –65, 2011.

列举了六条量刑情节：

（1）案件起因；

（2）被害人有无过错及过错程度，是否对于矛盾激化负有责任及责任大小；

（3）被告人的近亲属是否协助抓获被告人；

（4）被告人平时表现及有无悔罪态度；

（5）被害人附带民事诉讼赔偿情况，被告人是否取得被害人或者被害人近亲属谅解；

（6）其他影响量刑的情节。

就要求法官对在死刑判决中，何种犯罪情节应当得到宽大处理进行扩大解释而言，该条款是在最高人民法院的所有类似规定中，到目前为止最为详尽的一条。包含第 36 条的"两规"，最终被 2012 年 3 月全国人大通过的《刑事诉讼法》修正案所吸收。因为上述第 36 条第 1 款第 5 项，与鼓励法官促成刑事案件中的民事赔偿有关，我们在下节中将讨论，在执行上述第 36 条第 1 款第 5 项时所涉及的富有创造性的司法能动主义。

## 四、典型案例和指导案例

直至 2009 年，有两类常见的死刑难题仍在对最高人民法院扩大死缓制度的适用造成阻碍。第一个难题是，对于很多由于家庭、邻里或者其他类似的个人争端导致的杀人案件，根据上述的最高人民法院指导意见，应该倾向于判处死缓。但是当受害者的家庭不愿意接受被告人的经济补偿时，下级人民法院法官仍会不太情愿适用死缓。第二个难题是，因为被判处死缓的犯罪分子在熬过两年的悔改时间，且其刑罚被减为无期徒刑之后，很容易就能申请到大幅减刑，因此下级人民法院法官都不太愿意判处死缓。

自死刑立即执行的审查和批准权，于 2007 年 1 月回归最高人民法院后，法院开始给两类案件中的被告人，即与私人纠纷相关的杀人的被告人和伤害致死案件中的被告人一个减刑的机会，如果犯罪分子表现出悔过，并受到了受害者家庭的谅解，且迅速地给予受害者家庭以民事补偿，就有可能减轻刑事处罚。这一被媒体中的批评者称为"以钱买命"的方案的一个关键的原理就是，其可以通过在发生过凶杀案的社区开展调解，来促进和谐社会建设并减少社会的矛盾。

最高人民法院的指导意见，为下级人民法院理解最高人民法院改革意图，提供了有力的帮助。这些指导意见在意图方面非常清晰，那就是要极大程度的限制死刑立即执行的适用，但就如何调解被害人家属与被告人之间的剧烈矛盾，指导意见并没有提出任何指导性建议。最高人民法院开始推动一种新形式的司法能动性。这一能动性涉及最高人民法院法官以及省级法院法官。那些对省级人民法院判决的死刑案件有最终决定权的最高人民法院的法官们，现在又要担任一项新的、基于胡锦涛总书记的和谐社会的精神的司法任务，即说服受害者的家庭接受物质补偿，以换得减刑。也正是在这样一个改革领域内，一个长达数十年的推广最高人民法院典型案例的系统，于 2009 年投入运行。

《刑事诉讼法》对一个附带民事诉讼进程进行了认可，若被告人的行为造成了物质和精神损害，受害人或受害人的家属可因此提起赔偿之诉。① 一些省级人民法院法官，总是不愿意推动在死刑案件中鼓励金钱补偿的司法实践，原因就在于其害怕这会导致"社会冲突"，即来自于公众的强烈反弹，或最起

---

① M. McConville, S. Choongh, P. Wan, E. Hong, I. Dobinson, and C. Jones, *Criminal Justice in China: An Empirical Inquiry*, Cheltenham, UK, and Northampton, MA: Edward Elgar, 2011.

码是来自于被害人家庭的强烈反弹。还有一些省级人民法院法官也不愿意推动这项实践，因为他们仍然不清楚在进行这一实践时，何种特定种类的犯罪情节会被最高人民法院认为是可接受的或是合适的。作为回应，最高人民法院在 2009 年发布了第一批共 5 个"典型案例"，以向下级人民法院澄清各种情形，包括最高人民法院不会批准死刑立即执行的案件情节的种类，以及省级人民法院从今以后会被鼓励在推行"为受害者家庭提供经济补偿，以换取其对死缓判决之接受"的制度时，在司法上更为能动的案件种类。

典型案例是经过最高人民法院的选择，以作为对一部法律、司法解释或者一个新的司法程序的正确适用之范例而存在的"典型"或者"有代表性"的案例。最高人民法院早在 20 世纪 50 年代中期，就开始陆陆续续发布典型案例，并且自 1985 年起，就开始通过最高人民法院公报对它们进行传播。[1]这些案例并没有法律约束力，但其代表着最佳实践的典范。最高人民法院选择在 2009 年的《法制日报》上刊登以下 5 个杀人案件，这些案件都是由于家庭、邻里或类似私人纠纷升级而导致的杀人案件：

- "法官跨三省调解马涛案起死回生"
- "死刑复核如女人绣花般精细"
- "死刑复核考验法官群众工作能力"
- "冯福生死伴着死刑复核环节跌宕"

① P. Yu & S. Gurgel, "Stare Decisis in China? The Newly Enacted Guiding Case System", in M. Wan, ed. , *Reading the Legal Case*: "*Cross – Currents between Law and the Humanities*", pp. 142 – 158. Abingdon, UK, and New York: Routledge, 2012；周道鸾：《中国案例制度的历史发展》，载《法律适用》2004 年第 5 期。普金霞：《我国案例制度的历史发展》，载《经济师》2010 年第 8 期。

- "如何保住一条命又不影响稳定"①

所有的这5个案例，都是由5个省的高级人民法院按照程序提交最高人民法院进行死刑核准的，但是这5个案件的死刑适用均被最高人民法院所否决。经过了一个在被告人与受害者家庭之间的调解过程后，最高人民法院要求下级人民法院改判为死缓。在所有的5个案例中，最高人民法院和省级人民法院通过一个进程，即法官说服受害者的家庭去接受被告人的物质性补偿，以换取他们对适用死缓的同意，来共同致力于在受害者的家庭和被告人之间达成和解。②

在这一发展之外，改革迷局的一个额外部分，则是去处理由于死缓转为无期徒刑后，监禁时间的大幅削减过于容易，因此导致对适用死缓的司法抵抗。据称，法官们有时在死刑上选择立即执行而不是缓期执行，就是因为死刑缓期执行在执行时过于宽大。③ 虽然许多法官认为直接执行对某些犯罪来说"过重"，监禁刑也同样被认为是"过轻"。因为判处监禁刑，犯罪分子会借由在改造过程中的良好表现而轻易得到大幅减

---

① S. Trevaskes, "Exemplifying Best Practice in Death Sentencing: Stability – Related Cases from the SPC and SPP", unpublished paper given at the ANU CIW International Workshop on Stability and the Law in China, 8 – 9 November 2012；蒋安杰、徐伟：《慎用死刑引领中国司法更理性》，载《法制日报》2009 年 8 月 4 日，http：//www. legaldaily. com. cn/bm/content/2009 – 08/05/content_ 1133596. htm；蒋安杰、徐伟：《特稿：著名刑法学者称慎用死刑引领中国司法更理性》，载《法制日报》2009 年 8 月 5 日，http：//www. legaldaily. com. cn/0801/2009 – 08/05/content_ 1133954. htm。

② 蒋安杰、徐伟：《慎用死刑引领中国司法更理性》，载《法制日报》2009 年 8 月 4 日，http：//www. legaldaily. com. cn/bm/content/2009 – 08/05/content_ 1133596. htm；蒋安杰、徐伟：《特稿：著名刑法学者称慎用死刑引领中国司法更理性》，载《法制日报》2009 年 8 月 5 日，http：//www. legaldaily. com. cn/0801/2009 – 08/05/content_ 1133954. htm。

③ 陈兴良：《宽严相济刑事政策研究》，载《法学杂志》2006 年第 1 期；赵秉志：《中国死刑制度改革前景展望》，载《中国法律》2012 年第 1 期。

刑。① 很多法官呼吁建立一种制度，对那些犯下滔天大罪而被判处死缓的罪犯，在给出判决的同时，对其施以具有约束力的最低服刑期限之限制。

在 2011 年，且自 2007 年以来，全国人民代表大会首次参与到了对 1997 年《刑法》进行的主要死刑改革的立法修正之中。其中最明显的变化就是废除了 13 个（非暴力）死刑罪名，使 1997 年《刑法》的死刑罪名从 68 个减少为 55 个。因为这 13 个罪名在死刑立即执行中仅占很少的比重，其在很大程度上仅是一个具有象征意义的举措。更具有重大意义的是，在全国人民代表大会对 1997 年《刑法》第 50 条第 2 款的立法修正提案中，新增了一个程序性的规定，由此法院在判死缓的时候，如果认为有必要，根据犯罪情节等情况，可以对包括故意杀人、强奸、抢劫、绑架、放火、爆炸、投放危险物质或者有组织的暴力性犯罪被判处死刑缓期执行的犯罪分子，同时决定对其限制减刑。这一修改意味着，当死缓的罪犯 2 年后转为无期徒刑时，他的实际坐牢期限将不会低于 25 年。② 对这些被判处死缓的人而言，如果没有被处以限制减刑的判决，他们也必须至少服刑 15 年。为了举例如何正确适用新的修正案，最高人民法院选择对一个案例进行公布，这一次不再是典型案例，而是更具权威性的"指导案例"。

最高人民法院通常通过选择发布案例作为一种渠道，来解释新法的正确适用。创建于 2010 年 11 月的案例指导制度，使最高人民法院能够给予其选择的案例以一个加强的"解释"功能。③ 在这个制度建立后，最高人民法院在 2010 年 11 月发

---

① 赵秉志：《中国死刑制度改革前景展望》，载《中国法律》2012 年第 1 期。

② 刘德法：《论我国刑法中的限制减刑》，载《政法论丛》2012 第 1 期。

③ 胡云腾：《如何做好案例指导的选编与适用工作》，载《中国审判》2011 年第 9 期；胡凤滨：《中国指导案例、参考案例判旨总提炼：婚姻家庭继承纠纷》，法律出版社 2012 年版。

布了一个指导意见，其中第 7 条指出，在法官审判类似的案子时，为了提高不同管辖领域之司法审判的一致性，从而做到同案同判，法庭“应当参考”指导案例。[①] 这一新的功能赋予指导案例以准法律约束力，从而使指导案例与法官职权范围内的典型案例相区别。[②] 然而，因为中国的大陆法体系并不正式承认判例法，指导案例并非判例，其也不能作为法庭判决的依据。更准确地说，它们实际上可被用来作为一个判决的正当理由的一部分。[③] 依照时任最高人民法院研究室主任胡云腾的观点，指导案例是作为司法解释的一种形式而存在的。[④] 从这个意义上来说，根据胡云腾的观点，虽然它们不是判例，但是其仍在以指导法官在判决时应当如何将法律适用于类似案件的方式，发挥着解释法律的功能。[⑤]

最高人民法院选择了 2011 年通过的刑法修正案中的“限制减刑”，作为第一个与死刑相关的指导案例的主题。第一批次的 4 个指导案例（2 个刑事案例和 2 个民事案例）在 2011年 12 月被发布，其中的一个就是说明了法庭应该如何对死缓判决适用新的“限制减刑”的死刑案例。下文所概述的这一

---

① 张志铭：《中国法院案例指导制度价值功能之认知》，载《学习与探索》2012 第 3 期；胡云腾：《如何做好案例指导的选编与适用工作》，载《中国审判》2011 年第 9 期。

② 刘树德：《刑事司法语境下的“同案同判”》，载《中国法学》2011 第 1 期；蒋安杰：《最高人民法院研究室主任胡云腾：人民法院案例指导制度的构建》，载《法制日报》2011 年 1 月 5 日，http：//www.legaldaily.com.cn/bm/content/201101/05/content_ 2427562.htm？node＝20739；胡凤滨编：《中国指导案例、参考案例判旨总提炼·婚姻家庭继承纠纷》，法律出版社 2012 年版；张志铭：《中国法院案例指导制度价值功能之认知》，载《学习与探索》2012 年第 3 期。

③ 王利明：《我国案例指导制度若干问题研究》，载《法学》2012 年第 1 期。

④ 赵娟：《案例指导制度的合法性评析》，载《江苏社会科学》2011 第 6 期。

⑤ 蒋安杰：《最高人民法院研究室主任胡云腾：人民法院案例指导制度的构建》，载《法制日报》2011 年 1 月 5 日，http：//www.legaldaily.com.cn/bm/content/201101/05/content_ 2427562.htm？node＝20739；赵娟：《案例指导制度的合法性评析》，载《江苏社会科学》2011 第 6 期。

指导案例，是一个故意杀人的案件，该案的犯罪情节属于前述最高人民法院发布的指导意见中的优先适用死缓的情况，即关于处理由于家庭、邻里之间的纠纷升级而导致的故意杀人或者伤害致死案件。考虑到被告人及其家庭提出给予受害者的家庭经济上的赔偿，被受害者家庭拒绝接受这一事实，这一案例就极具参考性。尽管赔偿被拒绝，法庭仍然坚持判处被告死缓，而非死刑立即执行，而在过去，立即执行往往是当赔偿被拒绝的情况下，法院所会判处的刑罚。这一案例同时也被最高人民法院收集在典型案例中出版，① 其为法官给那些提出物质补偿被拒绝的被告人判处死缓铺平了道路。与典型案例相类似，这些指导案例格式精简，且包括了关键词、主要的裁判观点、案件相关适用法律、案件的基础事实、判决的原因和对判决的主要观点之概述。

这个案例涉及的被告人为王志才，其因为女朋友以家里反对为由，拒绝了其求婚请求，而杀害了她。② 一怒之下，他多次用利器刺入她的脖子、胸部、腹部以及后背，造成她失血过多而死。他随后又企图自杀但是没有成功。他被逮捕后旋即认罪，对其罪行"供认不讳"，并主动提出为受害者的家庭提供补偿，但是未能就此达成一致。山东省高级人民法院认为，王志才的犯罪行为所造成的后果在性质上极其严重。然而，法院承认这一犯罪行为是出于婚姻的或与爱情相关的冲动所致；犯罪人对结果极度后悔，并积极地寻求给予受害者的家庭经济补偿，且其平时表现素来良好。但是他的行为被认为是十分残忍的，并且受害者的家庭拒绝原谅他，同时要求他被判处最严厉

---

① 胡凤滨编：《中国指导案例、参考案例判旨总提炼：婚姻家庭继承纠纷》，法律出版社 2012 年版。

② 第一个指导性案例的完整翻译可以在斯坦福大学的"中国案例指导工程"中找到，https：//cgc. law. stanford. edu/guiding－cases/guiding－case－4/。

的刑罚。为了解决好本案这种可因人民群众不满于判决过轻而产生之潜在矛盾，法院最终判处王志才死刑缓期两年执行，并同时依照新的 1997 年《刑法》第 50 条第 2 款，对其施以限制减刑。

这个案例阐明了法院可以在符合 2001 年刑法修正案的前提下，在宣布死缓判决时，可施以"限制减刑"的犯罪情节的类型。根据《刑法》第 50 条的规定，限制减刑的措施应该被适用在已经被法庭认定为造成了"极其严重后果"的犯罪之上。也就是说，犯罪所造成的社会后果，必须在本质上被认为是极其恶劣的。后果的极其恶劣不仅包括结果（死亡），也包括了致使被害人死亡的残忍手段。

## 五、结论

中国的司法人员对决定了包括刑事司法政策在内的国家方针政策的流行政治语言的反应，是极其敏锐的。自 21 世纪中期起，"和谐社会"这一表述就一直统治着政治以及法律话语权。在审判过程中，法官享有的相对较大的自由裁量权，为刑事司法政策提供了一种媒介，借助这一媒介，其得以就刑事案件的评价以及判决选择施加影响。由此我们可以得知，在审判实践中，司法自由裁量权和政治性政策，将会如何在死刑判决中继续占绝对优势。

自 2007 年开始，法院更多地采用死缓替代死刑立即执行，对于改革的脉络发展极其重要。死刑缓期执行展现出了一种往往不会导致死刑立即执行，并且因此将"少杀"的政策诉求制度化了的现实替代方案。司法改革者为阐明可以为法官提供生（缓期执行）死（立即执行）判决之指导的解释性分界线作出了尝试。最高人民法院的指导手段，即通过为下级法院提供各种不同的、有助于在法庭中对司法裁量权进行塑造和引导的手段，来阐明死缓的适用之行动，是自 2007 年以来，中国刑事政策的一项重大发展。但是，在死刑改革能够进一步渗透到下级人民法院之前，死缓本身也需要通过最高人民法院的指导手段，在法律上进行阐释。

这篇文章中的讨论得出的结论是，自 2007 年以来，最高人民法院选择了一条审慎、保守且渐进的路线，来对法院的死刑裁判模式进行改革。这就是这一改革计划颁布了广泛的政策公告，并通过不同的最高人民法院指导意见，有步骤地逐渐提供了更为明确的判决标准之原因。这条道路使最高人民法院能够作出一个微妙的政治平衡举动，不仅通过"宽严相济"政策做到"宽与严"之间的平衡，也在改革派和深信死刑具有威慑价值的保守派之争论观点之间，寻得平衡。尽管这些改革是积极的，但其仅仅是一个开始。更深、更持久的改革会要求立法者一方真正的承诺。首先，对什么是可能会导致死刑判决的"罪行极其严重"提供一个明确的定义；其次，以法令的形式规定一系列明确的自由裁量情节，最终目的是移除将政策看作"法律的灵魂"这一需求，并还法律以其自己的灵魂。显然，辞旧迎新的道路还很长。

# 中国死刑争议中的宽与严[*]

陆梅吉[**]　文

胡莎[***]　译

简目

## 一、引言

在死刑的全球语境之下，中国因为一个显著的特征而闻

---

[*] Margaret K. Lewis，"Leniency and Severity in China's Death Penalty Debate"，24 *Colum. J. Asian L.* 303（2011）. 本文的翻译与出版已获得作者授权

[**] 陆梅吉，美国西顿霍尔大学法学院助理教授。艾拉·贝尔金（Ira Belkin）和托马斯·斯塔茨曼（Thomas Stutsman）对这篇文章的初稿做了很好的评论，这些评论让我获益匪浅。同时这篇文章由西顿霍尔大学法学院的夏季研究津贴资助。

[***] 胡莎，中国人民大学法学博士，中国人民大学与伦敦大学玛丽皇后学院联合培养法学博士，现任广州大学法学院讲师。

名：其死刑执行数目非常高。① 尽管中国每年被执行死刑的犯罪分子的真实数字，仍然是一个国家秘密。值此中华人民共和国逐渐推行限制死刑适用的改革方案之际，在有关死刑执行数字的明显争论之下，存在着更加细微的讨论。近年来，当我们谈及中国死刑之争时，"宽缓"受到了人们更多的关注，但是对"严厉"的强调仍然十分突出。

中国已经施行第一波死刑改革，中国最高人民法院于2007年收回所有死刑案件的复核权，据报道，死刑的执行也受到极大的限制。② 2010年和2011年年初，改革仍然在继续，但是改革的焦点已经从刑事程序的变革，扩展至实体刑法的修改。在刑事程序方面，直接参与刑事司法系统运作的五个政府机关，发布了一套专门针对死刑案件应该如何审查、判断和适用证据的证据规则。③ 在刑事实体方面，据报道，全国人民代

---

① 需要澄清的是，那些提及中国死刑执行数字很高的其他文章，也普遍为发生在中国死刑案件的刑事诉讼程序中的各种违反正当程序的行为感到惋惜。See Jerome A. Cohen et al.，"Report of the Mission to China of the Association of the Bar of the City of New York December 6 to 17，2009"，48 *Colum. J. Transnat'l L.* 519，525 – 27（2010）.（该报告详细描述了在中国执业的律师们所面临的种种阻碍。）需要提前说明的是，在本文中，中国人的姓都是写在名之前。本文所引用的作品之作者提供了英语翻译标题时，该标题将被使用。此外所有的其他翻译都由本文作者以及哥伦比亚《亚洲法律杂志》的编辑所提供。

② See Steven Minas，"'Kill Fewer，Kill Carefully'：An Analysis of the 2006 to 2007 Death Penalty Reforms in China"，27 *UCLA Pac. Basin L. J.* 36，42（2009）.

③ 参见2010年6月13日，由最高人民法院、最高人民检察院、公安部、国家安全部、司法部发布的《关于办理死刑案件审查判断证据若干问题的规定》（以下简称《死刑证据规则》），该规定于2010年7月1日生效，载《中华人民共和国最高人民检察院公报》，http：//www. spp. gov. cn/site2006/2010 – 06 – 25/00054281. html；参见2010年6月13日，由最高人民法院、最高人民检察院、公安部、国家安全部和司法部发布的《关于办理刑事案件排除非法证据若干问题的规定》，该规定于2010年7月1日生效，载《中华人民共和国最高人民检察院公报》，http：//www. spp. gov. cn/site2006/2010 –06 –25/0005428112. html；参见《最高人民法院、最高人民检察院、公安部、国家安全部、司法部〈关于办理死刑案件审查判断证据若干问题的规定〉和〈关于办理刑事案件排除非法证据若干问题的规定〉的通知》，该通知于2010年6月13日由最高人民法院、最高人民检察院、公安部、国家安全部和司法部发布，载《中华人民共和国最高人民检察院公报》，http：//www. spp. gov. cn/site2006/2010 –06 –25/0005428115. html. 上述所提及之规则和通告的英文翻译版本，参见http：//www. duihua. org/hrjournal/evidence/evidence. htm.

表大会于 2010 年夏天就已经开始全面讨论制定新的刑法修正案。其中最富争议的提议之一当属减少 13 个可适用死刑之罪名，从而使得刑法中只剩下 55 个可适用死刑之罪名。① 新的刑法修正案已于 2011 年 2 月通过，2011 年 5 月 1 日生效。② 因此，虽然现今中国限制死刑适用这一议题，主要聚焦在刑事程序法的改革上，但是当前中国死刑之争既涉及程序法，也牵涉实体法。③ 当谈及将宽泛的警告进一步推至"少杀慎杀"之上时，对程序法和实体法上的相应规定，都有一个更加全面整体的了解，这样才是比较明智的做法。④

如今，中国死刑争论的焦点已经逐渐转为：应该具备什么样的具体情节，可以适用死刑。除了有关执行方面的担忧外，新证据规则施行之前，中国对死刑案件是非曲直的审查很松懈，从而很容易导致错误定罪，以及随之而来的错误执行，而新的证据规则在缩紧死刑案件是非曲直的审查方面，迈出显著

---

① 参见《刑法修正案（八）拟取消 13 个经济性非暴力犯罪死刑》，载中国人大新闻网，http：//npc. people. com. cn/GB/12515839. html，最后访问日期：2010 年 8 月 23 日。

② 参见《授权发布：〈中华人民共和国刑法修正案（八）〉》，载新华网，http：//news. xinhuanet. com/2011－02/25/c_ 121124346. htm，最后访问日期：2011 年 2 月 25 日。

③ 在中国有这样一个趋势，就是将程序法和实体法的讨论明确区分。依照这一方式，笔者常常惊讶地发现，专攻一边的中国学者都不太愿意对另一边的问题进行评论，如果在非要他进行评论的时候，他们就会在进行评论前，谦虚地表示他们不是很熟悉这一话题。在美国，一般来说，教授们多半都会同时教实体刑法和刑事程序法（尽管其学术关注点往往只会集中于其中一边），由此学者之间的划分也就没有那么明显。

④ 参见刘日：《关于我国死刑的适用仍要坚持"少杀慎杀"原则的建议》，载法律快车网，http：//www. lawtime. cn/info/lunwen/xingfaxflw/2006 10 2644627. html，最后访问日期：2011 年 10 月；徐爱民：《"少杀慎杀"益处多》，载中国法院网，http：//www. chinacourt. org/html/article/200611/01/222106. shtml，最后访问日期：2006 年 11 月 1 日（该文解释了该政策）。该术语有的时候也被翻译为"Kill Fewer and Kill Cautiously"。

的一步。① 除了支持可以增强刑事裁决准确性的程序性措施之外，在对那些需要适用死刑的犯罪行为类型进行反思方面，我们可以清晰地看到中国所持的态度也越来越谨慎。这一争论主要包括两个相互分离但又相互关联的问题。第一个问题是，实体法上什么样的重大犯罪应该适用死刑？最近的《刑法修正案（八）》，就明确地将一些非暴力犯罪从适用死刑的犯罪范围中移除出去，尽管在司法实践中，对这些非暴力犯罪也很少适用死刑。② 第二个问题是，假设一个可被判处死刑的犯罪已经存在，那么哪些相关的具体情节可以决定是否可以对这种犯罪适用死刑？关于在对被告人量刑时，应该考虑什么样的减轻处罚情节和加重处罚情节，以及从程序法的角度出发，是否应该明确界分定罪阶段和量刑阶段的问题在法律界一直都处于持续不断地讨论中。事实上，每当有报道称，中国死刑缓期两年

---

① See generally Ira Belkin, "China's Tortuous Path Toward Ending Torture in Criminal Investigations", in the present symposium. Margaret K. Lewis, "Controlling Abuse to Maintain Control: The Exclusionary Rule in China", 43 *N. Y. U. J. Int'l L. & Pol.* 629 (2011). (该文分析了新证据规则的本质及其背后的动机。) 有关对被告人错误地定罪从而导致其被执行了死刑的突出例子，see Benjamin Liebman & Tim Wu, "China's Network Justice", 8 *Chi. J. Int'l L.* 257, 276 - 77。(该文描述了聂树斌案。) 关于错误定罪和死刑错误执行的更为近期的例子，参见朱顺忠:《男子被以奸杀罪执行死刑 9 年后疑似真凶现身》，载人民网重庆视窗 2009 年 8 月 4 日，http://cq. people. com. cn/news/200984/200984155552. htm；参见康均心、韩光军:《和谐语境下的刑事错案研究》，载《西南政法大学学报》2007 年第 2 期（在该文参考文献中列出了许多 2005 年以前的讨论刑事错案问题的文章）。

② 参见赵蕾:《减少死罪，步子可以再大一些》，载《南方周末》2010 年 8 月 26 日 A5 版。英文翻译版本请参见 http://www. duihuahrjournal. org/2010/09/translation - commentary - greatersteps. html。该文主要是《南方周末》对全国人民代表大会法律委员会委员、清华大学教授周光权的采访。周光权教授指出:"这次我们废除的 13 个死刑罪名，主要是看 1997 年刑法以后，有哪些是从来没用过的，哪些是用得很少的，最高法和最高检都反馈了一些数据，有的是完全没有用过，有的是适用率很低，基本可以忽略不计。"

执行（以下简称死缓）① 的适用率现在已经超过死刑立即执行之时，至少在贪污腐败案件中，此时最令人关注的问题就将是：中国的法庭是否使太多的贪官污吏免于死刑立即执行，而判处死缓。② 当"宽严相济"的指导原则要求"'宽'和'严'相济"之时，"严"是否被过早地束之高阁而偏爱于"宽"？

如何在宽严相济刑事政策中，找到"宽"和"严"的恰当角色，这问题深深扎根于中国刑事司法系统中。③ 但是近年来，很明显的是，"宽严相济"这一表述在刑事司法体系话语中迅速蹿红。④ 这一表述很不好翻译成英文。一般来讲，中国

---

① 参见由全国人大常务委员会通过，1979 年 7 月 6 日施行，1997 年 3 月 14 日修改，1997 年 10 月 1 日生效的《中华人民共和国刑法》，载《中华人民共和国全国人民代表大学常务委员会公报》。中国《刑法》规定："对于判处死刑缓期执行的，在死刑缓期执行期间，如果没有故意犯罪，二年期满以后，减为无期徒刑。"本文在描述死缓时，笔者用的是"reprieved"而不是"suspended"，因为犯罪行为人被判处死缓，不仅仅是指所判死刑被暂停两年，然后再执行死刑，而是事实上两年期满以后，很少有人被执行死刑，并且这一做法越来越普遍。

② 参见尹鸿伟：《贪官死缓此起彼伏 死缓背后是缓死还是"免死"》，载《南风窗》2010 年第 19 期，http：//news. sohu. com/20100914/n274920184. shtml。（"西南政法大学刑法学教授赵长青说：'尽管两种情况在中国的刑法概念里都属于死刑，但是目前贪官被判处'死缓'的情况已经明显多于'执行死刑'。'"）

③ 参见马克昌：《宽严相济刑事政策刍议》，载《人民检察》2006 年第 19 期，http：//www. yadian. cc/paper/78216/。该文解释了宽严相济刑事政策的历史渊源，马克昌先生将"宽严相济"翻译成"tempering justice with mercy"，而本文将其翻译为"appropriately combining leniency and severity"。1979 年《刑法》第 1 条里也包括了相似但有轻微差异的表述"combining punishment with leniency"（惩办与宽大相结合）。参见 1979 年 7 月 6 日由全国人大常务委员会通过，1980 年 1 月 1 日生效的《中华人民共和国刑法》（1979）；Dai Yuzhong, "The Pursuit of Criminal Justice", in *China's Journey Towards the Rule of Law* 155，191 – 92（Cai Dingjian & Wang Chenguang eds.，2010）（该文展现了"宽严相济"刑事政策的历史全貌，并且指出"惩办与宽大相结合"一直以来都是中国坚持的刑事政策）。

④ 笔者可以很确定地说，在刑事司法系统什么时候应宽容地对待犯罪分子，什么时候应该严厉地对待犯罪分子这个问题上，中国不是在孤军奋战。See generally David Garland, *The Culture of Control*（2002）（该文分析了最近几十年来美国和英国对待犯罪和刑罚的态度之转变）。

官方媒体将其翻译成"tempering justice with mercy"。① 同时也有其他作者用"balancing leniency and severity",② "combining severe punishment with leniency",③ 而且还有其他各种各样的版本。"宽严相济"中的第一个词"宽"表达的是"宽严相济"宽缓的一面，第二个词"严"表达的是其严厉的一面。这个"严"与"严打"运动中的"严"是同一个字，"严打"运动常常被用于大力打击刑事犯罪。④ "宽严相济"中的最后两个字是"相济"，它表示两个概念之间存在一种共生关系，几乎就像是"宽"和"严"以一种有益的方式互动着，同时他们又形成一个统一连贯的整体。⑤ "相济"表达的是这样的一个理念：宽缓和严厉都是必不可少的，但是棘手的问题是什么时候该宽缓什么时候该严厉。为了恰当地表达这个观点，我选择用"appropriately combine leniency and severity"这一英文译法。⑥

---

① "China Tempers Justice with Mercy by Amending Criminal Law", *Global Times*, Aug. 4, 2010, http://china.globaltimes.cn/chinanews/2010-08/566542.html. (该文解释了即将颁行的中国《刑法修正案（八）》的主要目的，即进一步贯彻落实宽严相济的刑事政策。)

② Susan Trevaskes, "The Shifting Sands of Punishment in China in the Era of 'Harmonious Society'", 32 *L. & Pol'y*, 332, 332-33 (2010). ("中国近期的为了缓和对严厉刑罚的广泛使用之行动，是通过一项名为"宽严相济"的新政策来推动的。")

③ 尽管在中国"惩办与宽大相结合"这一表述通常被翻译为"combining punishment with leniency", see Dai Yuzhong, "The Pursuit of Criminal Justice", pp.191-192。但有时候这一英文译法也被用于"宽严相济"之上。参见李蕴辉：《宽严相济刑事政策定位及实现的路径选择》，载《法学论坛》2009年第2期（该文分析了适用宽严相济刑事政策的灵活标准所带来的挑战。)

④ 参见《公安部召开电视电话会议部署"2010严打整治行动"》，载搜狐新闻2010年6月13日，http://news.sohu.com/20100613/n272785675.shtml，该通告由公安部发布。

⑤ 笔者用"共生"一词，因为"共生"是指两个不同有机体，以或多或少的密切关系和紧密结合的形态共同生活。See Merriam-Webster Dictionary, http://www.merriam-webster.com/dictionary/symbiosis，最后访问日期：2011年8月26日。宽缓和严厉是不同的，二者甚至是相反的两个概念，然而宽严相济的政策使它们紧紧地联系在一起。

⑥ 我特别感激非常优秀的译者梅缵月女士（June Mei），在思考"宽严相济"这一表述的各种英文译法方面，给我提供了很多帮助。

这一译法在吸收了人类对正义的普遍渴求，即正义既不能太严苛也不能太温和的同时，为何时该宽缓，何时该严厉这一具体细节，留下极为模糊的描述。而本文就想表达"宽"和"严"很难"相济"。

本文以下第一部分，将会简短介绍中国2010年之前死刑案件的改革轨迹，这其中包括了最高人民法院于2007年收回死刑核准权这一影响深远的决定。接下来第二部分，将转而介绍中国2010年和2011年初期死刑改革的发展，聚焦于对死刑罪名的数量的控制之努力。以这些改革为背景，第三部分探讨2006年至2007年的关于减少死刑适用的第一波改革推力，是如何让步于一个更为复杂和微妙的、关于何种因素能够决定何时适用死刑是恰当的争论。尽管中国政府经常宣称，中国将会大大减少死刑的适用，而且中国学者也常常呼吁，中国要不断地朝着废除死刑的方向渐渐迈进，[①] 但在可预计的未来，中国仍然会是一个继续不断地发展完善死刑适用标准的保留死刑的国家。

在这一个改革道路的节骨眼上，随着民意对死刑执行率的急剧下降感到不满，特别是当那些被宽大处罚的人是富人或政治背景很硬，又或者二者皆有之的时候，这一何时该宽容、何

---

[①] See Minas, "'Kill Fewer, Kill Carefully': An Analysis of the 2006 to 2007 Death Penalty Reforms in China", p. 45（该文描述了中国当前的政府政策，"中国可能不会废除死刑，但是应该会逐渐减少死刑的适用"）；赵蕾：《减少死罪，步子可以再大一些》，载《南方周末》2010年8月26日A5版（"中国死刑的废除必须要分阶段，循序渐进"）；刘仁文：《注射死刑，刑法的人道化历程》，载360Doc.com 2009年6月17日，英文翻译版本请参见 http：//www. duihuahrjournal. org/2009/06/translation – course – of – humanization – of. html（该文指出："中国政府一再表示，从长远来看，我们终将废除死刑，但是目前我们废除死刑的条件还不成熟"）。

时该严厉的困境，就变得特别严重。① 对过度宽大的忧虑，常常会伴以民众对被翻译为"终身监禁"② 的无期徒刑，往往在事实上，会转化为一段远远短于永久性监禁的刑期的认识。③ 当我们拨开有关"宽"和"严"这种更为抽象的争论之迷雾的时候，一个潜在的具体问题将会浮现，即谁来决定何时该宽缓，何时该严厉。"宽严相济"这一政治口号，掩盖了更加复杂的问题，即刑事司法系统中的哪一方有权作出关键性的决定。据此，第三部分也分析了在特定的案件中，在决定何时适用死刑是妥当的时候所涉及的各方参与人。这一议题主要是致力于回顾中国近年来的死刑改革。然而，当我们反思过去时，我们也应该将这一反思与未来相联系。总之，笔者建议中国应该考虑，为在个案中的民意表达开辟一个更加直接的渠道。

---

① 参见刘伟：《成都醉驾案 检方建议不判极刑》，载南方报业网 2009 年 9 月 5 日，http：//nf. nfdaily. cn/nanfangdaily/nfjx/200909050016. asp。该文报道了孙伟铭案：本来应该对醉酒驾驶造成致命性交通事故的孙伟铭判处死刑立即执行，但孙伟铭的家人答应给予被害人家庭超过 100 万元人民币的赔偿以后，孙伟铭的刑期就减为死缓。"加上之前支付的 11.4 万元赔偿款，孙伟铭家人将向被害人及其家属总共赔偿 111.4 万元，三家被害人家属也在谅解书上签了字"。

② 无期徒刑被翻译成 "life sentence" 外，还可翻译成 "life imprisonment"。

③ 参见陈兴良：《宽严相济刑事政策研究》，载《法学杂志》2006 年第 2 期。（该文解释了中国无期徒刑的计算方式，并且指明在 2011 年刑法修正案出台以前，死缓通常可以等于 24 年有期徒刑。）而 2011 年《刑法》修改以后，现在的《刑法》规定被判处死缓的犯罪分子两年期满以后，没有故意犯罪的，减为 25 年有期徒刑。同时参见《刑法修正案（八）草案八大亮点引人关注》，载新华网 2010 年 8 月 24 日，http：//news. xinhuanet. com/politics/2010 - 08/24/c _ 12477402. htm。（该文说明了对《刑法》第 50 条所提出的修改意见。）按照修改后的《刑法》规定，被判处无期徒刑的犯罪分子服刑 13 年后是有可能获得假释的；赵超、刘奕湛：《我国修改刑法严格规范判处死缓和无期徒刑罪犯的减刑》，载新华网 2011 年 2 月 25 日，http：//news. xinhuanet. com/legal/2o - 02/25/C _ 121124011. htm。

## 二、中国 2010 年以前的死刑改革

一直以来，死刑都是中国刑事司法系统中重要的组成部分。[1] 凌迟（千刀万剐而亡）这种最为残酷的死刑执行方式，仅在清朝时期得到适用，[2] 与清朝相比，民国时期的死刑执行方式震撼力就小得多，但是死刑仍然继续存在。自从中华人民共和国成立以后，死刑就一直都是政府打击犯罪最有利的武器。当时毛泽东就意识到了死刑的不可撤销性，他指出"割头不像割韭菜，韭菜被割了之后还能再长出来，但是人头被割后就再也长不出来了。"[3] 中华人民共和国成立后的最初 30 年，还没有一个全面正式的刑法典，只有基于一些成文的规则条文和范围广泛的政策指导，[4] 相关的刑事司法工作才得以顺利地展开。

随着毛泽东的去世，邓小平开始掌权，中国的官方意识形态则由阶级斗争开始转向以经济建设为中心，这为中国对法律的复兴铺平了道路。1978 年，在中国官方的号召下，《刑法》和《刑事诉讼法》成为中国通过的第一批主要法律，这极大

---

[1]　See generally Hong Lu & Terance D. Miethe, *China's Death Penalty: History, Law and Contemporary Practices* (2007). （该文对中国的死刑进行了法律、历史以及比较法的综述。）

[2]　See Johnson & Zimring, *The Next Frontier: National Development, Political Change, and the Death Penalty in Asia*, pp. 246 - 247.

[3]　Michael Dutton, *Policing Chinese Politics: A History*83 (2005).

[4]　See Dai, "The Pursuit to Criminal Justice", p. 157. （"1949 年到1979 年期间的刑事案件，主要是根据政策，有时候甚至是以大规模运动的形式来处理的。）

地发展了中国的法律体系。① 从古至今，很多国家存在着这样一个现象：很多本应由刑法规制的行为类型，却落入民法的调控范围，这种现象早已十分普遍。中国曾经也是如此，中国现在同时有着一部《刑事诉讼法》和一部《刑法》，二者共同阐明刑事司法的运行框架。这些成文法律的抽象度相对比较高，且由一系列的规章、法规、解释或者其他立法和行政指导的规范形式补充。这其中的部分文件是公开的，公众可以随时获取；部分文件则仅供相关政府官员内部查阅。② 按照这样的模式，随着中国法律体系的重建，以及规制刑事诉讼程序的主要法律的颁行，不同的政府机关又发布了一些补充性的文件，包括《全国人民代表大会常务委员会关于严惩严重破坏经济的罪犯的决定》③ 和《全国人民代表大会常务委员会关于惩治走私罪的补充规定》等。④

在实体法方面，随着中国社会的急剧转型和经济的快速发

---

① 参见 1978 年 12 月 22 日《中国共产党第十一届中央委员会第三次全体会议公报》，该公报指出："为了保卫人民民主专政，加强完善社会主义的法律体系是必不可少的"；《刑法》；《刑事诉讼法》，1979 年 7 月 1 日由全国人民代表大会常务委员会通过，1996 年 3 月 17 日修改，1997 年 1 月 1 日实施，载《中华人民共和国全国人民代表大会常务委员会公报》；see also Jianfu Chen, *Chinese Law：Context and Transformation*263（2008）（"因此 1979 年《刑法》深受苏联刑法的影响也就不足为奇了，尽管其也反映了当时为了确保社会稳定、有序和经济的发展而制定的政治政策"）。

② 参见《中华人民共和国立法法》，2000 年 3 月 15 日由全国人民代表大会颁布，2000 年 7 月 1 日生效，载《中华人民共和国全国人民代表大会常务委员会公报》，http：//www. novexcn. com/legislat_ law_ oo. html。《立法法》详细地描述了在不同政府级别中的法律、规章和条例的等级制度。

③ 《全国人民代表大会常务委员会关于严惩严重破坏经济的罪犯的决定》，1982 年 3 月 8 日由全国人民代表大会常务委员会颁布，1982 年 4 月 1 日生效。英文翻译版本参见 http：//www. novexcn. com/sabotage – economy – crim. html。

④ 《全国人民代表大会常务委员会关于惩治走私罪的补充规定》，1988 年 1 月 21 日由全国人民代表大会常务委员会颁布，1988 年 1 月 21 日生效，载《中华人民共和国最高人民法院公报》。英文翻译版本参见 http：//www. isinolaw. com/isinolaw/english/detail. jsp? searchword = catalog% 3Do + and + isenglish% 3E% 3Di&channelid = 77270&record = 91&iscatalog = 1&statutes_ id = 131587&skind = 110。

展而产生的对犯罪率攀升的担忧，从 1980 年代开始直至 1990 年代，可适用死刑之罪名的数量呈逐渐攀升之势。20 世纪 90 年代中期对《刑法》的全面修改，清楚地展现了这一趋势：在 1997 年《刑法》中，可适用死刑的罪名数量自 1979 年《刑法》中的 28 个增加至 68 个。①

在程序法方面，全国人民代表大会常务委员会于 1983 年将最高人民法院对所有死刑案件的最后核准权，授予给各省的高级人民法院。② 这一举动与标志着中国运动式刑事司法复兴的第一次"严打"运动，在时间上不谋而合。③ "严打"运动期间需要最高人民法院复核的死刑案件猛增，所以即使是一个根基稳健的法院系统，也难以承受这种压力，更何况 20 世纪 80 年代初期，中国的法院系统才刚刚起步。④ 在超过 20 年的时间里，各高级人民法院都保留着死刑核准权，然而来自国内外的呼吁，中国重新考虑死刑的适用问题的要求开始引起关注。特别是佘祥林案和聂树斌案接连曝光之后，2007 年最高人民法院收回死刑的专有终审权（复核权）。佘祥林因涉嫌故

---

① Johnson & Zimring, *The Next Frontier: National Development, Political Change, and the Death Penalty in Asia*, p. 271. ［这一发展模式有个显著的例外，即 1997 年《刑法》废除了盗窃罪中大部分具体罪行的死刑，从而导致在一些辖区内，因成立盗窃罪而被执行死刑的犯罪分子的数量急剧下降。"转引自 Shenghui Qi, "Strike Hard", 33 *China Rev.* 6 (2005)。］

② 参见《全国人民代表大会常务委员会关于修改〈中华人民共和国人民法院组织法〉的决定》，1983 年 9 月 2 日由全国人民代表大会常务委员会颁布，1983 年 9 月 2 日生效，英文翻译版本参见 http://www.novexcn.com/revise - organic_ law.html。See also Kandis Scott, "Why Did China Reform Its Death Penalty?", 19 *Pac. Rim L. & Pol' y J.* 63, 65 - 67 (2010). （该文详细地阐明了 20 世纪 80 年代死刑核准权被下放到各省高级人民法院的具体情形。）

③ See generally Murray Scot Tanner, "State Coercion and the Balance of Awe: The 1983 - 1986 'Stern Blows' Anti - Crime Campaign", 44 *China J.* 93 (2000). （该文评价了 1983 年至 1986 年"严打"运动的历史和制度性的教训。）

④ Cf. id. p. 94.

意杀害自己的妻子，被一审法院判定成立故意杀人罪，并判处死刑，但事实上当时他的妻子还活着。而聂树斌则因为其未曾犯过的罪行，被判处死刑立即执行。[1] 一系列与此改革配套的相关文件在 2006 年和 2007 年相继出台，这包括一个《人民法院组织法》的修正案，还包括最高人民法院自行发布的一些文件。[2] 最高人民法院收回死刑核准权后，大量的死刑案件都涌入到最高人民法院，这使得最高人民法院需要雇佣上百名新法官和其他法庭工作人员。[3] 即使考虑到夸大描述所导致的误差幅度，最高人民法院如此大的雇佣需求，意味着它每年至少要处理上千件的新死刑案件。值得一提的是，与此同时，中国政府还宣布了"少杀慎杀"的死刑政策。[4]

---

[1]　See Liebman & Wu, "China's Network Justice", pp. 274 – 276. （该文详细地探讨了佘祥林案和聂树斌案。）

[2]　参见《最高人民法院关于统一行使死刑案件核准权有关问题的决定》，2006 年 12 月 28 日由最高人民法院颁布，2007 年 1 月 1 日生效，载《中华人民共和国最高人民法院公报》，英文翻译版本参见 http：//www. lawinfochina. com/NetLaw/display. aspx？ db = law&sen = rLdDdW4drhdDdWrdrLdydWndrLdDdWfdgDdvdWcd/dd5dWud/dd5dWLd9hdYdWhd9hdYdWud&Id = 5741&。该决定指出，将《人民法院组织法》原第 13 条修改为第 12 条："死刑除依法由最高人民法院判决的以外，应当报请最高人民法院核准。"同时参见《全国人民代表大会常务委员会关于修改〈中华人民共和国人民法院组织法〉的决定》，2006 年 10 月 31 日由全国人民代表大会常务委员会通过，2007 年 1 月 1 日施行，载《中华人民共和国最高人民法院公报》，英文翻译版本参见 http：//www. lawinfochina. com / NetLaw/display. aspx？db = law&sen = rLdDdW4drhdDdWrdrLdydWndrLdDdW4d9DdvdWPdrddDdWud/LdwdWhdrDdYdWhd9hdYdWud&ld = 5600&；《最高人民法院关于复核死刑案件若干问题的规定》，2007 年 1 月 22 日由最高人民法院审判委员会通过，2007 年 2 月 28 日施行，载《中华人民共和国最高人民法院公报》，英文翻译版本参见 http：//www. lawinfochina. com/NetLaw/display. aspx？ db = law&sen = rLdDdW4drhdDdWrdrLdydWndrLdDdW4d9DdvdWPdrdd6dWud/ddDdWdd/hdydWud/ddTdWud9 Dd + &Id = 5902&。

[3]　参见《最高法扩编备战死刑复核　重大案件复核可能听证》，载新浪网 2005 年 11 月 3 日，http：//news. sina. com. cn/c/2005 – 11 – 03/04467341590s. shtml。（"此番为准备死刑复核工作的人员编制将达 300—400 人"。）

[4]　参见徐爱民：《"少杀慎杀"益处多》，载中国法院网。

据报道称，最高人民法院收回死刑复核权后，被执行死刑的犯罪分子的人数呈现实质性地下降趋势。① 但是，如果我们无法看清楚最高人民法院收回复核权后，到底在多大程度上导致死刑急剧减少，那么这会使得证明上述报道正确与否，变得十分棘手。但是死刑减少至少可以部分归因于最高人民法院以证据有问题为由，将死刑案件发回下级人民法院重新审判或者由最高人民法院直接改判（将死刑立即执行改为死缓）的做法。还有个问题就是，下级人民法院为了避免最高人民法院推翻自己曾经所作的判决裁定，是否会将死刑案件的认定标准变得比以前更加严格呢？可以确定的是，下级人民法院的这种做法也可以进一步减少死刑判决的总体数量。尽管 2007 年的死刑改革受到各方的赞美，但关于死刑案件判决的质量问题，仍然让人忧虑重重。② 就像美国法理学中强调的那样："死亡，兹事体大"③ 中国的评论家们引用了"人命关天"这句俗语，

---

① See Minas, "'Kill Fewer, Kill Carefully': An Analysis of the 2006 to 2007 Death Penalty Reforms in China", p. 60. （该文指出，作为对最高人民法院年度工作报告的回应，旧金山对华基金估计：与 2006 年相比，中国 2007 年死刑执行总量减少了 25% 至 30%。这一估计与 2007 年 12 月最高人民法院公布的中国 2007 年死刑执行总量减少了 35% 的官方立场相差不远。）（此处脚注有省略。——原注）

② 参见《内地明确以刑讯逼供所获口供不能作为定案根据》，载凤凰网 2010 年 5 月 30 日，http://news.ifeng.com/mainland/detail_ 2000/5/30/1566576_ 0. shtml。（该文指出，虽然在 2007 年进行了死刑改革，但死刑案件的处理系统的问题仍然层出不穷。）

③ Ford v. Wainwright, 477 U. S. 399, 411 (1986) （"当懂得了死刑是最无法补救和最高深莫测的刑罚时，我们就自然而然地认识到死刑是一个令人特别感到忧虑的问题。死刑，兹事体大"）[citing Woodson v. North Carolina, 428 U. S. 280, 305 (1976)]; see also Jeffery Abramson, "Death – is – Different Jurisprudence and the Role of Capital Jury", 2 *Ohio St. J. Crim. L.* 117, 117 n. 1 （该文列出了表达这一概念的最高法院的引用）。

来表达在处理涉及人命的案件时应该慎之又慎。[①] 据此，随着
2007 年死刑改革成果越来越巩固，中国的死刑争论开始转变
为，中国怎样才能进一步扩大和深化死刑改革，从而能够更为
明智而审慎地适用死刑。本文的下一部分内容将会重点讨论死
刑两个方面的重大发展，一个是程序法方面的，一个是实体法
方面的。

## 三、中国 2010 年至 2011 年程序法和实体法上的死刑改革

2010 年，经过深思熟虑的改革之下一阶段已开始初露端
倪。首先，对于哪些罪行可以适用死刑的争论变得更加激烈。
《中华人民共和国刑法修正案（八）》（以下简称《修正案
（八）》）转变以往持续性增加死刑罪名的做法。[②] 2011 年 5 月
生效的《修正案（八）》，将死刑罪名从原来的 68 个减少至 55

---

① 参见《内地明确以刑讯逼供所获口供不能作为定案根据》，载凤凰网
2010 年 5 月 30 日，http：//news. ifeng. com/mainland/detail_ 20005/30/1566576_
0. shtml；同时参见《〈关于办理死刑案件审查判断证据若干问题的规定〉和〈关
于办理刑事案件排除非法证据若干问题的规定〉将出台》，载安徽刑事辩护网
2010 年 5 月 24 日，http：//www. 148china. com/display. asp？ id = 1322（该文采访
了中国政法大学的樊崇义教授，解释了在新的证据规则中，死刑案件被单独挑选
出来，是因为它们重要、复杂且敏感）。

② 参见《修正案（八）》，2011 年 2 月 25 日由全国人民代表大会常务委员
会通过，2011 年 5 月 1 日生效施行，载《中华人民共和国全国人民代表大会常务
委员会公报》，英文翻译版本参见 http：//florasapio. blogspot. com/2010/10/drafts -
amendments - rough - and_ untimely. html（对《修正案（八）》进行了初步的翻
译）。除了减少可以适用死刑的罪名之外，《修正案（八）》还进行了一些其他的
修改。例如，对年满 75 周岁的犯罪分子限制适用死刑，《修正案（八）》第 3 条
规定，在《刑法》第 49 条中增加一款作为第 2 款，即审判的时候已满 75 周岁的
人，不适用死刑，但以特别残忍手段致人死亡的除外。"Should the Death Penalty
Have an Age Ceiling?"，*Beijing Rev.*，Sept. 30，2010，p. 46，http：//
www. bjreview. com. cn/print/txt/2010 - 09/26/content_ 300472. htm.（该文探讨了对
年满 75 周岁的犯罪分子不适用死刑的建议。）

个。[1] 即使《修正案（八）》通过以后，仍然有很多非暴力犯罪可以适用死刑，这包括伪造货币罪、诈骗罪和巨额财产来源不明罪。[2] 尽管如此，《修正案（八）》还是废除 13 个非暴力犯罪的死刑，其中大部分是经济犯罪，如走私文物罪，信用证诈骗罪，盗窃古文化遗址、古墓葬罪。[3] 据报道称，《修正案（八）》减少了原来《刑法》中 19.1% 的死刑罪名。19.1% 是由一个简单的数学公式算出来的，即《修正案（八）》所废除的死刑罪名个数 13 除以之前《刑法》中死刑罪名个数 68。19.1% 听上去好像要比真实执行之预期百分比下降更为惊人。但事实上，这次死刑改革对死刑执行的总量不可能产生什么显著的影响，因为这次被废除的那些罪名，本来就极少出现适用死刑的情况。[4] 简而言之，以《刑法》中具体存在多少个死刑罪名，来衡量政府对废除死刑改革的支持度和死刑被执行的频

---

① 参见《修正案（八）》，载新华网 2011 年 4 月 25 日，http://news. xinhuanet. com/2011 - 02/25/c_ 121124346. htm，这是《修正案（八）》的全印本，2011 年 5 月 1 日生效施行；赵蕾：《减少死罪，步子可以再大一些》，载《南方周末》2010 年 8 月 26 日 A5 版；Cao Li, "Moves to Cut Down Executions", *China Daily*, July 24, 2010, http://www. chinadaily. com. cn/china/2010 - 07/24/content11044407. htm。

② 赵蕾：《刑法酝酿第八次大修：死刑少了，坐牢久了》，载《南方周末》2010 年 7 月 22 日 A4 版，http://www. infzm. com/content/47991。（本文探讨了中国当前的死刑罪名以及改革提案。）

③ 参见《修正案（八）》。

④ 参见《刑法专家赞同 13 个罪名取消死刑》，载中国人大网 2010 年 8 月 30 日，http://www. npc. gov. cn/huiyi/lfzt/xfxza8/2010 - 08/30/cocontent_ 1593786. htm。（"拟取消 19.1% 的死刑罪名，这一步迈得不容易。"）

率，这实在不是明智之举。①

在 2010 年 8 月中国公布《修正案（八）》之前，刑事诉讼法上的改革成为举世瞩目的焦点。2010 年 5 月底，直接亲自参与刑事司法系统的五大机关（简称两院三部，即最高人民法院、最高人民检察院、公安部、国家安全部和司法部）发布了旨在专门规范死刑案件的新证据规则，即《死刑证据规则》。该《死刑证据规则》于 2010 年 7 月 1 日正式生效。② 这些规则是紧随着另一件被错误定罪的案件被揭露之后被发布的。该案主要涉及一个名为赵作海的无辜农民，其被法院判定故意杀害他的邻居。③ 关于能够更为普遍地解决证据问题的《死刑证据规则》及其相应规则的细节，在本期其他文章中亦有讨论。④ 从本文的写作目的来看，《死刑证据规则》对研究下列问题有着重要意义：当涉及可被判处死刑的罪名之时，在一个人被判处死刑之前，以及在行刑之前，何种刑事诉讼程序应当被激活？最起码我们知道，《死刑证据规则》反映出政府最高层承认，侦查期间和审判阶段所使用的程序，存在着诸如严重依

---

① 尽管《修正案（八）》发射出了中国将转向抑制死刑的信号，但人们普遍对改革的真实影响力感到不太乐观。参见赵蕾：《减少死罪，步子可以再大一些》，载《南方周末》2010 年 8 月 26 日 A5 版。（"这次我们废除的 13 个死刑罪名，主要是看 1997 年《刑法》以后，有哪些是从来没用过的，哪些是用得很少的，最高法和最高检都反馈了一些数据，有的是完全没有用过，有的是适用率很低，基本可以忽略不计。"）即使死刑很少适用于这些罪名，但仍然有一些学者认为死刑罪名数量的减少之改变有着重大的意义。See Johnson & Zimring, *The Next Frontier: National Development, Political Change, and the Death Penalty in Asia*, p. 272.（"尽管刑法典中所增加与减少的死刑罪名很明显并非死刑追诉和执行的主要来源，但死刑罪名的增加和减少，相比之下仍是一个相当可靠的指示器"。）
② 参见《死刑证据规则》。
③ 关于此案的更多详情，see Tini Tran, "Chinese Wrongly Jailed for n Years Given \$96,000", *ABCnews. go. com*, May 13, 2010, http://abcnews. go. com/International/wireStory? id = 10632838；《检讨赵作海案》，载《中国新闻周刊》2010 年 6 月 7 日，http://news. sina. com. cn/s/sd/2010 - 06 - 03/111520403624. shtml。
④ See Belkin, "China's Tortuous Path Toward Ending Torture in Criminal Investigations".

赖于坦白的一些重大问题，而正是这些重大问题导致无辜的人被执行死刑。①

然而值得注意的是，这些刑事证据上的改革只是以规则的形式呈献给世人，而中国是否会对《刑事诉讼法》作出相应的修改，从而将这些证据规则融入《刑事诉讼法》中呢？这个问题目前仍处于搁置状态。等待已久的《刑事诉讼法》改革虽在酝酿当中，但依然阻力重重。如果将《死刑证据规则》并入到《刑事诉讼法》，那么公安部门的各项行动，将会进一步受到起诉和审判上的审查，因此受到来自公安部门的阻拦也就不足为奇了。此外，证据规则改革远非是使《刑事诉讼法》的修订复杂化的唯一症结所在。例如，关于劳动教养未来出路的另一个争论，以及特别是公安部不愿意引入司法监督，都进一步导致修改《刑事诉讼法》的努力变得更加复杂。② 尽管如此，新闻报道又一次预估，全国人民代表大会将在 2011 年或者 2012 年修改《刑事诉讼法》。

在 2010 年，关于《量刑指导意见》即将出台的争论也在持续进行着。例如，《量刑指导意见》可以为法官在决定是否判决死刑时，提供应予考量的从轻情节和从重情节。但是这些讨论还未能为死刑案件提供具体的量刑规则。当然，在辩护人向法庭阐明，法官在判决时，可供法官考虑的因素方面，还是

---

① See Lewis, "Controlling Abuse to Maintain Control : The Exclusionary Rule in China". （该文分析了《死刑证据规则》及其相应规则背后的动机。）

② See generally Fu Hualing, "Re - education in Historical Perspective", 184 *China Q.* 811 （2005）. （该文探讨了劳动教养制度在历史上以及当代的使用。）

取得了一些有限的进展。① 最高人民法院也在倡导对指导案例的使用，以期增加全中国刑事案件判决结果的统一性。② 在这些更为实践的、关于量刑指导意见的、具体的可判处死刑之罪名和证据规则的辩论之下，隐藏着塑造中国死刑改革之轨迹的更为广泛的原则。接下来我们将会重点分析这些原则。

## 四、从"少杀慎杀"到"宽严相济"

人们普遍认为，减少死刑适用的第一波改革推力，的确使得中国对于死刑开始真正地持"少杀慎杀"的谨慎态度。当然这并不意味着中国正在以势不可挡的情势，朝着废除死刑的道路上奋勇迈进。更为准确地说，由于宽严相济的刑事政策现在已经在中国刑事司法的话语中占据了中心地位，③ 问题的症结就将是何时应"严"并适用死刑，而非死刑是否应当被完全废除。正如前面所讨论的那样，关于"宽"与"严"在刑事司法中所扮演的角色之争论，在中国有着深刻的历史根源。例如，其可见于被 1979 年《刑法》所囊括而作为一项基本原

---

① See Wang Jingqiong, "Guidelines Make Sentences More Transparent, Standardized", *China Daily*, sept. 7, 2010, http://www.chinadaily.com.cn/china/2010-09/17/content_ 11314707.htm. (该文报道了以审判为基础而施行的《量刑指导意见》，其包括了 15 种犯罪类型的具体基准则。) 同时参见《死刑证据规则》第 36 条〔该条列出了一些在量刑时要考虑的（如被害人是否认真悔过）因素〕。See generally Xiaoming Chen, "The Chinese Sentencing Guideline: A Primary Analysis", 22 *Fed. Sent'g* Rep. 213（2010），http://www.vera.org/files/FSR-Chinese-Sentencing-Guideline-Primary-Analysis-April- 2010.pdf. (该文追溯中国《量刑指导意见》的发展及其争鸣。)

② 参见由最高人民法院 2010 年 11 月 26 日通过，同日生效的《最高人民法院关于案例指导工作的规定》，载 http://law.chinalawinfo.com/newlaw2002/SLC/ SLC.asp?Db=chl&Gid=143870。

③ 参见高铭暄：《宽严相济刑事政策与罚金刑改革》，载《法学论坛》2009 年第 2 期（该文详细探讨了宽严相济刑事政策的意义和功能）；翁凯一：《宽严相济在刑事立法中的适用及前景》，载《法学杂志》2009 年第 6 期（该文全面分析了《刑法修正案（七）》及其如何反映出宽严相济政策）；龙宗智：《经济犯罪防控与宽严相济刑事政策》，载《法学杂志》2006 年第 4 期（该文根据宽严相济政策，讨论了对非法经济活动的各种回应）。

则的"惩办与宽大相结合"的短语之中。但是对"宽严相济"这一表述的强调之重，还是头一遭，这的确值得引人注目。有趣的是，2011年5月，在我参加的一个会议之中，当中国的学者们被问道："惩办与宽大相结合"的刑事政策与"宽严相济"的刑事政策之间有什么区别时，其中有一个中国学者回答称，在"惩办与宽大相结合"中"惩"为前，但在"宽严相济"中则"宽"为前，因此这表明在"宽严相济"刑事政策中对"宽"的推动更甚。措辞的语序不同是否仅仅是一种无关紧要的区别，这个问题仍有待讨论。但从中国学者的谈话中，有两点是清楚的：当下宽严相济刑事政策在刑事司法话语中的重要性，以及如何将宽严相济刑事政策运用到司法实践中，仍然缺乏明确性。

具体来说，对于死刑而言，截至目前的改革是相对比较容易的，因为其一直关注于避免错案的发生，并大体上对被执行之对象表现得十分谨慎。这并不是说到目前为止的改革之路是一帆风顺、毫无阻力的，但是在对死刑改革日渐增长的支持背后，暗含着一个亟待解决的紧迫问题就是，事实上很多无辜的人被执行死刑。展望下一个阶段的死刑改革，在过去几年内据报道的死刑执行数量的首次下降，正在让位于一个更为复杂的、难以确定死刑执行是否会持续性下降的时期。①

为了响应中央领导层在2004年提出的关于"宽严相济"的明确要求，② 最高人民法院和最高人民检察院都发布了许多旨在解释这一政策应当如何运用到司法实践之中的文件。在2006年发布的一个意见中，最高人民检察院强调必须对不同的刑事案

---

① "China Rejects 'Strike Hard' Anti – Crime Policy for More Balanced Approach", *People's Daily*, Mar. 3, 2007, http://english. peopledaily. com. cn/200703/14/eng 20731435 7516. html. (该文报道了从"严打"政策向犯罪治理的转向。)

② See Dai, "The Pursuit to Criminal Justice", p. 197. (该文描述了2004年中央政法工作会议上呼吁要正确落实宽严相济的刑事政策。)

件区别对待，这就要求既要审查犯罪的社会危害性，也要考虑被告人的人身危险性。① 2007 年发布的一个意见，也类似地对如何运用宽严相济刑事政策作出了详细规定，② 宽严相济的刑事政策也再次出现在最高人民法院于 2010 年发布的意见中。③ 毫无疑问地是，最高人民法院和最高人民检察院为这一非常重要的刑事政策提供了基本架构，为宽严相济刑事政策的制定和施行起着关键性的作用，但他们只是在"宽严"计算中所涉及的多方参与者中的两个而已。剥开这些多方参与者使中国死刑争论具有结构性和层次性的迷雾之后，我们发现在具体死刑案件中，任何一方参与者都不可以单方面地确定在该具体案件中死刑适用恰当与否。更为准确地说，是一个多种混合力量的集合在操纵着宽严相济刑事政策的方方面面。

在刑事司法系统中众多参与者之间，存在着复杂的相互关联的现象，当然这一现象并非中国独有。跟世界上所有的国家一样，中国分配正义的多方参与者，在案件处理的不同阶段，拥有大量实质性的自由裁量权，并且采用了广泛的政策目标，

---

① 参见 2007 年 1 月 15 日由最高人民检察院通过的《最高人民检察院关于在检察工作中贯彻宽严相济刑事司法政策的若干意见》（以下简称《最高人民检察院意见》），载《中华人民共和国最高人民检察院公报》，http://www.chinabianhu.com/show.aspx? id = 2645；李蕴辉：《宽严相济刑事政策定位及实现的路径选择》，载《法学论坛》2009 年第 2 期（该文探讨了《最高人民检察院意见》）。

② 参见 2007 年 1 月 15 日由最高人民法院通过，同日生效施行的《最高人民法院关于为构建社会主义和谐社会提供司法保障的若干意见》，载《中华人民共和国最高人民法院公报》，http://www.chinacourt.org/flwk/showi.php? file - id = u5852.（该意见第五节是"坚持宽严相济，确保社会稳定"。）

③ 参见 2010 年 2 月 8 日由最高人民法院通过，同日生效施行的《最高人民法院关于贯彻宽严相济刑事政策的若干意见》，载《中华人民共和国最高人民法院公报》，http://www.law - lib.com/law/law - view.asp? id = 310425；see Trevaskes，"The Shifting Sands of Punishment in China in the Era of 'Harmonious Society'"，p. 332（"在 2010 年最高人民法院颁发的意见中，专门规定'宽'的条文有 8 个，而专门规定'严'的条文有 11 个，同时还有 11 个条文专门规定了'相济'的意思，以及应该怎么样才能在定罪和量刑中实现'相济'"）。

并将其并入到规定、规则或其他为刑事司法系统参与者制定的指导意见之中，这些做法将会始终留下一定的法律漏洞，而这些法律将由致力于刑事个案中的公安工作人员、检察官和法官的判断来填补。这一自由裁量权对该体系来说，并不一定是一个负面的特征。为了避免各方参与者拥有自由裁量权，而企图制定出细致入微、非常精准的法律，这必然会在各方参与者在充分考量特定案件中的具体特殊情节时，导致法律规范处在一种缺乏灵活性的状态。同样，笔者并不是倡导中国要将"宽严相济"细化到一个精确数学公式，这一数学公式由各种可以决定在个案中适用死刑是否恰当的因素所组成。笔者的建议是，我们应当明确承认该宽严相济刑事政策是如此模糊，因而应当由那些执行该政策的人来决定何时应该宽缓，何时应该严厉。在这一方面，我们也不应该只将焦点聚集在如公安工作人员、检察工作人员和法官等官方的参与者身上，而是也应该同样检验那些如政法委员会（以下简称政法委）等幕后的参与者们。这就要求我们透过这些听上去让人愉悦的口号，来严格审查刑事司法系统中的直接参与人，以及严格审查那些在日常工作中，适用这些口号的更高级别政府组织或者党组织。这一进程应当从北京的权力金字塔一直延伸下去，直至巡逻中的警察之上。

首先，如果我们没有认识到中央政府和党组织，在设定中国刑事改革总体基调的过程中起着关键性作用，那么对中国刑事司法改革的探讨将会是不完整的。[①] 宏观走向通常会被概而

---

[①]  Johnson & Zimring, *The Next Frontier: National Development, Political Change, and the Death Penalty in Asia*, p. 284. （"中国的各种各样的政治改革都是由党和政府来决定，因此一个安全而稳定的国家，而非那些受政治竞赛之威胁的国家，会在死刑执行方面更倾向于节制。"）

述之，以四字短语的形式发源于中央。① 依照此模式，正是政府的最高层在推行"宽严相济"的刑事政策。② 特别是中央政法委负责监督整个司法系统。中央政法委之下还有地方政法委，地方政法委对他们管辖区域内的案件，也扮演着直接监督者的角色，因而可以提起更多对个案中的决定产生影响作用的抽象争论，这些地方政法委的定位就会引导主审法官的意见。

让我们再来看看立法的实际过程。我们发现在将政策从理论王国带到实践王国的过程中，全国人民代表大会也是其中的参与者之一。③ 具体来讲，全国人民代表大会是将政府的政策和党的政策，转化为白纸黑字的法律条文的媒介。这一角色在《修正案（八）》的制定过程中一览无遗。将一系列可适用死刑的罪名抽离出死刑的范围，将会取消之前由其他刑事司法系统中的参与者所拥有的自由裁量权，该自由裁量权的具体内容是，对犯下一系列可适用死刑的罪行的犯罪人，可以执行死刑。然而，正如下文所述，其他参与者可以使用其所剩的自由裁量权，来寻找强调"严"的替代方式。最为明显的是，当检察官们作出提起公诉决定时，他们经常有很多选择，而且检察官们在就仍规定死刑的 55 个死刑罪名中的任意一个罪名提

---

① 这样一种口号的一个随处可见的例子就是"和谐社会"，其由中共中央委员会所提出。参见 2006 年 10 月 11 日公布的《中共中央关于构建社会主义和谐社会若干重大问题的决定》，载 http：//www. jzrd. gov. cn/xinxi/list. asp？id＝2736；2006 年 10 月 12 日公布的《中国共产党第十六届中央委员会第六次全体会议公报》，英文翻译版本参见 http：//www. china. org. cn/english/congress/226989. htm。

② 参见顾瑞珍：《以攻坚克难精神推进司法体制改革 不断取得人民满意的改革成效》，载全国网络反腐中心 2010 年 4 月 29 日，http：//www. wlffzx. com/plus/view. php？aid＝193；《最高人民检察院意见》（"宽严相济是我们党和国家的重要刑事司法政策，是检察机关正确执行国家法律的重要指针"）。

③ 参见刘晶瑶：《刑法修订回应现实，宽严相济重在执行》，载新华网 2010 年 8 月 24 日，http：//news. xinhuanet. com/politics/2010－08/24/c＿12477209. htm。（该文报道了当时仍有待全国人民代表大会通过的《修正案（八）》是如何反映了"宽严相济"刑事政策的。）

起公诉时，将会表现得更加果断。

　　由于全国人民代表大会有着可以对不同种类的犯罪宽缓或严厉处理产生影响的直接渠道，这就提出一个问题：其为何仅移除 13 个死刑罪名？展望未来，全国人民代表大会已经做好充足的准备，将对更多大范围的犯罪规定宽缓的，或者至少并非死刑之刑罚？乍一看，全国人民代表大会，或者更笼统地说，中国看起来已经做好开展自上而下改革的准备。然而，在死刑争论中，却反映出中国政府回应民意之需求。[①] 尽管公众没有一个直接的渠道可以对刑事司法政策施加影响，民意（也称为"公众意见"，"民意"这个词还与"人民群众的感觉"类似）仍然是死刑争论中必不可少的议题。[②] 举例而言，在 2003 年，当臭名昭著的歹徒刘涌只被判处死缓，由于广大民众的强烈抗议，[③] 刘涌迅速地在此后被执行了死刑之时，民意作为一股不可忽视的势力，充分展示它的强大力量。在这种背景下，全国人民代表大会法律委员会委员、清华大学教授周光权在接受《南方周末》的一次采访中，解释了《修正案（八）》背后的政治策略："立法者同样意图将这次修改当作一次实验：首先废除一些死刑罪名，然后再试探一下社会的容

---

　　① 比较 David Garland , *Peculiar Institution* 128（2010）。["国家机关的结构，以及国家工作人员的、与他们对战略性政府利益的认知相一致的决定正在（而且一直都在）塑造着死刑的适用及其特征。"]

　　② 参见《最高法院长王胜俊：群众感觉应作为是否判处死刑依据之一》，载新华网 2008 年 4 月 11 日，http：//news. xinhuanet. com/politics/2008 - 04/u/content_7956341. htm。该报道指出："判不判死刑应该有三个依据，其中之一就是要把'社会和人民群众的感觉'作为依据。"

　　③ Eva Pils," Yang Jia and China's Unpopular Criminal Justice System",1 *China Rts. F.* 59，59（2009）.（该文指出："刘涌案是刑事司法方式向平民或者平民主义者的一次回归。平民主义者的刑事司法方式，是指法官通过运用个案中群众感觉的理念，而力图争取作出一个令人民群众满意的特殊法律决定。"）

忍度。"①

除中央当局之外，每天都在运用宽严相济刑事政策的，是那些真正接触和处理个案的人。在绝大多数刑事案件的起始阶段，警察（通常都是以当地公安机关工作人员的身份出现）②并未直接介入到审判活动之中，但是，警察是案件以及证据得以到达检察官处的通常渠道。如果警察决定集中警务资源，全力攻克某个具体的案件或者特定类型的案件，那么这些案件最终很有可能就会被提交至法庭。警察的筛选功能非常明显，但是却常常很少被提及，当警察集中资源针对特定类型的犯罪或者犯罪嫌疑人的组织，并将其作为一场"严打"运动的一部分时，这一功能就最为明显地被展示出来。③ 简言之，尽管警察对死刑判决的直接影响可能是有限的，但对死刑判决却具有实质性的间接影响。

在决定对犯罪分子是否判处死刑的过程中，中国检察官的角色和处在相同情况下的美国检察官的角色是不同的，美国的

---

① 参见赵蕾：《减少死罪，步子可以再大一些》，载《南方周末》2010 年 8 月 26 日 A5 版。

② 尽管"警察"在中国并不是一个单一的实体，但为了本文叙事方便，在此将维护公共安全的各种政府工作人员都统一称为"警察"。See Kam C. Wong, *Chinese Policing：History and Reform*157（2009）.［"在中国，警察一直以来都是指'公安'（从文义上来理解这个词，就是指'公共安全'），只是近年来'警察'的使用率逐渐提升。"］See generally Murray Scot Tanner & Eric Green, "Principals and Secret Agents：Central Versus Local Control Over Policy and Obstacles to 'Rule of Law' in China", 191 *China Q.* 644（2008）.（该文详细介绍了中国公安机关的组织结构。）

③ 比较 Johnson & Zimring, *The Next Frontier：National Development, Political Change, and the Death Penalty in Asia*, p. 227。该文指出："中国地广人稀之现实，使其不可能像它的邻国，更不可能像工业化国家一样养活大量的专业警力，因此中国常被那些如'严打'运动等为了维持对社会的控制，严重依赖公众配合以及积极性的具有'廉价震慑力'的政治策略所吸引。"

检察官必须明确地宣布他们将会以判处死刑为目标。[1] 尽管如此，中国的检察官也同样负责作出极具关键性的提起公诉之决定。[2] 尤其是，如果中国今后继续削减死刑罪名的数量的话，提起公诉的决定将会在决定死刑是否能被搬到台面之上方面扮演着越来越重要的角色。除了特定的提起公诉之决定以外，在某特定案件中，检察官在多大程度上会力主宽缓或者严苛处理，可以对法院的最终判决造成影响？[3] 关于检察官是否应该正式地向法官提出判决建议，以及任何这类建议将对法院的最终判决产生什么样的影响的争论，在中国一直持续不断。因为中国的审判，并未采用确定罪与非罪的阶段以及量刑阶段这种二分法，关于量刑的争论就作为一个对被告人是否真正地实施被指控之罪行进行确定的方式，与确定有罪无罪交织在一个进程中。从被告人的角度出发，因为对定罪阶段和量刑阶段不进行区分，所以这将会导致最终判决处在一种不确定的危险状态：可能认为被告人是无罪的同时，又认为如果发现被告人有罪，那么法院应该对被告人予以从宽处罚。

当某个案件从人民检察院移送起诉至人民法院的时候，此时宽严相济刑事政策的运行最为明显，因为只有法院才有权作出最后的判决。即使在法庭之上，仍然存在着能够影响定罪量刑的多方参与人。例如，出庭法官之后还有审判委员会，审判

---

① See Fed. Judicial Ctr. , *Benchbook for U. S. District Court Judges* 125（5th ed. 2007）（主要参见第三部分的第一小点：死刑程序）（"政府必须向法院和被告人提供一个成文的通知，注明其将以判处死刑为目标"）。在美国和中国的检察官之间，还存在着另一个显著的区别，就是中国检察官属于检察权的组成部分，他们的法定正式角色是延伸至对刑事程序进行法律监督，参见《刑事诉讼法》第8条。

② 参见《刑事诉讼法》第141条。该条规定：人民检察院认为犯罪嫌疑人的犯罪事实已经查清，证据确实、充分，依法应当追究刑事责任的，应当作出起诉决定，按照审判管辖的规定，向人民法院提起公诉。

③ See Dai, "The Pursuit to Criminal Justice", p. 88.（该文说明，根据《刑事诉讼法》，检察机关的法定职责就是对整个刑事程序予以监督。）

委员会能够指导出庭法官作出死刑判决。各个级别的法庭中都设有审判委员会，审判委员会具有很多法定职责，特别是当遇到疑难重大案件时，法官都会将案件提交至审判委员会予以商讨，并作出最后裁决。①

让我们将目光从同级法院转向不同级别的法院，我们会发现地方各级法院的决议，也受到了最高人民法院发布的指导（主要是通过发布、颁行一些前面所提及的解释性文件和一些更加不正式的指导意见）之影响。② 例如，2008 年，时任最高人民法院院长的王胜俊，在珠海某个法院发表的演讲中，谈到中国应该继续推进实施宽严相济的刑事政策，但必须要强调对其"严"的一面的持续性使用。③ 而且，在 2010 年 4 月，最高人民法院也开展了一次大规模的关于如何贯彻落实该刑事政策的司法培训。④ 与此同时，凭借拥有死刑案件的复核权，最高人民法院甚至可以更加直接地对地方各级人民法院的裁决施加影响。⑤ 的确，中央一级和地方各级所面临的压力和政策偏

---

① 参见 1979 年 7 月 1 日由全国人民代表大会通过，同日生效实施的《中华人民共和国人民法院组织法》第 11 条。1983 年 9 月 2 日全国人民代表大会常务委员会对《中华人民共和国人民法院组织法》予以修改，2006 年 10 月 31 日全国人民代表大会常务委员会再次对其予以修改，载《中华人民共和国全国人民代表大会常务委员会公报》。

② 参见第 391 页注释②至第 392 页注释③；see also Trevaskes, "The Shifting Sands of Punishment in China in the Era of 'Harmonious Society'", p. 339（该文讨论了最高人民法院向下级人民法院发布的，以供下级人民法院在适用死刑时予以参考的指导意见）。

③ 参见《最高法院长王胜俊：群众感觉应作为是否判处死刑依据之一》，载新华网 2008 年 4 月 11 日，http://news.xinhuanet.com/politics/2008 - 04/u/content_7956341.htm.（该文报道了王胜俊的讲演。）

④ 参见张先明：《把宽严相济刑事政策的基本精神落实到每一起案件》，载中国法院网 2010 年 4 月 26 日，http://www.chinacourt.org/public/detail.php? id=406047#.（"据了解，这次培训是中华人民共和国成立以来规模最大的刑事审判业务集中培训，也是以贯彻'宽严相济'刑事政策为主题，全面总结和具体部署人民法院刑事审判工作的一次工作会议。"）

⑤ 参见第 384 页注释②和注释③。（说明了死刑复核权已经收归最高人民法院。）

向完全不同。而且，地方公安和被害人经常会强烈要求对某个个案中的被告人判处死刑立即执行，这使得承担死刑复核工作的最高人民法院很有压力，因为如果最高人民法院全面分析该案件，就会发现该个案的判决结果根本不应那么严厉。也就是说，不应对该个案中的被告人判处死刑立即执行。所以最高人民法院就需要想办法排除这种压力。

决定个案判决结果的公、检、法三机关，很明显没有考虑到刑事司法程序中第四方参与者——律师。在当下，由于律师的工作受到许多限制，其向人民法院主张对被告人从宽而非从严处罚的能力是有限的。现今早已有很多文献，详细地论证中国刑事辩护律师面临的重重阻碍，并且这个议题也超过了本文要讨论的范围，但是笔者仍然要强调的一点是：就律师为客户进行积极辩护方面的能力来说，其受到严重的限制。① 我们知道，《量刑指导意见》具体规定了很多死刑案件的从轻处罚情节和从重处罚情节。《量刑指导意见》还规定，法庭在决定判处被告人死刑时，必须要考虑这些情节。让我们展望一下未来，如果中国以后决定采纳《量刑指导意见》，那么律师们对于任何类似指导意见的贯彻落实，都会起着决定性作用。很难想象死刑案件中的从宽处罚情节，在没有刑事辩护律师的全面参与，特别是那些有能力、有法子开展调查研究和收集证据的律师的全面参与的情况下，会被严肃地提出来并详加探讨。②

---

① See e. g. , Cohen et al. , "Report of the Mission to China of the Association of the Bar of the City of New York December 6 to 17, 2009", 48 *Colum. J. Transnat'l L.* 519, 525 – 27 (2010). Human Rights Watch, "*Walking on Thin Ice*": *Control, Intimidation and Harassment of Lawyers in China* (2008), http：//www. hrw. org/en/reports/2008/04/28/walking – thin – ice – o. （该文详述了对法律执业者滥用职权的一贯模式。）

② See Jerome A. Cohen, "The Plight of China's Criminal Defenses Lawyers", 33 *H. K. L. J.* 231, 238 – 39 (2003). （该文探讨了律师在内地法院诉讼程序中获取证据的各种阻碍。）

在美国，包括来自于顶级律所的公益律师在内的所有律师，在主张反对死刑方面起着极其关键的作用。① 在未来，我们可以指望中国的律师，能够在死刑量刑过程中发挥越来越有力的作用。②

如前所暗示的那样，多方参与者中的另外一方是公众。"公众"所扮演的角色没有那么明确，且其亲自参与度也不像上述其他参与者那样高，但是民意的角色已经深深地渗透入围绕着如何贯彻落实宽严相济刑事政策的话语之中。普遍看法是中国民众仍然是死刑背后的坚定支持者。③ 一直以来，其他国家在废除死刑的道路上，都是精英分子在其中大声疾呼，推波助澜，从而使得这些国家最终废除死刑，而不是由于主流群众意见突然彻底改变从而导致死刑在这些国家就被废除了。④ 在中国，民众对猖獗蔓延的贪腐之关注，在很大程度上是决定不将贿赂犯罪和其他与腐败交易相关的犯罪移除出死刑范围之外

---

① See Susan Levine, "Luring Pro Bono Lawyers For Death Row's Forgotten", *Wash. Post*, Nov. 30, 2004, at A01, http://www. washingtonpost. com/wp - dyn/articles/A20742 - 2004 Nov2 9 . html. （该文报道了美国律师协会的代理死刑案件项目。）

② 参见《莫少平：中国律师面临的制度风险》，载财经网 2010 年 7 月 20 日，http://www. caijing. com. cn/2010 - 07 - 20/110482410. html。

③ See Yu Xiaodong, "More Than a Legal Issue", *News China*, Nov. 2010, pp. 26 - 27. （"在死刑问题上，群众意见与专家意见完全相左，民意支持死刑，势不可挡，人民群众特别支持对贪污腐败分子判处死刑……《刑法修正案（八）草案》发布以后，2010 年 8 月新浪网开展了一次网络在线调查，调查表明14,891名受访者中有 92.2% 的人反对废除所有非暴力经济犯罪的死刑。"）

④ See Franklin E. Zimring, *The Contradiction in American Capital Punishment* 22 - 23 (2003). （"'二战'结束后的头三十年，发达国家终结死刑的常规模式被某评论家称为'先驱'领导模式……政府精英在民意仍然支持对故意杀人的犯罪分子判处死刑的情况下，将其终结的。"）

的原因。①

在有关适用死缓的争论中，我们也可以清晰地看到，中国刑法正在从偏重严厉转变为偏重宽缓，而且人民群众十分关心这一趋势。死缓是指对被告人判处死刑，但不是立即执行，而是预留一定的时间，根据具体情况来最终决定是否对被告人执行死刑。事实上被判处死缓的犯罪分子，绝大部分最终都没有被执行死刑，这使得中国虽然并没有完全废除死刑，但大大减少了死刑立即执行在司法实践中的适用。然而，对死缓判决的扩大已经吸引了大量媒体的关注，如果死缓判决越来越与根据社会地位、经济实力、政治权力进行的选择性执法相关联的话，可以预计老百姓的不满情绪将会不断攀升。② 除了对逃避死刑的担忧，民众对有关系的罪犯所受到的过度宽大之处理的担忧，部分还来自于笼罩在判决后的减刑情况之上的迷雾。一旦法院决定对某个犯罪人不执行死刑，那么民众是否有信心，其将会在监狱里长时间服刑，而不是通过"走后门"获得更加宽缓的待遇？

虽然中国中央政府作出的保留严重挪用公款罪和与贪污相关的其他犯罪的死刑之决定，反映出该类犯罪具有严重的社会危害性，但其中仍多少存在着一个"五十步笑百步"的现象。政府正在推动对腐败的严厉打击，但被看作受到腐败侵袭的，

---

① 参见杜萌：《法学专家称中国三十年内不会取消贪污贿赂罪死刑》，载《法制日报》2010 年 9 月 3 日，http：//www. chinacourt. org/html/article/201009/03/42630. shtml；"China not to Drop Death Penalty for Corruption Crimes：Legislator"，载新华网 2010 年 9 月 29 日，http：//news. xinhuanet. com/english2010/china/2010 – 09/29/c_ 13534415. htm（"然而，对《刑法修正案（八）草案》也存在很多批评意见，其中有人认为废除刑法中非暴力经济犯罪的死刑，等于就是给予那些特权阶层的贪污腐败官员一个免于判处死刑的工具"）。

② See Johnson & Zimring, *The Next Frontier：National Development, Political Change, and the Death Penalty in Asia*, p. 282.（"来自被害人及其亲属之抱怨也不少，有些分析人士担心，这种不满情绪将会造成死刑执行数字的大反弹。"）

又正是政府官员自身。一种理解中央政府这个立场的方式是：为了使中央的政策能够在地方顺利贯彻落实，北京的高层官员想尽各种办法，使中央政策不受地方官员违法行为的影响，而且事实上，中央政府的能力极其有限，根本就难以深入基层收集地方活动的准确信息。① 例如，2010 年 1 月，时任国务院总理温家宝在国家信访局公开露面，并且在会议上发表讲话，他要求国家机关工作人员一定要处理好人民群众的投诉意见，而且还要为让人民群众能够更好地批评和监督政府而创造各种条件。② 这并非中央领导第一次公开承认公众对政府官员存在不满，并表示有打击腐败的必要。③ 这次会议也不可能为中国开启一段"百花齐放，百家争鸣"、④ 充满无限活力的美好时期。尽管如此，国家重要领导人的这种公开露面，强调民意对政府还是能造成影响，同时政府已经意识到为了维护政权的合法性，有必要为自己打造一个负责任的好形象。为了更好地全力打击贪污腐败犯罪活动，尤其是各个地方的贪污腐败违法犯罪行为，中国保留贪污腐败犯罪的死刑，这向公众传达一条清晰

---

① See generally Carl F. Minzner, "Riots and Cover – Ups: Counterproductive Control of Local Agents in China", 31 *U. Pa. J. Int'l L.* 53 (2009). （该文分析了使用主要干部负责制来解决中央政府在管理一个大型威权主义官僚制度时所遇到的各种问题。）See Kenneth Lieberthal, "Introduction: The 'Fragmented Authoritarianism' Model and Its Limitations", in *Bureaucracy, Politics, and Decision Making in Post – Mao China*1 (Kenneth Lieberthal & David M. Lampton eds., 1992). （该文指出在治理中国过程中，中央和地方之间的紧张关系。）

② "Premier Drops by to Meet Petitioners"，载新华网 2011 年 1 月 26 日，http://news.xinhuanet.com/englishzolo/china/2001 –01/26/c_ 13707506.htm。

③ See e. g., "Wen Jiabao Touches Villagers' Hearts", *Straits Times*, Oct. 29, 2003.

④ See Jonathan D. Spence, *The Search for Modern China* 539 – 43 (2d ed. 1999). （该书简单描述了中国 1956 年的百花齐放运动。）

的信息：北京方面认真对待民众的担忧。①

官方对民众的担忧，尤其是有关腐败问题的担忧之认同，并不是什么新鲜的事，但其看似正在变得越来越明显。时光回到十年前，中央政府严肃的公共面孔在 2000 年的一个新闻发布会上得到了充分的展现。当时，时任总理朱镕基在回答德国记者提出的问题时，引起一阵不小的轰动。该记者的提问涉及中国是否能解决当前猖獗的腐败问题。朱镕基总理如是反击："近年来，中国在反腐败斗争中取得了惊人的显著成果，你们国家被执行死刑的贪污腐败分子有我们那么多吗?"②

对于处理案件时过于宽缓的担忧，并不仅限于那些通常涉及腐败交易的案件。中国的网民就常常关注一些受到猛烈抨击的交通肇事案。③ 在年仅 22 岁的李启铭醉酒驾驶撞倒两名大学生，造成一死一伤的严重后果后，一句短语"我爸是李刚"迅速蹿红。④ 李启铭在肇事逃逸并被人拦截下来之后，厚颜无耻地叫嚣称其父亲是地方要员，看谁敢动他。随着李启铭成为

---

① See Info. Office of the St. Council，"China's Efforts to Combat Corruption and Build a Clean Government"（2010），http：//english. gov. cn/offiCial/2010 – 12/29/content1775353. htm. （"为了更依据法律和党纪，全力打击腐败犯罪，中国一直都在不断地制定和完善惩罚违法违纪行为的相应的实体法律规范，这包括刑事规范、党的纪律和行政规章等。"）See Dai Yuzhong，"The Pursuit of Criminal Justice"，pp. 169 – 172. （该文对自 1979 年《刑法》以来"加强对国家工作人员犯罪的刑事处罚"进行了历史的综述。）

② "Premier Zhu Rongji Takes Questions about China's Focal Issues"（2000），中华人民共和国中央人民政府网站（Gov. Cn），2000 年 3 月 15 日，http：//www. gov. cn/english/official/2005 – 07/25/content – 17144. htm.

③ 参见刘伟：《成都醉驾案 检方建议不判极刑》，载南方报业网 2009 年 9 月 5 日，http：//nf. nfdaily. cn/nanfangdaily/nfjx/200909050016. asp. （该文报道了孙伟铭案，其因醉酒驾驶造成致命交通事故而被判处死刑立即执行，但之后却被减为死缓。）

④ See "Latest Drunk – Driving Incident Sparks Outrages"，*Wall St. J. China Real Time Rep.*，Dec. 7，2010，http：//blogs. wsj. com/chinarealtime/2010/12/07/latest – drunkdriving – incident – sparks – outrage/.

人肉搜索的对象后，这一新闻在博客圈内也获得爆发式增长，① 但是随着政府为了不让民众过分关注此案而作出的努力，这一新闻的后续报道才慢慢得以平息。② 之后又有新闻报道称，被告人和被害人的家属之间达成了谅解协议。③ 当李启铭案于 2011 年 1 月底开庭后，媒体指出法庭对该案进行了从宽处罚。④ 其最终被检察院以涉嫌触犯《刑法》第 133 条交通肇事罪，而非《刑法》第 115 条以危险方法危害公共安全罪提起公诉。⑤ 第 133 条交通肇事罪的法定最高刑仅为 7 年以上徒刑，而第 115 条以危险方法危害公共安全罪的法定最高刑则可至死刑。2011 年 1 月，法庭判定李启铭构成交通肇事罪，并处以 6 年有期徒刑。⑥

这个案件点明了，在关于对刑事案件的过度轻缓化处理的关注愈发攀升的同时，官方对增加刑事和解的推动，与对案件

---

① 参见《"我爸是李刚"案开庭》，载财经网 2011 年 1 月 26 日，http：//policy. caijing. com/2011 - 01 - 26/100221295. html。（网友对"李刚"进行了"人肉搜索"。）

② See Michael Wines, "China's Censors Misfire in Abuse - of - Power Case", *N. Y. Times*, Nov. 18, 2010, at A1, http：//www. nytimes. com/2010/11/18/world/asia/18li. htm. （"在事故发生后，宣传部的官员迅速开展行动，确保公众不再持续关注此案"。）"CCTV's Fatal Error in Reporting on 'Car Accident Gate' at Hebei University", EastSouthWestNorth, Oct. 26, 2010, http：//www. zonaeuropa. com/20l0l0a. brief. htm#029. 中文翻译版本参见 http：//shehui. daqi. com/article/2996041. html。（该文探讨了中央电视台对李启铭家属哭泣的最初报道是"为了试图平息民愤"，并因其"忽视了被害人家属表达他们情绪的需求"而批评中央电视台。）

③ See "Cop Coughs up $73, 000 for Son's Victim", *Wall St. J. China Real Times Rep.*, Nov. 18, 2010, http：//blogs. wsj. com/chinarealtime/20l0/11/18/cop - coughs - up - 69000 - for - sons - victim/.

④ 参见《"我爸是李刚"案开庭》，载财经网 2011 年 1 月 26 日。（"陈家向法院提交了法律意见书……请求法院对李启铭进行从轻处罚。"）

⑤ 同前。

⑥ 参见白明山、邱文婷：《河北大学交通肇事案一审宣判 李启铭被判有期徒刑 6 年》，载财经网 2011 年 1 月 30 日，http：//www. caijing. com. cn/2011 - 01 - 30/110631798. html。

间的横向正义的需求之间的紧张关系。① 中国《刑事诉讼法》第 6 条明确规定，适用法律人人平等。②这时一个矛盾就出现了：对于不恰当的从宽处理之担忧，主要集中于那些社会地位高、经济条件好、政治背景深的人之上，但也正是这些人有能力去赔偿受害人，并推动与被害人及其家属之间的和解协议的达成，进而获得相应的从宽处罚。这正如一位匿名博客写手，在看完关于一个被告人在超速且可能非法赛车的情况下撞死了一个行人，却仅被判处 3 年有期徒刑的报道后所写的博文一般："真无语，100 多万 + 3 年 = 一条人命"。③ 我们无法确切地知道，向被害人家庭所支付的赔偿，究竟在多大程度上影响到了最后的判决结果，但甚至连《人民日报》都报道了公众对此案判决结果的不满："在本案中，人民群众希望法院能够对被告人判处更加严厉的刑罚……在中国很多地方，违反法律的有钱人通过花钱而逃避其应有的惩罚，这已经是一个非常普遍的现象。公众对钱权之间的肮脏交易表现出强烈的不平。"④

当然，赞同对被害人及其亲属给予赔偿，以弥补被告人的

---

① 参见《男子恋爱不成杀女友　用钱换减刑　金钱动摇了法律?》，载华声在线 2009 年 10 月 29 日，http：//www. voc. com. cn/article/200910/200910290758194098. html（该文报道了在被告人与被害人的家属达成刑事和解并支付了赔偿款后，关于法院最后对被告人判处死缓的争议）;《刑事和解引"买刑"争议》，载新华网广东频道 2010 年 7 月 30 日,http：//www. gd. xinhuanet. com/newscenter/2010 – 07/30/content – 20488534. htm（"今年以来，佛山市禅城区人民法院通过实施刑事和解制度，已让 28 宗刑事案件达成和解协议，共有 38 名被害人获赔，总金额高达 190 万元"）;时延安：《刑事和解正当性之辩》，载《东方法学》2010 年第 3 期（该文分析了刑事和解制度在中国的适用）。

② 参见《刑事诉讼法》第 6 条。

③ 参见《杭州飙车案胡斌被判 3 年　其母听到结果泪流不止》的评论，载天涯杂谈 2009 年 8 月 27 日，http：//www. tianya. cn/publicforum/content/free/1/628323. shtml。

④ "On China's 'Second – Generation Rich'"，*People's Daily*，Aug. 27，2009，http：//english. peopledaily. com. cn/90001/90782/90872/6741171. html.

犯罪行为给被害人及其家属带来的损失有着充足的理由，且政府对改善境况，并劝阻被害人不要再公开申诉要求对被告人处以更为严厉的刑罚的欲求，也是可以理解的。究竟被告人与国家之间何者应当对被害人及其家属予以赔偿，则是一个关键的问题。对给予被害人私人赔偿问题的持续关注，使民众开始深深地担忧：政府给民众提供了一个安全的社会网络，但是民众对这个社会安全网络缺乏信任。此外，被告人的富裕程度是否应当直接影响其刑罚之间，也突出了财富是如何影响案件的处理这一问题。说直白一点，金钱能够买来对被告人的从宽处罚吗？事实上，除了直接向被害人支付赔偿款，能够影响最终的判决结果之外，从案件代理的角度来看，金钱也能够对一个案件造成影响。如果要一个业务能力过硬的代理律师将大量时间花在一个案件上，那么这将会花费被代理人大量的金钱。虽然拥有最强大的刑事辩护律师，不一定能够确保被告人最终会得到从宽处罚，①但是可想而知对大多数被告人来说，请一个业务过硬的律师肯定是好处多多。

民众对死缓被广泛适用的担忧很可能被过分夸大了。即使被告人和民众都非常确信，一个死缓的判决将永远不会导致真实执行，但是与公开且漫长的无期徒刑相比，死缓仍然可以向公众传达更加强有力的道德谴责。②尽管如此，如果对被告人

---

① See Liebman & Wu, "China's Network Justice", pp. 281 - 282. （本文探讨了 2003 年的刘涌案，刘涌是一个臭名昭著的歹徒，一审期间因为刘涌雇请的顶级刑事辩护律师团为他进行大力辩护，刘涌一审被判处死缓，但是后来由于民众的强烈抗议，刘涌在二审时被判处了死刑立即执行。）

② 比较 Garland, *Peculiar Institution*, pp. 19 - 20（该文批评了认为美国的死刑只具有象征意义的普遍看法，并认为"我们应该将那些象征性的措施看成是有效的行动，他们不仅仅只是一个毫无意义的手势或者空谈"）；Johnson & Zimring, *The Next Frontier: National Development, Political Change, and the Death Penalty in Asia*, p. 283 ["毛泽东时代的发明（死缓），为地方公安、检察官、甚至可能是那些被害人和幸存者，提供了可被赞誉为死刑立即执行的道德同等物，其是一个表达了严厉与耻辱的具有象征性的制裁"]。

不判处死刑立即执行而判处死缓变成习以为常的一件事，而且大量的客观事实又表示，被判处死缓的犯罪分子之后几乎不会被执行死刑，那么死缓所具有的上述传达功能，将会大打折扣。[1] 与在美国常常被提起的"在辩诉交易阶段，是否有必要将一定百分比的案件推入审判阶段，以保留审判所带来的可信赖之威胁"的问题相类似的是：是否有必要对一定比例的罪犯执行死刑，以维持死缓判决的威慑力？

关于死缓判决是否过度偏向宽缓的一面的争论，将会一直持续并进入 2011 年。这一持续争论的一个方面将是，中国是否应该提升监禁刑的期限，或者甚至在某些特定的案件中采用终身不予假释的做法。[2] 如果一个"死"刑越来越与长期监禁而非真实执行紧密地联系在一起，那么延长监禁刑期限将会是在死缓判决的领域，增加严厉性的一个明确的方向。《修正案（八）》就在这个方面迈出了一步，其规定被判处死缓的犯罪分子被减为有期徒刑时，只能减为 25 年有期徒刑，而不是之前的 20 年有期徒刑。[3]

## 五、结论

虽然现在对民意已经有了很多言辞上的强调，但是在作出关于应在什么时候适用死刑的正式决定时，民意仍然不在参考范围之内。或许，已经是中国要为公众参与刑事审判提供一条

---

① 比较尹鸿伟：《贪官死缓此起彼伏 死缓背后是缓死还是"免死"》，载《南风窗》2010 年第 19 期，http：//news. sohu. com/20100914/n274920184. shtml。（该文有关于死缓使用率逐年增加的最新报告。）

② 参见陈兴良：《宽严相济刑事政策研究》，载《法学杂志》2006 年第 2 期。

③ 参见《刑法修正案（八）草案八大亮点引人关注》，载新华网 2010 年 8 月 24 日，http：//news. xinhuanet. com/politics/2010 - 03/24/c _ 12477402. htm，《修正案（八）》第 50 条。

正式渠道的时候了。① 人们普遍认为，中国人民一面倒地坚决
拥护死刑。② 然而，不仅专家学者们对现时的民意测验的方法
提出了批评，③ 同时，如果在某个案中，公民个人有权决定被
告人的生死，那么公民个人是否还会真的如此支持死刑，也是
一个值得深思的问题。回答一个民意调查中关于是否支持死刑
的问题，与真正地旁听了一个案件，并亲眼见到了被告人之
后，再去为执行死刑与否投票，是截然不同的两回事。当然，
公众直接参与死刑案件的判决过程，会导致死刑的增加的可能
性总是存在的。而且，这里也存在着一个棘手的问题：究竟应
该如何选择那些有权作出死刑决定的人。尽管存在着这些挑
战，一个直接来自公众的声音至少将会给"公众的欲求"这
一抽象的概念带来真实的分量。

现在中国还只是在一些采用合议制的案件中启用人民陪
审员。这时问题就来了，陪审员到底只是在法庭上装装样
子，还是真正地积极参与案件的决策？④ 特别是，如果中国
决定以后将在审判过程中区分确定罪与非罪的阶段和量刑阶
段，那么，一个陪审团可能会在决定对被告人是否判处死刑
这一受限的方面，起到一定的作用。即使陪审团的决策权将
仅限于量刑阶段，但确保陪审员全程参与整个审判过程，仍

---

① 比较 Garland, *Peculiar Institution*, p. 67。（该书讨论了"群众的意愿"这
句话暗含的意思，在其中"死刑被描述为当地社会情感的一个关键表达、被真实
表达出来的道德抗议以及作为社区司法的一个集体选择"。）

② See Yu, "More Than a Legal Issue", pp. 26 - 27. （该文报道了民众对死刑
的大力追捧。）

③ See Dui Hua Foundation, "Reducing Death Penalty Crimes in China: More
Symbol than Substance", *Dialogue*, Fall 2010, p. 1, http://www.duihua.org/work/
publications/nl/dialogue/nl - txt/nl41/nl41. a. htm. （事实上，在中国，公众对死刑
的讨论，远比我们所知的要密集得多。正如研究者周国良所展示的那样，中国对
此主题的调查往往是零散的，而且在统计上缺乏严谨性。）

④ See Ira Belkin, "China", in *Criminal Procedure: A Worldwide Study* 91, 105
( Craig M. Bradley ed. , 2d. , 2007).

然至关重要。因为这样的话，陪审员可以更加了解案件事实，而不是基于媒体对案件的报道，或者其他来自法庭之外的信息对案件作出判断。鉴于在中国审判普遍简短，且有证人出庭作证的案件所占比例也很小，因此让陪审员全程参与审判，也不会特别费力。事实上，由于案件卷宗中的证据，甚至可能不会在法庭上予以公开，因此除了允许陪审员出席审判之外，还允许其阅取案件卷宗也是值得考虑的选择。

将量刑的决定转交由陪审团负责，也可能有助于减轻那些现时直面民众要求严惩犯罪分子的冲击的地方检察官和法官的压力。[1] 此外，公众在量刑中的直接参与，将有利于大大减少公民对那些有特权的被告人因为有关系，而且向被害人支付赔偿从而得以逃避法律的惩罚之批评。虽然详细探讨陪审团在量刑过程中的潜在作用不在本文的写作范围之内，但是笔者仅仅想说明：笔者的这个观点虽然不符合中国现在的司法实践，但是事实上，却可以丰富发展中国刑事司法系统改革的主题。

中国政府近年来一直都在扩充人民陪审员的人数，这表明当前的趋势就是朝向让民众的声音更多地传达到刑事案件审判过程中这一方向前进。[2] 政府的该项行动主要旨在使公众对法院裁判越来越有信心，特别是使公众对死刑案件的判决结果充满信心，因为死刑案件最能吸引公众的目光，也最容易接受公众广泛的审查。据此，在谈到死刑之时，加强法院判决的民众支持率是至关重要的。同时，设立负责量刑的陪审团能够进一步

---

① 比较 Pils，"Yang Jia and China's Unpopular Criminal Justice System"，p. 59。

② 参见《最高法：法院领导每年至少参加一次与网民交流活动》，载新华网 2009 年 4 月 14 日，http：//news. xinhuanet. com/legal/2009 - 04/14/content _ 1184186. htm（该文宣布了最高人民法院增加人民陪审员的数量的计划）；Jerome A. Cohen，"A ' People's Jury' Trial for China's Criminal Defendants?"，*US. - Asia Law Institute*，Mar. 15，2011，http：//www. usasialaw. org/? P = 5211（该文探讨了近期中国在审判中增加公众参与的实验）。

促进中国深层次的刑事诉讼法改革，因为改革的目的，就是产生更加公正、更加精准的判决结果。具体来讲，对实施了贪污行为的被告人决定是否判处死刑时，法官普遍都会考虑被告人的背景关系，而如果公众能够更广泛地参与到审判过程中，就会控制法官的这种做法。考虑到目前中国公众对贪污犯罪所表达出的抗议十分强烈，如果设立一个负责量刑的陪审团，其可以事实上将死刑判决结果的钟摆朝另一方向摇去，届时那些有背景的被告人，可能会发现自己更有可能被判处死刑立即执行。

公众参与的未来角色定位，只不过是越来越细微和复杂的死刑争论中的一个方面。当前的热烈讨论至少表明，中国的死刑是否会持续地下降，仍是未知之数，更不用提实现死刑的完全废除了。① 正如我的祖国美国，长期以来一直都与死刑纠缠不清，这表明美国国内的死刑案件，在刑事诉讼程序中也存在着多方参与者，这些参与势力早已形成错综复杂的关系。在这场辩论中，中国也面临着一种独特而混合的压力，即中国也要衡量、协调多方参与者的复杂利害关系。行文至此，笔者想改写托尔斯泰的一句名言："废除死刑的国家废除死刑的方式都相似，但是保留死刑的国家，保留死刑的方式却各有不同。"② 中国将会成为一个偏向于"严"还是倾向于"宽"的保留死刑的国家，或者其能够以某种方式做到"宽严相济"，在未来的日子里让我们拭目以待。

---

① 比较 David F. Greenberg & Valerie West，"Siting the Death Penalty Internationally"，33 L. &Soc. Inquiry 295，335（2008）。（"一个国家被执行死刑的人数下降了，但这种下降趋势并不一定会以死刑被废除而告终。在某些国家，那些有利于废除死刑的条件可能永远不会被开发出来，即使条件具备，其产出的结果也可能不会与西欧国家所现有的相同。"）

② Leo Tolstoy，*Anna Karenina*1（Richard Peaver & Larisa Volokhonsky trans.，Penguin Books 2002）（1887）.（该书指出："幸福的家庭都是相似的，但是不幸的家庭却各有不同。"）比较 Garland，*Peculiar Institution*，p. 309。（"美国的死刑可能不是'例外的'，但是它肯定是与众不同的。"）

# 中国的治安管理处罚与刑事罚
## ——一元的刑法体系与具有刑法补全机能的治安管理处罚[*]

足立昌胜[**] 文

曾文科[***] 译

简目

一、序言

二、作为刑法上的处罚的刑事处罚

三、作为行政罚的行政处罚——《行政处罚法》的制定

四、治安管理处罚法

五、结语

---

[*] 足立昌胜：《中国における治安管理処罰と刑事罰——一元的刑法体系と刑罰補完機能を有する治安管理処罰——》，载《関東学院法学》2011 年第 20 卷第 3 号，第 1—20 页。本文的翻译与出版已获得作者授权。

[**] 足立昌胜，1943 年出生于日本东京。中央大学法学部毕业，曾开展创设国立东帝汶大学法学部运动，现任关东学院大学教授，研究领域包括近代刑法成立史、现代型犯罪及刑罚等。主要作品有《近代刑法の实像》（白顺社 2000 年版）、《刑法学批判序説》（白顺社 1996 版）等

[***] 曾文科，清华大学法学学士、法学硕士，早稻田大学法学博士，现任中国政法大学刑事司法学院讲师。

## 一、序言

笔者参加了 2009 年度法学研究所的 "关于官制谈合与行政垄断规制的比较法研究" 这一项目，从而得到学习中国反垄断法的机会。[①] 在这部《反垄断法》中，作为制裁，在第 46 条以下规定了 "罚款"。此外，在与昆明理工大学法学院的共同研究中，我发现在涉及《环境保护法》的问题时，该法的第 35 条也规定了 "罚款"。

由于对这种罚款完全不了解，虽然向中国的研究者提出了很多质疑，但未能得到令人满意的回答。因此，在对罚款详细调查后，才明白那是作为一种行政处罚的经济性制裁。与此同时，也明白了，作为行政处罚，还存在着 "行政拘留" 这种剥夺自由的制裁。

当时，一边在弄明白罚款与罚金的不同之处，一边为了搞清楚刑事处罚与行政处罚的根本区别在哪里而开始收集文献。

可是，随着文献的搜集，发现这个问题里面还包含着一个更大的问题，即《治安管理处罚法》的存在。因为这也是行政罚的一种，所以其不用经过审判，而是由行政机关予以宣告，其中也包括涉及剥夺人身自由的内容。

因此，本文是想明确刑事处罚与行政处罚的根本区别，并指明《治安管理处罚法》承担着补全刑法的机能。在此过程中，也会提及作为行政处罚的基本法的《行政处罚法》的现状。

## 二、作为刑法上的处罚的刑事处罚

中华人民共和国首部真正的刑法制定于 1979 年，1980 年

---

① 其详细内容参见《ジュリスコンサルタス》2011 年第 20 号，第 17 页以下。

1月1日起施行。这部刑法在1997年得以修改，但在修改后的刑法实行之前的期间内（10月1日），适用的仍是1979年刑法。

在这一期间内中国制定了许多特别法，此外，在不是刑法的其他法律中，也设置了罚则规定。在中国，前者被称为单行刑法，与刑法典相区别。另外，后者则被称为附属刑法。

与刑法典是普通刑法相对，单行刑法、附属刑法被置于特别刑法的位置上。与一般刑法对于无论什么人、在什么时间、什么地点、实行了什么行为，都原则上予以适用不同，特别刑法是有关特定的人、时间、地点、事项的刑法，其适用范围被特别地限定了。其中，单行刑法是以特定的人为对象，或者是以特定的案件为对象的刑法。与此相对，附属刑法则是包含于民法、行政法、经济法等非刑事法中的罚则、刑法规范。

在单行刑法与附属刑法之间，是否规定法定刑也存在差异。单行刑法是在规定犯罪构成要件的同时，也规定了法定刑，附属刑法则没有规定独立的法定刑。例如，《专利法》（此处指1992年《专利法》——译者注）第63条作出如下规定："假冒他人专利的，依照本法第60条的规定处理；情节严重的，对直接责任人员比照刑法（此处指1979年《刑法》——译者注）第127条的规定追究刑事责任。"

从这里也可以明显看到，该条文中虽然规定了"假冒他人专利"、"情节严重"等构成要件，但关于法定刑则是交由刑法来规定的。根据何秉松教授的说法，像这样的附属刑法的条数达到了130条。①

因此，一旦附属刑法不从属于刑法典、单行刑法，其功能就不能得到发挥。

---

① 同前，第104页以下。

何秉松教授把这三者构成的整体刑法称为"广义的刑法体系"，指出存在下面这样的关系。①

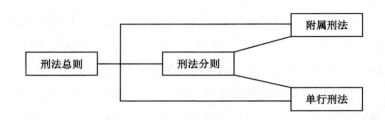

进而，基于上面这个图，何秉松教授对这三者的关系作出了如下说明。刑法总则与附属刑法、单行刑法之间，是指导与被指导、一般与特别、抽象与具体的关系，附属刑法与单行刑法补充刑法分则，被整合进刑法总则体系之中。

这部刑法中并不存在相当于日本刑法第 8 条的规定，刑法总则的上位性，在法律上是不存在的。因此，如何理解这些刑法的相互关系，成为大问题。

在 1979 年刑法得以施行的 17 年间，由全国人民代表大会常务委员会制定的，修改、补充刑法的规定、决定（24 部单行刑法）如下所示:②

1981 年 6 月 10 日《中华人民共和国惩治军人违反职责罪暂行条例》

1981 年 6 月 10 日《关于处理逃跑或者重新犯罪的劳改犯和劳教人员的决定》

1982 年 3 月 8 日《关于严惩严重破坏经济的罪犯的决定》

---

① 同前，第 105 页以下。

② 参见赵秉志主编:《刑法新教程》，中国人民大学出版社 2001 年版，第 15 页以下。

1983 年 9 月 2 日《关于严惩严重危害社会治安的犯罪分子的决定》

1987 年 6 月 23 日《关于对中华人民共和国缔结或者参加的国际条约所规定的罪行行使刑事管辖权的决定》

1988 年 1 月 21 日《关于惩治走私罪的补充规定》

1988 年 1 月 21 日《关于惩治贪污罪贿赂罪的补充规定》

1988 年 9 月 5 日《关于惩治泄露国家秘密犯罪的补充规定》

1988 年 11 月 8 日《关于惩治捕杀国家重点保护的珍贵、濒危野生动物犯罪的补充规定》

1990 年 6 月 28 日《关于惩治侮辱中华人民共和国国旗国徽罪的决定》

1990 年 12 月 28 日《关于禁毒的决定》

1990 年 12 与 28 日《关于惩治走私、制作、贩卖、传播淫秽物品的犯罪分子的决定》

1991 年 6 月 29 日《关于惩治盗掘古文化遗址古墓葬犯罪的补充规定》

1991 年 9 月 4 日《关于严禁卖淫嫖娼的决定》

1991 年 9 与 4 日《关于严惩拐卖、绑架妇女、儿童的犯罪分子的决定》

1991 年 9 月 4 日《关于惩治偷税、抗税犯罪的补充规定》

1992 年 12 月 28 日《关于惩治劫持航空器犯罪分子的决定》

1993 年 2 月 22 日《关于惩治假冒注册商标犯罪的补充规定》

1993 年 7 月 2 日《关于惩治生产、销售伪劣商品犯罪的决定》

1994 年 3 月 5 日《关于严惩组织、运送他人偷越国（边）

境犯罪的补充规定》

　　1994 年 7 月 5 日《关于惩治侵犯著作权的犯罪的决定》

　　1995 年 2 月 28 日《关于惩治违反公司法的犯罪的决定》

　　1995 年 6 月 30 日《关于惩治破坏金融秩序犯罪的决定》

　　1995 年 10 月 30 日《关于惩治虚开、伪造和非法出售增值税专用发票犯罪的决定》

　　1997 年 3 月 14 日，刑法得以全面修改，于 10 月 1 日起施行。"实现了刑法的统一性与完整性"被认为是这部刑法的特征。① 通过制定这部刑法，至今为止制定的单行刑法与附属刑法都被编入其中，归结为一个刑法体系。具体来看，来自 1979 年刑法的 129 个罪名中的 116 个犯罪，来自单行刑法、附属刑法的 133 个罪名中的 132 个犯罪，被编入这部刑法之内，作为新设条文规定了 164 条，总共在刑法中规定了 412 个犯罪类型。②

　　那么，通过这种办法，附属刑法所具有的从属性是否就消除了呢？虽然不存在法定刑这一问题得以消除，但委任于其他法规的倾向反而增强了。《刑法》中，委任于其他法规的条款如下所示：

　　第 126、128 条　"违反枪支管理规定"

　　第 131、132、132 条　"违反规章制度"

　　第 133 条　"违反交通运输管理法规"

　　第 136 条　"违反物品的管理规定"

　　第 137、190、222、225、285、286、288、338、339、

---

　　① 参见高铭暄、马克昌主编，赵秉志执行主编：《刑法学》（第 3 版），北京大学出版社、高等教育出版社 2007 年版，第 12 页以下。

　　② 同前，第 13 页。

350、355、385、389、391、393、394、396、405 条 "违反国家规定"

第 139 条 "违反消防管理法规"

第 159 条 "违反公司法的规定"

第 186、405 条 "违反法律、行政法规"

第 188、442 条 "违反规定"

第 228 条 "违反土地管理法规"

第 230 条 "违反进出口商品检疫法的规定"

第 244 条 "违法劳动管理法规"

第 297 条 "违反法律的规定"

第 322 条 "违反国（边）境管理法规"

第 327 条 "违反文物管理法规"

第 329 条 "违反档案法的规定"

第 330 条 "违反传染病防止法的规定"

第 332 条 "违反国境卫生检疫规定"

第 337 条 "违反有关动植物防疫、检疫的国家规定"

第 340 条 "违反保护水资源法规"

第 341 条 "违反狩猎法规"

第 342 条 "违反土地管理法规"

第 343 条 "违反矿产资源法的规定"

第 344、345、407 条 "违反森林法的规定"

第 398 条 "违反保守国家秘密法的规定"

第 410 条 "违反土地管理法规"

第 432 条 "违反保守国家秘密法规"

第 436 条 "违反武器装备使用规定"

第 437 条 "违反武器装备管理规定"

关于这样的委任问题，也有论者认为，并不存在那么大的问题。① 该论者详细地概观了日本的刑法与行政刑法的关系，介绍了日本刑法的现状。

另外，这部《刑法》规定，犯罪是指"依照法律应当受刑罚处罚的行为"（《刑法》第13条）。此外，在第37条中规定，对于情节轻微的，可以宣告免予刑事处罚，予以训诫或者责令具结悔过、赔礼道歉、赔偿损失，或者由主管部门予以行政处罚或者行政处分。

通过制定以刑法的统一性为目标的刑法，所有的犯罪都被规定到了刑法之中。所以，在刑法之外的法律里，已经不存在罚则了。这虽使刑法变得非常容易理解，但其中也蕴含了很大的问题。

此外，通过将行政刑法编入刑法典之中，在刑法典里就不只包含实害犯，形式犯也被包含进去了。该当形式犯的犯罪如下所示：

第108条 "投敌叛变罪"

第120条 "组织恐怖组织罪"

第129条 "丢失枪支不报罪"

第174条 "擅自设立金融机构罪"

第205条 "虚开增值税专用发票罪"

第206条 "伪造、出售伪造的增值税专用发票罪"

第207条 "非法出售增值税专用发票罪"

第208条 "非法购买增值税专用发票罪"

第213条 "假冒注册商标罪"

---

① 参见黄明儒：《论行政刑法与罪刑法定主义的关系》，载戴玉忠、刘明祥主编：《犯罪与行政违法行为的界限及惩罚机制的协调》，北京大学出版社2008年版，第21页以下。

这些犯罪不是实害犯，是单纯的形式犯。在这种场合，作为犯罪成立标志的社会危害性的发生，表现在何处呢？这就变得要承认不存在社会危害性的犯罪，统一地来说明犯罪也就变得不可能了。遗憾的是，尚未看到与此相关的有益论证。

像最近在日本所主张的那样，将形式犯理解为抽象的危险犯的见解，会更容易适合于中国的体系吧。但在日本，这是作为特别刑法存在的，这种见解究竟能否行得通呢？这种见解是在单纯的形式犯中，试图抽象地看待法益侵害的危险性，飞跃性地被扩大处罚根据，是非常危险的见解。

## 三、作为行政罚的行政处罚——《行政处罚法》的制定

1996 年 10 月 1 日，《中华人民共和国行政处罚法》得以施行。这是关于一直以来，由各行政机关分别制定的行政处罚的一般法，即本法是"为了规范行政处罚的设定和实施"（《行政处罚法》第 1 条）而制定的。其目的在于"保障和监督行政机关有效实施行政管理"，并"维护公共利益和社会秩序"。

正如在刑法中罪刑法定主义被原则化一样，关于行政处罚，也采用了行为处罚法定主义。第 3 条宣布了关于行为与处罚的法定主义以及处罚程序的法定主义。第 4 条第 3 款采用公布主义，规定不允许依据未经公布的法律进行行政处罚。

另外，该法也设置了责任能力的规定，即对不满 14 周岁的，不予行政处罚，而是责令监护人加以管教。对已满 14 周岁不满 18 周岁的，规定从轻或者减轻行政处罚。（《行政处罚法》第 25 条）

对于精神病人，在没有辨认能力或控制能力的场合，也不予行政处罚，而是责令监护人加以看管和治疗。但是，对于间

歇性精神病人，在行为当时如果精神是正常的，则要科处行政处罚。（《行政处罚法》第 26 条）

另外，符合下列情形时，由于责任能力的减弱，规定要从轻或者减轻行政处罚（《行政处罚法》第 27 条）：（1）主动消除或者减轻违法行为危害后果的；（2）受他人胁迫有违法行为的；（3）配合行政机关查处违法行为有立功表现的；（4）有其他依法从轻或者减轻行政处罚的事由的。

行政处罚也适用时效的规定，只要法律没有作出其他规定，时效为 2 年。（《行政处罚法》第 29 条）

法律所承认的行政处罚的种类如下所示（《行政处罚法》第 8 条），但具体的处罚可以由各个法律、行政法规来予以规定：

（1）警告——这是最轻的行政处罚，是为了督促行为人提起注意，属于精神罚的一种；

（2）罚款——属于财产罚，但与刑法上的罚金不同。关于其金额，由各个法规予以设定；

（3）没收违法所得、没收非法财物；

（4）责令停产停业；

（5）暂扣或者吊销许可证、暂扣或者吊销执照；

（6）行政拘留——虽然是限制人身自由的处罚，但与作为刑罚的拘役、徒刑不同。关于其期间，由各个法规予以设定。与刑事诉讼法上限制人身自由的拘留（1996 年《行政诉讼法》第 61 条等条文，对应 2012 年《行政诉讼法》第 80 条等条文。——译者注）也不相同。

（7）法律、行政法规规定的其他行政处罚——限制人身自由的行政处罚，只能由法律设定（《行政处罚法》第 9 条第 2 款）。法律可以设定所有的行政处罚，但行政法规中只能设定除限制人身自由以外的行政处罚（《行政处罚法》第

10 条第 1 款）。此外，地方法规可以设定除限制人身自由、吊销企业营业执照以外的行政处罚（《行政处罚法》第 11 条）。

这些行政处罚由具有行政处罚权的行政机关予以宣告（《行政处罚法》第 15 条）。但是，关于限制人身自由的行政处罚，规定只能由公安机关予以宣告。

关于这样的行政违法行为、行政处罚，围绕着其与犯罪、刑罚的界限等，在中国兴起了活跃的讨论。

在中国，围绕行政刑法的议论是一边依据德国、日本的学说，一边展开法律上的讨论。给人的印象是，其所引用的德国的学说是 Goldschmidt、Stratenwerth 等的观点，所引用的日本的学说则是八木胖、福田平、美浓部达吉等的观点，依据的都是非常古老的学说。尽管数量很少，但仍能散见一些基于日本现代学说状况而展开的理论研究。①

正如已经说过的，在中国刑罚法规一元化为刑法后，行政刑法就不复存在了。尽管如此，还是有人提倡"刑事犯与行政犯的统一化的尝试"，令人难以把握其真实意图是什么。②

在这里成为问题的是刑事处罚与行政处罚的界限。例如，虽然作为行政处罚存在剥夺财产的罚款、剥夺自由的行政拘留，但必须要追问的是，这些与刑事处罚上作为财产刑的罚

---

① 参见黄明儒：《论行政刑法与罪刑法定主义的关系》，载戴玉忠、刘明祥主编：《犯罪与行政违法行为的界限及惩罚机制的协调》，北京大学出版社 2008 年版，第 21 页以下。李翔、张新亚：《刑事犯、行政犯的区分与刑事立法模式的整合》，载戴玉忠、刘明祥主编：《犯罪与行政违法行为的界限及惩罚机制的协调》，北京大学出版社 2008 年版，第 75 页以下。

② 参见曹菲：《刑事犯、行政犯统一化之提倡——兼论涉及行政法规范的犯罪的故意认定》，载戴玉忠、刘明祥主编：《犯罪与行政违法行为的界限及惩罚机制的协调》，北京大学出版社 2008 年版，第 104 页以下。该论者在论文执笔时虽然只是中国人民大学刑法学博士研究生，但读其论文可以看出其非常热衷于研究，是将来很有希望的年轻学者。

金，作为自由刑的拘役、徒刑究竟有何不同。此外，行政处罚的根据又存在于何处。

根据《立法法》，关于犯罪与刑罚，只能由法律来制定（《立法法》第 8 条第 4 项）；也只有法律能制定对公民政治权利的剥夺和限制人身自由的强制措施和处罚（《立法法》第 8 条第 5 项）。另外，只有全国人民代表大会能够制定刑法、民法等基本法，而其他的法律，则全国人民代表大会常务委员会也可以制定。（《立法法》第 7 条）

《立法法》第 9 条规定，关于本法第 8 条列举的，但尚未制定法律的事项，在法律未被制定的期间里，全国人民代表大会及其常务委员会可以委任国务院制定与此相关的行政法规，但是对公民政治权利的剥夺和限制人身自由的强制措施和处罚，被排除在授权之外，不能就此制定行政法规。

有人指出，从这一点来看，在行政法规实质上规定犯罪构成要件时，违反该《立法法》的可能性很高。[1] 因为国务院本来没有被委任以限制人身自由的事项为对象进行立法，却在行政法规中制定限制人身自由的行政处罚。

在行政法规中除了行政处罚外，也常常存在规定追究刑事责任的情形。这些情形可以分为以下 3 种类型：[2]

1. 原则型规范

《森林法》第 40 条规定，违反本法规定，非法采伐、毁坏珍贵树木的，依法追究刑事责任；第 42 条第 2 款规定，伪造林木采伐许可证的，依法追究刑事责任。这属于针对符合构成要件的行为，全部都要追究刑事责任的规定。

---

[1] 参见吴大华、谢少平：《我国行政法的现状分析与发展趋势探索》，载戴玉忠、刘明祥主编：《犯罪与行政违法行为的界限及惩罚机制的协调》，北京大学出版社 2008 年版，第 14 页以下。

[2] 同前，第 13 页以下。

2. 准用型规范

《矿产资源法》第 43 条关于收购、销售矿产品的案件，规定情节严重的，依照刑法的相关规定，追究刑事责任；第 44 条规定，造成矿产资源严重破坏的，依照刑法的相关规定，对直接责任人员追究刑事责任。这属于旨在直接适用刑法的具体条款的情形。

3. 类推型规范

1996 年《行政处罚法》第 61 条规定，"徇私舞弊、包庇纵容违法行为的，比照刑法第 188 条的规定追究刑事责任"。但这属于将案件事实嵌入刑法的具体条文中，旨在追究刑事责任的情形，是在进行类推。

现在的行政法规中，也是按照这些类型中的某一种来进行规定，以追究刑事责任的。

## 四、治安管理处罚法

忠实地履行《行政处罚法》中"维护公共利益和社会秩序"这一目的的行政法规是《治安管理处罚法》。

全国人民代表大会常务委员会于 2005 年 8 月 28 日通过《中华人民共和国治安管理处罚法》，该法于 2006 年 3 月 1 日起施行。其目的在于维持社会治安秩序，保障公共安全，保护公民、法人和其他组织的合法权益，规范和保障公安机关及其人民警察依法履行治安管理职责。

通常行政法规中规定的法律责任只限于该行政法规内部，但有时也会出现由于被害重大、与刑法法规的抵触等原因而被追究刑事责任的情形。

与此不同，《治安管理处罚法》第 2 条作出了如下规定，附加了补全刑事责任的机能。因此，其作用非常大。

扰乱公共秩序，妨害公共安全，侵犯人身权利、财产权利，妨害社会管理，具有社会危害性，依照《中华人民共和国刑法》的规定构成犯罪的，依法追究刑事责任；尚不够刑事处罚的，由公安机关依照本法给予治安管理处罚。

有论者提出符合这种情形的有：（1）《刑法》第13条但书中规定的，危害社会行为情节显著轻微危害不大的，不认为是犯罪；（2）《刑法》第37条规定的，犯罪情节轻微不需要判处刑罚的，可以免予刑事处罚；（3）《刑法》第17条第4款规定的，因已满14周岁不满16周岁而不予刑事处罚。[①]

这种治安管理处罚也继受了《行政处罚法》的规定，对责任能力作出了同样的规定，即对不满14周岁的人，不予治安管理处罚，而是责令其监护人严加管教。对已满14周岁不满18周岁的人违反治安管理的，从轻或者减轻处罚。（《治安管理处罚法》第12条）

对精神病人，在其缺乏辨认能力或者控制能力时，也不予行政处罚，而是责令其监护人严加看管和治疗。但是，对间歇性的精神病人，在其行为时精神正常的场合，规定要予以处罚（《治安管理处罚法》第13条）。对于盲人或者又聋又哑的人，也规定可以从轻、减轻处罚，或者不予处罚（《治安管理处罚法》第14条）。对于醉酒的人，要给予处罚，且规定"对本人有危险或者对他人的人身、财产或者公共安全有威胁的，应当对其采取保护性措施约束至酒醒"（《治安管理处罚法》第15条）。

作为减轻处罚或不予处罚的事由，符合以下情形的：（1）

---

① 参见许成磊：《争议刑事不法与行政不法的界限——以〈治安管理处罚法〉为视角》，载戴玉忠、刘明祥主编：《犯罪与行政违法行为的界限及惩罚机制的协调》，北京大学出版社2008年版，第211页以下。

情节特别轻微的；（2）主动消除或者减轻违法后果，并取得被侵害人谅解的；（3）出于他人胁迫或者诱骗的；（4）主动投案，向公安机关如实陈述自己的违法行为的；（5）有立功表现的。（《治安管理处罚法》第19条）

在第20条中则规定了如下所示的加重事由，规定从重处罚：（1）有较严重后果的；（2）教唆、胁迫、诱骗他人违反治安管理的；（3）对报案人、控告人、举报人、证人打击报复的；（4）6个月内曾受过治安管理处罚的。

另外，对未成年人、老人作出了特别的照顾。《治安管理处罚法》第21条规定，符合以下事由的场合，即便依照本法应当给予行政拘留处罚的，也不执行行政拘留处罚：（1）已满14周岁不满16周岁的；（2）已满16周岁不满18周岁，初次违反治安管理的；（3）70周岁以上的；（4）怀孕或者哺乳自己不满1周岁婴儿的。

治安管理处罚的种类有如下4种：警告、罚款、行政拘留、吊销公安机关发放的许可证（《治安管理处罚法》第10条），但关于金额、期间没有作出特别的规定，而是交由各种类型的处罚规定来予以设置。

《治安管理处罚法》中的违反行为按照大类被分为以下4种类型：（1）扰乱公共秩序的行为（第23—29条）；（2）妨害公共安全的行为（第30—39条）；（3）侵犯人身权利、财产权利的行为（第40—49条）；（4）妨害社会管理的行为（第50—76条）。这些违反行为大体上与犯罪行为存在冲突。根据中国学者的观点，这些冲突表现在如下所示的情形中。①

---

① 参见庄伟、曾静音：《刑法与治安管理处罚法的条款冲突及协调——以海淀检察院公诉二处办理案件为样本》，载戴玉忠、刘明祥主编：《犯罪与行政违法行为的界限及惩罚机制的协调》，北京大学出版社2008年版，第237页。

| 序号 | 行为类别 | 《治安管理处罚法》相关条款 | 《刑法》相关条款 |
|---|---|---|---|
| 1 | 扰乱秩序破坏选举类 | 第23条第1、2、5款 | 第290条"聚众扰乱社会秩序罪"、"聚众冲击国家机关罪"<br>第291条"聚众扰乱公共场所秩序、交通秩序罪"<br>第256条"破坏选举罪" |
| 2 | 投放虚假危险物质、散布虚假信息类 | 第25条 | 第291条之一"投放虚假危险物质罪"、"编造、故意传播虚假恐怖信息罪" |
| 3 | 斗殴、寻衅滋事类 | 第26条 | 第292条"聚众斗殴罪"<br>第293条"寻衅滋事罪" |
| 4 | 组织、利用邪教组织类 | 第27条 | 第300条"组织、利用会道门、邪教组织、利用迷信破坏法律实施罪"、"组织、利用会道门、邪教组织、利用迷信致人死亡罪" |
| 5 | 扰乱无线电通讯类 | 第28条 | 第288条"扰乱无线电通讯管理秩序罪" |
| 6 | 破坏计算机信息系统类 | 第29条 | 第285条"非法侵入计算机信息系统罪" |
| 7 | 非法制造、买卖危险物质类 | 第30条 | 第125条"非法制造、买卖、运输、储存危险物质罪"<br>第130条"非法携带危险物品危及公共安全罪" |

（续表）

| 序号 | 行为类别 | 《治安管理处罚法》相关条款 | 《刑法》相关条款 |
|---|---|---|---|
| 8 | 非法携带枪支、弹药、管制刀具类 | 第32条 | 第130条"非法携带枪支、弹药、管制刀具危及公共安全罪" |
| 9 | 破坏公共设施、界碑、界桩类 | 第33条第1、2项 | 第118条"破坏电力设备罪、破坏易燃易爆设备罪"<br>第119条"破坏交通工具、交通设施、电力设备、易燃易爆设备罪"<br>第323条"破坏界碑、界桩，破坏永久性测量标志罪" |
| 10 | 破坏交通设施类 | 第35条第1项 | 第117条"破坏交通设施罪"<br>第119条"破坏交通工具、交通设施罪" |
| 11 | 损毁、移动警示标志类 | 第37条第2项 | 第114条、第115条"以危险方法危害公共安全罪" |
| 12 | 消防责任事故类 | 第39条 | 第139条"消防责任事故罪" |
| 13 | 强迫劳动、限制人身自由类 | 第40条第2、3项 | 第244条"强迫职工劳动罪"<br>第238条"非法拘禁罪"<br>第245条"非法搜查罪"、"非法侵入住宅罪" |
| 14 | 侮辱诽谤、诬告陷害、打击报复类 | 第42条第2—4项 | 第246条"侮辱罪"，"诽谤罪"<br>第243条"诬告陷害罪"<br>第308条"打击报复证人罪" |

（续表）

| 序号 | 行为类别 | 《治安管理处罚法》相关条款 | 《刑法》相关条款 |
|---|---|---|---|
| 15 | 故意伤害类 | 第43条 | 第234条"故意伤害罪" |
| 16 | 猥亵他人类 | 第44条 | 第237条"强制猥亵、侮辱妇女罪"、"猥亵儿童罪" |
| 17 | 虐待遗弃类 | 第45条 | 第260条"虐待罪"<br>第261条"遗弃罪" |
| 18 | 强迫交易类 | 第46条 | 第226条"强迫交易罪" |
| 19 | 破坏民族关系类 | 第47条 | 第249条"煽动民族仇恨、民族歧视罪"<br>第250条"出版歧视、侮辱少数民族作品罪" |
| 20 | 侵犯通信自由类 | 第48条 | 第252条"侵犯通信自由罪"<br>第253条"私自开拆、隐匿、毁弃邮件、电报罪" |
| 21 | 盗窃、诈骗、哄抢、抢夺、敲诈勒索、损毁财物类 | 第49条 | 第264条"盗窃罪"<br>第266条"诈骗罪"<br>第267条"抢夺罪"<br>第268条"聚众哄抢罪"<br>第274条"敲诈勒索罪"<br>第275条"故意毁坏财物罪" |
| 22 | 妨害公务类 | 第50条 | 第277条"妨害公务罪" |
| 23 | 招摇撞骗类 | 第51条 | 第279条"招摇撞骗罪"<br>第372条"冒充军人招摇撞骗罪" |

| 序号 | 行为类别 | 《治安管理处罚法》相关条款 | 《刑法》相关条款 |
|---|---|---|---|
| 24 | 伪造、变造、买卖假证假章、有价票证类 | 第52条第1—3项 | 第280条"伪造、变造、买卖国家机关公文、证件、印章罪"、"伪造公司、企业、事业单位、人民团体印章罪"<br>第227条"伪造、倒卖伪造的有价票证罪"、"倒卖车票、船票罪" |
| 25 | 非法经营类 | 第54条第3项 | 第225条"非法经营罪" |
| 26 | 非法游行示威类 | 第55条 | 第296条"非法集会、游行、示威罪" |
| 27 | 窝藏包庇类 | 第56条 | 第310条"窝藏、包庇罪" |
| 28 | 收购赃物类 | 第59条 | 第312条"掩饰、隐瞒犯罪所得及犯罪所得的收益罪" |
| 29 | 窝藏、转移、销售赃物，破坏司法秩序类 | 第60条 | 第314条"非法处置查封、扣押、冻结的财产罪"<br>第307条"帮助毁灭、伪造证据罪"<br>第312条"掩饰、隐瞒犯罪所得及犯罪所得的收益罪"<br>第316条"脱逃罪" |
| 30 | 组织、运送偷越国（边）境类 | 第61条 | 第318条"组织他人偷越国（边）境罪"<br>第321条"运送他人偷越国（边）境罪" |

（续表）

| 序号 | 行为类别 | 《治安管理处罚法》相关条款 | 《刑法》相关条款 |
|---|---|---|---|
| 31 | 偷越国（边）境类 | 第62条第1、2款 | 第320条"提供伪造、变造的出入境证件罪，出售出入境证件罪" |
| 32 | 损毁文物古迹类 | 第63条第1项 | 第324条"故意毁损文物罪"、"故意损毁名胜古迹罪" |
| 33 | 偷开机动车类 | 第64条第1项 | 第264条"盗窃罪" |
| 34 | 侮辱尸体类 | 第65条第1项 | 第302条"侮辱尸体罪" |
| 35 | 卖淫嫖娼类 | 第66条 | 第360条"嫖宿幼女罪" |
| 36 | 引诱卖淫类 | 第67条 | 第359条"引诱、容留、介绍卖淫罪" |
| 37 | 制作、传播淫秽物品类 | 第68条 | 第363条"制作、复制、出版、贩卖、传播淫秽物品牟利罪" |
| 38 | 组织淫秽表演、参与聚众淫乱类 | 第69条 | 第364条"组织播放淫秽音像制品罪"<br>第365条"组织淫秽表演罪"<br>第301条"聚众淫乱罪" |
| 39 | 赌博类 | 第70条 | 第303条"赌博罪" |
| 40 | 非法买卖、运输毒品原植物、罂粟壳类 | 第71条第2、3项 | 第352条"非法买卖、运输、携带、持有毒品原植物种子、幼苗罪"<br>第347条"贩卖、运输毒品罪"<br>第348条"非法持有毒品罪" |

| 序号 | 行为类别 | 《治安管理处罚法》相关条款 | 《刑法》相关条款 |
|---|---|---|---|
| 41 | 非法提供毒品类 | 第 72 条第 2 项 | 第 347 条 "贩卖毒品罪"<br>第 355 条 "非法提供麻醉药品、精神药品罪" |
| 42 | 教唆吸毒类 | 第 73 条 | 第 353 条 "引诱、教唆、欺骗他人吸毒罪" |

从这张表可以明显地看到，治安管理违法行为几乎都与刑法上的犯罪行为重合。

李洁教授是用"刑罚与行政处罚的连续、断绝及交叉"来说明这些重合关系的。[①]

此外，宣炳教授说明了这些行为之间的共同点与不同点，关于这些条文的适用，主张适用中的连续性。适用时以进行两种处罚为原则，考虑到存在两种连续性：先进行刑事处罚，后进行行政处罚的连续性；与之相反，在行政处罚之后，再进行刑事处罚的连续性。在此基础上，提倡刑事优先的原则。[②]

这些见解都是关于行政处罚的，而不是关于治安管理处罚的。正如已经说过的，治安管理违法行为大多与犯罪接邻，呈现出多重构造。单纯地把这些关系用连续性来予以把握，就不能理解治安管理违法行为的本质及其处罚的本质。

---

[①] 参见李洁、徐启明：《论刑罚和行政处罚的关系与发展》，载戴玉忠、刘明祥主编：《犯罪与行政违法行为的界限及惩罚机制的协调》，北京大学出版社 2008 年版，第 510 页。

[②] 参见宣炳、王远伟：《行政处罚与刑事处罚的适用衔接及立法完善》，载戴玉忠、刘明祥主编：《犯罪与行政违法行为的界限及惩罚机制的协调》，北京大学出版社 2008 年版，第 192 页以下。

治安管理处罚的特征在于，一方面补全了刑罚，另一方面不经过审判，而是由行政机关来宣告。在这里，行政与司法没有分离，具有管理职能的行政机关自行判断，并自行执行处罚。因此，行政上的恣意就这样变得妥当化了，行政机关也就变得有可能随意地进行管理、处罚工作。

正如已经谈及的，治安管理处罚由县级以上人民政府的公安机关来决定（《治安管理处罚法》第91条）。但警告或者人民币500元以下的罚款可以由公安派出所决定。可是，另一方面，法律又认可作出处罚的公安机关可以当场作出决定这种即时决定的形式（《治安管理处罚法》第100条）。根据这一条，违反治安管理行为事实清楚，证据确凿，处警告或者人民币200元以下罚款的，可以当场作出治安管理处罚决定。

对被决定给予行政拘留处罚的人，由作出决定的公安机关将其送至拘留所，在拘留所中执行（《治安管理处罚法》第103条）。在中国，虽然存在规范刑罚执行的监狱条例，羁押刑事诉讼程序中被拘留者、被逮捕者的看守所条例，但有关行政拘留的拘留所的法律尚未见到。

这部《治安管理处罚法》在法律性质上被认为和《刑法》是无限接近的，所以很多与刑事诉讼法类似的规定都得到了认可，这也是其特征。①

## 五、结　语

中国社会也正在经历从人治到法治的巨大变革，各种各样的法律得以制定、施行。与国家的、行政的权力一起，人民的权利也被规定在这些法律之中。这里谈到的《治安管理处罚

① 本文由于页数上的限制，关于程序法只能省略未述，期待他日另文研究。那时，如果在可能的范围内获得统计资料，并能够分析这部《治安管理处罚法》所起的社会作用，就再好不过了。

法》也不例外。在这部法律中，虽然存在很多与刑事诉讼的权利规定相类似的规定，但另一方面，也存在很多交由治安机关判断的规定。

在犯罪之外还规定治安管理违反行为，对此处以剥夺自由的制裁，其正当性何在呢？在没有弄清楚其根据的状态下就这样制定了《治安管理处罚法》，其意义在今后还是要被追问的。

如果贯彻法治主义，即便是刑法体系本身，如今也有再一次进行考察的必要。所谓刑法，是一种什么样的法律呢？所谓犯罪，是一种什么样的行为，其处罚根据又在于何处呢？如果将处罚根据求之于社会危害性，那么没有社会危害性的行为就应该不予处罚。

可是，由于刑法吸收了以往的特别刑法，不过是单纯违反法令的形式犯也被纳入了犯罪之中。例如，无论是《刑法》第129条的丢失枪支不报罪，还是第174条的擅自设立金融机构罪，其自身是不存在社会危害性的。在第129条中，是以"造成严重后果"作为处罚条件。①

"不报告"这种不作为为什么能够成为犯罪呢？必须参照其他犯罪的标准来予以说明。可能会勉强地承认该行为中的抽象的危险，通过扩大危险犯体系来克服这个问题。但这种做法是与将国家刑罚权力绝对化相联结的，是非常危险的征兆。

从历史上来考察，自由与权利是由人民自己来获得的，也应该由人民来守护。与此相反，科处刑罚这样严峻处罚的国家权力，必须控制在最小限度。由于可以让国家来守护，所以全

---

① 虽然有可能将此理解为是行为人由于过失而发生"严重后果"，但这是行不通的。因为行为人的行为是"不报告"，这与"严重后果"之间不具有因果关系。如果将"丢失"作为构成要件的话，就会被追问"丢失"与"严重后果"之间的因果关系。因此，不得不将"造成严重后果"理解为处罚条件。

权委托国家来处理的想法，具有与放弃人民的自由和权利相联结的危险性。

在日本，已经明显地出现了这样的征兆。但是，漫不经心地以社会的安全为由进行刑事立法，以"体感治安"为理由制定条例，从这些做法中，能够看到对于国家权力介入市民社会的欢迎态度。我们不应该努力为如此立法的正当化找理由，而应当在批评这种立法的同时，致力于构建守护社会的自由、人民的自由的理论。

# 译后记

作为一个从事法学研究的起步者，在比较过翻译与撰文之间的酸甜苦辣之后，怕是都会得出一个统一的结论：翻译太难。除了"太难"所代表的所有技术上的困难之外，翻译给译者带来的，主要是一种煎熬，其后又有浴火重生的感觉。将他人的果实嚼碎吞入，再还其以一个全新的生命，叙述中简短的过程，在现实中却往往伴随着无数个反复思量的夜晚。另外，翻译也可以说是一件"吃力不讨好"的事。在学界并不完善的学术评价体系中，这种为他人作嫁衣裳的努力，往往得不到应有的赞赏。但实际上，译者为此付出的努力，往往不亚于重新撰写一篇像样的学术论文。

本卷的所有文章均由中国人民大学的博士翻译团队和日本早稻田大学的博士翻译团队共同完成。英文文章部分论文的选择与译文修订，由我负责，翻译工作由中国人民大学的六位博士同仁负责承担；日文部分的选文和译文修订，由早稻田大学的毛乃纯博士负责，翻译工作由早稻田大学的四位博士同仁负责承担。本卷的顺利完成，与两个团队之间的密切合作与互动，以及负责人之间的默契与配合难分关系。

在此，编者首先要感谢丛书主编陈夏红，是他的绝妙提议，才促成了这一系列丛书的诞生，以及这一卷刑法译著的最终完成。他的细致、审慎、对作品认真负责的态度，以及永远乐观、积极向上的人生观，使译者们从一开始对完成翻译任务就充满着信心；我的合作伙伴毛乃纯师兄为此卷的完成付出了巨大的心血，在还有半年多即要提交早稻田大学博士论文初稿之际，他欣然受托，并为本卷的日文文献部分投入了宝贵的时间和精力。毛乃纯师兄是我在人大追随冯军教授攻读刑法博士期间的同门师兄，但直至我访问早稻田大学期间，我们才得以第一次见面。他的豁达开朗以及睿智聪颖，都为我所不能及。在此还要感谢中国人民大学的翻译团队所投入的努力：我的同班同学，在伦敦大学国王学院攻读刑法博士学位的王波，她的精准翻译以及细致的校对，为我审稿时省却了太多功夫；中国人民大学的博士生胡莎、杨海强、刘雁鹏、兰迪以及硕士生简爱，也为翻译投入大量的时间和精力，在此一并表示感谢。我与早稻田大学的翻译团队，仅在离开东京前短暂地聚过一次，但他们最终提交的翻译工作中所透露出的认真负责态度让人钦佩。在此，编者向承担了日文文献翻译工作的毛乃纯、赵兰学、曾文科、李世阳等译者致以敬意。

此外，译者们还要借此感谢给予许可的所有原作者。特别要对西原春夫先生的慷慨赐文，以及为许可事宜提供巨大帮助的本乡三好先生表达感激，以及崇高的敬意。同时，译者们也希望借此向中国大百科全书出版社学术分社以及郭银星社长表示感谢，没有中国大百科全书出版社以及郭社长的支持与帮助，这样浩大的工程想必难以完成。

最后，由于译者水平所限，疏漏之处在所难免。译者们愿为文章中所有的纰漏以及不完善之处，承担所有责任。对于读者的任何批评，我们都虚心接受。

何天翔于荷兰马斯特里赫特大学